2-6 ans

MONTESSORI

PÉDAGOGIE PAS À PAS

Les principes, la vie pratique, la vie sensorielle, le langage, le calcul et les maths

Isabelle Patron • Vanessa Toinet • Sylvia Dorance

école vivante

Table des matières

N° ISBN : 978-2-36638-034-7

PRINCIPES FONDATEURS

« La véritable éducation nouvelle consiste à aller tout d'abord à la découverte de l'enfant et à réaliser sa libération. C'est le problème de l'existence : il faut exister d'abord[1]. »

Le matériel Montessori est séduisant pour les enfants. En fait, il est aussi attrayant pour les enseignants et les parents. Si attrayant qu'il occulte presque la pédagogie qu'il accompagne. Or il est essentiel de connaître l'esprit de cette pédagogie pour utiliser pleinement le matériel et, surtout, pour appliquer complètement les idées de Maria Montessori en matière d'éducation.

L'enfant, une personne à part entière

Pour Maria Montessori, comme pour tous les théoriciens et praticiens de la pédagogie active, l'enfant est une personne à part entière, avec des goûts, un libre arbitre, une personnalité qu'il faut prendre en compte et respecter au même titre que ceux d'un adulte. Si l'on contraint l'enfant sans raison, si on lui impose des efforts sans qu'il comprenne réellement à quoi ils vont servir, bref si on le traite comme une "demi-personne" à qui l'on peut donner des ordres sans les lui expliquer et faire faire des tâches ennuyeuses simplement en lui disant que c'est pour son bien… ça ne marche pas et c'est injuste. Cela peut

1 *L'Enfant*, Maria Montessori, Desclée de Brouwer, 1936, p. 93.

fonctionner un temps, avec des enfants qui n'ont aucun problème pour apprendre et qui se soumettent sans états d'âme à la discipline imposée par les adultes. Mais même ces enfants-là progresseront beaucoup mieux et avec un plaisir bien plus grand si on leur donne la possibilité d'être acteurs, auteurs, libres et volontaires dans leurs apprentissages.

Dans la pratique, cette conception de l'enfant entraîne que l'on discute avec lui de l'emploi du temps, du rythme, et que l'on tienne compte, dans le choix des activités, de ses goûts en général et de ses désirs à différents moments de la journée. Selon Maria Montessori, l'enfant doit donc pouvoir choisir librement ses activités et les abandonner quand il en a assez. Cela ne signifie pas qu'il faille laisser tout faire et n'importe comment, bien entendu. Mais, si l'on pense par exemple que l'enfant devrait persévérer dans une tâche, il faut le convaincre et non le contraindre. Il faut aussi savoir anticiper et prévoir des séances courtes et variées, en renouvelant l'intérêt. Il faut enfin donner à l'enfant l'occasion fréquente de s'apercevoir qu'il tire un grand bénéfice de ses efforts pour apprendre, et valoriser ses réussites, même minimes, plutôt que de souligner ses échecs.

Favoriser l'autonomie pour faciliter les apprentissages

Une façon de motiver les enfants et de mettre en jeu leur envie de réussir réside dans la formule bien connue de la pédagogie Montessori : "Aide moi à faire seul." Un bébé veut ramper puis marcher seul. Il se dégage en se tortillant des bras qui le retiennent. Il revient naturellement vers ces bras lorsqu'il sent qu'il a besoin d'aide pour retrouver son équilibre. Puis il repart, rassuré, pour "de nouvelles aventures". De petite victoire en petite victoire, il progresse et apprend toujours plus. Maria Montessori préconise de suivre cette démarche naturelle pour l'enseignement scolaire. L'adulte montre un nouveau concept ou un nouveau geste... puis laisse l'enfant essayer de les reproduire ou de les utiliser seul. Il souligne et valorise le fait que l'enfant agit seul : "A toi maintenant."

Surtout, il patiente ! La tentation est grande de prendre l'objet des mains de l'enfant qui ne réussit pas immédiatement, pour finir à sa place et lui RE-montrer. Ou de lui souffler le début de la solution si sa réflexion dure trop longtemps ou s'il part sur une mauvaise piste. Or ces gestes, ces mots, ces interventions trop rapides et non sollicitées par l'enfant sont autant de preuves, à ses yeux, de sa lenteur, de son échec, de la difficulté insurmontable pour lui de la tâche qu'on lui a confiée ou du défi qu'il s'est lancé. Rien de tel pour lui faire baisser les bras et refuser de faire des efforts. L'ingérence de l'adulte est trop souvent un obstacle à son développement.

Au contraire, si l'adulte l'encourage ("Oui, tu y es presque !") ou l'observe sans impatience, en se contentant de se tenir à sa disposition s'il a besoin d'un conseil ou d'un complément d'information, il réussit à le mettre en confiance. L'enfant sait qu'il peut prendre son temps. Il n'est pas stressé. Il se concentre sur ce qu'il fait plutôt que de se répéter de façon obsessionnelle qu'il n'y arrivera pas. Il prend même plaisir à chercher et à faire des essais successifs. Cela devient un jeu auquel il sait qu'il peut gagner. Et lorsqu'il réussit... alors là ! Quelle satisfaction ! Il l'a fait tout seul. Et il veut passer à l'étape suivante.

Les périodes sensibles

Si Maria Montessori considère l'enfant comme une personne à part entière, elle en parle cependant comme d'une personne particulière, car toute tournée vers le fait d'apprendre. Et la scientifique qu'elle est distingue chez l'enfant, chez tous les enfants, une série de "périodes sensibles", spécialement dédiées à certains apprentissages. Elle décrit ainsi :

- la période sensible du langage, qu'elle situe plus ou moins entre 2 mois et 6 ans,
- la période sensible de la coordination des mouvements (± de 18 mois à 4 ans),
- la période sensible de l'ordre (± de la naissance à 6 ans),
- la période sensible du raffinement des sens (± de 18 mois à 5 ans),
- la période sensible du comportement social (± de 2 ans et demi à 6 ans),
- la période sensible des petits objets (très courte période au cours de la 2e année).

On le remarque : les périodes sensibles sont de longueur inégale, et elles peuvent coexister. Durant ces périodes, l'enfant est particulièrement et instinctivement intéressé par un domaine précis et donc particulièrement apte à apprendre tout ce qui le concerne. Le pédagogue doit donc saisir cette occasion et ajuster les contenus de son enseignement en conséquence. Maria Montessori est assez catégorique sur ce point. Selon elle, si on laisse passer la bonne période, l'apprentissage fluide, simple, facile, n'est plus possible. Il demandera de très gros efforts ensuite et ne portera pas forcément ses fruits.

Il faut donc être capable de déceler les périodes sensibles chez l'enfant ou les enfants à qui l'on prodigue un enseignement. Cela n'est pas totalement évident, surtout au début de la période, où, selon Maria Montessori, la sensibilité en question reste interne, cachée. Ensuite, elle se révèle par une attention, une concentration, des tentatives visibles. Pendant la période sensible l'enfant est attiré comme un aimant par un aspect de son environnement qui va lui permettre de se développer. On peut donc beaucoup apprendre en observant ses attitudes et ses réactions.
Pour se rassurer, on peut aussi souligner le fait que ces périodes, en dehors de la dernière, durent entre trois et six ans, ce qui laisse une certaine marge. On peut aussi constater que cela correspond plus ou moins à l'affirmation assez communément répétée : "Tout se joue avant 6 ans", même si tout cela est à prendre sans panique.
L'existence et la manifestation des "périodes sensibles" amènent l'idée que ce n'est pas l'âge qui est important mais le moment où l'enfant est vraiment prêt à apprendre avec aisance. Le but de l'éducation est de semer les graines de la connaissance à la bonne saison. Le bon moment pour apprendre est déterminé non pas par le calendrier d'un programme imposé mais par l'observation des besoins de l'enfant.

Pour mieux préciser ce que sont les périodes sensibles selon Maria Montessori, le plus simple est de lire ce qu'elle en dit elle-même.
Voici un extrait de son livre *"L'Enfant"* sur ce sujet. Elle s'y appuie sur les expériences du scientifique hollandais De Vries qui, le premier, employa la formule de "périodes sensibles", non pas au sujet des enfants mais des insectes.

"Nous prendrons comme exemple celui cité par De Vries d'un humble petit ver, la chenille, qui deviendra un vulgaire papillon. On sait que les chenilles croissent rapidement, se nourrissent avec voracité : ce sont de véritables destructeurs de plantes. Il s'agit ici d'une chenille qui ne peut, dans les premiers jours de son existence, se nourrir des grandes feuilles des arbres, mais seulement des petites feuilles tendres qui se trouvent à la pointe extrême des branches. Or, la bonne mère papillon va, guidée par son instinct, déposer ses œufs à l'endroit opposé ; c'est-à-dire que, dans l'angle que fait la branche à l'intersection du tronc, elle prépare à sa descendance un lieu sûr et abrité.

Qui donc indiquera aux petites chenilles à peine écloses que les feuilles tendres dont elles ont besoin sont là-haut, au faîte extrême et opposé de leur branche ? La chenille est douée d'une vive sensibilité à la lumière : la lumière l'attire, la lumière la fascine, et elle s'en va en sautant, avec cette démarche propre aux chenilles, vers la lumière plus vive, jusqu'à l'extrémité de la branche ; là, elle se retrouve, affamée, au milieu des feuilles tendres qui constitueront sa nourriture. Il est curieux de constater que, cette période passée, c'est-à-dire quand la chenille a grandi et qu'elle peut se nourrir différemment, elle perd cette sensibilité à la lumière ; au bout d'un certain temps, la lumière la laisse indifférente : l'instinct est devenu aveugle. Le moment d'utilité est passé et, désormais, la chenille s'en va par d'autres voies chercher d'autres moyens d'existence. La chenille n'est pas devenue aveugle à la lumière, elle y est devenue indifférente.
Voilà qui aide aussitôt à comprendre le point essentiel de la question par rapport aux enfants : la différence entre une poussée animatrice qui conduit à accomplir des actes merveilleux et stupéfiants, et une indifférence qui rend aveugle et malhabile. L'adulte ne peut rien de l'extérieur sur ces différents états. Mais si l'enfant n'a pu obéir aux directives de sa période sensible, l'occasion d'une conquête naturelle est perdue, perdue à jamais[2]."

Créer un cadre serein et un climat de confiance et de dialogue

"Il est bien entendu que notre pédagogie donne à l'ambiance une importance si grande qu'elle en fait la base centrale de toute la construction pédagogique[3]."

2 *Ibid.*, p. 33.
3 *Ibid.*, p. 56.

Créer un climat favorable d'une part à la perception des périodes sensibles par l'adulte et d'autre part à leur plein épanouissement chez l'enfant est donc une condition fondamentale de l'enseignement Montessori.

Le calme permet de s'exprimer sans stress, d'écouter l'autre, de se concentrer sur ce que l'on fait. Il évite la fatigue nerveuse inutile. Dans une classe Montessori, on parle doucement, on évite le bruit. Comme chacun fait ce qu'il a envie de faire, il n'y a pas de tension ou d'impatience. Donc, si l'enseignement se fait à la maison, pensez à débrancher le téléphone et ne vous laissez pas interrompre dans une démonstration ou un travail en commun avec l'enfant. Vous lui montrerez ainsi l'importance que vous accordez à ce travail.

L'ordre est aussi une condition importante : il permet de se repérer facilement et d'avoir confiance. Chaque matériel a sa place où l'enfant peut le trouver facilement et où il peut le ranger tout seul quand il ne s'en sert plus. Le mobilier est adapté à la taille des enfants et à des rangements commodes.

Enfin le dialogue et le respect mutuel sont essentiels. Pour mettre en place le cadre du travail, pour régler les problèmes s'il s'en pose, pour éviter les crises dues à l'incompréhension. Confiance et respect mutuel passent par le dialogue, mais aussi par l'exemple que donne l'adulte : il adopte lui-même les comportements qu'il préconise, il se montre ouvert, compréhensif, patient. S'il demande à l'enfant du respect et de l'ordre, il doit commencer par en faire lui-même la démonstration quotidienne.

Le travail de groupe

"L'enfant Montessori" de 3 à 6 ans travaille le plus souvent seul. Cependant, pour les enfants plus âgés et pour certains exercices ou pour utiliser une partie du matériel, la banque des nombres, par exemple, il est préférable de travailler en petit groupe. Si ce n'est pas possible, il sera important de retrouver le groupe dans d'autres situations.

Lorsque le groupe d'enfants comporte différents âges, il est enrichissant pour tous de faire travailler les plus jeunes avec les plus âgés lors de certaines activités. Les petits sont stimulés et "tirés vers le haut". Les plus grands prennent à cœur leur rôle de tuteur et se sentent investis d'une mission de confiance.

L'intérêt multiple du matériel Montessori

Sensuel, esthétique, ludique

Entrons dans le vif du sujet, ce qui a fait et continue de faire le succès de la pédagogie Montessori : le matériel. Coloré, il ressemble souvent aux cubes des jeux de construction ou aux jeux d'éveil pour les tout-petits. Il est clairement fait pour séduire par son aspect esthétique et ludique. Mais cela n'est pas gratuit. Il ne s'agit pas de gadgets destinés à "faire passer la pilule" d'un enseignement amer. S'il est conçu pour plaire, c'est parce qu'ainsi, non seulement il attire et retient l'attention des enfants, mais qu'en plus il permet de percevoir, de comprendre et de mémoriser le contenu des enseignements par les sens.

En comparant la perle (l'unité), la barrette de 10 perles, la plaque de 100 et le cube de 1000, l'enfant touche du doigt, au sens propre comme au figuré, des notions aussi abstraites que le système décimal et sa hiérarchie. En passant ses doigts sur les lettres rugueuses, yeux fermés, il mémorise leur forme et les fait siennes par le toucher.

La manipulation permet une appropriation immédiate, agréable et durable. Souvenons-nous en outre que la période sensible du raffinement des sens va de 18 mois à 5 ans et que pendant toutes ces années, l'enfant est particulièrement réceptif à ce qui passe par le toucher.

Un matériel de développement

Même s'il permet de captiver l'attention de l'enfant et de faciliter ses apprentissages, le matériel Montessori est beaucoup plus que du matériel pédagogique. C'est un matériel de développement qui n'est pas là pour simplifier le travail de l'éducateur mais pour aider au développement intérieur et à la croissance de l'enfant. C'est en donnant la liberté à l'enfant d'y avoir accès et de le manipuler aussi souvent qu'il le désire que ce matériel répond à ses besoins.

D'autre part le matériel est conçu pour permettre un passage systématique et régulier du plus simple au plus complexe dans un ordre facile à suivre et adaptable au niveau et au rythme de progression de chaque enfant.

Enfin chaque type de matériel induit des pratiques pédagogiques particulières et graduées qui, une fois qu'on y a été formé, sont relativement simples à mettre en œuvre.

Il est d'ailleurs nécessaire d'en avoir conscience et de se garder d'appliquer ces pratiques comme des recettes totalement figées et dogmatiques : les réactions de l'enfant, ses rythmes d'apprentissages, les spécificités de sa personnalité doivent être prises en compte et peuvent nous amener à modifier certains points. C'est bien évidemment encore plus important avec des enfants présentant un handicap, avec des enfants autistes, etc.

Il vous arrivera de préparer soigneusement le matériel prévu pour telle étape d'un apprentissage, et de vous apercevoir que l'enfant n'est pas du tout intéressé, tout simplement parce qu'il a compris depuis longtemps le concept que vous voulez lui faire acquérir. Ou vous aurez au contraire à revenir en arrière parce que vous vous apercevrez qu'il est trop tôt pour introduire un nouveau matériel ou que vous avez été trop vite (vous aussi vous avez le droit de vous tromper).

Chaque matériel a un objectif direct bien précis mais prépare indirectement pour des activités ultérieures. Ce sont ces préparations indirectes qui provoquent par exemple "l'explosion" soudaine de la capacité de lecture ou d'écriture, du jour au lendemain, car toutes les composantes nécessaires à ces activités ont été préparées de manière indépendante. De même la construction de liens logiques lors des activités de Vie pratique aide l'enfant dans sa capacité à penser.

Le côté sécurisant des rituels

La présentation

Nommez toujours l'activité que vous allez faire avec l'enfant : vous savez ce que vous allez montrer à l'enfant... mais pas lui.
Dirigez-vous avec lui vers l'endroit où vous avez installé le matériel. L'enfant saura ainsi où le retrouver et où le ranger. De cette manière vous l'aidez à s'orienter et vous facilitez son autonomie.
Tout au long de la présentation, gardez à l'esprit le "point d'intérêt" de l'enfant, c'est-à-dire l'élément qui va le motiver et rendre son travail passionnant. Il ne sait pas, bien sûr, en quoi et à quoi ces activités le préparent, mais il y a dans chaque matériel un détail ou un geste qui lui plaisent.
Vos mouvements doivent être décomposés et précis. L'enfant ne les copiera pas pour faire comme vous, mais parce qu'il aura ainsi l'occasion d'explorer de nouveaux gestes ou de nouveaux concepts. Il est donc essentiel qu'il en comprenne la logique, le but et l'enchaînement. Abordez les choses dans l'ordre et n'hésitez pas à faire appel à la répétition/variation des activités tant qu'elle ne lasse pas l'enfant : elle permet la mémorisation des gestes ou des concepts.

L'installation

L'enfant installe son matériel sur un tapis ou une petite table pour créer "son" espace de travail. Puis il le range lorsqu'il a fini, avant d'en chercher un autre, éventuellement. Tout cela participe de l'ambiance sécurisante et sereine dont nous avons montré les avantages plus haut. Cela donne aussi à l'enfant l'habitude de travailler avec soin et méthode, dans un espace dégagé et ordonné.

La leçon en trois temps

Un rituel fort de la pédagogie Montessori

La leçon en trois temps est une démarche destinée à faciliter la découverte et l'appropriation de nouveau vocabulaire par l'enfant, et ce dans n'importe quel domaine : apprendre les lettres, les chiffres, les formes géométriques...
Le côté rituel et systématique de ce mode de présentation du nouveau vocabulaire est utile d'une part parce qu'il permet à l'enfant d'anticiper et de comprendre instantanément la consigne et les questions, d'autre part parce qu'il lui permet de se focaliser sur les contenus sans plus se soucier de la forme que prend la leçon.
Mais l'aspect le plus important de la leçon en trois temps réside dans le fait qu'elle ne brûle aucune étape de l'apprentissage : elle donne à l'enfant le temps de faire parfaitement sien tout nouveau vocabulaire. Elle ne se fait pas d'un coup mais sur plusieurs jours, et ne propose en général que peu que mots à la fois, trois ou quatre au maximum en général, pour ne pas surcharger la mémoire.

Les trois temps

Dans **la première phase**, la leçon en trois temps met en relation l'objet ou le concept et son vocabulaire associé.
Dans **la deuxième phase**, celle qui dure le plus longtemps, elle aide l'enfant à mémoriser le vocabulaire et sa relation avec tel ou tel objet ou concept.
Enfin dans **sa troisième phase**, elle permet de vérifier la parfaite assimilation, qui, seule, rend possible une réutilisation du vocabulaire dans d'autres contextes.

Un exemple

Le déroulement de la leçon en trois temps est immuable et vous le retrouverez souvent dans nos ouvrages pratiques. Pour le décrire en détails et de façon concrète, nous prenons ici l'exemple des chiffres rugueux.

Temps 1

Pour cette leçon et pour des raisons de clarté, vous choisirez trois chiffres contrastés, par exemple le 4, le 2 et le 7. Isolez devant l'enfant, par exemple, la plaque du 4. Touchez le chiffre en suivant sa forme du bout du doigt, dans le sens de l'écriture. Dites : "C'est 4." Ainsi de suite pour les trois plaques. Lorsque les trois plaques sont posées, reprenez-les dans l'ordre et nommez-les en les touchant. Vous pouvez éventuellement recommencer le lendemain, avant de passer au temps 2.

Temps 2

Ce 2e temps prend la forme de devinettes. Cette phase est à la fois très plaisante et stimulante pour l'enfant car elle est comme un défi intellectuel. Placez les trois plaques sur le tapis, dans l'ordre de la première présentation. Demandez à l'enfant "Montre-moi le 4", "Montre-

moi le 2", "Montre-moi le 7". Après quoi prenez soin de mélanger les plaques pour stimuler l'enfant et recommencez l'exercice. Petit à petit l'enfant devient capable de reconnaître les chiffres dans n'importe quel ordre et de les associer à leur nom.

Il faut éviter de mettre l'enfant en échec, c'est pour cette raison que le 2e temps est la période la plus longue. Il dure plusieurs séances et doit être poursuivi jusqu'à ce qu'il soit évident que l'enfant a parfaitement maîtrisé l'association forme-nom (mais l'adulte doit s'arrêter avant que l'enfant ne s'ennuie !).
Attention ! C'est cette étape "répétitive" mais ludique qui est généralement négligée alors qu'elle consolide la mémoire en construction.

Temps 3

Le 3e temps n'est proposé que si l'enfant a manifesté une grande aisance avec le 2e temps. Dans le cas de notre exemple, l'enfant réussit à nommer les trois chiffres sans difficulté. Isolez une plaque au hasard devant l'enfant et demande-lui : "Qu'est-ce que c'est ?" Procédez de même pour les autres plaques. À ce stade, l'enfant devrait être à l'aise avec le vocabulaire. Ce n'est que lorsqu'il sera capable de nommer tous les chiffres sans hésitation que l'on pourra considérer qu'ils sont parfaitement assimilés et que l'on pourra lui proposer trois nouveaux chiffres.

Un point essentiel : l'autocorrection

Dernier point mais non des moindres, le matériel de la pédagogie Montessori permet l'autocorrection. En bon langage montessorien, on l'appelle "contrôle de l'erreur" et il va plus loin que la conception courante de l'autocorrection. Ce n'est pas l'idée de la correction d'un résultat qui est importante mais celle d'une prise de conscience instantanée de l'enfant. Qu'il s'agisse des formes géométriques à encas-

trer dans des supports ou des tables d'opérations "pleines" ou "vides", l'enfant trouve dans la plupart des matériels une confirmation ou une infirmation immédiate de ses choix et de ses résultats.
Le contrôle de l'erreur présente deux énormes avantages.
D'abord l'enfant peut travailler en totale autonomie. Il peut aller prendre le matériel qu'il connaît déjà quand il en a envie, le ranger de même, et, entre temps, il peut très bien s'entraîner seul, sans l'adulte, tout en vérifiant l'exactitude de ce qu'il fait.

Ensuite, ce n'est pas l'adulte qui dit "C'est juste" ou "C'est faux". L'enfant s'en aperçoit tout seul. Il n'y a pas de couperet qui tombe, souvent associé à un jugement plus ou moins explicite. L'enfant apprend ainsi à s'auto-évaluer et à assumer ses erreurs. Il n'en est pas mortifié ou inhibé. Il sait simplement où il en est et ce qu'il doit encore améliorer.
D'ailleurs, pendant la présentation d'un matériel, l'adulte pourra de temps en temps se tromper, rire autour de son erreur, puis réparer cette erreur devant l'enfant. L'idée est de dédramatiser les situations d'erreur et d'éviter de leur donner l'aspect d'un échec. L'erreur n'est qu'un passage, un signal positif pour une meilleure prise de conscience.

La pédagogie Montessori et vous

Pas de stress

Ce paragraphe et les deux suivants s'adressent plus particulièrement aux personnes qui démarrent l'école à la maison. Malgré tous les conseils et informations, débuter est toujours source d'inquiétude. Vous voilà tout à coup seul(e) devant la tâche de faire l'école à votre enfant, avec, à la fois, le matériel à fabriquer et l'organisation à mettre en place[4]. Relativisez, prenez du recul, sentez-vous libre. Mettez progressivement en pratique ce que vous avez appris, sans essayer de tout faire à la fois. Prenez éventuellement deux ou trois semaines pour vous organiser, quitte à laisser encore un peu votre enfant "en vacances". Ce n'est pas grave. Vous aurez tout le temps de rattraper ce léger retard car on progresse plus vite à la maison qu'en classe. Et vous travaillerez de toute façon beaucoup mieux si tout est bien préparé et que vous vous sentez calme.

Lorsque vous commencerez, ne culpabilisez pas si cela ne se passe pas exactement comme on vous l'a décrit. Les démarches de la pédagogie Montessori, pour cadrées qu'elles soient, ne sont pas coulées dans le bronze. L'esprit inventif et audacieux de Maria Montessori le prouve. Fiez-vous à votre réflexion, aux réactions de votre enfant, pensez que vous maîtriserez de mieux en mieux la situation au fil des semaines. Enfin, n'oubliez pas que ces séances d'apprentissage sont aussi de bons moments passés avec votre enfant.

La fabrication du matériel

Acheter tout le matériel revient extrêmement cher. La plupart des parents qui font l'école Montessori à la maison en fabriquent donc une bonne partie eux-mêmes. C'est long et fastidieux. Si vous le pouvez, regroupez-vous avec d'autres parents dans le même cas pour des "soirées bricolage" : ce sera plus festif et encourageant. N'essayez pas non plus de tout faire tout de suite. Et, plus tard, ne vous affolez pas si votre enfant est en avance sur la fabrication du matériel : cela prouve tout simplement qu'il apprend vite et bien et c'est là le but de la manœuvre, n'est-ce pas ?

En revanche, soignez la réalisation. L'un des atouts du matériel est son aspect esthétique. Poncez le bois au papier de verre avant de

4 Voir à ce sujet le livre *Démarrer l'école à la maison*, ici :
http://ecole-vivante.com/instruction-parentale.html

le peindre ; utilisez des peintures brillantes ; imprimez les lettres, les chiffres et les tableaux au lieu de les tracer à la main et de les colorier ; collez-les sur du carton solide et plastifiez-les : ils vont être copieusement manipulés. Mais préparez-vous à voir votre œuvre malmenée parfois. Restez calme, expliquez à l'enfant qu'il faut faire attention pour que les autres enfants puissent utiliser eux aussi le matériel et également par respect pour votre travail.

Et la créativité ? Et l'inventivité ?

Si la pédagogie Montessori est facilitée et "guidée" par l'utilisation du matériel et donc rapidement efficace, il ne s'agit pas pour autant de recettes à appliquer de façon immuable et mécanique, sans se poser de questions. L'esprit inventif et novateur de la pédagogie Montessori a autant d'importance que le matériel.

N'oublions pas la personnalité même de Maria Montessori, qui brava les interdits et le qu'en-dira-t-on pour devenir, en 1896, la première femme médecin en Italie. Toute sa démarche ne fut qu'audace et originalité. Sa conception de la pédagogie était tout sauf rigide. Son approche n'était pas dérivée d'une méthode au sens strict mais d'une observation fine de l'enfant.

Ne lui faisons pas l'affront de ne retenir que le matériel et de négliger l'esprit, profondément dynamique. Nous ne saurions trop vous encourager à éviter la simple reproduction et à favoriser la créativité, y compris chez les enfants avec qui vous travaillez.

VIE PRATIQUE

Les activités de Vie pratique sont le fondement de la pédagogie Montessori. Elles découlent de notre culture et de notre quotidien mais elles ont été adaptées aux besoins et aux petites mains de l'enfant. Ce n'est pas tant l'activité en elle-même qui est importante que le développement (concentration, coordination, autonomie...) qu'elle permet chez l'enfant dans un environnement préparé. Nous lui offrons des occasions uniques de fortifier, préciser et planifier ses mouvements de manière ordonnée. Il va devoir coordonner ses gestes dans un but intelligent.

Mais les activités de Vie pratique n'apparaissent pas forcément aux yeux de tous comme nécessitant des démarches pédagogiques particulières. Se laver les mains, les dents, aider à la maison, utiliser des pinces à linge, une balayette, une pelle, etc. font partie de l'éducation traditionnelle du jeune enfant, ou plutôt, de sa participation plus ou moins encadrée à la vie familiale. De ce fait, on ne pense pas à les traiter "de façon montessorienne".

Voilà pourquoi nous avons tenu à intégrer la Vie pratique au livre sur la Vie sensorielle : parce que, sinon, elle risquait d'être laissée de côté. Mais elle mérite aussi un ouvrage à elle toute seule, envisagé sous un angle plus théorique et pédagogique, essentiellement pour expliquer son apport dans le développement du jeune enfant.

L'utilisation du matériel "Vie pratique" commence vers 2 ans - 2 ans et demi, selon les enfants. Les zones d'âge du tableau chronologique sont données de façon indicative, pour préciser l'ordre d'utilisation du matériel. Ces zones d'âge correspondent à l'apparition des périodes sensibles, mais celles-ci peuvent varier selon les enfants. N'insistez donc pas si vous voyez que l'enfant n'est pas encore enclin à concentrer son attention et à participer avec plaisir et intérêt à l'activité proposée. Il est inutile voire néfaste de le brusquer.
Procédez pour les apprentissages de la Vie pratique comme on le fait pour la marche ou le langage, en accompagnant et en stimulant simplement l'évolution naturelle de l'enfant.

Nous détaillons ici les activités qui demandent quelques précisions. Pour les autres, comme aider à la maison, se coiffer, se brosser les dents, gardez toujours la même démarche : matériel adapté et accessible, démonstration rigoureuse, gestes ralentis et séquence d'actions décomposée, puis position de retrait et d'observation neutre pendant les essais de l'enfant.

Dans l'approche Montessori, le rôle du mouvement est primordial pour le développement harmonieux du jeune enfant. Maria Montessori qualifiait ces mouvements "d'humains" parce que dirigés par la volonté de l'enfant dans un but précis. À travers la répétition des gestes, les mouvements vont devenir de plus en plus précis et l'enfant va développer son assurance dans la planification de ses gestes. Vous observerez d'ailleurs qu'avec les activités de Vie pratique, l'enfant "bouge tranquille" : il est calme et concentré sur ses gestes.

Rappelons aussi qu'avant chaque séance de travail avec le matériel de Vie pratique, et bien sûr de Vie sensorielle, l'enfant installe son tapis ou s'organise sur une petite table. À part pour la première présentation, où vous l'accompagnez, l'enfant va chercher lui-même le matériel de son choix. Il est également important que vous lui montriez comment ranger ce matériel s'il veut passer à un second. Ceci fait partie d'un cycle spontanément accompli lorsque l'enfant a le libre choix de ses activités.

Une dernière remarque : nous vous suggérons de tester vous-même chaque activité en dehors du regard de l'enfant, avant de lui présenter le matériel, de façon à anticiper les difficultés et à réfléchir à l'intérêt que va y trouver l'enfant. Car ces activités de Vie pratique mettent aussi en évidence la grande différence entre le but de l'adulte dans l'acquisition d'une compétence et celui de l'enfant qu'on appellera "point d'intérêt". C'est ce "point d'intérêt" qu'il faut garder à l'esprit lorsque vous présentez le matériel. Par exemple, pour vous, le but de l'utilisation des cadres à boutonner est évidemment de cultiver la motricité fine, l'agilité du poignet et des doigts, de favoriser l'autonomie de l'enfant et sa faculté de concentration. Or le point d'intérêt, pour l'enfant, réside dans le fait que le bouton est tout d'abord caché puis tout d'un coup visible par le trou de la boutonnière !

Vie pratique : chronologie

vers 2 ans – 2 ans et 1/2 **vers 3 ans**

Porter / ouvrir / fermer / visser

Boîtes, tiroirs, portes... Porter un plateau vide

Verser

Grosses graines (bec verseur) Petites graines (bec verseur) Eau (bec verseur)
Grosses graines, petites graines (petite cuillère) Eau (petite cuillère)

Plier

Les cadres

Fermeture éclair bloquée d'un côté
Gros boutons
Fermeture éclair de type "blouson"
Petits boutons

Marcher sur une ligne

A pas de fourmis

Le jeu du silence

D'autres activités quotidiennes

Balayer, se laver les mains, se coiffer
S'occuper des plantes
Laver la table, nettoyer un miroir
Plier sa serviette

vers 3 ans et 1/2	vers 4 ans	vers 5 ans
	Porter un plateau avec quelque chose dessus / Porter une table, à deux	
	Verser avec un entonnoir	
	Cadres : Rubans Boucles	
	Marcher sur la ligne en posant un genou à terre, en tendant un bras, l'autre, les deux...	en portant un plateau....
	Plier et ranger du linge	

Porter, ouvrir, fermer, visser...

Montrez à l'enfant comment porter, progressivement, des objets adaptés à sa taille : un tapis, un plateau, une petite chaise, un petit pichet, avec de l'eau, puis, à deux, une petite table. Montrez toujours les gestes en les décomposant et la position exacte des mains pour équilibrer la charge.

Pour le tapis, montrez comment le tenir verticalement devant soi et bien positionner les pouces lorsqu'on le porte, pour éviter qu'il ne se déroule. Montrez aussi comment rouler le tapis en s'agenouillant dessus, en attrapant le bout avec les deux mains, en roulant doucement, en se déplaçant vers l'arrière au fur et à mesure. De temps en temps regardez les côtés du tapis enroulés et tapotez les bords pour les remettre droits. Montrez également comment le dérouler.

Ces exercices, insignifiants en apparence, sont des activités "préliminaires" d'une grande importance pour la bonne réalisation d'activités futures plus complexes sur le plan des séquences. Petit à petit, l'enfant va acquérir de l'indépendance dans ses mouvements, ce qui va lui permettre de s'orienter, de se débrouiller seul et de gagner en autonomie.

D'autres activités, comme ouvrir et fermer des boîtes, visser et dévisser des flacons, font partie des "classiques" de la pédagogie Montessori. Ne choisissez qu'un type de boîte ou de couvercle à la fois et décomposez vos gestes pour que l'enfant puisse les analyser. En cours de démonstration, insistez sur les détails importants : sens du vissage, du dévissage, distance et position du couvercle, bouchon, capuchon par rapport au récipient à fermer, position des doigts, cas où il faut forcer, etc. Lorsque l'enfant est à l'aise avec plusieurs récipients, n'en gardez qu'un mais mélangez plusieurs bouchons et couvercles : l'enfant devra découvrir le bon.

Verser

Verser est un travail de motricité fine et de concentration, de coordination et de précision des gestes. C'est aussi apprendre à se servir seul - indépendance vis à vis de l'adulte - et à servir les autres - socialisation. C'est enfin une préparation à l'écriture grâce à l'utilisation de la pince à trois doigts.

Le matériel

Il est simple : un petit plateau avec deux petits pichets, au début ; plus tard, deux bols et une petite ou une grande cuillère. Au début, l'enfant verse "sec" : des graines de grande taille (haricots secs, pois chiches) puis de petite taille (lentilles, riz). Lorsque l'enfant sera vraiment à l'aise et aura atteint une bonne maîtrise de ses gestes, on utilisera de l'eau et une petite éponge. Attention : cette activité est présentée aux très jeunes enfants dès 2 ans ou 2 ans et demi. Parfois... ils ont envie de manger le contenu. Avec le riz pas de problème, avec les pois chiches : danger ! Donc si vous laissez le matériel à disposition et si l'enfant l'utilise seul, veillez à ne laisser que des graines sans risques. Mais c'est aussi une occasion pour parler de la sécurité avec l'enfant.

La présentation

Le principe de la démonstration est toujours le même, que l'on se serve des pichets ou des bols et des cuillères. Demandez à l'enfant s'il veut jouer à un nouveau jeu (ou faire un nouveau travail). Présentez le plateau préparé. Parlez avec lui des éléments présents. Montrez-lui qu'il y a des graines (de l'eau) dans le récipient de droite et rien dans celui de gauche. Prenez le récipient plein par son anse et transvasez-le lentement dans le récipient vide, sans rien renverser bien sûr et en décomposant vos gestes le plus possible. Montrez à l'enfant que le pichet que vous tenez est désormais vide. Remettez-le à sa place. La démonstration se fait dans le silence pour que l'enfant se concentre sur les mouvements et sur ce qui se passe. Cela n'empêche pas un petit dialogue si l'enfant pose une question, ni un commentaire d'ordre esthétique par exemple ("Tu as vu, comme c'est joli, les graines qui tombent ?").

Pour vérifier qu'aucune graine n'est tombée à côté, soulevez les pichets à deux mains et posez-les hors du plateau. Puis replacez-les en inversant leur position : le plein est maintenant de nouveau à droite. C'est maintenant à l'enfant d'essayer.

Pendant le premier essai de l'enfant, vous restez neutre avec patience, dans une attitude calme. Si des grains tombent, l'enfant s'en apercevra probablement car c'est le point d'attention et d'intérêt. Laissez-le finir et reposer le pot vide, puis montrez-lui comment prendre les grains sur le plateau avec la pince à trois doigts pour les mettre dans le pot plein. Laissez un ou deux grains que l'enfant ramassera lui-même. S'il s'agit d'eau, épongez une partie et laissez l'enfant finir.

Vous pouvez aussi inciter l'enfant à essayer de tenir le pot plein de la main gauche (placez alors le pot plein à gauche). Si c'est visiblement trop difficile, n'insistez pas. Si au contraire il a l'air beaucoup plus à l'aise, laissez-le choisir ce côté. L'idée est d'inciter l'enfant à se servir de ses deux mains mais de ne surtout pas contrarier son penchant naturel. Pendant toutes les présentations, il faut absolument rester attentif et concentré, rigoureux, lent et précis en décomposant les gestes.

Lorsque l'enfant a terminé, encouragez la répétition. Il est en période sensible du mouvement et va répéter inlassablement ces activités. Grâce à la répétition, il perfectionne ses mouvements et peut acquérir un parfait contrôle musculaire pour atteindre la précision.

Les prolongements

• Au moment où on introduit l'utilisation de l'entonnoir (vers 4 ans), on utilise des petites bouteilles et une grande ou un pichet à bec verseur. Attention, le pichet ne doit pas contenir plus d'eau que le volume total des petites bouteilles. Ne pas le remplir davantage, car ceci amènerait l'enfant à échouer automatiquement. On commence par montrer comment positionner l'entonnoir dans l'une des petites bouteilles puis comment verser de la grande bouteille dans la petite. Enfin comment passer à la suivante et ainsi de suite jusqu'à épuisement de l'eau. Le contrôle de l'erreur se fait en reversant toutes les petites bouteilles dans la grande. Il s'agit là d'une initiation indirecte aux fractions.

• Lors des repas, on peut aussi laisser une petite carafe d'eau à la disposition de l'enfant pour qu'il puisse se servir seul. Il sera ravi de faire comme les grands.

Plier

Le matériel

Il se compose de quatre serviettes de grande taille sur lesquelles vous broderez en rouge les lignes pointillées des pliages. Préférez des serviettes un peu épaisses aux mouchoirs, trop mous. La couleur rouge accentue les contrastes visuels. Le fait de broder au lieu de simplement tracer la ligne de pliage ajoute la dimension du relief et donc une occasion d'être perçu et mémorisé grâce à un deuxième sens, le toucher. Vous pouvez aussi repasser les plis. Placer les serviettes dans une petite corbeille ou un panier sur une étagère à portée de l'enfant.

Plier est un travail de motricité fine, de coordination et de précision des gestes. Mais c'est aussi une préparation à l'écriture : la présentation des lignes de pliage, en suivant du bout du doigt les pointillés brodés, se fait toujours horizontalement et de gauche à droite. Voir les croquis.
Ne présentez d'abord que la première et la deuxième serviette, puis la troisième et la quatrième quand l'enfant maîtrisera bien le pliage des deux premières.

La présentation

La serviette 1

Posez la serviette dépliée devant vous, la ligne rouge disposée horizontalement. Suivez la ligne de gauche à droite avec deux doigts, l'index et le majeur. Prenez votre temps et décomposez vos gestes. Saisissez les deux coins du bas et ramenez-les exactement sur les coins opposés. Appuyez le long du pli en repassant avec la main droite, de gauche à droite. Saisissez les coins ensemble et levez la serviette pliée devant les yeux de l'enfant pour qu'il puisse voir la ligne du pliage. Reposez la serviette et montrez comment la déplier, toujours très lentement.

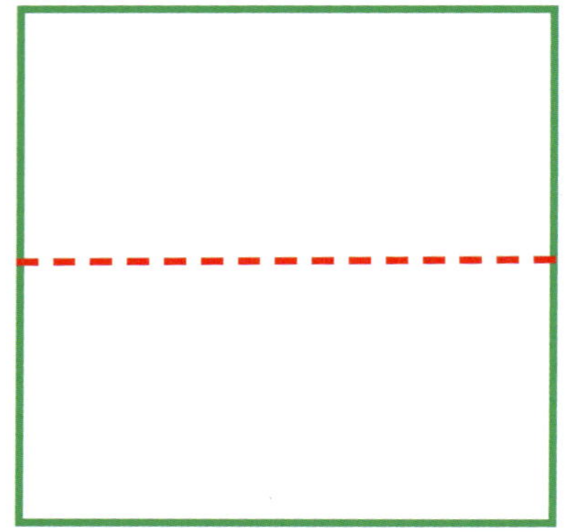

1

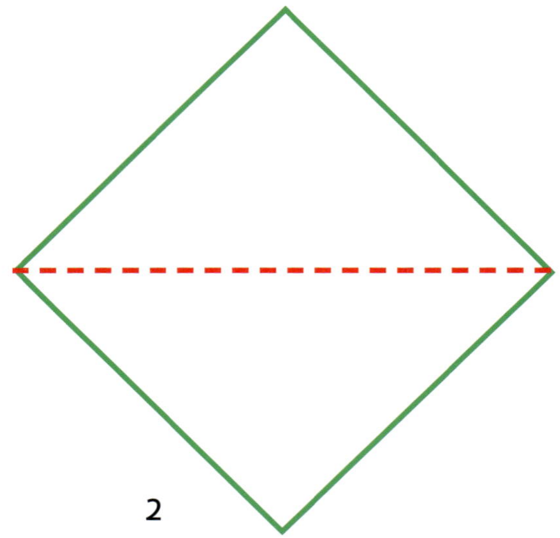

2

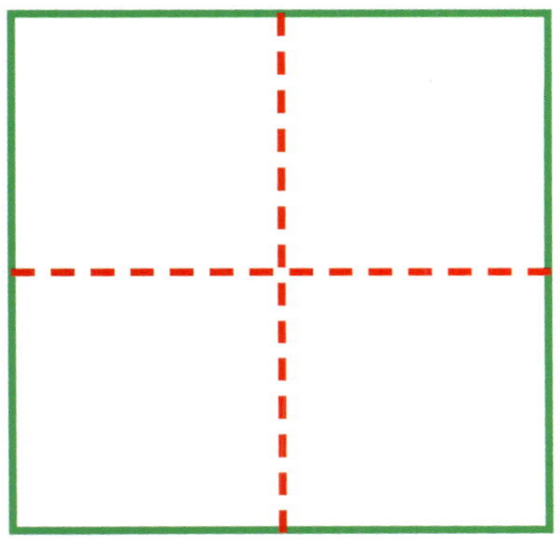

3

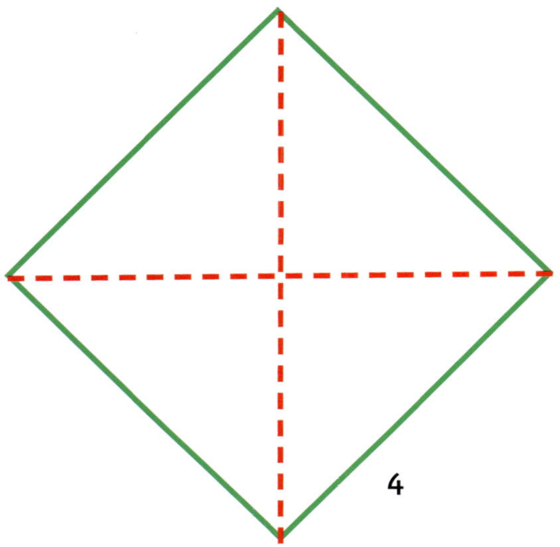

4

La serviette 2

N'oublions pas que l'imprégnation du sens gauche-droite est l'un des éléments importants de cet exercice. Il faut donc tourner la serviette de telle sorte que la ligne rouge diagonale soit placée à l'horizontale. Faites glisser les doigts de la main droite le long de la ligne en pointillé. Soulevez le coin et placez-le exactement sur le coin opposé.
Dépliez la serviette et placez-la à côté de la serviette 1.
Invitez l'enfant à plier les deux serviettes que vous venez de lui présenter, dans l'ordre de son choix. La ligne en pointillés est un guide pour l'enfant et constitue le contrôle de l'erreur.

Les serviettes 3 et 4

Présentez les deux dernières serviettes lorsque l'enfant est à l'aise avec les deux premières.
Comme il y a deux lignes, faites pivoter la serviette après le premier pliage pour que la nouvelle ligne de pliage passe de la verticale à l'horizontale.

Quand l'enfant aura travaillé avec les quatre serviettes vous pourrez lui demander de les laisser pliées sur la table pour observer les différentes formes et tailles : voilà une excellente préparation à la géométrie.

Les cadres

Le matériel

Le matériel des cadres, comme tout matériel Montessori, isole une difficulté à la fois et la met en évidence de façon à ce que l'enfant comprenne facilement ce qu'il faut faire. De plus, il est plus facile pour un enfant de s'exercer en regardant devant lui que sur son ventre, sur un vêtement qu'il porte. Petit à petit, l'enfant apprend à être indépendant pour s'habiller.

Ce matériel induit une pratique répétitive que l'enfant perçoit comme un jeu qu'il maîtrise de mieux en mieux. Lorsqu'il le fait "trop bien", il s'en lasse et veut passer à autre chose. Mais parfois, pour se rassurer ou parce que tout apprentissage se fait par paliers et même en régressant par moments, l'enfant a envie de retourner à l'un des cadres. Il faut donc les laisser à sa portée au-delà de 5 ans et ne les ranger définitivement que lorsqu'ils ne servent réellement plus jamais. En présentant chaque nouveau cadre, montrez la manipulation de façon lente et précise.

Les différents cadres, dans l'ordre de présentation à l'enfant sont :
- **la fermeture éclair fermée en bas (de type pantalon ou jupe)**
- **la série de gros boutons**
- **la fermeture éclair libre (de type blouson)**
- **la série de petits boutons**
- **les rubans**
- **les boucles**

Rien ne vous empêche de faire des cadres supplémentaires avec des boutons-pression ou tout autre système présent sur les vêtements de l'enfant.

On peut fabriquer le matériel soi-même. Cela ne présente pas une grande difficulté mais il y faut du soin. Les cadres doivent être assez lourds pour ne pas trop bouger quand l'enfant s'exerce, mais pas trop lourds non plus, pour qu'il puisse les transporter seul. Ils doivent aussi être assez solides pour résister à de nombreuses manipulations plus ou moins adroites. La base de tous les cadres est la même : un cadre en bois (environ 30 cm x 25 cm).

On trouve dans le commerce ou sur Internet des cadres pour tendre les toiles pour la peinture à l'huile ou d'autres pour encadrer des photos (magasins de bricolage ou de loisirs créatifs) qui conviennent très bien. Pour le reste, voir les schémas. Choisissez des couleurs gaies, bien sûr : le matériel doit plaire aux enfants et les inciter à travailler. Mais veillez à ce que la couleur des systèmes de fermeture soit bien contrastée par rapport à celle du tissu. Le tissu, les boutons, les fermetures éclair sont posés comme pour faire un vêtement. Puis le tissu est fixé sur le cadre. Tendez-le en lui faisant enrober les côtés et agrafez-le sur l'envers du cadre. Pour plus de solidité, agrafez de nouveau sur la face visible.

La présentation

Il faut ralentir ses gestes sur toute la durée de la présentation en gardant à l'esprit le point d'intérêt de l'enfant :
- pour le cadre de la 1re fermeture éclair : le bruit du zip,
- pour le cadre des boutons : le passage du bouton dans et hors du trou, (hop caché-hop visible, comme au jeu de cache-cache),
- pour le cadre de la 2e fermeture éclair : le zip et l'encoche... etc.

Pour les rubans, rappelez-vous : une action à chaque fois. Chaque ruban doit être manipulé un par un avec lenteur pour que l'enfant mémorise la succession des opérations. Ce cadre est réellement indispensable pour aider les enfants à maîtriser les nœuds.

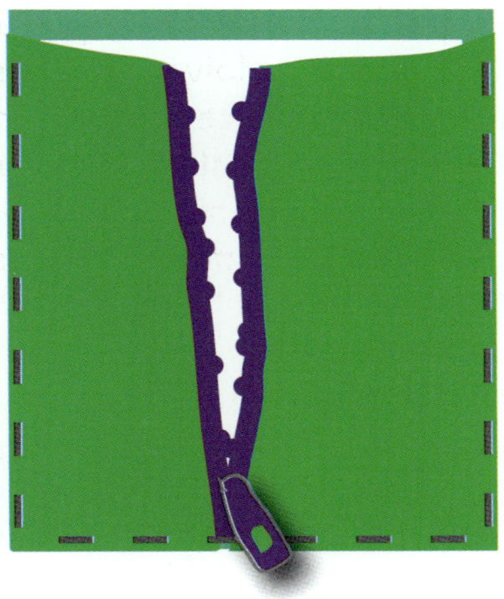

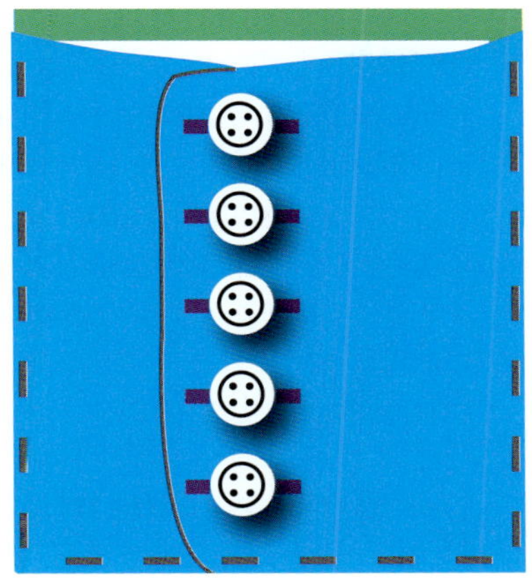

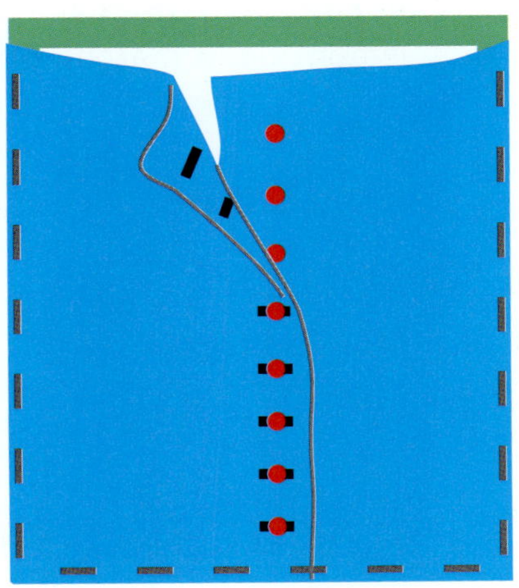

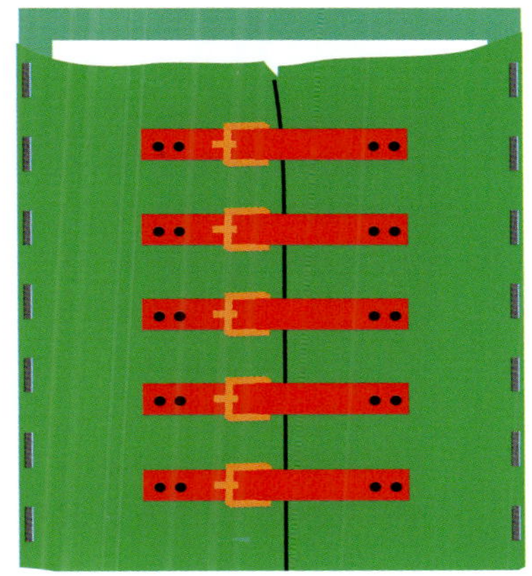

Les rubans n'ont pas la même couleur (croquis ci-dessous) pour qu'il soit plus facile de repérer la position de chacun dans les boucles.
Les enseignants n'ont plus guère le temps et les parents achètent donc pendant longtemps des chaussures à scratch… parfois jusqu'à 9 ans. L'enfant n'a donc plus l'occasion de nouer, dénouer et renouer des lacets. Très souvent les enfants arrivent même en CP dans savoir lacer… On leur demande de grandir mais on oublie ce détail de vie pratique si important dans l'acquisition de l'autonomie.

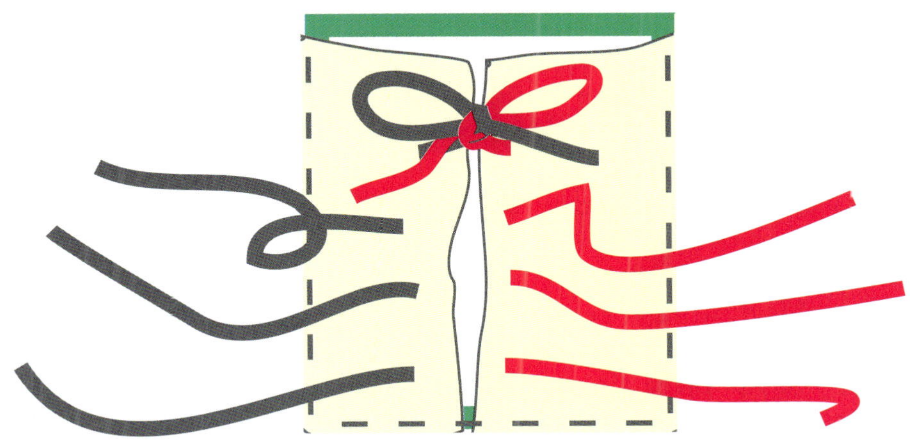

Marcher sur la ligne

Dans les écoles Montessori, la marche sur la ligne se fait généralement sur une ellipse. Ce qui plaît à l'enfant est de faire plusieurs fois le tour en gardant les pieds sur la ligne tout en conservant son équilibre.
Jouer avec son équilibre est une activité très naturelle chez les jeunes enfants : ils ne ratent jamais une occasion d'explorer les rebords des trottoirs, les marches.
Selon la nature du sol et l'organisation de la classe ou de la maison, de l'appartement, tracez la ligne sur le sol en collant un gros ruban adhésif de couleur vive ou en tendant un fil de laine.
Si l'espace est trop réduit, tracez une simple ligne dans un couloir.

La présentation

Montrez à l'enfant comment se déplacer sur la ligne en marchant tranquillement, les épaules basses et les bras le long du corps. Les pieds doivent bien couvrir la ligne. Pour ajouter une difficulté, suggérez : "Peux-tu marcher sans regarder tes pieds ?"
Vous pouvez mettre une musique douce en fond sonore.
L'enfant pourra aussi marcher comme un funambule, bras tendus sur les côtés, à l'horizontale, pour s'équilibrer.
Puis il pourra corser encore l'exercice en mettant un pied juste devant l'autre, les orteils de l'un contre le talon de l'autre (pas de fourmis).
Ce niveau de difficulté est comme un challenge pour lui. C'est beaucoup plus difficile et l'enfant doit donc se concentrer encore plus pour garder l'équilibre.
Enfin vous pourrez ajouter différents objets en ordre croissant de difficulté :
- un verre d'eau. L'enfant va devoir contrôler l'allure de sa marche pour éviter de renverser de l'eau.
- une clochette attachée à une ficelle : elle ne doit pas sonner ! Pas de mouvements brusques !
- un plateau contenant un verre d'eau presque plein.
- des cubes de la Tour rose sur une main (jusqu'à 4 cubes empilés).
- un coussin ou un panier posé sur la tête.

Essayez vous-même ! Pas facile, n'est-ce pas ?
Vous pouvez préparez une table avec des petits objets "en libre service". L'enfant est libre de les choisir pour les porter.
Encouragez l'enfant à pratiquer quand il le voudra.

Les prolongements

Pour un enfant plus âgé, vous pouvez varier les pas : pas d'éléphants, pas chassés, marche très lente sur un fond musical. Dans le dernier cas, ne dirigez pas l'enfant, c'est la musique qui le conduit. Laissez-le sentir la musique. Il perfectionne ses mouvements grâce à la musique mais les mouvements l'aident également à comprendre la musique.
Cette activité permet le développement du contrôle musculaire, de l'équilibre, le perfectionnement du mouvement de la marche et la coordination des mouvements.

Le jeu du silence

Dans toutes les activités que nous avons détaillées et dans celles qui suivent, il est question de concentration. Elles se font dans le calme et même dans un quasi silence. Parfois, le bruit est même un outil de contrôle de l'erreur. Le silence peut aussi devenir une activité en soi : parler en chuchotant, par exemple, est un jeu de maîtrise de soi. C'est en même temps un vrai plaisir car les enfants aiment les mots murmurés à l'oreille et la complicité qui s'instaure entre des personnes qui se parlent doucement. Petit à petit, l'enfant prend l'habitude d'éviter le bruit inutile et l'atmosphère devient sereine.

Cette activité ne doit surtout pas être confondue avec le "roi du silence" que l'on pratique fréquemment dans les centres aérés et les écoles traditionnelles dans le but de faire taire l'enfant sur une période assez longue. En pédagogie Montessori il ne s'agit pas de faire taire l'enfant mais de l'aider à contrôler ses mouvements par sa volonté.
L'activité se pratique en groupe, lorsque les enfants ont déjà appris à écouter, à contrôler leur mouvement, et qu'ils ont atteint un certain degré de concentration.
L'écoute n'est pas chose aisée pour certains enfants. Une préparation est souvent nécessaire. Elle peut se faire en lançant des petits challenges à l'enfant : écouter et reconnaître, les yeux fermés, le bruits d'un trousseau de clés qu'on agite, des ciseaux qui coupent un papier...

Pour le jeu du silence proprement dit, l'éducatrice se tient à un bout de la pièce, les enfants à l'autre. Elle appelle à tour de rôle chaque enfant par son prénom, en chuchotant. L'enfant doit attendre son tour. A l'appel de son prénom, il se lève (tout content, fier et cérémonieux) et marche tranquillement pour rejoindre l'éducatrice.

C'est un moment de calme qui n'est pas imposé à l'enfant mais la plupart les enfants y adhèrent parce que l'activité est proposée à un moment où les enfants sont capables de se contrôler.

Les avantages de cette activité sont multiples :
• Elle permet aux enfants de développer leur sens social parce qu'elle implique une coopération dans le groupe.
• Les enfants devant, par leur volonté, créer du silence, l'activité les prépare à être silencieux dans les lieux qui l'exigent.
• Les messages communiqués en chuchotant obligent l'enfant à être encore plus concentré sur son écoute et donc à avoir plus conscience du message.
• L'enfant développe sa conscience de lui-même (respiration, petits bruits de l'environnement).

D'autres activités quotidiennes

L'univers habituel de l'enfant recèle une multitude d'objets ou de situations non cités plus haut mais propices à des apprentissages : pinces à linges, ustensiles de cuisine ou de ménage, outils divers, ordinateur, téléphone... bien entendu sous votre contrôle, avec discernement et en présentant ce "matériel" comme les autres.
Vous pourrez ainsi ajouter la cuisine, le bricolage et le jardinage, activités que l'enfant adore et qui sont sources d'innombrables apprentissages, en particulier dans les domaines du calcul, des sciences. Si l'enfant les aime, c'est parce qu'elles recèlent des surprises (la cuisson, le résultat des mélanges, les odeurs..., pour la cuisine ; la germination et la croissance des plantes, pour le jardinage). Ces activités permettent aussi à l'enfant de bouger et d'être actif, de voir le résultat de ce qu'il fait, de produire quelque chose. Tout cela favorise sa confiance en lui.

D'autre part, la liste des activités de la Vie pratique selon Maria Montessori comporte des tâches qui peuvent sembler un peu désuètes ou décalées aujourd'hui, ou qui ne seraient pas abordées de la même façon. Il s'agit par exemple d'astiquer les cuivres... La façon de vivre "les bonnes manières" a aussi évolué. Il n'en reste pas moins que les pratiques liées à la vie harmonieuse en société, au respect des autres et de soi-même, etc. font partie intégrante de l'enseignement du jeune enfant (dire "bonjour", "merci", parler calmement dans un lieu public, ne pas interrompre une personne qui parle, etc.).

De même, tout ce qui est lié à sa sécurité dans son environnement quotidien, à son autonomie et à sa liberté d'action peut s'apprendre à travers les activités de la vie de tous les jours : ouvrir ou fermer un tiroir, une porte, ranger, classer, inventer des stratégies face à des difficultés, faire preuve de prudence mais aussi de l'audace nécessaire pour progresser dans tous les domaines. Tout cela fait partie de la Vie pratique. Nous ne le développons pas ici car il s'agit tout simplement de l'éducation globale du jeune enfant : vous le faites déjà instinctivement. Pensez juste à le faire dans l'esprit de la pédagogie Montessori : favoriser l'autonomie, donner les moyens de bien faire et de faire seul. Les activités de Vie pratique sont une "aide à la vie". Elles fournissent à l'enfant des occasions de maîtriser progressivement les gestes nécessaires à son quotidien.

Pour faciliter les activités de l'enfant, aménagez son cadre :
• Le matériel, constitué de "vrais" objets, adaptés à sa taille, doit être disponible, d'accès facile et ordonné, pour permettre à l'enfant de mieux s'orienter. Organisez des étagères complètes et des tiroirs accessibles et faciles à ouvrir et disposez les ustensiles et accessoires par activité (cuisine, nettoyage,...). Variez-les de temps en temps en informant l'enfant. La nouveauté est source de curiosité. Mettez à l'écart, loin des yeux, les outils que vous jugez encore inadaptés à l'âge de l'enfant, pour ne pas avoir à les interdire.

• Vous pouvez créer des codes couleur par atelier d'activités, installer de petits tabliers faciles à mettre (enfilés par la tête), préparer des dessous de table en plastique colorés pour que l'enfant y installe son activité, de petits tapis qu'il pourra dérouler au sol.

• Pour l'activité du lavage des mains, l'idéal est un coin lavabo aménagé sur une table d'enfant découpée pour encastrer une petite bassine facile à soulever. Un pichet que l'enfant remplira d'eau, un seau, une petite serviette, un savon et un porte-savon : l'enfant peut ainsi se laver les mains librement, en toute autonomie. Au passage, il apprend aussi à "gérer" l'eau (aller chercher l'eau propre, vider l'eau sale), à être actif, à contrôler ses mouvements et à agir dans et sur son environnement.

VIE SENSORIELLE

Le matériel sensoriel Montessori est extrêmement riche. Avant de l'aborder, l'enfant doit être passé par des activités de Vie Pratique pour apprendre à se concentrer et à contrôler ses mouvements.
Le tableau chronologique des pages suivantes indique l'âge approximatif pour la découverte progressive du matériel sensoriel. On voit sur le tableau qu'une bonne partie peut être abordée dès l'âge de 2 ans et demi. Cela permet de varier les activités, mais il est bien évident que l'on doit échelonner la découverte sous peine de noyer les enfants. Par exemple, on présentera la première semaine les Emboîtements cylindriques puis la Tour rose, que l'on conservera deux semaines sans introduire d'autre matériel. Puis on ajoutera l'Escalier marron tout en conservant les précédents, en alternance et en suivant les préférences de l'enfant. Et ainsi de suite.

Certains matériels, plus complexes que d'autres, comme le Cube du binôme ou les Tiroirs de géométrie, seront présentés isolément et en prenant plus de temps pour laisser à l'enfant la possibilité d'en assimiler le principe à son aise. C'est à vous de réguler le rythme des présentations et de faire des choix en fonction de l'enfant ou des enfants à qui vous vous adressez.

Comme pour la Vie pratique, l'enfant choisira seul un matériel qui lui a déjà été présenté et commencera chaque séance en allant chercher son tapis ou en installant son espace de travail sur une table. Il rangera le matériel à la fin avant de prendre, éventuellement, le suivant.

Quant à la façon de présenter le matériel à l'enfant, elle varie peu dans ses principes de bases :

- Commencez par créer une envie et une attente chez l'enfant : "Tiens, si on essayait ce nouveau jeu, aujourd'hui ? Je vais te présenter quelque chose que tu n'as encore jamais utilisé...".
- Dirigez-vous avec l'enfant vers l'endroit où est rangé le nouveau matériel et nommez-le.
- Présentez les éléments successivement et en petit nombre (souvent trois par trois), même en ce qui concerne un même matériel.
- Prenez le temps de bien montrer et de laisser l'enfant explorer les nouveautés en toute tranquillité.
- Faites une petite mise en scène positive autour de l'activité en soulignant l'aspect esthétique ou amusant, en créant des surprises, mais toujours dans le calme et la concentration.
- Arrêtez l'activité lorsque l'enfant montre des signes de lassitude ou de baisse d'attention. Cela ne vous empêche pas de suggérer un autre jour de recommencer à travailler avec le même matériel. De même, si un matériel précis a été longtemps "laissé aux oubliettes" alors qu'il vous semble utile d'en prolonger l'usage, vous pouvez le ressortir et présenter une nouvelle activité (voir "les prolongements", plus loin)...
- Faites évoluer la durée globale des séances de travail en fonction de l'âge et de la faculté de concentration de l'enfant. Mieux vaut plusieurs petites séances d'un quart d'heure dans le calme et l'attention qu'une séance de deux heures, même en changeant de matériel, durant laquelle l'attention et l'intérêt de l'enfant se relâcheront par moments.
- Un enfant en période sensible peut répéter indéfiniment une activité.

Vie sensorielle : chronologie

2 ans - 2 ans et 1/2	vers 3 ans
1er tiroir de géométrie (les 3 formes)	
Le sac à mystères	
Les planchettes rugueuses	
Les tissus	
1re et 2e boîtes de couleur	
	Les emboîtements cylindriques
	La tour rose
	L'escalier marron
	Les boîtes à tris
	Les solides géométriques

vers 3 ans et 1/2	vers 4 ans	vers 5 ans
Les autres tiroirs ⟶		
⟶		
⟶		
⟶		
⟶		La 3ᵉ boîte de couleur
⟶		
⟶		
⟶		
⟶		
⟶		
Les boîtes à bruits, à odeurs ⟶		Les boîtes à goût ⟶
Les barres rouges ⟶		
Le cube du binôme ⟶		
	Le cube du trinôme ⟶	
	Les triangles constructeurs ⟶	
	Les figures superposées ⟶	
	La table de Pythagore ⟶	
	Les cylindres de couleur ⟶	

Le sac à mystères

Le sac à mystères est une activité inépuisable et ludique qui permet un travail très complet : motricité fine et concentration, affinement du sens du toucher et enrichissement du vocabulaire.

Le matériel

Cette activité ne demande pas de matériel compliqué, à part un petit sac de tissu de 30 x 30 cm environ.
Vous y mettrez 6 à 8 petits objets de formes, tailles, matières variées : une brosse à dent, une bougie, une pince à linge, un cube de bois, un trombone, une gomme, une petite éponge... à renouveler de temps en temps. Les objets doivent être familiers à l'enfant. Assurez-vous de choisir des objets qu'il connaît bien. Ils doivent aussi être facilement reconnaissables à leur forme et/ou à leur matière.

La présentation

Montrez à l'enfant l'endroit où vous avez accroché le sac à mystères. Invitez l'enfant à le porter sur une table ou sur un petit tapis.
Plongez les deux mains dans le sac, choisissez un objet et décrivez-le en prenant un air particulièrement mystérieux : "Cet objet a des poils, il y a un long manche. On dirait bien qu'il est en plastique. Etc." Laissez le temps à l'enfant de deviner. Puis, si vous voyez qu'il ne reconnaît pas directement l'objet sans le voir, dites "Je pense que j'ai un ..." (nom de l'objet) et sortez-le du sac. Il faut nommer l'objet avant de le sortir.

Une fois tous les objets sortis du sac, demandez à l'enfant, de les toucher. Commentez ensemble et demandez à l'enfant de les nommer au fur et à mesure que vous les remettez à l'intérieur.

Passez ensuite le sac à l'enfant. Il doit mettre ses deux mains dedans, sentir un objet et dire : "Je crois que j'ai ...". Ce n'est qu'ensuite qu'il sort l'objet pour vérifier.

Les jeunes enfants adorent cette activité.
Ils sont en pleine période sensible du langage. Observez comme ils sont fascinés par le mot qui sort de votre bouche. Si vous trouvez des objets jolis et intéressants à toucher et à regarder, préparez-vous à voir l'enfant répéter souvent cette activité.

Variez régulièrement les objets de votre sac pour garder son mystère ! Augmentez progressivement la difficulté, par exemple en choisissant des objets qu'un seul point distingue : un gros et un petit bouton, une mandarine et une orange, etc.

Les prolongements

• Vous pouvez trouver des variantes soit dans le choix des objets, soit dans les consignes : ne sortir que les petits objets, que les objets lisses, sortir un objet précis, etc. À vous ou même à l'enfant d'imaginer de nouveaux jeux. Chaque objet sera propice à un enrichissement du vocabulaire : une carte de pique, un coquillage lisse...

• Après une séance classique qui permettra à l'enfant de mémoriser les objets présents dans le sac, annoncez que vous allez en retirer un, secrètement. L'enfant devra alors plonger les mains dans le sac et tenter de retrouver quel est l'objet manquant. Travaillez d'abord avec peu d'objets, puis corsez le jeu progressivement.

Les planchettes rugueuses

Le matériel

Il existe quatre types de matériel progressif : trois planchettes et une série de tablettes (12 en tout : 6 paires), que l'on ne présentera pas au même moment (voir le tableau chronologique p.28). On peut très bien fabriquer ce matériel soi-même avec du bois et du papier de verre collé dessus (voir croquis). La première planchette rugueuse comporte juste deux zones : une lisse une rugueuse. La deuxième comporte une série alternée de bandes lisses et rugueuses. Sur la troisième, les bandes rugueuses le sont de façon inégale. Enfin les tablettes sont composées de deux séries identiques allant du plus lisse au plus rugueux.

Un conseil

Pour toutes les activités tactiles comme lisse-rugueux, les tissus, le sac à mystères, les exercices de tri, invitez l'enfant à se "sensibiliser les doigts". Le matériel pour cela est constitué d'un plateau avec une éponge humide et une petite serviette. Montrez à l'enfant comment plonger les doigts dans l'éponge, puis frottez-les vigoureusement sur la serviette épaisse. Maintenant, c'est au tour de l'enfant.
Cette activité préparatoire aiguise la conscience de l'enfant sur le fait qu'il va travailler avec ses doigts, de plus cela les prépare physiquement à être plus sensibles au toucher.

La planchette n°1

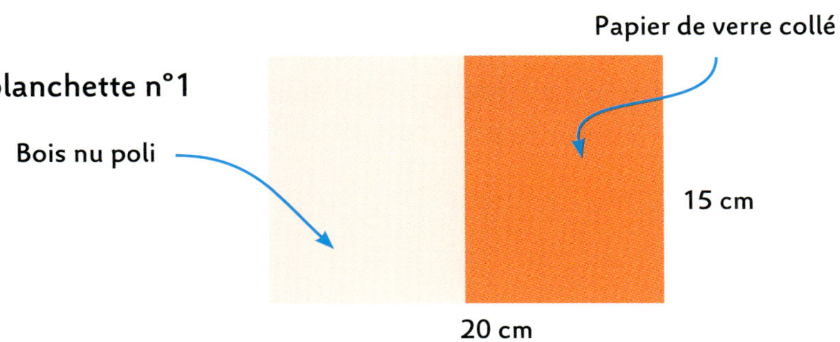

Les planchettes n°2 et n°3

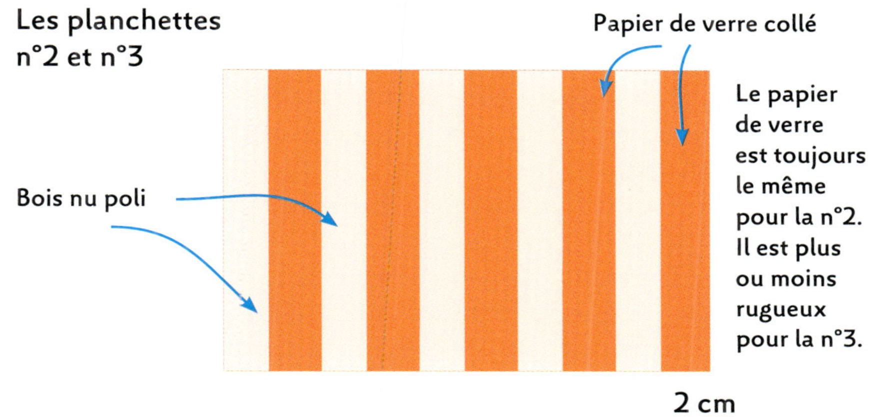

Les tablettes

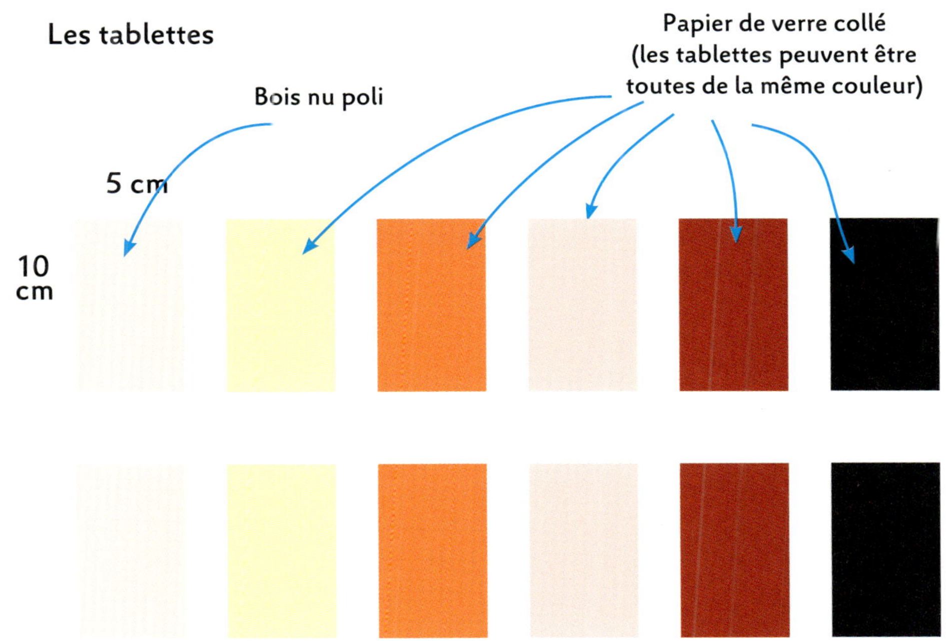

La présentation

La planchette n°1

Touchez plusieurs fois la partie lisse silencieusement, de haut en bas, du bout des doigts (le toucher doit être souple et léger). Idem avec la partie rugueuse. Puis passez la planchette à l'enfant.
Dans un deuxième temps, faites la même chose en disant : "lisse", puis "rugueux". Passez la planchette à l'enfant.
Enfin, reproduisez l'opération les yeux fermés.
Tournez la planche au hasard lorsque l'enfant à les yeux fermés, de façon à ce qu'il ne sache pas à l'avance si la zone rugueuse est à droite ou à gauche. Pour contrôler, il ouvre les yeux.

Les planchettes n°2 et n°3

Posez la planchette devant l'enfant et maintenez-la de la main gauche. Montrez à l'enfant comment serrer et isoler l'index et le majeur de la main droite pour toucher les bandes. Passez légèrement les deux doigts joints sur les bandes lisses ou rugueuses de gauche à droite (sens de l'écriture) puis verticalement bande par bande, toujours de gauche à droite, en disant alternativement "lisse" - "rugueux". Cela se fait d'abord yeux ouverts puis fermés. Puis proposez à l'enfant de le faire à son tour. Tournez la planche au hasard pour corser la difficulté et maintenir l'effet de surprise.
Pensez à faire utiliser par l'enfant d'abord la main qu'il choisit lui-même instinctivement, selon qu'il est gaucher ou droitier, puis l'autre, pour cultiver l'usage des deux mains, sans contrarier son penchant naturel.
Un point de contrôle intéressant par rapport à la préparation à l'écriture, lorsque la consigne est de suivre avec le doigt chaque bande verticalement, les yeux ouverts puis fermés : si l'enfant ne maintient pas correctement son poignet et ne maîtrise pas son geste de façon fine, il sent à la fois la zone qu'il suit et la zone d'à côté. Cela lui indique qu'il doit rectifier.

Les tablettes

Le travail avec les tablettes (croquis p.31) consiste d'abord à reconnaître les paires du bout des doigts et à les réunir.
Isolez une tablette au hasard devant l'enfant et, à côté, la pile des autres tablettes, sans ordre particulier. Dites que vous allez retrouver dans la pile la "jumelle" de la tablette isolée. Montrez que vous retouchez fréquemment la tablette de référence pour ne pas oublier la sensation exacte à retrouver sur la tablette identique. Lorsque la paire est réunie, empilez les deux tablettes et faites-les glisser à l'écart de la zone de travail. C'est maintenant au tour de l'enfant.
On reproduit l'activité jusqu'à réunion de toutes les paires. Le jeu se fait les yeux ouverts, puis les yeux fermés. Avec les yeux fermés, on ne travaille que sur trois paires, au début : les plus contrastées. Puis on ajoute progressivement les autres. Le contrôle de l'erreur s'opère de façon tactile mais aussi visuel, en alignant les tablettes par paires.

Un deuxième travail peut être proposé lorsque l'enfant sait faire la mise en paires. Laissez de côté un élément de chaque paire et ne gardez qu'une série de six tablettes : la lisse, la très rugueuse, et les quatre intermédiaires. L'activité consiste alors à classer les tablettes dans l'ordre du plus lisse au plus rugueux ou l'inverse, toujours yeux ouverts d'abord, puis yeux fermés ensuite.

Une variante du travail avec les tablettes, qu'il s'agisse du travail par paires ou du classement ordonné, consiste à jouer sur deux plateaux posés loin l'un de l'autre : l'enfant va chercher sur le deuxième plateau l'élément dont on a besoin pour compléter le premier. C'est beaucoup plus compliqué mais aussi beaucoup plus stimulant car cela fait intervenir la mémoire.

Les tissus

Le matériel

On peut facilement réunir ce qu'il faut à la maison : il s'agit de morceaux de tissus différents, par paires. Chaque paire est bien sûr identique : même tissu mais aussi même couleur. Six paires suffisent. Choisissez des tissus variés en affinant progressivement les différences. Vous pouvez par exemple réunir dans une boîte n°1 du velours, de la toile rigide, de la laine tricotée, du tissu éponge et de la (vraie) toile cirée, et dans une boîte n°2 des tissus plus proches : coton uni, coton avec des fils de trame en relief, lin, velours lisse, velours à côtes, velours damassé (tissu d'ameublement). Le jeu pourra aussi se faire avec des matières autres que du tissu : bois, carton, papier, métal, plastique...

La présentation

Le travail consiste à réunir les paires, d'abord en regardant, puis sans regarder. Cette activité semble banale mais la présentation est très méthodique pour mieux préparer le sens du toucher et faire travailler progressivement la mémoire.

Les six paires sont présentées à l'enfant en vrac. Prenez un tissu. Tenez l'étoffe avec les deux mains en faisant rouler vos pouces dessus. Dites à l'enfant que vous êtes à la recherche du même. Choisissez délibérement un tissu différent. Touchez-le de la même manière puis reposez-le. Cette fois-ci choisissez le bon. Faites la paire devant l'enfant en les mettant l'un sur l'autre. Poussez la paire en haut de la table.

Cette organisation est importante : l'enfant apprend ainsi à bien organiser son espace de travail et à travailler avec ordre et méthode.

Faites toutes les paires. Demandez à l'enfant de les vérifier en touchant les tissus l'un après l'autre. Mélangez les tissus. C'est au tour de l'enfant de chercher tout seul.

A l'étape suivante, il devra reconstituer les paires... les yeux fermés. Quand la boîte n°1 ne posera plus aucune difficulté, présentez à l'enfant la boîte n°2.

Lorsque le niveau sensoriel est dépassé, on peut donner le vocabulaire des différents tissus et de leurs particularités.

Un développement possible : retrouver dans la maison des vêtements, des rideaux, etc. composés avec les différents tissus proposés.

Cette activité prépare indirectement aux mathématiques par la procédure de plus en plus complexe d'organiser le travail sur la table.

L'enfant peut visuellement contrôler son travail car les tissus identiques ont aussi la même couleur. Pour cette raison, encouragez aussi le travail avec les yeux fermés.

Les boîtes de couleur

Le matériel

Il existe trois boîtes de couleur. **La première** contient juste deux tablettes rouges, deux jaunes et deux bleues. Elle permet de faire découvrir à l'enfant les couleurs primaires. Ce sont des couleurs très contrastées. **La deuxième** contient les trois mêmes paires plus huit autres : les trois couleurs secondaires orange, vert, violet, plus le rose, marron, blanc, gris et noir. **La troisième** contient un nuancier : sept nuances du plus clair au plus foncé, pour neuf couleurs différentes : les mêmes que pour la deuxième boîte moins le blanc et le rose qui sont inclus dans les nuances du gris et du rouge.

N°1

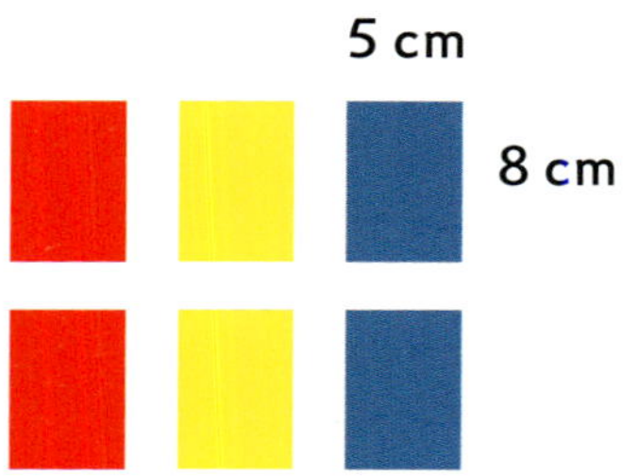

N°2

N°3

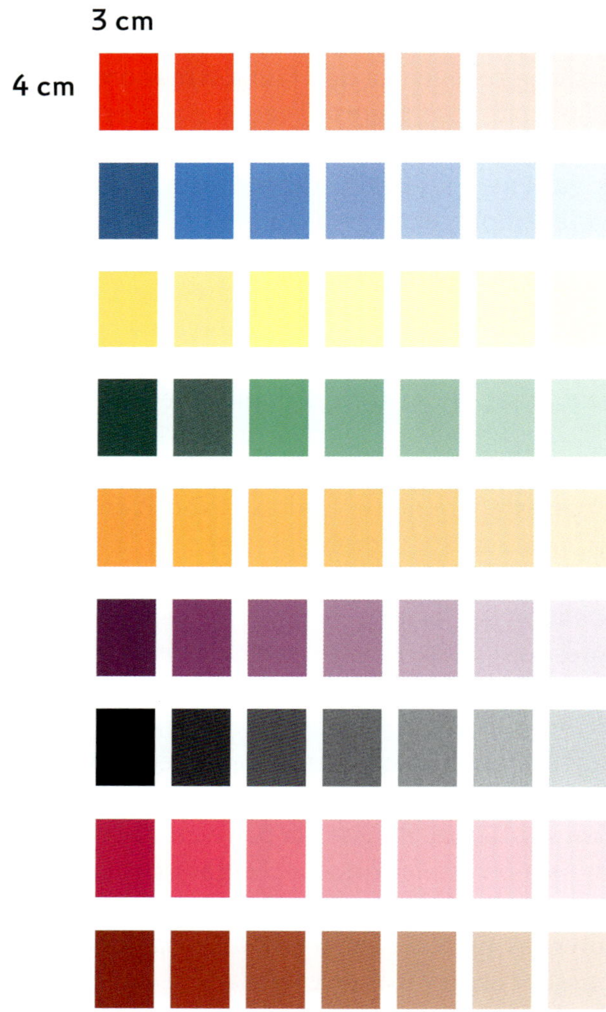

En tout : 9 fois 7 cartes

Il est encore tout à fait possible de faire le matériel soi-même à peu de frais. Si vous voulez absolument les petits bords en bois... ce sera simplement plus cher. Vous pouvez également vous procurer des nuanciers auprès des fournisseurs de peinture. Dans ce cas, vous devrez vous arranger pour en obtenir deux exemplaires.
Pour les boîtes, tapez "boîtes en bois" ou "boîtes en carton" sur Internet : vous avez le choix. Vous pourrez soit les peindre soit les couvrir de papier coloré.

La présentation

La première boîte

Posez la première boîte sur la table. Sortez les tablettes avec l'enfant, sans ordre précis. Ne cherchez pas à lui apprendre immédiatement le nom des couleurs. Le but est ailleurs : il s'agit là de cultiver sa perception et son discernement visuel, son sens des nuances. Comme toujours dans la pédagogie Montessori, le langage arrive en second.

Prenez une tablette (par le bord en bois ou les côtés). Placez-là à gauche. Puis soulevez-là et comparez avec les autres. Commencez par l'approcher d'une couleur qui ne correspond pas. Demandez à l'enfant : "Est-ce que ce sont les mêmes ?" Ensuite comparez avec la bonne. Faites la paire en les posant l'une à côté de l'autre devant l'enfant. Faites glisser les deux tablettes à l'écart, au dessus de toutes les autres. Reproduisez l'opération avec les deux autres paires en montrant à l'enfant comment disposer les paires en colonnes, les unes sous les autres. Mélangez ensuite les tablettes. Faites la première paire. L'enfant fera le reste.

La deuxième boîte

Le principe est le même que pour la première boîte, mais vous introduisez progressivement de nouvelles paires, sans nommer les couleurs si l'enfant ne le fait pas lui-même.

Commencez par les couleurs primaires, que l'enfant connaît déjà puisqu'il a travaillé avec la première boîte. Faites la première paire. L'enfant fait le reste.
Ensuite sortez le vert, l'orange et le violet. Faites la première paire. L'enfant fait le reste. Si l'enfant est à l'aise sortez les dernières couleurs : rose, gris, blanc, noir et marron. Ecartez bien les colonnes pour éviter la confusion visuelle. Si la table n'est pas assez large pour toutes les colonnes, faites en une deuxième série sous la première.

Lorsque l'enfant associe facilement toutes les paires, passez à la découverte du nom des couleurs, selon le principe de la leçon en trois temps (voir p.10).

Le jeu peut se compliquer en plaçant les deux séries sur des plateaux différents posés sur des tables éloignées. Si l'enfant ne connaît pas encore le vocabulaire, montrez-lui simplement la tablette dont il devra retrouver la jumelle sur l'autre table. Si le vocabulaire est connu ou en cours d'apprentissage, donnez des consignes comme "Va me chercher le bleu", d'abord en montrant le deuxième bleu devant vous, puis sans le montrer.

Autre jeu sensoriel : L'enfant doit relier la couleur qu'il a sous les yeux aux objets de son environnement. La consigne devient "Peux-tu me trouver un crayon de cette couleur ? » Lorsque le vocabulaire peut entrer en jeu, la consigne devient : "Peux-tu m'apporter un crayon rouge ?"

Parallèlement, laissez toujours à disposition de l'enfant une boîte de gouaches, un pinceau, du papier et de l'eau et proposez-lui de dessiner avec les couleurs de son choix.

La troisième boîte

Attention : cette boîte sera présentée bien plus tard que les deux autres (Voir le tableau chronologique, p. 28). Sortez les sept tablettes du nuancier d'une des couleurs primaires. Puis fermez la boîte pour éviter que l'enfant ne soit distrait. Par la suite, vous le laisserez bien sûr choisir les couleurs qu'il veut. Mais pour la première présentation, comme les nuances sont assez subtiles, il vaut mieux commencer par une couleur franche (pas le rose, par exemple, qui est déjà une nuance du rouge).

Étalez la série complète dans le bon ordre. Laissez l'enfant observer. Faites-lui remarquer que "toutes sont bleues, mais ce n'est pas toujours le même bleu". Brassez les tablettes puis recommencez l'opération en commençant par la plus foncée posée à gauche. Dites : "Je vais chercher celle qui est presque la même."

Au bout de plusieurs fois, posez uniquement les deux nuances extrêmes et la nuance médiane. Laissez le reste en tas et demandez à l'enfant de piocher et de disposer les tablettes comme il convient pour compléter la série. Si vous constatez que l'enfant est en difficulté, simplifiez en supprimant des nuances intermédiaires.

Reprenez le jeu avec la même couleur 2 ou 3 jours de suite. Puis rangez cette couleur et introduisez une deuxième couleur, avec laquelle l'enfant procèdera de la même façon. Ainsi de suite jusqu'à la fin des séries. Vous pouvez alors sortir deux ou trois nuanciers en même temps. À la fin, au bout de plusieurs semaines, l'enfant pourra travailler sur toutes les séries à la fois. Attention alors à ne pas confondre des couleurs qui pourraient se retrouver dans deux gammes différentes, comme l'orange pâle (gammes rouge et jaune) ou le vert très foncé qui pourrait se retrouver à la place du noir dans la gamme des gris.

C'est le moment de jouer avec les mélanges de gouaches, de les comparer avec les tablettes, d'ajouter de nouvelles nuances.

Les prolongements

Le soleil : les nuanciers sont étalés sur un grand tapis, comme les rayons d'un soleil dont le centre réunit toutes les tablettes les plus foncées, disposées en cercle. Le résultat est splendide et plaît beaucoup aux enfants.

Un autre jeu sensoriel consiste à relier une couleur aux objets de l'environnement. "Peux-tu me trouver un objet exactement de cette couleur ?"

Le vocabulaire de "foncé" et "clair" est donné grâce à une leçon en trois temps... de même pour "plus foncé" et "plus clair" et enfin pour "le plus foncé" et "le plus clair".

Les emboîtements cylindriques

C'est le premier matériel sensoriel que l'on présente à l'enfant pour lui apprendre à exercer son sens visuel de reconnaissance des dimensions.

Le matériel

Quasi impossible à réaliser correctement chez soi, le matériel se compose de 4 supports en bois ressemblant aux blocs des masses d'une balance Roberval. Les cylindres sont encastrés dans des trous exactement adaptés à leur hauteur et à leur diamètre. Seuls dépassent du support les boutons servant à saisir les cylindres.
Le premier support comporte 10 cylindres de hauteur égale mais de diamètres différents. Pour **le deuxième**, hauteurs et diamètres des 10 cylindres diffèrent. Le cylindre le plus fin étant en même temps le plus haut. **Le troisième** comporte 10 cylindres de hauteurs et de diamètres différents : le plus large est aussi le plus haut. **Le quatrième** présente 10 cylindres de diamètre identique mais de hauteur progressive. Voir les croquis p.38 et suivantes.

La présentation

Montrez à l'enfant comment tenir le bloc : une main à chaque extrémité. Il le fera avec une relative facilité s'il a déjà fait des activités de Vie pratique qui développent la concentration, la conscience de l'environnement, les muscles des doigts, des mains et des bras...
Invitez l'enfant à porter le bloc et à le poser sur une table.
Sortez les 2 cylindres les plus contrastés pour que l'enfant perçoive bien le contraste. Placez-les devant lui. Regardez les trous, mettez votre doigt dedans. "Maintenant, c'est vide".
Dites à l'enfant que vous allez remettre les cylindres dedans.

Enlevez maintenant tous les cylindres en saisissant les boutons avec trois doigts et posez-les en désordre devant l'enfant. Puis posez le doigt sur le pourtour du premier trou sur la gauche du support et sur le contour de la base du cylindre correspondant. Glissez votre doigt dans le trou et retirez-le. Glissez le cylindre à sa place. Faites des essais pour souligner de façon ostensible le fait que chaque cylindre a SA propre place et ne peut aller que là.

Le contrôle de l'erreur se fait de deux façons : tous les cylindres doivent avoir une place et aucun ne doit dépasser du support. Faites complètement le premier bloc devant l'enfant avant de le laisser essayer à son tour. Laissez-le explorer le bloc à sa manière. Restez à côté de lui, encouragez la répétition. La première fois, montrez-lui comment ranger le bloc sur l'étagère.

Procédez progressivement, comme toujours, d'abord avec un seul support, puis avec le 2e seul, puis le 3e puis le 4e. Lorsque les 4 sont bien connus de l'enfant et que vous observez qu'il a moins d'élan vers ce matériel, proposez-lui, pour relancer son intérêt, d'utiliser 2 puis 3 puis 4 supports à la fois. Il disposera les supports en V renversé (2 supports), en triangle (3), puis en rectangle (4), pour concentrer tous les cylindres sous ses yeux. Et il manipulera les cylindres dans l'espace ainsi limité.

Les emboîtements cylindriques développent le sens de l'observation et affinent la perception des nuances. Il s'agit aussi d'une préparation à l'écriture (motricité fine de la pince à trois doigts, souplesse du poignet, maîtrise du geste). Cette activité développe également la coordination œil-main.
A l'âge où l'enfant découvre ce matériel, il est trop tôt pour mettre en avant le vocabulaire de la comparaison et du classement, mais vous l'utilisez naturellement en parlant avec lui. Il l'enregistre inconsciemment.

Les emboîtements cylindriques : n°1

Le support n° 1 vu de dessus

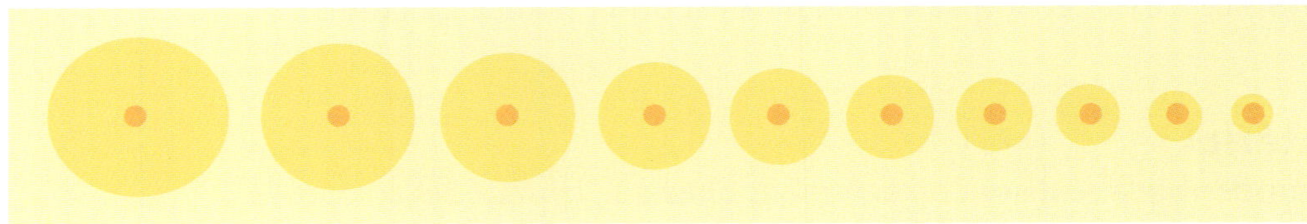

Les emboîtements cylindriques : n°2

Le support n° 2 vu de dessus

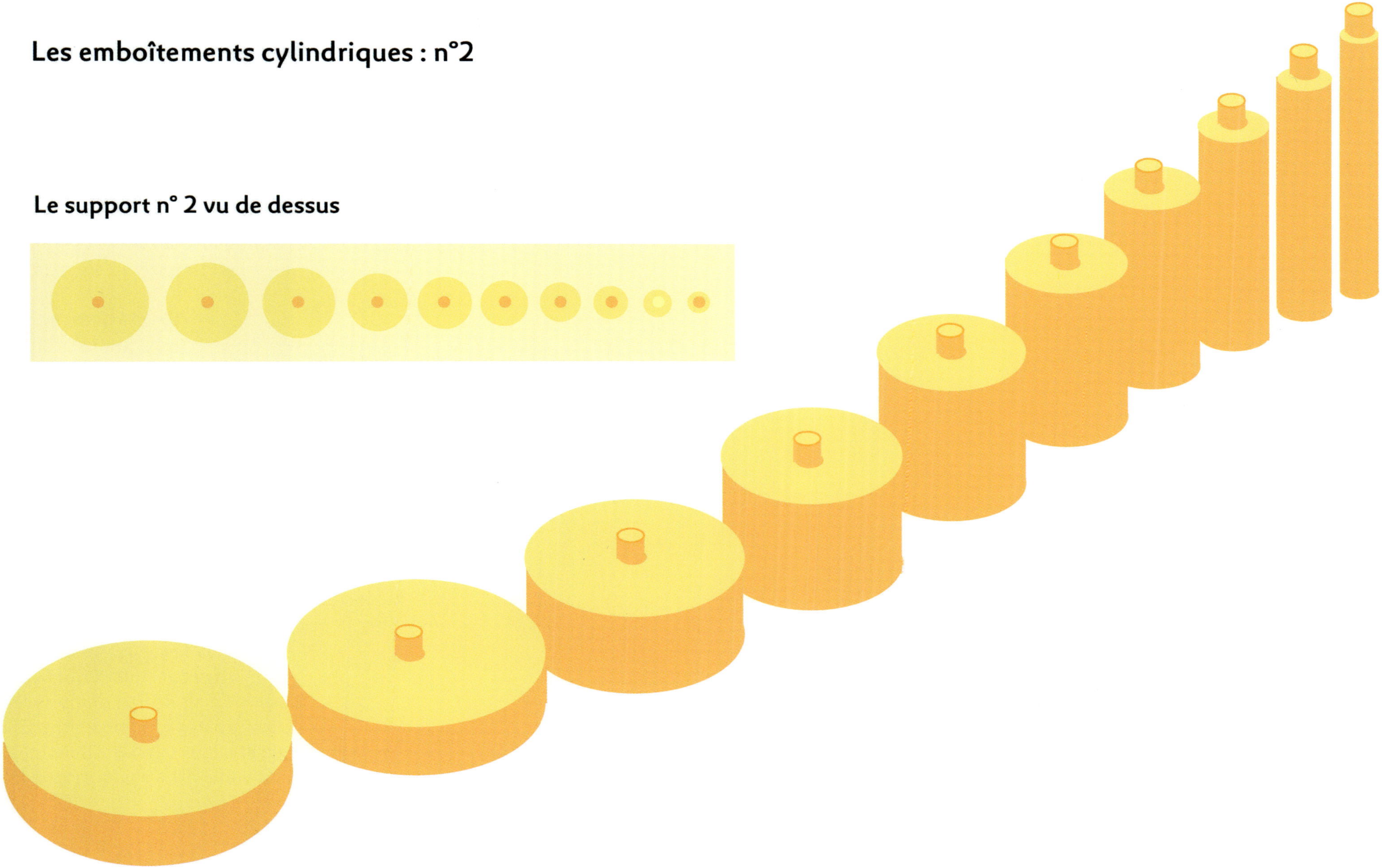

Les emboîtements cylindriques : n°3

Le support n° 3 vu de dessus

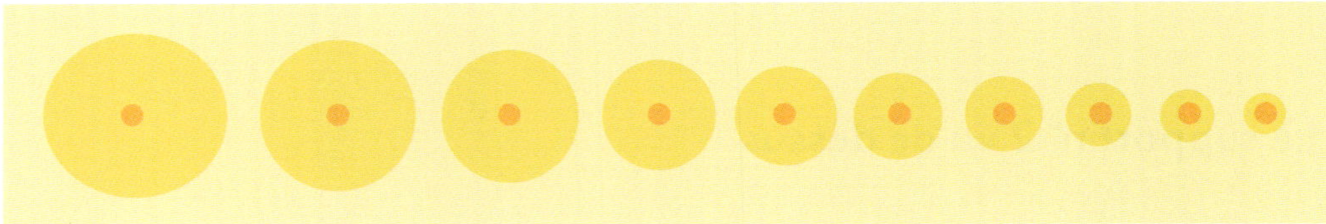

Les emboîtements cylindriques : n°4

Le support n° 4 vu de dessus

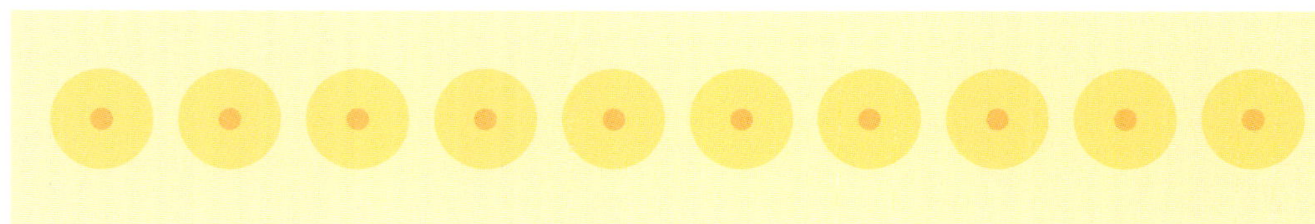

La tour rose

Le matériel

Il se compose de 10 cubes de bois de 1 à 10 cm de côté, peints en rose. Il est un peu compliqué de le fabriquer soi-même car les cubes doivent être parfaits sous peine de rendre la construction difficile voire impossible. Si l'on veut éviter d'acheter le matériel fini, on peut le trouver prêt à peindre sur Internet. Gardez la référence de la couleur : vous pourrez ainsi faire quelques retouches de peinture quand les cubes seront un peu éraflés par les multiples manipulations.

La présentation

La tour est un bel objet. Elle fait plus de la moitié de la hauteur de l'enfant qui la découvre. Jouez sur son aspect fascinant : le matin où vous voulez la faire découvrir à l'enfant, dressez-la dans la classe ou la pièce où il travaille habituellement, avant son entrée dans les lieux, de façon à créer une belle surprise. Par la suite, lorsqu'elle sera rangée, elle restera montée dans un coin de la pièce.

1 : La tour debout, centrée

Laissez l'enfant regarder la tour et proposez-lui de la construire avec vous. Indiquez-lui que vous avez besoin d'un tapis. L'enfant va chercher le tapis et l'installe à l'autre bout de la pièce. Vous lui donnez ainsi l'occasion de se déplacer fréquemment au lieu de rester immobile. Plus il aura la possibilité de faire des mouvements et plus il sera intéressé, car il est en période sensible du mouvement.

Montrez d'abord comment tenir un cube par le dessus, tous les doigts d'un côté, le pouce de l'autre. Ainsi, il sentira mieux la différence de taille des cubes. Pour les plus gros d'entre eux, il devra même utiliser ses deux mains, à plat de chaque côté. L'enfant transporte tous les cubes, un par un, sur le tapis, en déconstruisant progressivement la tour.

Une fois que tous les cubes ont été apportés, isolez le plus gros. Choisissez le suivant. N'allez pas trop vite : montrez que vous prenez le temps d'examiner ceux qui restent. Au fur et à mesure, placez le nouveau cube sur le précédent, bien au centre. Quand la tour est terminée, prenez - et donnez à l'enfant - le temps de l'admirer. Vous pouvez vous lever et marcher ensemble autour de l'édifice. Enfin montrez à l'enfant comment défaire la tour, cube par cube, sans la faire tomber.

Et maintenant, c'est à lui de bâtir ! Laissez-le faire, même si sa tour n'est pas parfaite. Ce n'est pas le résultat en lui-même qui est important, mais le travail de perfectionnement, l'observation des tailles relatives des cubes. S'ils sont placés dans le désordre ou s'ils ne sont pas bien centrés, la tour tombe avant que tous les cubes n'aient été utilisés et l'enfant comprend intuitivement qu'il doit trouver une meilleure solution.

Pendant la période où il travaillera avec la tour, l'enfant commencera à remarquer les objets de son environnement qui ont la même dimension ou la même progression, comme l'escalier marron, par exemple. Il découvrira par lui-même qu'il peut construire sa tour couchée. Il pourra aussi dessiner des formes avec les cubes sur le tapis. Ne lui montrez pas tous les possibles vous-même. Sa créativité s'en chargera !

Les prolongements

• Pour un travail de précision, vous pourrez cependant lui montrer comment construire une tour avec les coins alignés (croquis 2). Faites alors glisser le plus petit des cubes le long des bords : d'un côté, il "monte l'escalier", de l'autre, il "grimpe tout droit". Laissez l'enfant continuer.

• Pour corser le tout et faire intervenir la mémoire, l'enfant pourra venir chercher les cubes un à un sur un tapis et aller construire la tour un peu plus loin sur un autre tapis. C'est un peu plus difficile donc plus intéressant pour lui. Les tapis ne doivent pas être trop proches car c'est aussi la liberté de mouvement qui lui plaît. Asseyez-vous près du tapis où a lieu la construction et demandez à l'enfant d'apporter d'abord le plus gros cube, puis le suivant, etc.

• Vous pouvez aussi associer du vocabulaire précis (grand / petit - plus gros / plus petit - plus grand / moins grand...) en suivant la démarche de la leçon en trois temps. La tour rose prépare indirectement aux mathématiques car la taille progressive des cubes induit la notion de classement. Elle prépare aussi à l'écriture, grâce à la précision des gestes du poignet et des doigts qu'elle demande.

2 : La tour debout, alignée

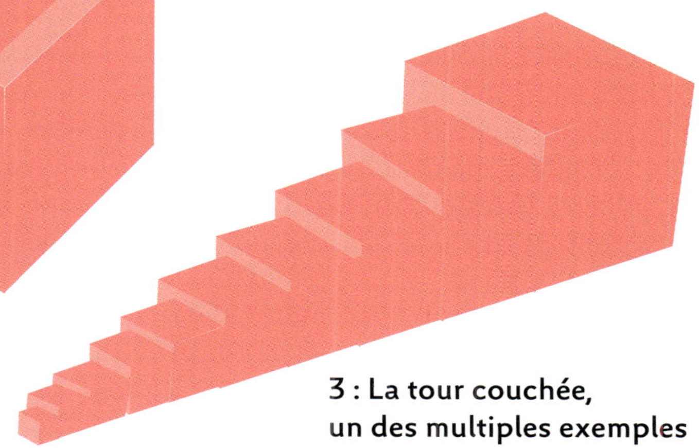

3 : La tour couchée, un des multiples exemples de construction possible que l'enfant découvrira seul

L'escalier marron

Le matériel

L'escalier marron est constitué de 10 prismes en bois de 1 x 1 x 20 cm à 10 x 10 x 20 cm. Seules la hauteur et la profondeur changent alors que la longueur est constante (Voir croquis).

La présentation

Dirigez-vous avec l'enfant vers l'étagère où est rangé l'escalier marron "monté". Indiquez à l'enfant que pour cette nouvelle activité vous avez besoin d'un tapis. Invitez l'enfant à choisir et dérouler un tapis (de préférence loin de l'étagère).

Montrez à l'enfant comment porter un prisme (commencez par le plus épais) la main droite tient le prisme par son milieu. Avec l'enfant transportez les prismes un par un sur le tapis. Quand tous les prismes auront été posés au hasard sur le tapis, asseyez-vous à droite de l'enfant.
Isolez le prisme le plus épais en le plaçant à l'extrémité d'un tapis. Choisissez le prisme suivant en montrant bien que vous cherchez le bon. Placez-le contre le prisme le plus épais. Vérifiez l'alignement en glissant vos deux mains sur les côtés des prismes. Quand tout est en place, admirez le résultat en marchant autour du tapis avec l'enfant.
Dites à l'enfant que vous allez maintenant tout défaire. Ensemble, mélangez les prismes.
C'est au tour de l'enfant. Pour l'aider à démarrer demandez lui avec lequel il va commencer. Puis laissez-le construire l'escalier à sa manière. Quand il a terminé montrez-lui comment le ranger (en reconstruisant un escalier sur l'étagère.)

Lorsque l'enfant construit l'escalier sans difficulté, qu'il en perçoit les différentes dimensions, corsez le jeu en disposant les prismes en désordre sur un tapis et en demandant à l'enfant de les prendre un à un pour construire l'escalier sur un autre tapis, de l'autre côté de la pièce. Cette activité peut se faire à plusieurs, l'un des enfants, le bâtisseur, commande alors le prisme suivant, puis le suivant, aux autres enfants.

Vous pouvez alors commencer à introduire le vocabulaire "épais"/ "mince" grâce à une leçon en trois temps. Enfin, introduisez les notions "plus épais" / "plus mince", "plus épais" / "moins épais" et "le plus épais"/ "le plus mince". Pour cela, disposez les prismes au hasard sur un tapis, isolez l'un d'eux et demandez à l'enfant de vous donner un prisme plus épais, puis un moins épais, etc. N'opposez que deux notions au début. Ces jeux avec les comparatifs sont une préparation aux mathématiques.

Les prolongements

L'enfant découvrira probablement tout seul qu'il peut combiner les prismes de l'escalier et les cubes de la Tour rose pour faire des constructions extraordinaires, couchées (un escalier rose) ou debout (en montant sur une petite chaise pour faire une tour marron). Il pourra aussi composer de belles figures géométriques. Laissez-le faire seul. Mais cela ne vous empêche pas de faire de temps en temps des suggestions pour "réamorcer".

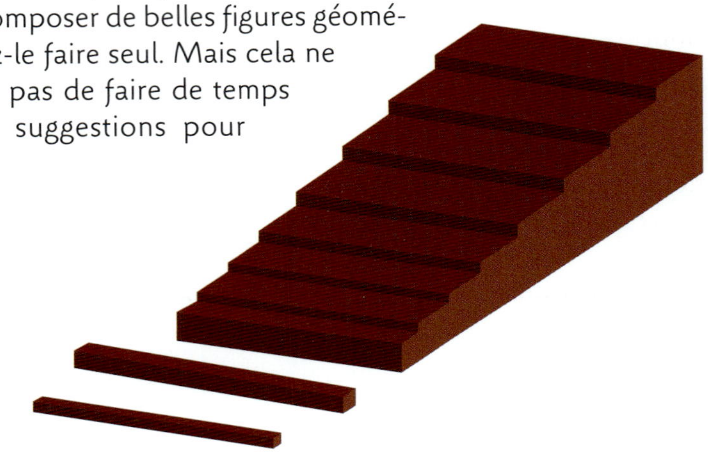

La boîte à tri

Le matériel

Ici encore, le matériel est simple et facile à trouver dans la maison. Un plateau contenant une grande coupe et 3 petites coupelles. Placez 3 x 4 objets semblables dans la grande coupelle : 4 noix, 4 châtaignes, 4 glands, par exemple. Mais cela marche aussi avec des objets plus "citadins" ! 4 boutons, 4 haricots secs, 4 billes en verre, 4 dés... Vous pourrez varier et graduer la difficulté.

La présentation

Invitez l'enfant à prendre le petit plateau tout prêt sur l'étagère et à le poser sur une table.
Montrez-lui comment prendre les objets dans la grande coupe avec la pince à trois doigts et à regrouper les objets semblables dans les petites coupelles : les noix dans la première, les châtaignes dans la deu-xième, etc. Saisissez un objet avec une main et un autre avec l'autre main, puis déposez-les dans les coupelles avant d'en saisir deux autres. Le fait d'utiliser les deux mains simultanément est bien sûr important pour favoriser l'ambidextrie.

À la fin, insistez sur le fait que chaque coupelle ne contient que des éléments identiques. Puis remettez tous les objets dans la grande coupe et laissez l'enfant essayer à son tour.
Lorsqu'il maîtrisera le tri en regardant, montrez-lui comment trier sans regarder, uniquement au toucher. La difficulté ne réside pas seulement dans la reconnaissance au toucher. L'enfant doit aussi mémoriser dans quelle petite coupelle il a déjà placé tel ou tel objet.
Pour ajouter au cérémonial et si cela ne l'effraie pas, vous pouvez lui bander les yeux avec un foulard.

Les prolongements

• Choisir des objets de plus en plus semblables ou de plus en plus petits (coquillettes, grains de riz, lentilles...). Prévenez l'enfant quand vous changez les objets.
• Avec des petites graines, la technique est différente. Il faut placer le grain de riz dans la paume de la main gauche et le toucher avec le bout des doigts de la main droite.

C'est un exercice fabuleux pour ouvrir ses sens, exercer sa concentra-tion et développer sa mémoire.
Chaque sortie pourra être l'occasion d'enrichir vos plateaux.

Les solides géométriques

Le matériel

Les solides géométriques, que l'on appelle aussi Petits volumes, sont impossibles à fabriquer à la maison. Il s'agit de :

• **10 petits solides en bois** : un cube, un parallélépipède régulier, une pyramide, un tétraèdre, un prisme à base triangulaire, un ovoïde, une sphère, un ellipsoïde, un cône et un cylindre.

• **Trois socles** permettant de faire tenir debout la sphère, l'ovoïde et l'ellipsoïde.

• **Une série de cartons découpés** selon la forme de la base et d'un côté de chaque solide. Certains solides n'ont pas de carton (l'ovoïde, l'ellipsoïde...), d'autres n'en ont qu'un (cylindre, cône...). Le cube n'en a qu'un puisque toutes ses faces sont identiques.

• **Une série de 5 dessins** : un petit triangle équilatéral (la base du prisme à base triangulaire et du tétraèdre), un long triangle isocèle (le côté de la pyramide et du tétraèdre, un carré (la base du cube, de la pyramide et du parallélépipède), un rectangle (le côté du parallélépipède) et un disque (la base du cylindre et du cône).

• **Une série de 10 étiquettes** portant le nom des solides.
Ce matériel est rangé dans une boîte ou une corbeille.

La présentation

L'enfant doit avoir déjà travaillé avec le premier tiroir de géométrie (p.53). En effet, il a besoin de connaître le nom d'un carré, cercle et triangle. Le travail avec les solides est donc parallèle avec celui sur les tiroirs.
Indiquez à l'enfant qu'il faut un tapis pour cette activité.
L'enfant s'installe sur son tapis où l'on apporte la boîte. Après avoir sorti les trois socles, on recouvre la boîte d'un tissu. Les solides sont extraits un à un, au hasard, sans regarder pour accentuer la perception tactile et favoriser la mémorisation des formes.
Pour chaque nouveau solide extrait de la boîte, touchez les surfaces devant l'enfant, commentez ("C'est rond, c'est plat, ça pique, etc."). Puis posez-le devant l'enfant. Faites le rouler, si c'est possible. Invitez l'enfant à faire de même. Faites le tenir debout. Puis c'est au tour de l'enfant d'explorer chaque forme, une à la fois. Avec la sphère, l'ellipsoïde ou l'ovoïde, soulignez qu'ils ne tiennent pas debout tout seuls et ont besoin d'un support.
Lorsque les 10 solides sont posés devant l'enfant, incitez-le à les empiler, à chercher des similitudes, à construire des tours avec des toits pointus ou plats. Laissez-le libre dans son exploration. Il va découvrir ce qui est possible ou impossible. Cette activité peut durer plusieurs jours, voire plusieurs semaines. Ne passez à la phase suivante que lorsque l'enfant ne va plus chercher le matériel, manifestant ainsi une baisse d'intérêt.
Introduisez alors les cartons des bases et des côtés. Disposez en haut du tapis tous les solides, en bas tous les cartons. Prenez un volume comme exemple et cherchez sur quelle(s) bases(s) il peut aller. Posez le volume sur le carton ou le carton contre le côté du solide : "C'est pareil !". L'enfant fera à son tour toutes les associations suivantes. Mélangez : l'enfant peut recommencer. Il réalisera que pour l'ovoïde, l'ellipsoïde et la sphère, aucune association n'est possible. Ces trois-là sont vraiment différents.

Les prolongements

Avec une seule base et tous les solides

• Tous les solides sont disposés en haut du tapis. Une seule base est sortie. L'enfant doit trouver quel solide correspond à la base. Encouragez l'enfant à explorer les bases.

Avec un seul solide et toutes les bases

Choisissez un solide. Sortez toutes les bases et cherchez combien conviennent pour ce solide. Laissez l'enfant reproduire l'opération avec un autre solide, puis un autre.

D'autres activités

• Proposez à l'enfant de pousser du doigt chaque solide sur un plateau recouvert de farine. Il compare les traces laissées dans la farine.

• Demandez à l'enfant d'associer les solides par familles. À lui de trouver les critères d'association (ceux qui roulent / ceux qui ne roulent pas ; ceux que l'on peut empiler / les autres ; ceux qui ont une pointe, ceux qui ont des faces plates, etc.).

• Quand l'enfant maîtrise bien les différentes formes des bases et des côtés, on peut passer à l'abstraction en lui présentant les dessins. Il ne les superpose plus mais doit les associer aux solides correspondants.

• Sauf si l'enfant le demande avant, l'introduction du vocabulaire ne se fait que vers 5 ans, sur le principe de la leçon en trois temps et en ne donnant le nom que de trois éléments à chaque fois.

• A partir du moment où l'enfant connaît toute la terminologie, vous pouvez ajouter de nouveaux exercices en plaçant 3 ou 4 solides dans le panier recouvert d'un tissu :

- Vous nommez un objet et l'enfant doit le piocher sans regarder.
- Ou bien l'enfant choisit un objet au toucher, dans le panier. Il le nomme avant de le sortir.
- Jeu de mémoire : vous placez plusieurs solides devant l'enfant avant d'en retirer un que vous cachez dans votre dos. L'enfant doit le nommer.

• Quand l'enfant en est à l'écriture, donnez les étiquettes nominatives.

Les solides

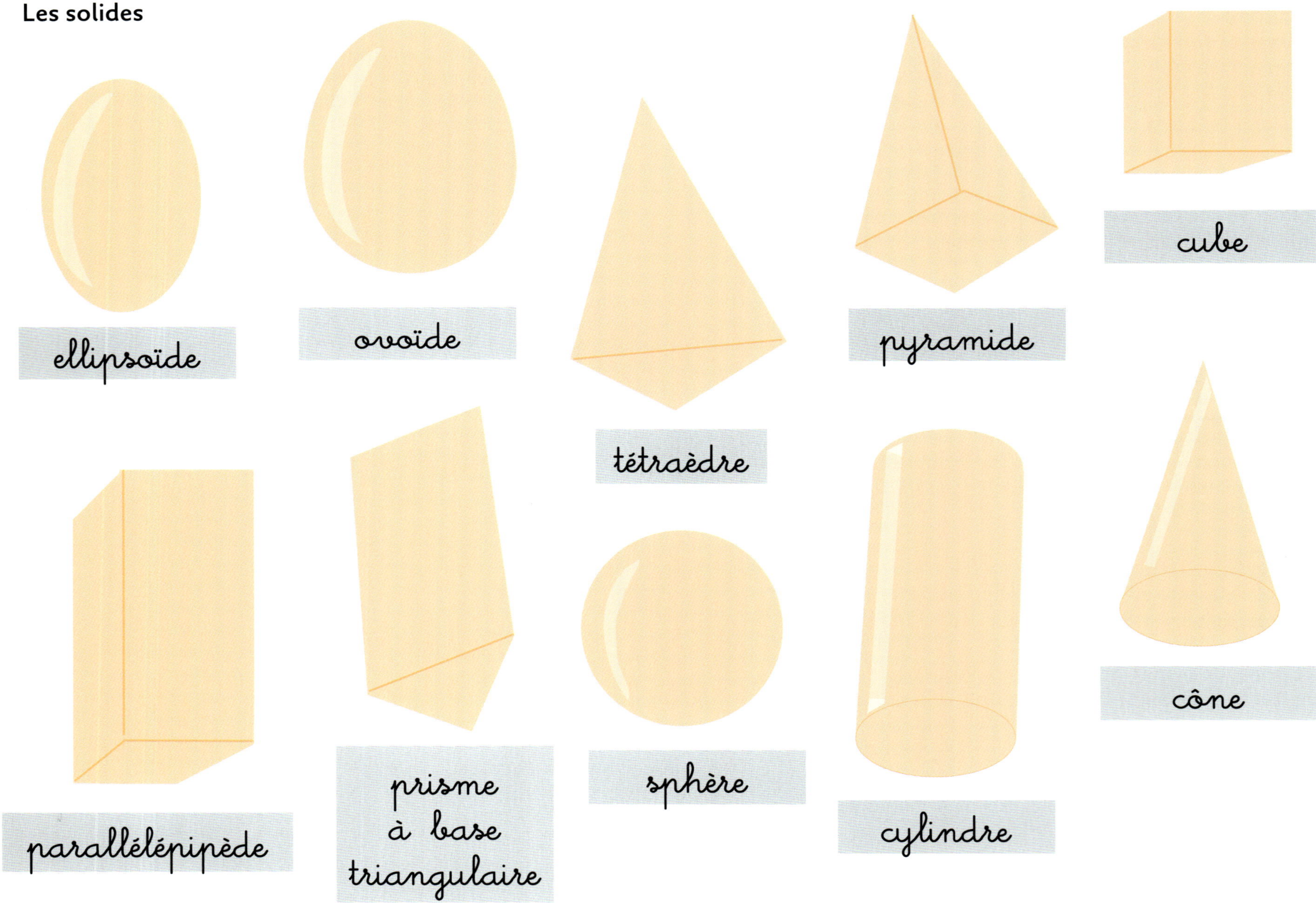
ellipsoïde
ovoïde
tétraèdre
pyramide
cube
parallélépipède
prisme à base triangulaire
sphère
cylindre
cône

Les accessoires des solides

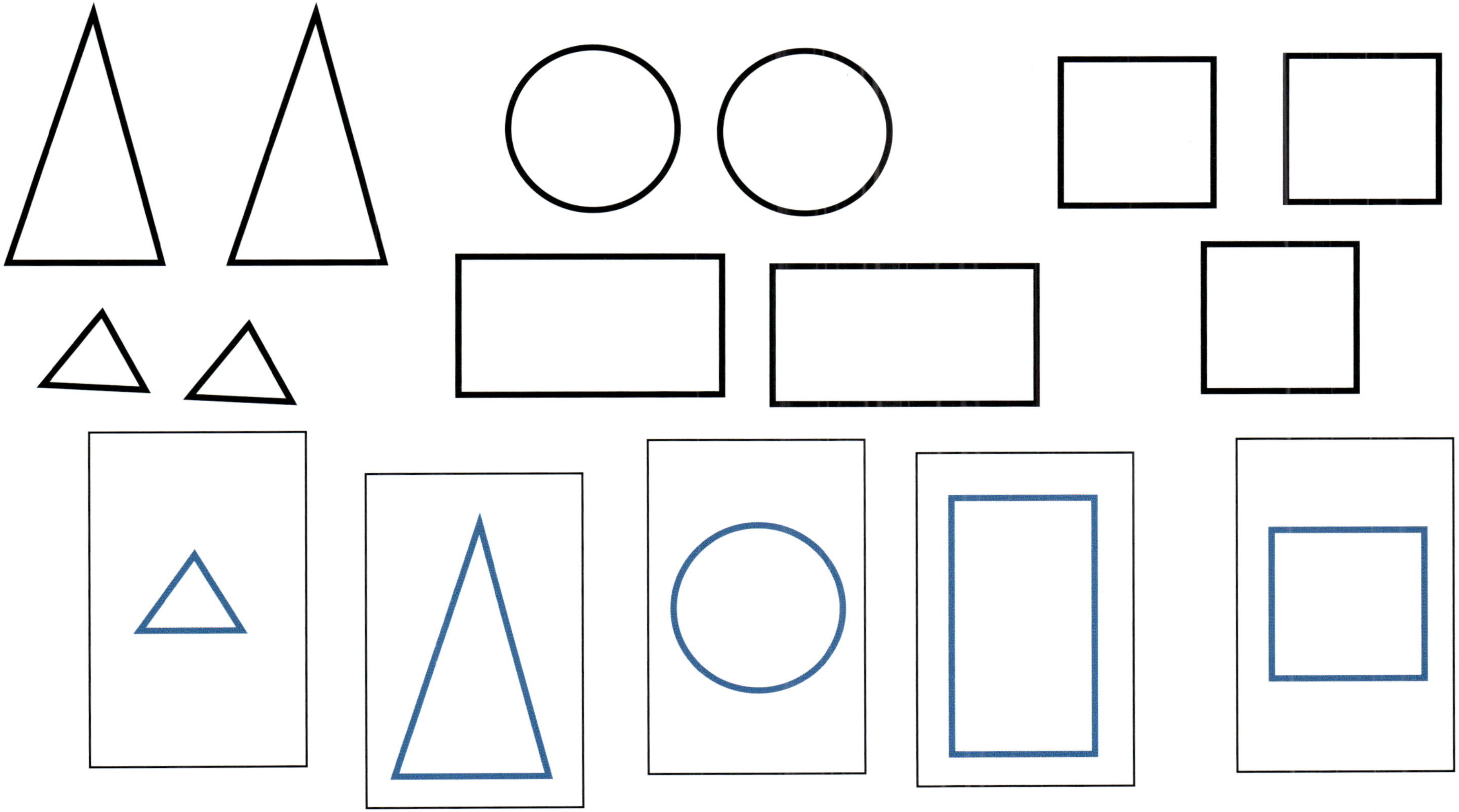

Les boîtes à odeurs, à sons, à goûts

Le matériel

Il peut se fabriquer à la maison. Il se compose de deux mini-plateaux posés sur un plus grand. Le premier mini-plateau porte 6 boîtes. Le second en porte 6 identiques (tubes de vitamines ou boîtes à épices). Pour faciliter le transport, car l'enfant est encore très jeune, on peut réunir les boîtes dans deux petits paniers, puis les poser sur les deux plateaux pour travailler. Les paires sont identifiées par une pastille de couleur identique, sous la boîte. On peut utiliser soit des gommettes soit de la peinture Tulip. Pour les sons ou les odeurs, utilisez des produits du quotidien.

Exemples d'odeurs : épices, plantes, parfums, naturels si possible.
Exemples de sons : divers types de graines, sable, farine, boutons, etc. L'activité débouchera éventuellement sur la fabrication d'instruments de musique originaux et sur la pratique d'un instrument.
Exemples de goûts : eau sucrée, salée, citronnée, décaféiné très délayé...

La présentation

Le principe de l'exercice est, de reconstituer des paires en utilisant un sens privilégié. Ces activités sont l'occasion pour l'enfant d'exercer ses sens en comparant des stimuli de plus en plus nuancés. C'est une véritable éducation des sens qui vont s'affiner en détectant les différences. La présentation de ces activités peut sembler rigide ou mécanique au premier abord. En fait, elle constitue une aide pour que l'enfant apprenne à organiser son espace de travail. Il découvre comment planifier plus facilement ses gestes et donc accomplir son travail avec moins d'obstacles. La présentation lui donne des repères mais elle ne doit en aucun cas l'obliger à vous copier mécaniquement. La créativité de l'enfant est toujours présente.

Présentez la première paire à l'enfant. Commentez et mimez. L'enfant doit bien comprendre que chaque élément d'une paire se trouve sur un plateau différent et que, pour réunir les paires, on se fie à son nez pour reconnaître les odeurs (ou à son oreille, s'il s'agit de bruits, à sa bouche pour le goût). Sortez une boîte. Ouvrez le couvercle et reniflez ostensiblement. Posez la boîte ouverte devant l'enfant. Ouvrez successivement les boîtes du deuxième plateau, sentez, en prenant soin de ressentir fréquemment l'odeur dont vous chercher la paire, mimez, dites "Ce n'est pas pareil" ou "C'est pareil". Faites vérifier les paires par l'enfant. Lorsqu'il a compris le principe, posez une boîte devant lui et laissez-le chercher l'odeur identique sur le deuxième plateau.

Pour les boîtes à sons, montrez qu'il faut utiliser toujours la même main pour secouer. En effet, les deux mains n'ayant pas la même force, le son risquerait de ne pas être le même. Mais il ne faut pas oublier de secouer successivement près des deux oreilles. Il faut aussi penser à réécouter régulièrement la boîte à son dont on veut trouver la jumelle.

Pour les boites à goûts, montrez à l'enfant comment rincer la petite cuillère après chaque essai et, au besoin, se rincer la bouche avec une gorgée d'eau.

Les prolongements

• Classer l'intensité des sons, la force des odeurs. Pour corser, affiner les nuances d'une boîte à l'autre.
• Faire la paire à distance en gardant dans sa mémoire l'odeur, le son ou le goût de la première boîte.
• Faire la paire les yeux fermés.

La leçon en trois temps est introduite pour le vocabulaire lié aux sens : le goût : salé, sucré, amer, acide... ; le son ou l'odeur : forts, doux...

Les barres rouges

Le matériel

Il est constitué de 10 barres en bois peintes en rouge de 10 cm à 100 cm. La différence d'une barre à la suivante est de 10 cm.
Seule la longueur varie. Ce matériel est très facile à fabriquer.

La présentation

On retrouve la présentation de l'Escalier marron, mais les barres rouges doivent être présentées longtemps après la Tour rose et l'Escalier marron. Vous vous apercevrez en effet que c'est un matériel qu'il faut souvent représenter à l'enfant parce que la sériation demande une perception fine des longueurs. Même pour l'adulte la sériation des barres médianes n'est pas si aisée. Lorsque l'enfant sait construire l'escalier rouge cela signifie qu'il a compris le principe de sériation : il est donc prêt à apprendre réellement à compter (prochaîne présentation : les barres rouges et bleues... qui font déjà partie du matériel de calcul !).

Dirigez-vous avec l'enfant vers l'étagère où sont installées les barres rouges. Indiquez à l'enfant que pour cette nouvelle activité vous avez besoin de deux tapis. Invitez-le à les choisir et à les dérouler, de préférence loin de l'étagère. Montrez-lui maintenant comment porter la barre (la plus courte) le plus simplement possible, par son milieu. Ensemble, transportez toutes les barres une par une et posez-les au hasard sur l'un des tapis. Asseyez-vous à droite de l'enfant. Dites-lui que vous allez construire un escalier rouge.

Isolez la barre la plus longue en la "calant" à l'extrémité gauche du tapis. Glissez l'index et le majeur de gauche à droite sur toute la longueur de la barre. Choisissez la barre suivante, en montrant bien que vous hésitez et que vous ne le faites pas au hasard. Placez-la sous la

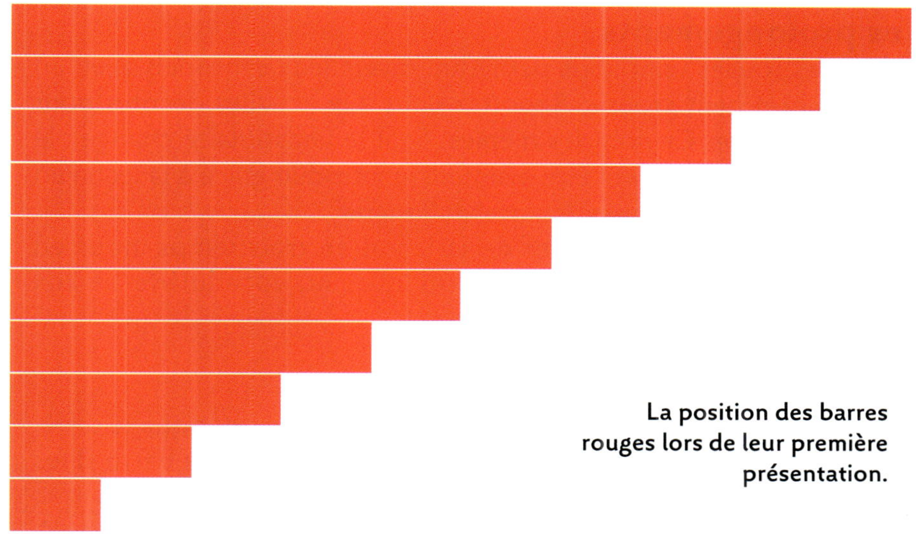

La position des barres rouges lors de leur première présentation.

barre la plus longue, en vérifiant que les bords gauches sont bien alignés. Faites de même pour chacune des barres. Admirez le travail en marchant autour du tapis avec l'enfant. Puis dites-lui que vous allez maintenant défaire l'escalier. Commencez par la plus petite barre. Mélangez les barres avec l'enfant puis laissez-le essayer seul. Pour l'aider à démarrer vous pouvez lui demander par quelle barre il va commencer. Laissez l'enfant construire l'escalier à sa manière. Quand l'enfant a terminé son travail, montrez-lui comment ranger les barres en reconstruisant un escalier sur l'étagère.

Lorsque l'enfant construit sans difficulté l'escalier rouge (perçoit les différentes longueurs), vous pouvez lui montrer une étape supplémentaire en déplaçant la barre la plus courte pour l'ajouter au bout de chaque autre barre. Ainsi mises bout à bout, les deux barres ont la même longueur que celle du dessus : elles sont égales.

Les prolongements

Les barres rouges vont vous permettre divers jeux sensoriels avec un enfant ou un petit groupe. Reportez-vous aux activités décrites pour l'Escalier marron. Ce sont les mêmes. Seul le vocabulaire change : le concept de longueur peut être maintenant introduit grâce à la leçon en trois temps avec les termes "courte" et "longue".
Pour rappeler le déroulement de la leçon en trois temps, nous en décrivons ici plusieurs exemples, appliqués au vocabulaire lié aux barres rouges.

Leçon en trois temps pour "long" et "court"

1re phase : Choisissez deux barres bien contrastées pour que la différence de longueur soit bien évidente. En pointant chaque barre, dites "court", "long".
2e phase : "Donne-moi la barre courte", "Donne-moi la barre longue". Mélangez. Recommencez. Lorsque l'enfant maîtrise l'activité, gardez la barre longue mais prenez une barre encore plus longue et supprimez la barre courte. Celle qui, dans le couple précédent, était la barre longue a maintenant le statut de barre courte. L'enfant comprend que le statut de long ou court peut être relatif et dépend des barres que l'on a choisies.
3e phase (on ne passe à cette phase que lorsque l'enfant est à l'aise avec la phase 2) : Demandez à l'enfant "Comment est cette barre?".

Leçon en trois temps pour exprimer la comparaison

1re phase : Choisissez trois barres. Prenez la médiane. En pointant sur chacune des autres barres, dites "plus courte", "plus longue".
2e phase : Toujours en montrant la barre médiane dites "Donne-moi une barre plus courte", "Donne-moi une barre plus longue". Mélangez. Recommencez. Changez l'une des barres pour que l'ex-plus courte devienne la plus longue. Recommencez avec les mêmes questions.
3e phase : "Comment est cette barre ?"

Leçon en trois temps pour apprendre les superlatifs

1re phase : Choisissez trois barres. Prenez successivement la plus petite, puis la plus grande. Dites "la plus courte", "la plus longue".
2e phase : Toujours avec les trois mêmes barres demandez : "Donne-moi la plus courte", "Donne-moi la plus longue". Mélangez. Recommencez. Variez la collection de vos barres sur le tapis pour changer le statut des plus longues et plus courtes. L'enfant comprend qu'ici encore tout dépend des barres choisies.
3e phase : "Comment est cette barre ?"

• Lorsque l'enfant a appris les termes comparatifs et superlatifs, vous pouvez commencer des jeux de préparation aux mathématiques.
- Sur un tapis, des barres sont disposées au hasard. Demandez à l'enfant de vous donner une barre "plus longue" ou "plus courte" par rapport à une barre que vous avez isolée.
- Sur un tapis, des barres sont disposées au hasard. Demandez à l'enfant de vous donner "la plus longue" ou "la plus courte".

Les tiroirs de géométrie

Remarques préalables

La première remarque concerne la façon de faire découvrir ce matériel : au tout début et pour une période qui peut durer plusieurs mois, ne donnez ces tiroirs que comme des puzzles, sans nommer quoi que ce soit. Les tiroirs de géométrie sont abordés assez tôt au niveau sensoriel (toucher, manipuler, encastrer) puis utilisés dans un deuxième temps, vers l'âge de 4 ans, en introduisant des notions plus mathématiques. Enfin, vers 5 ans, on aborde le vocabulaire qui va avec.
Le premier tiroir est le seul pour lequel vous proposerez une leçon en trois temps assez rapidement pour présenter le vocabulaire des trois formes de base : cercle, carré, triangle (voir plus loin).

La seconde remarque concerne une partie du vocabulaire proposé généralement avec le matériel Montessori et que l'on n'utilise plus aujourd'hui que de façon spécialisée. Par exemple, "acutangle" ou "obtusangle" ne s'utilisent quasiment jamais. Pour vous laisser une plus grande liberté de choix, nous le précisons quand même. À vous de décider si vous jugez utile de l'apprendre aux enfants avec lesquels vous travaillez. Dans tous les cas, il est intéressant de donner l'origine étymologique si vous donnez le nom ("hepta - gone = sept - côté").
Chaque tiroir comprend un jeu d'étiquettes portant le nom des différentes figures. Rappel : on ne propose les étiquettes à l'enfant que lorsqu'il en est à l'écriture-lecture.

Le matériel

Il existe 6 tiroirs différents (voir les croquis p. 55 et suivantes). Ce matériel est assez complexe à fabriquer chez soi, à cause des découpes précises qu'il faut réaliser pour les encastrements, et du meuble qui accueille les 6 tiroirs. De toute façon, pour les formes arrondies, procurez-vous impérativement un compas-cutter si vous travaillez avec du carton ou une scie à chantourner si vous utilisez du bois. On trouve ces outils sur Internet et dans les boutiques de bricolage ou de loisirs créatifs.

La présentation

Tiroir n°1 : Les trois formes de base

Prenez une forme avec la main gauche et avec la main droite parcourez son contour. Regardez attentivement les encastrements. Avec l'index et le majeur faites le tour de la forme pleine puis de la forme en creux. Posez la forme sur le support et faites-la glisser, tourner, jusqu'à ce qu'elle soit bien au-dessus de son emplacement et dans la bonne position pour s'encastrer. Retirez-la puis, en gardant la même position, placez-la doucement dans son support. Faites de même pour les deux autres formes. Puis laissez l'enfant essayer à son tour.

Lorsqu'il fera le puzzle avec une parfaite aisance, introduisez le vocabulaire, grâce à une leçon en trois temps (voir p. 10). Nommez le triangle et parlez à son sujet en donnant le vocabulaire ("Aïe, ça pique : c'est le sommet.") Touchez les trois côtés en répétant "côté". Faites de même pour le cercle et le carré.
Lors d'une deuxième séance, demandez à l'enfant de montrer les formes que vous lui nommez (le triangle, le cercle, le carré) dans l'ordre puis dans le désordre. Dans un troisième temps, demandez à l'enfant d'utiliser ce nouveau vocabulaire pour nommer les formes que vous lui montrez.

Variantes :
• Faites toucher à l'enfant la pointe du triangle, l'arrondi du cercle, etc. yeux ouverts, puis fermés.
• De même faites effectuer les encastrements en regardant puis sans regarder.

• Montrez à l'enfant qu'on peut utiliser les formes comme gabarits pour dessiner des figures géométriques en en superposant éventuellement plusieurs. Il peut aussi colorier les différentes zones délimitées par la superposition. Puis laissez-le pratiquer seul.

Tiroir n°2 : Six tailles de cercles

Ce sont plutôt des disques, mais il est plus simple de parler de cercles pour le moment. L'enfant porte le tiroir sur la table. Sortez les cercles. Mélangez-les. Prenez-en un et parcourez son contour de l'index et du majeur. Regardez le support avec attention. Essayez un ou deux emplacements trop grands ou trop petits, puis choisissez le bon. Ainsi de suite jusqu'à terminer le "puzzle". Et puis c'est au tour de l'enfant !

Tiroir n°3 : Cinq formes différentes de rectangles et un carré

Ce tiroir permet de souligner le fait que le carré est un rectangle particulier.

Tiroir n°4 : Les différents triangles

Encore une fois, au début, il s'agit simplement d'un exercice de reconnaissance des formes et d'encastrement.
Les informations qui suivent ne seront utiles que lorsque vous en serez à la présentation du vocabulaire, vers l'âge de 5 ans.
Le plateau comprend les triangles suivants :
Isocèle : qui possède au moins deux côtés égaux
Equilatéral : dont les trois côtés sont égaux
Rectangle : dont l'un des angles est un angle droit
Scalène : dont tous les côtés diffèrent
Acutangle : dont tous les angles sont aigus
Obtusangle : dont un angle est obtus.
Attention : certains triangles sont à la fois isocèle et obtusangle ou isocèle et rectangle, etc. Si l'enfant ne s'en aperçoit pas et ne fait pas de commentaire, ne soulignez pas le fait au début. En revanche, par la suite, vous devrez peut-être ajouter quelques étiquettes en double pour ces triangles particuliers.

Tiroir n°5 : Six polygones réguliers

Le plateau présente :
Un pentagone (5 côtés)
Un hexagone (6 côtés)
Un heptagone (7 côtés)
Un octogone (8 côtés)
Un ennéagone (9 côtés)
Un décagone (10 côtés)

Tiroir n°6 : 6 nouvelles formes géométriques

Ce plateau comprend :
Une ellipse
Une rosace
Un ovale
Un losange
Un trapèze
Un triangle curviligne externe
Il est parfois scindé en deux, selon les fournisseurs de matériel : d'un côté les formes courbes, de l'autre les formes à 4 côtés.

Les tiroirs de géométrie

Tiroir n°1

Les trois formes de base.
Leur support d'encastrement
et leurs étiquettes de nom.

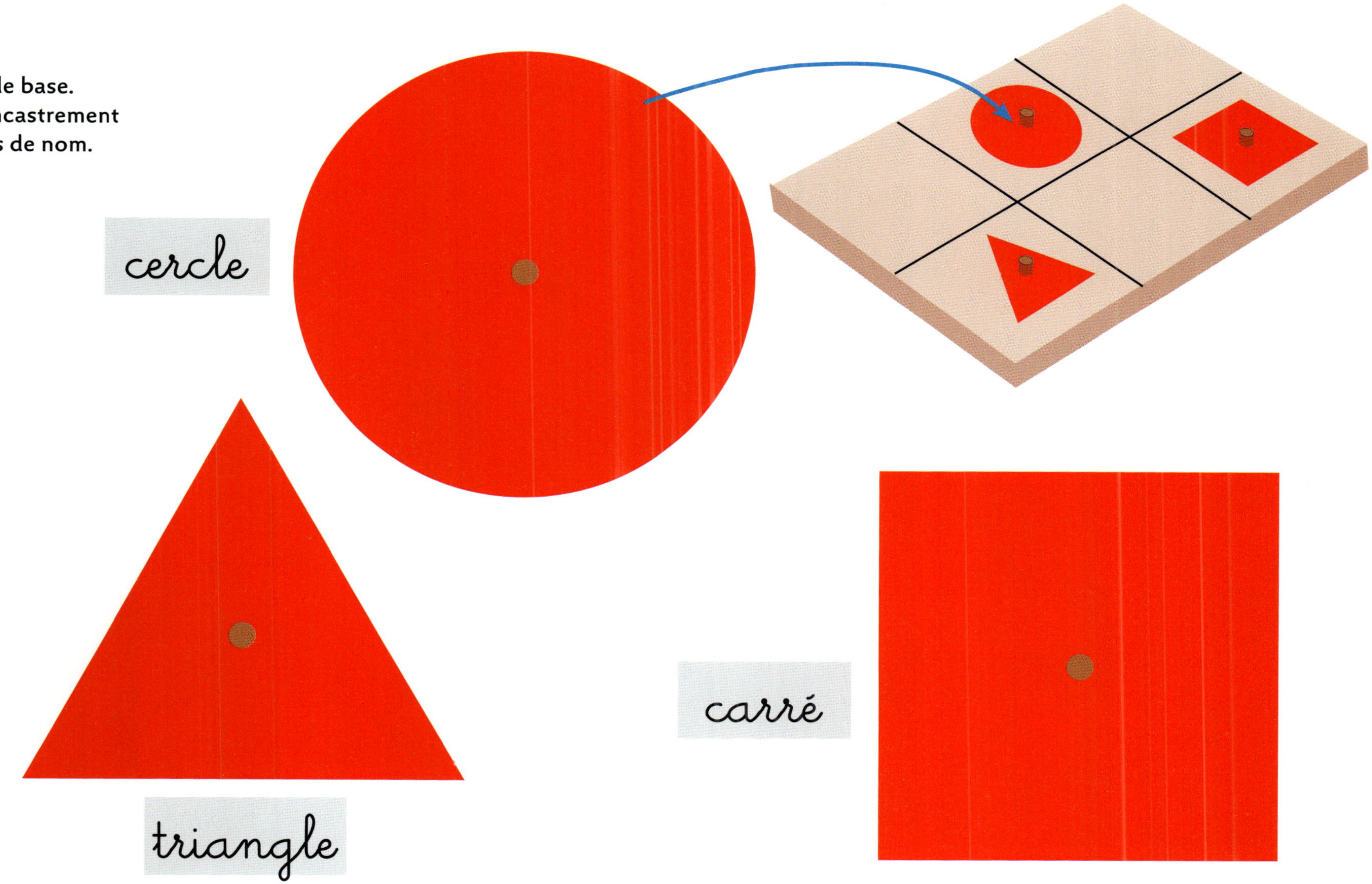

Tiroir n°2

6 tailles de cercles

Tiroir n°3

Rectangles et carré

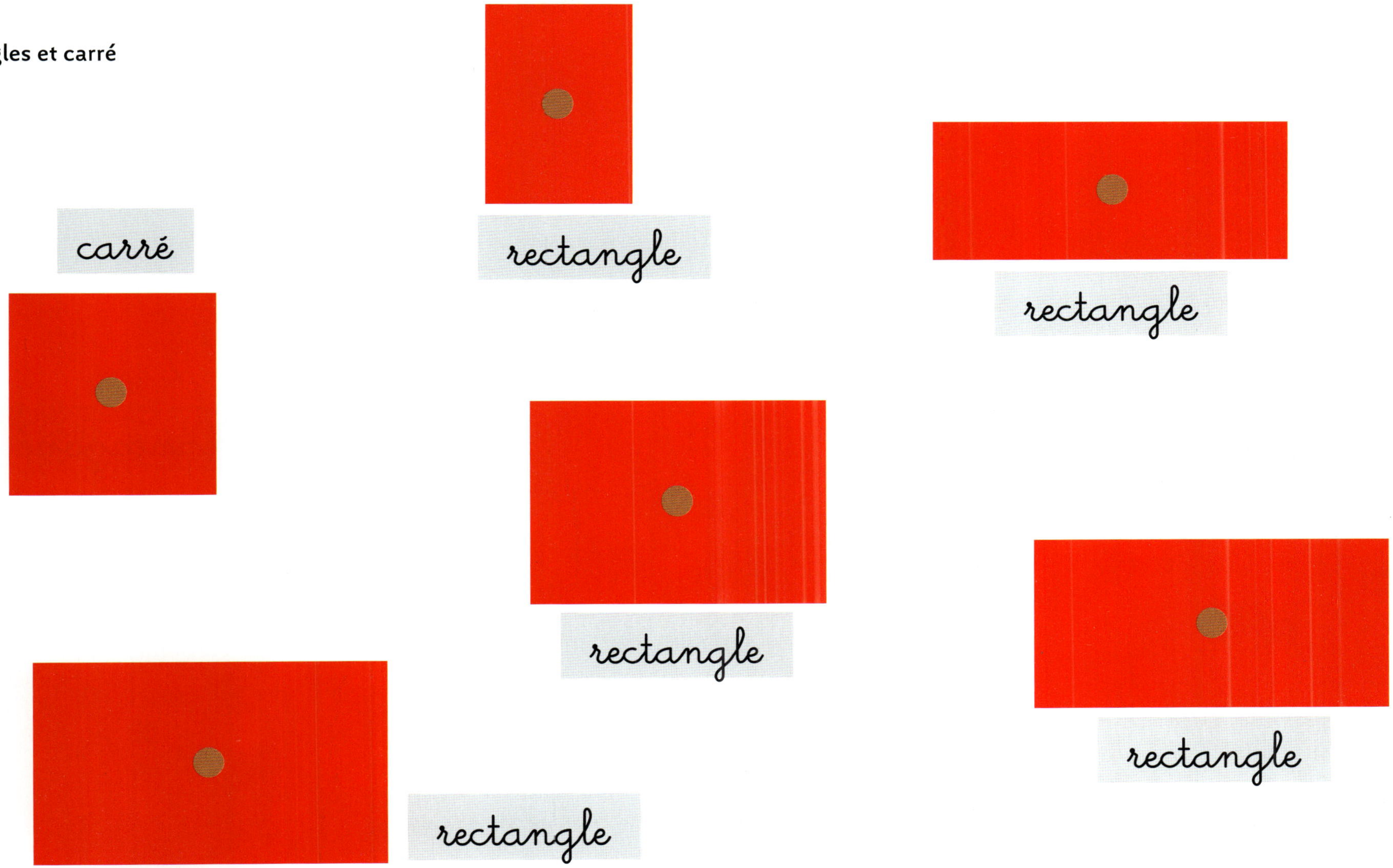

Tiroir n°4

**6 polygones réguliers,
du pentagone au décagone**

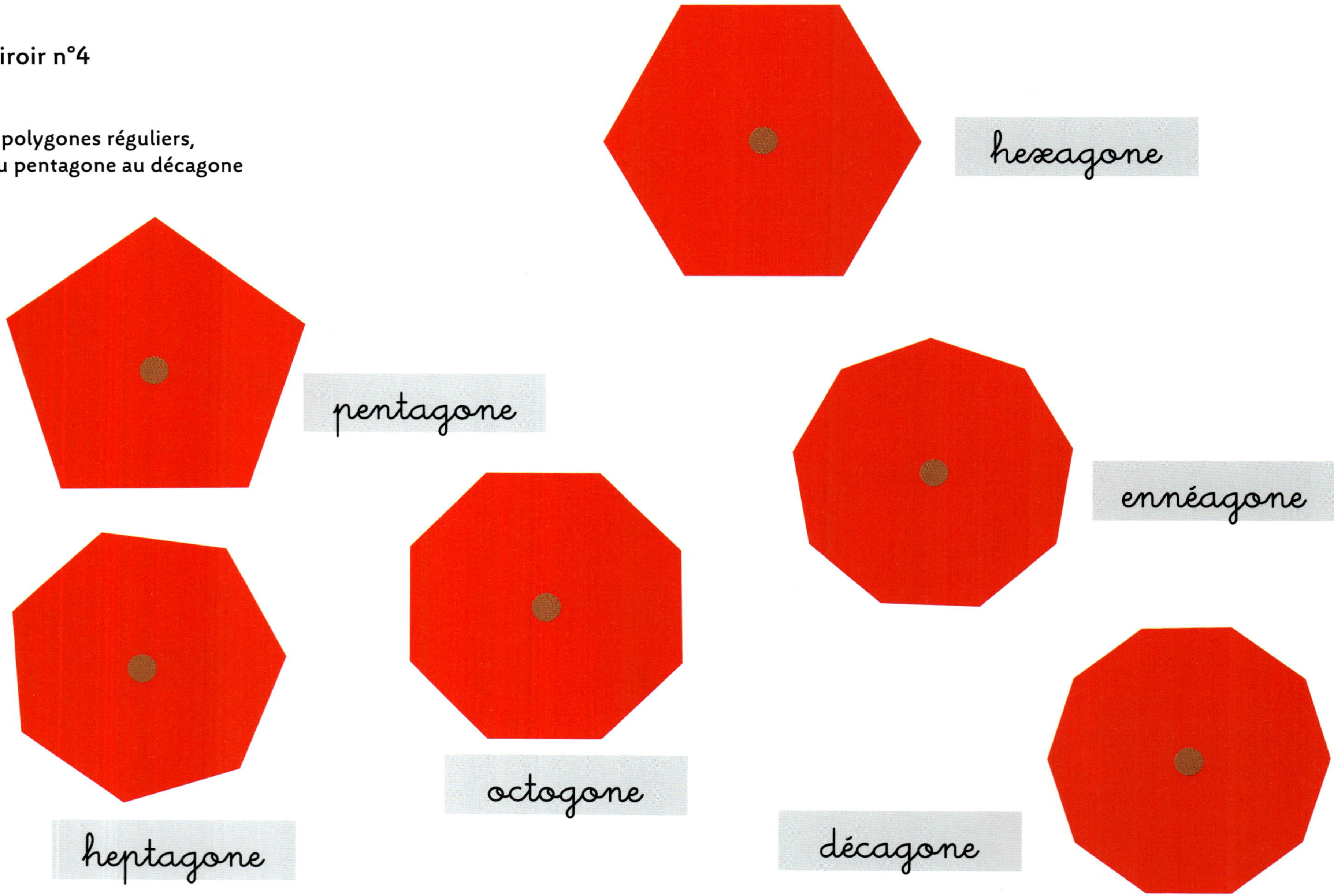

Tiroir n°5

Les différents triangles. Comme pour le tiroir n°1 et les quatre autres, il existe un support à encastrement et un jeu d'étiquettes.

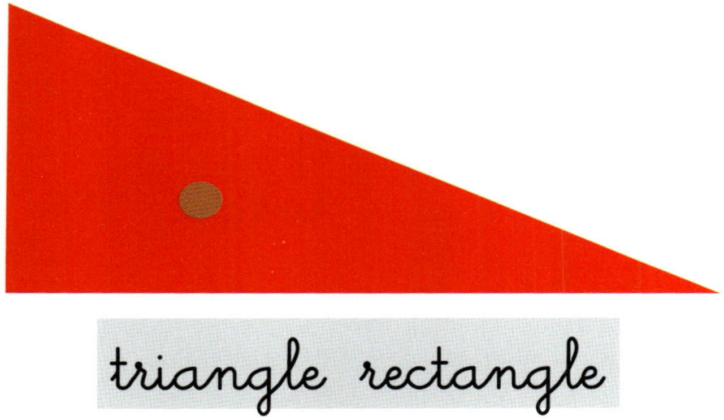

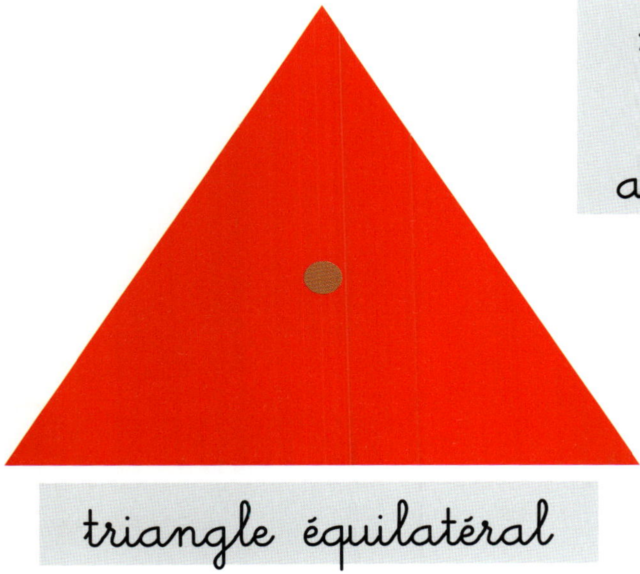

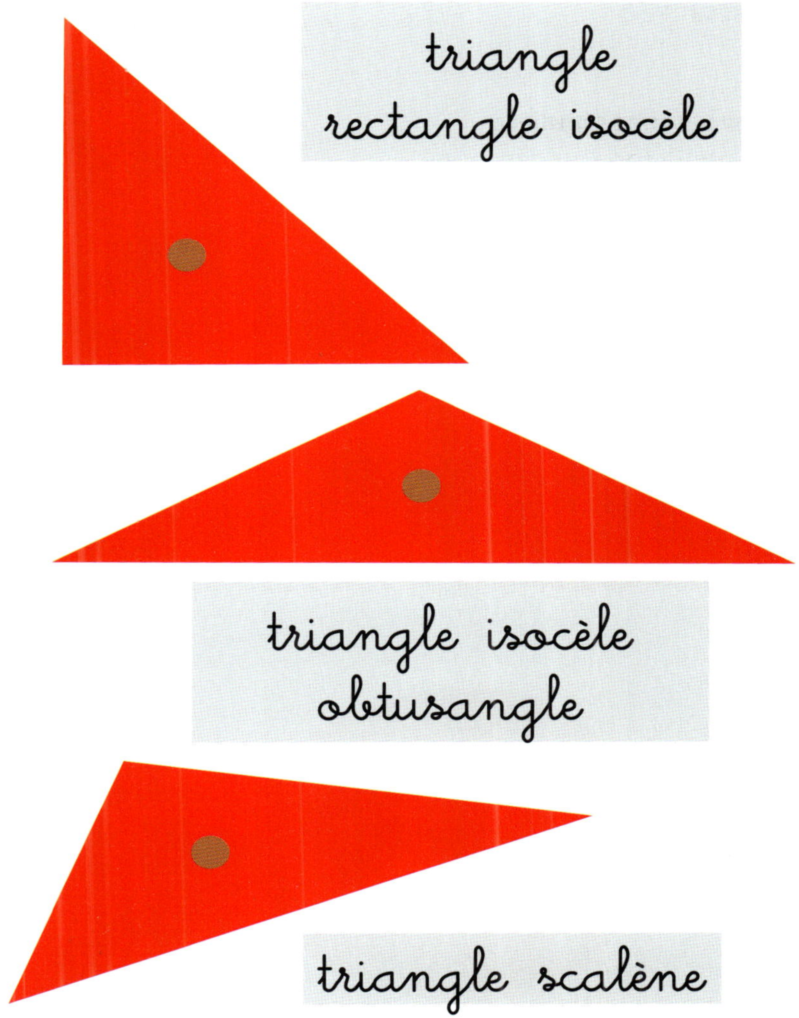

Tiroir n°6

6 nouvelles formes

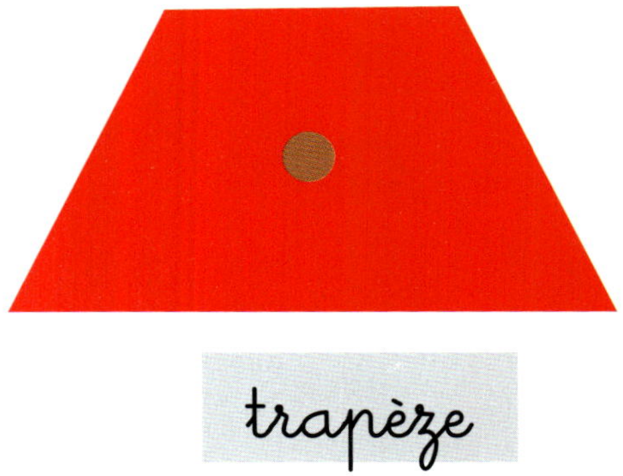

Les prolongements

Pour chaque matériel, il existe des cartes correspondant aux formes. Sur la première série les formes sont pleines. Sur la deuxième il n'y a que le contour épais. Sur la troisième, les contours sont fins.

- Commencez par les cartes aux formes pleines. Indiquez à l'enfant qu'il faut un tapis pour cette nouvelle activité. Il va le chercher et pose l'un des tiroirs dessus. Étalez les cartes correspondantes sur une table, de préférence loin du tapis, avec l'enfant. Montrez-lui une carte. Il doit aller chercher la forme correspondante. Il vérifie en posant la forme sur la carte.
Lorsqu'il est à l'aise avec cet exercice, choisissez une forme et demandez-lui d'aller chercher la carte. Plus tard, vous passerez aux cartes des contours épais et, plus tard encore, à celles des contours fins.

- Utilisez les trois jeux de cartes simultanément. Il faut prévoir beaucoup de place.

- Cachez une carte. L'enfant doit trouver celle qui manque.

- Faites le lien avec les endroits où l'enfant a pu voir ces formes autour de lui, dans la pièce, mais aussi, éventuellement à l'extérieur, par exemple les tables rondes d'un café, la rose d'une église, le triangle d'un panneau routier...

Les tiroirs de géométrie sont une préparation directe à la géométrie dont l'apprentissage doit démarrer par l'observation et les relations des formes entre elles.

Les cubes du binôme et du trinôme

Un mot tout d'abord sur le nom de ces objets. Un binôme est une somme de deux éléments : "cube du binôme" signifie donc "cube dont le côté est composé de deux segments".
Un trinôme est une somme de trois éléments. "Cube du trinôme" signifie donc "cube dont le côté est composé de trois segments".

Le matériel

Les cubes du binôme et du trinôme et leurs jolies petites boîtes sont difficiles à réaliser parfaitement mais on les trouve sur Internet en "prêt à peindre", ce qui est déjà moins cher que de les acheter finis.
- **Le cube du binôme** est composé de cubes et de parallélépipèdes rectangles. On en trouve avec des couleurs différentes dans le commerce, ce qui prête parfois à confusion (voir le croquis p.62).
- **Le cube du trinôme** est composé du cube du binôme auquel on a ajouté un élément de chaque côté.

Le tableau chronologique de la p.28 donne approximativement l'âge auquel il convient de présenter le cube du binôme, puis le cube du trinôme.

La présentation

La présentation se fait de façon lente, méticuleuse et quasi-silencieuse. Elle est semblable pour le cube du binôme et pour le cube du trinôme. Posez la boîte fermée devant l'enfant, sur la table lors de la première présentation (ou sur le tapis, ensuite, selon ce que préfère l'enfant). Ouvrez la boîte. Retirez les éléments un à un en commençant par le dessus et regroupez-les au fur et à mesure à côté de la boîte, par groupes d'éléments identiques à la fois en forme et en couleur.

Puis reconstruisez progressivement, en commençant par le gros cube rouge, posé dans le coin au fond de la boîte. Montrez que les faces de même couleur viennent les unes contre les autres : on met le rouge contre le rouge, le noir contre le noir, etc.
Il y a deux "écoles" quant à la façon de construire les cubes. La première consiste à terminer le premier niveau avant de passer au second (puis au troisième pour le trinôme). La seconde consiste à travailler par couleurs. Voir la construction par couleurs, pas à pas, du cube du binôme p.63 et celle du cube du trinôme p.64.
Quand le cube est complet, refermez la boîte et son couvercle. Maintenant, l'enfant qui piaffait d'impatience va pouvoir essayer seul. Comme d'habitude, laissez-le faire en adoptant une attitude neutre, sans intervenir, sauf s'il le demande.
Le cube du trinôme, l'étape qui suit le cube du binôme, donne matière à réflexion : l'enfant est amené à faire des hypothèses, à essayer plusieurs solutions. C'est une préparation indirecte à la résolution de problèmes.

Les prolongements

• L'enfant expérimente à sa façon. Il est possible aussi qu'il expérimente la construction de plusieurs autres manières différentes.
• Dans quelque temps, lorsque l'enfant sera à l'aise avec la construction du cube dans la boîte, vous lui montrerez comment construire le cube hors de la boîte, en se référant au schéma du couvercle. La construction peut alors aussi se faire par niveau ou d'autres façons que l'enfant expérimentera par lui-même.
• Lorsqu'il saura facilement construire les cubes en regardant, proposez-lui de le faire sans regarder, simplement à l'aide du toucher (abordable pour le binôme, beaucoup plus difficile pour les autres). Enfin proposez-lui de reconstruire les cubes hors de leur boîte. Voilà des semaines et des semaines d'exploration en perspective.

Le cube du binôme

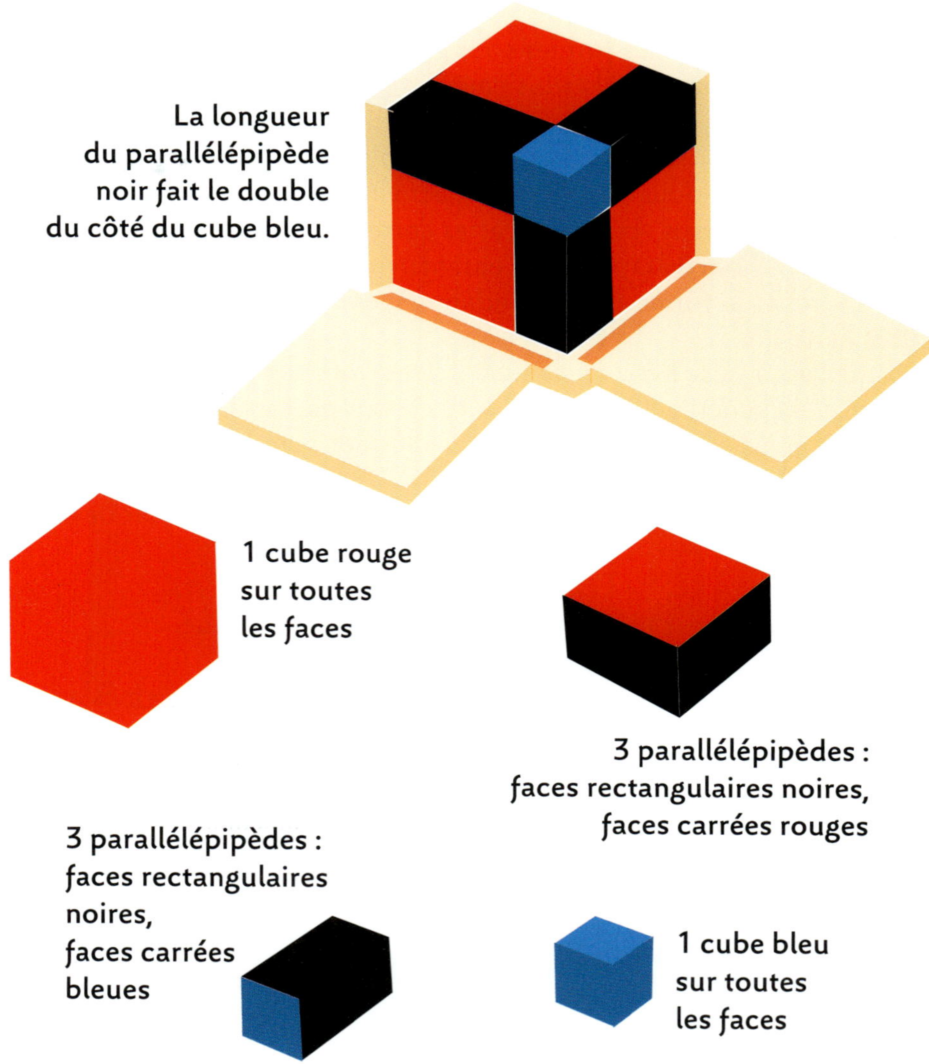

Le cube du binôme pas à pas

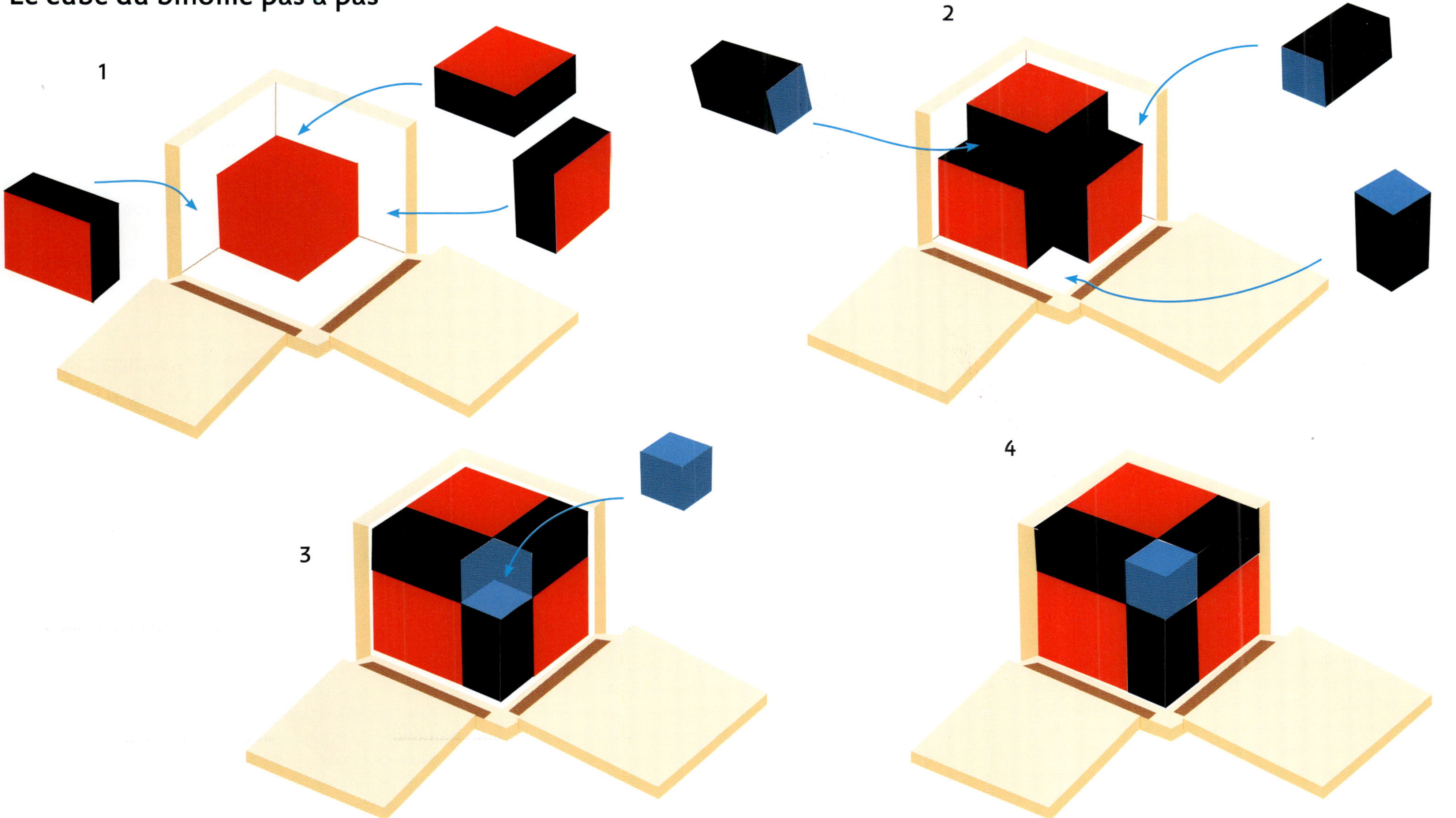

Le cube du trinôme

27 pièces.
Les dimensions sont données en cm

1 cube (2 x 2 x 2) jaune sur toutes les faces

3 parallélépipèdes (2 x 2 x 3) noirs, faces carrées jaunes

3 parallélépipèdes (2 x 2 x 4) noirs sauf sur leurs faces carées, jaunes

3 parallélépipèdes (3 x 3 x 2) noirs, faces carrées bleues

1 cube (3 x 3 x 3) bleu sur toutes les faces

3 parallélépipèdes (3 x 3 x 4) noirs faces carées bleues

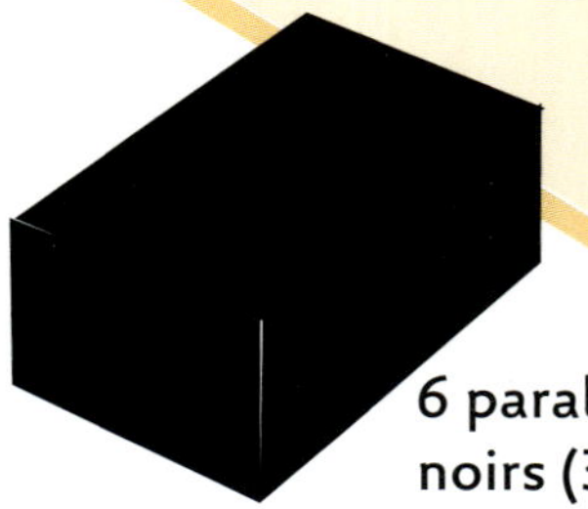

6 parallélépipèdes noirs (3 x 2 x 4)

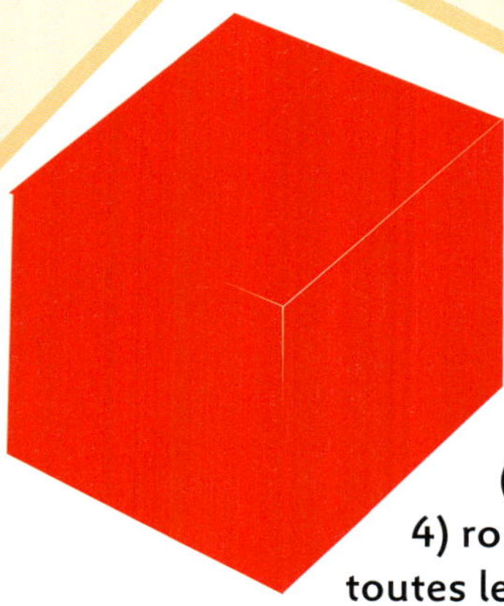

1 cube (4 x 4 x 4) rouge sur toutes les faces

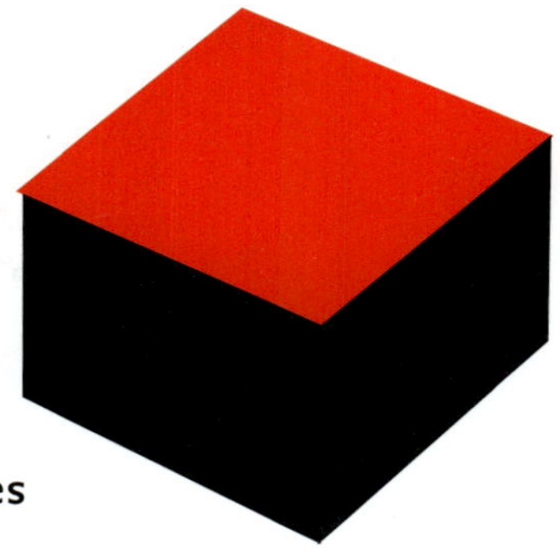

3 parallélépipèdes (4 x 4 x 3) noirs, faces carrées rouges

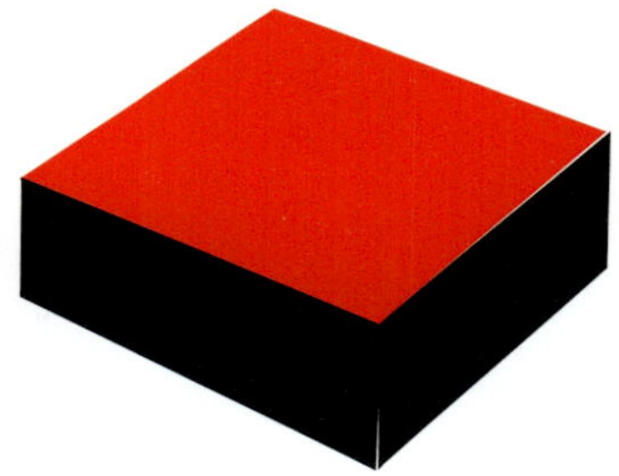

3 parallélépipèdes (4 x 4 x 2) noirs, faces carrées rouges

Le cube du trinôme pas à pas

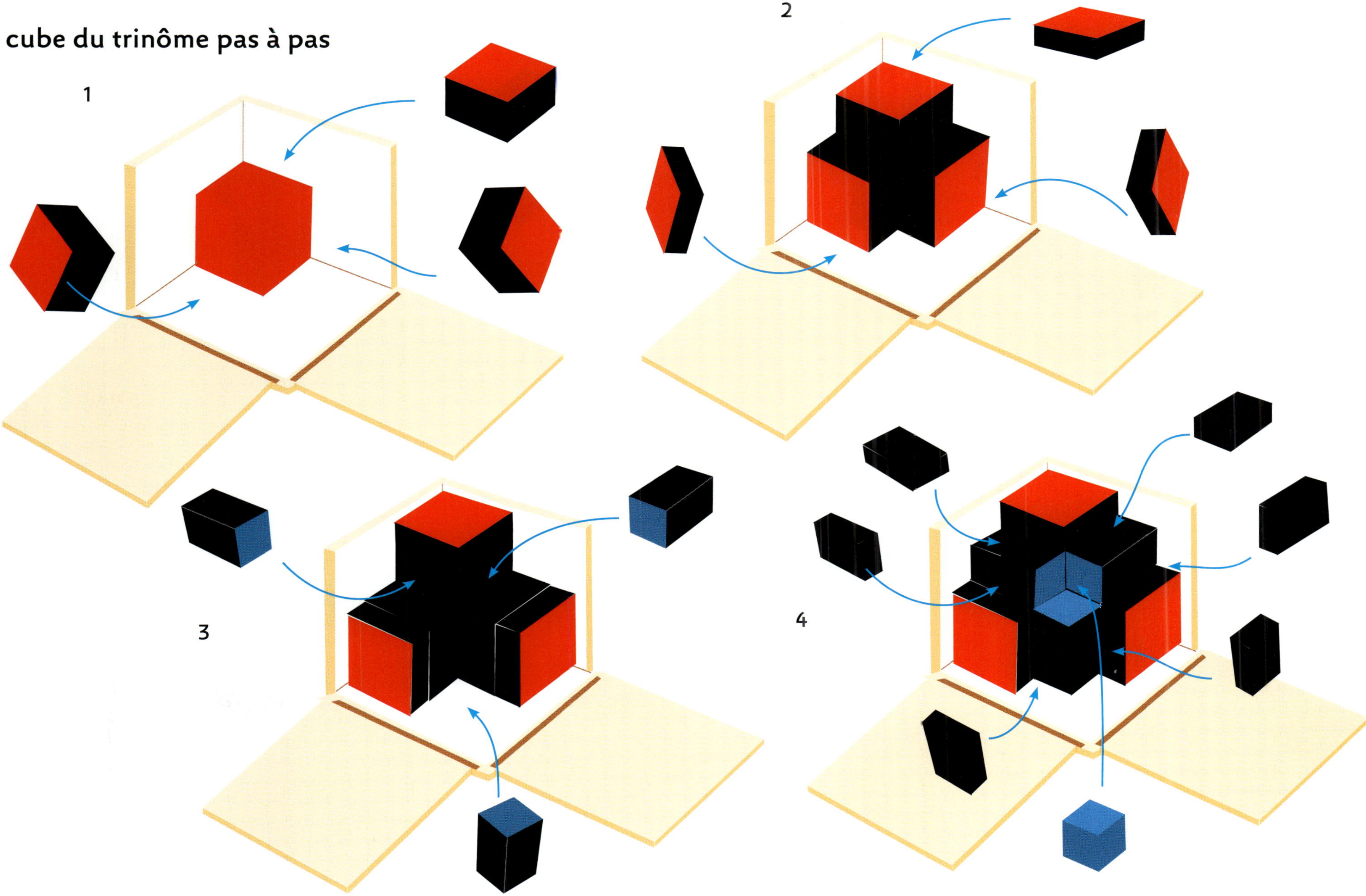

5

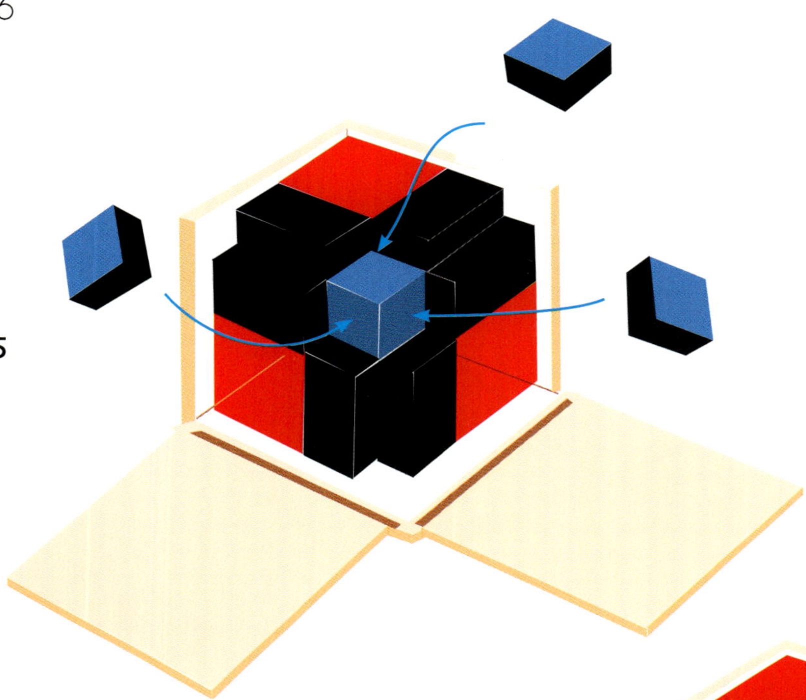

6

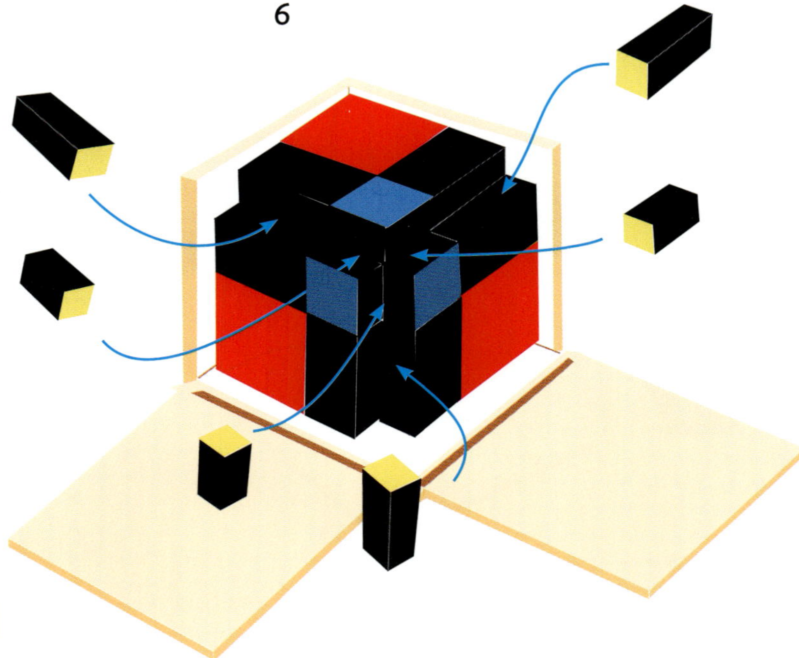

7

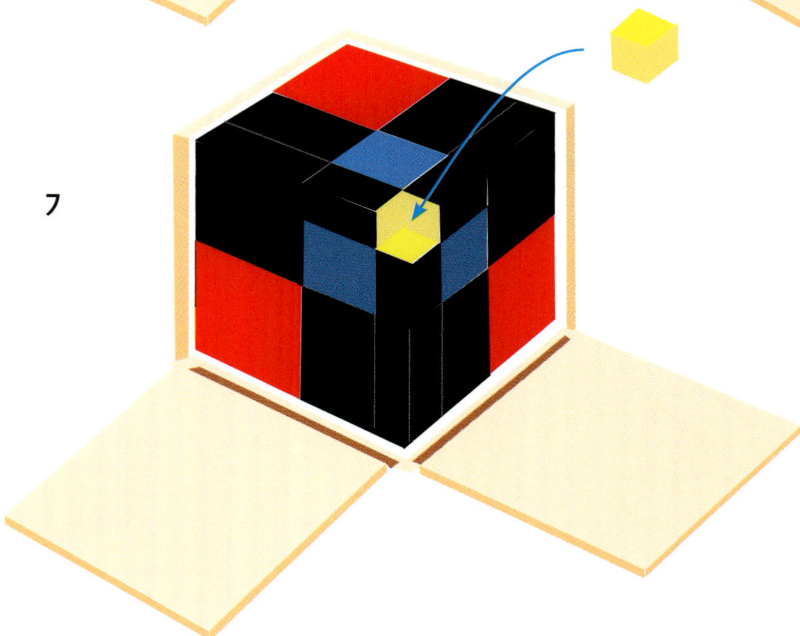

Les triangles constructeurs

Le matériel

Il existe 6 boîtes différentes. Tous les triangles des 6 boîtes peuvent être réalisés à la maison avec du carton épais. Il existe du carton déjà coloré dans les magasins de loisirs créatifs. Il faut cependant être très précis dans les mesures et les découpes (Voir les croquis du contenu des différentes boîtes p.68 et suivantes et p.72 et suivantes). En plus de toutes les activités décrites ci-dessous, incitez l'enfant à se servir des formes pour dessiner des contours, colorier, etc.
Enfin la forme des boîtes a aussi de l'importance car l'enfant doit faire preuve de réflexion pour ranger les triangles.

Remarques préalables

- L'enfant doit être familier des triangles. Il doit avoir déjà travaillé avec les tiroirs de géométrie. Avec les triangles constructeurs, l'enfant va explorer la relation entre les triangles et les autres formes planes.
- Le travail sur un tapis est recommandé car les triangles et leur boîte prennent trop de place sur une table d'enfant.
- Ce matériel est une activité sensorielle à partir de 4 ans mais peut être utilisé pour une approche de la géométrie avec des enfants plus âgés.

La présentation

La boîte n°1 (boîte rectangulaire)

6 paires de triangles rectangles ou isocèles de couleurs et de tailles différentes. Plus deux triangles non superposables mais de même couleur, l'un rectangle et l'autre isocèle. (Voir les croquis). Selon les fournisseurs, les triangles n'ont pas toujours les couleurs décrites ici. Cela n'a aucune importance : ce qui compte ce sont les types de triangles et les formes que l'on peut composer en les faisant correspondre deux à deux. Chaque triangle possède en effet un côté marqué d'un

repère noir qui doit être placé face au repère noir de l'autre triangle. Les deux triangles verts permettent de composer un rectangle, les deux violets un losange les deux jaunes un carré, les deux rouges un grand triangle, les autres des parallélogrammes variés. Les deux triangles de la dernière paire permettent de former un trapèze isocèle.

Préparez la boîte de telle façon que trois paires de triangles se trouvent sur le dessus : les verts (qui composent un rectangle), les violets (qui composent un losange) et les jaunes (qui composent un carré). Pour la première présentation, ne sortez que les trois premières paires, étalez-les sur le tapis en désordre et recomposez-les en passant bien le doigt sur les repères noirs. Puis brassez-les de nouveau et laissez faire l'enfant à son tour. Les couleurs l'aident mais aussi la superposition et les repères noirs. Ne sortez la deuxième série que lorsque la première est vraiment maîtrisée.
La découverte des différences d'un triangle à l'autre n'est, à ce stade, qu'une imprégnation. Il est beaucoup trop tôt pour souligner ces différences ou pour nommer les types de triangles.

La boîte n° 2 (boîte rectangulaire)

3 paires de triangles et 2 triangles supplémentaires, tous bleus, sans marque particulière.
La boîte offre l'occasion d'explorer des formes géométriques particulières à partir d'un carré, un rectangle, un trapèze isocèle et un losange. Avec l'enfant, étalez tous les triangles sur la table. Composez une paire. Faites glisser un triangle le long des côtés de l'autre pour composer différentes formes géométriques. faites de même avec les autres paires. Puis laissez l'enfant expérimenter et composer des formes à son tour.
Ce travail est une préparation indirecte au concept d'équivalence pour trouver l'aire des figures planes puisque les figures planes construites avec des lignes droites peuvent toujours être décomposés en triangles.

Les triangles constructeurs

Boîte n°1

2 triangles équilatéraux

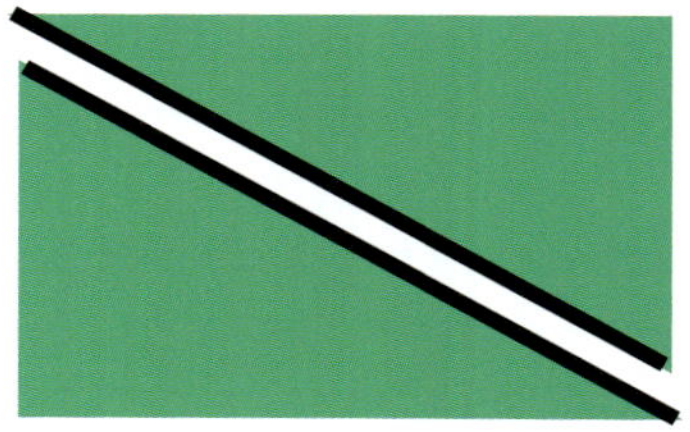

2 triangles rectangles,
repère sur l'hypothénuse

2 triangles isocèles rectangles,
repère sur l'hypothénuse

2 triangles rectangles,
repère sur le grand
côté de l'angle droit

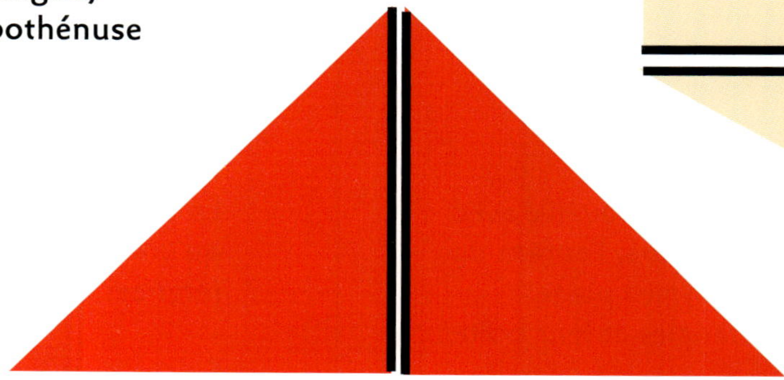

2 triangles isocèles rectangles,
repère sur l'un des côtés de
l'angle droit

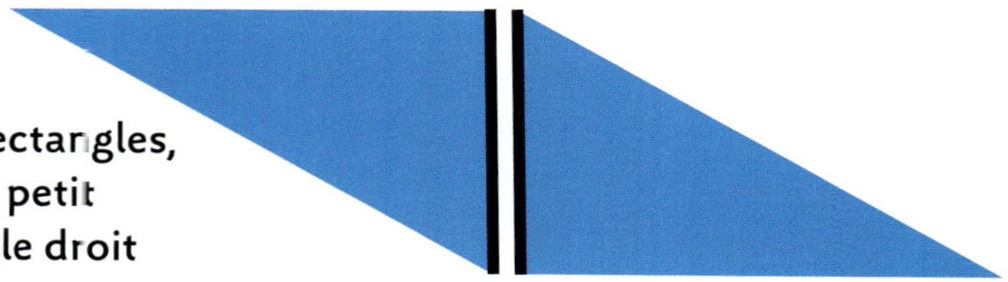

2 triangles rectangles,
repère sur le petit
côté de l'angle droit

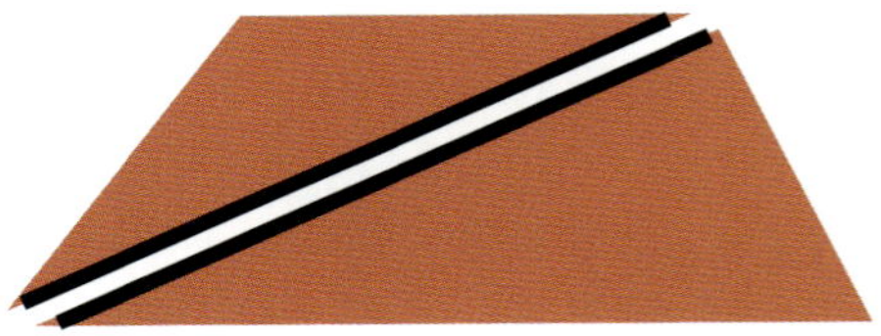

1 triangle isocèle,
repère sur sa base et
1 triangle rectangle,
repère sur le grand côté
de l'angle droit

Boîte n°2

1 triangle
rectangle
et 1 triangle
scalène
formant
un trapèze
isocèle

2 triangles
isocèles
rectangles
formant
un carré

2 triangles
équilatéraux
formant
un losange

2 triangles
rectangles
formant
un rectangle

Boîte n°3

La boîte n°3 (boîte triangulaire)

1 triangle gris sert de modèle à reconstituer grâce à 2 triangles rectangles ou 3 triangles isocèles ou 4 triangles équilatéraux.
Sortez tout d'abord le grand triangle équilatéral gris et placez-le en haut à gauche de l'espace de travail. Puis sortez les deux triangles rectangle verts. L'enfant sort les autres triangles.
Demandez-lui d'assembler les triangles verts en parcourant le repère noir avec son doigt. Prenez les triangles verts l'un après l'autre et superposez-les exactement sur le grand triangle gris. Ensuite, faites glisser le grand triangle vert à côté du gris.

Dans un deuxième temps, construisez un grand triangle avec les trois triangles jaunes isocèles. Puis superposez chacun des triangles jaunes sur le grand triangle gris. Enfin, faites glissez le grand triangle jaune à côté du grand triangle vert.
Construisez enfin un grand triangle avec les quatre triangles équilatéraux. Demandez à l'enfant de le placer sur le gris. Déplacez-le à côté des autres. Observez ensemble tous les triangles construits sur le tapis. Montrez ensuite à l'enfant comment ranger les triangles : le grand triangle rouge en premier, puis le grand triangle jaune, le grand triangle vert et enfin le grand triangle gris. Encouragez l'enfant à faire cette activité aussi souvent qu'il le souhaite.

Vous pouvez suggérer à l'enfant de tracer, colorier, découper les formes géométriques qu'il réalise avec ses boîtes de triangles.
La terminologie de la géométrie pourra être abordée plus tard : hauteur, côté, rectangle, angle, sommet, centre, bissectrice, base...

La boîte n°4 (petite boîte hexagonale)

Séries de triangles équilatéraux et de triangles isocèles permettant de composer un losange, un trapèze isocèle, et deux hexagones. La forme et la couleur facilitent l'identification des triangles à utiliser ensemble. Le repère noir sert ici encore à positionner les triangles pour obtenir des formes géométriques précises. Dans un premier temps, ne sortez que les triangles équilatéraux. Puis, lorsque l'enfant est à l'aise avec eux, ajoutez les autres.

La boîte n°5 (grande boîte hexagonale)

Un grand triangle équilatéral et quatre groupes de triangles isocèles permettent de composer un trapèze, un losange, un triangle et un hexagone.
Commencez par faire la paire des triangles rouges, puis des triangles gris. Placez les paires en haut de l'espace de travail.
Construisez un hexagone en utilisant le grand triangle jaune et les trois triangles isocèles qui ont un seul repère noir.
Construisez un grand triangle équilatéral jaune avec les trois triangles isocèles qui ont deux repères noirs.
Enlevez le grand triangle jaune à l'intérieur de l'hexagone et remplacez-le par celui que vous venez de construire.
Séparez cet hexagone en trois losanges.
Placez le losange rouge sur chacun des trois losanges.
Tout cela se fait très lentement, sous le regard de l'enfant, et doit l'inciter à reproduire ces manipulations mais aussi à explorer et à faire ses propres découvertes.

La boîte n°6 (petite boîte rectangulaire)

12 triangles rectangles de taille et de couleur identique, sans repère. L'enfant peut continuer à explorer les triangles en inventant des formes géométriques libres et composer des formes géométriques particulières. Il peut aussi reconstituer des figures diverses (un peu comme avec le Tangram, puzzle chinois, à la différence que nos pièces sont toutes identiques). Place à la créativité.
Remarque : le rangement dans la boîte offre plusieurs possibilités.

Boîte n°4

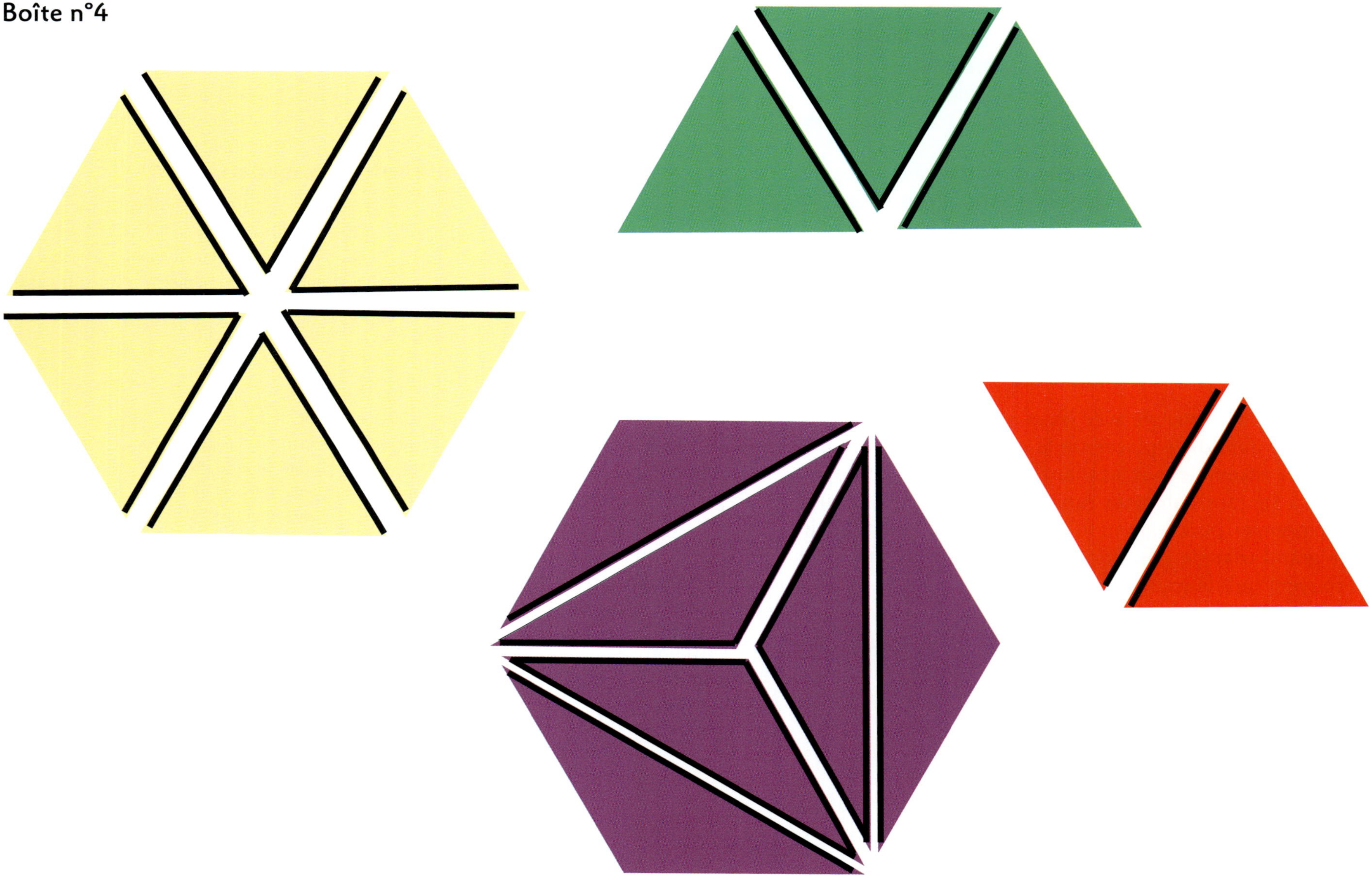

Boîte n°5

Boîte n°6

12 triangles rectangles identiques

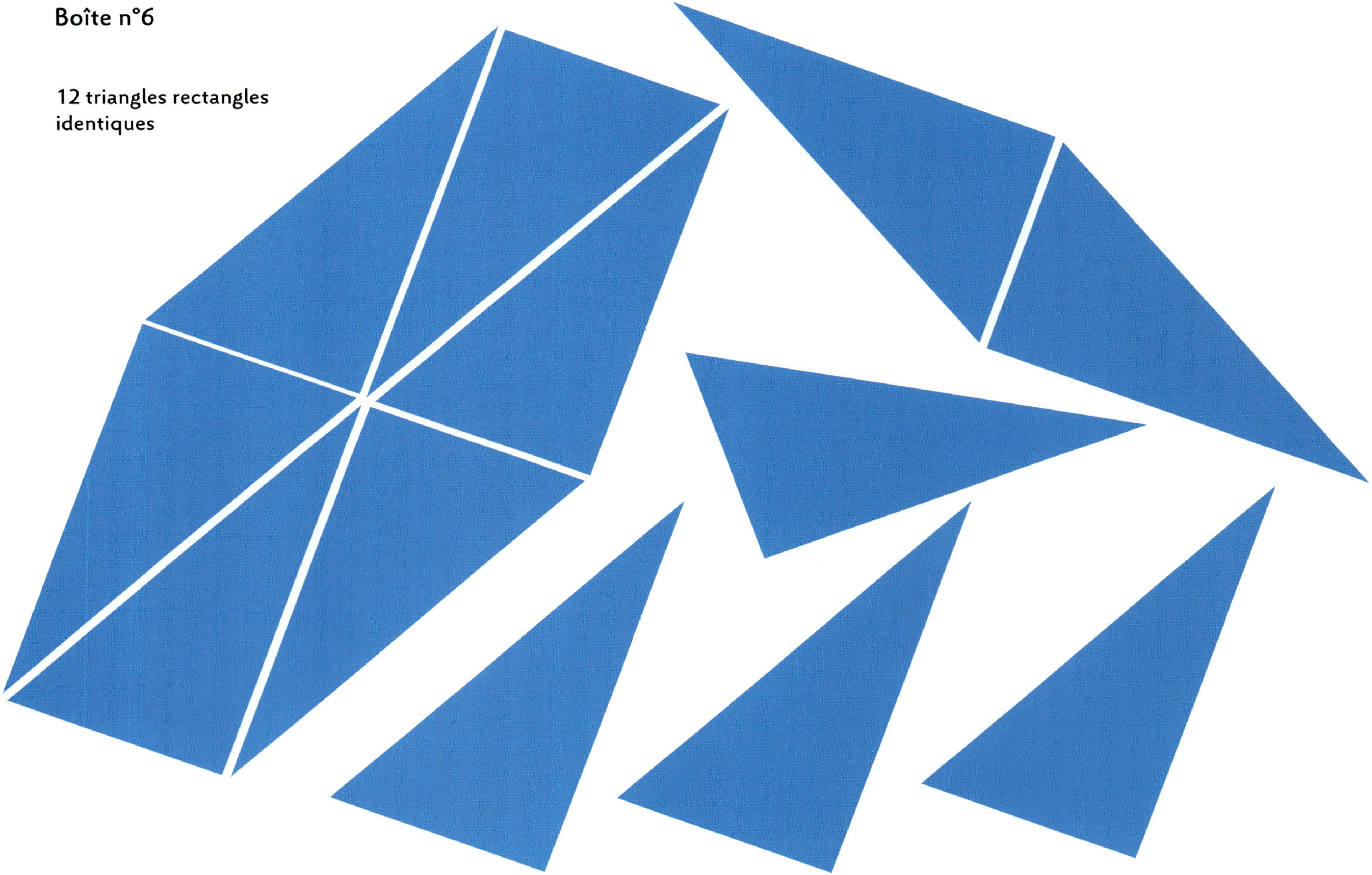

Les figures superposées

Le matériel

Le matériel comporte 3 boîtes compartimentées contenant des petites plaques découpées de 3 formes différentes, des carrés, des cercles, des triangles, en 3 couleurs différentes (jaune, bleu, rouge). Voir le croquis p.76. Chaque forme est présente en 10 tailles de 1 à 10 cm.

La présentation

Voici une liste des activités à présenter progressivement, de séance en séance, selon le temps que l'enfant veut passer sur ce matériel à chaque fois et son aisance à faire les exercices proposés.

La graduation

• Choisissez une forme. Laissez l'enfant choisir la couleur. Commencez à classer (du plus grand au plus petit ou bien l'inverse) toutes les pièces de la même couleur. L'enfant termine la graduation.
• Choisissez une autre forme. L'enfant choisit une couleur différente. Commencez à classer. L'enfant continue.
• Passez à la dernière forme et la couleur qui n'a pas encore été utilisée. L'enfant gradue.

Les figures superposées

Montrez à l'enfant qu'il peut poser des formes les unes sur les autres pour faire des figures variées (voir croquis). L'enfant explorera les diverses possibilités.

Les figures inscrites

Montrez comment empiler les trois formes les unes sur les autres, en centrant chaque pièce et en choisissant les tailles de façon à ce que rien de la forme qui est dessus ne dépasse de celle qui est dessous (voir croquis). Laissez l'enfant expérimenter les possibilités.

Les figures concentriques

Graduez avec l'enfant uniquement les cercles d'une même couleur. Montrez comment placer les cercles les uns à l'intérieur des autres en les centrant, comme les cubes de la Tour rose. Vous placez les premiers cercles puis vous demandez à l'enfant de trouver le suivant, puis encore le suivant jusqu'au dernier. Il pourra refaire l'expérience, d'abord en graduant les cercles auparavant, puis sans les graduer, en les mélangeant. Enfin il pourra expérimenter en choisissant ses pièces dans les trois couleurs d'une même forme.

Les figures congruentes

Montrez à l'enfant comment empiler les tailles d'une même forme non plus en les centrant, mais en les faisant s'aligner par un bord, comme pour la Tour rose alignée. L'enfant pourra expérimenter toutes sortes de figures superposées, en mêlant les couleurs.

Ne donnez le vocabulaire des différentes figures que lorsque l'enfant les a bien expérimentées, éventuellement sous la forme d'une leçon en trois temps.

... et les figures libres !

Le travail avec ce matériel montre toutes les combinaisons possibles avec des cercles, des carrés et des triangles. Il permet d'explorer les relations entre les formes : il est possible de varier les figures de manière originale et infinie. L'enfant peut aussi donner libre cours à sa créativité et fabriquer, parallèlement à ces "figures imposées", toutes sortes de "figures libres" figuratives ou non, en totale liberté : maisons, véhicules, machines extraordinaires, personnages, animaux, paysages...

Les figures superposées

Les trois boîtes

Exemples de figures

Figures superposées

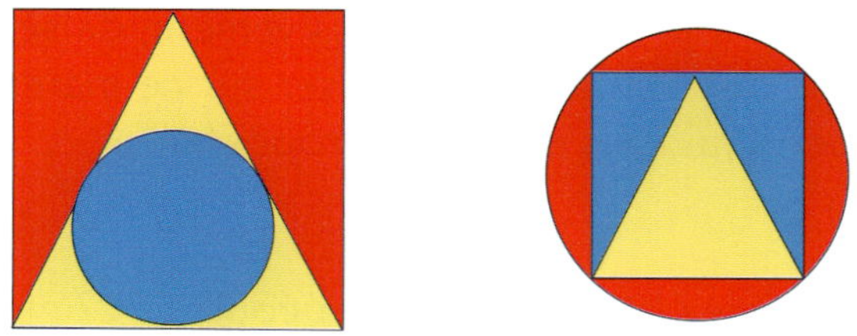

Figures inscrites

Figures concentriques

Figures congruentes

La table de Pythagore

Le matériel

On peut fabriquer ce matériel très facilement à la maison. Il se compose d'une série de petits cartons colorés que l'on doit ranger dans une boîte de classement. (Pour le détail des cartons, voir le croquis p.78). Le respect des couleurs est important car elles correspondent à celles des barrettes de perles que l'on utilisera plus tard en calcul. Le support pour la table de Pythagore est une grande plaque de contre-plaqué. On peut coller un rebord en haut et sur le côté gauche pour éviter que tout se déplace en cas de mouvement intempestif.

La présentation

Pour lui permettre de découvrir le matériel, invitez l'enfant à trouver les carrés puis à les superposer comme les pièces de la Tour rose. Il découvrira ainsi qu'il existe une hiérarchie régulière du plus petit au plus grand.

Montrez-lui alors comment composer et compléter des carrés sur la plaque-support. Prenez le carré rouge au sommet de la "tour" de carrés et posez-le au coin gauche du support. Prenez le carré vert et posez-le en diagonale, de façon à ce qu'il touche le carré rouge uniquement par le coin. Sortez les autres cartons verts de la boîte et placez-les à droite et au dessous du carré rouge, pour compléter le carré vert. Bien sûr, ne placez toujours qu'une seule pièce à la fois. Prenez le carré rose sur la "tour" et posez-le en diagonale. Invitez l'enfant à sortir les autres cartons roses de la boîte et à les placer où il faut pour fermer la zone rose. L'enfant peut maintenant continuer tout seul car la couleur et la dimension des cartons lui servent de contrôle de l'erreur.
À la fin, admirez le résultat ensemble.

Pour ranger, on décompose progressivement la table de Pythagore, couleur par couleur. Pour chaque couleur, on recompose d'abord des carrés par juxtaposition des cartons rectangulaires, avec pour gabarit ou référence le carton carré de la couleur. Lorsque tous les carrés sont reconstitués, on peut enfin les ranger en piles bien régulières dans les casiers. Le carré vient en dernier comme "chapeau" de chaque pile (voir le croquis de la recomposition du carré jaune et de la boîte rangée).

Lorsque l'enfant maîtrise parfaitement l'utilisation de la table complète, il devient possible d'introduire des variantes. Bien entendu tout cela ne se fait que sur la durée, sur plusieurs mois.

Les prolongements

• Lorsque la plaque est complètement remplie, annoncez que vous allez enlever une couleur. Supprimez par exemple le bleu foncé. Demandez à l'enfant de "boucher" le trou en rapprochant les cartons dorés des cartons bleu ciel. Mais attention : pour que ça marche, il va falloir en enlever, en les sélectionnant correctement. Si vous enlevez le blanc, il faudra supprimer des cartons dans le marron, le bleu foncé et le doré. Etc.

• Montrez comment composer des binômes et des trinômes (voir également les croquis). La démarche est la suivante : choisissez un grand carré de référence, puis cherchez les deux carrés - trois pour le trinôme - qui, posés pointe contre pointe, couvrent la totalité de la diagonale. Cherchez et posez les rectangles qui conviennent pour compléter. Il y a une infinité de solutions que l'enfant pourra se délecter à chercher seul.

La dysharmonie de taille, de couleur ou de forme permet le contrôle de l'erreur. Ces activités sont une préparation indirecte à la compréhension et la mémorisation des tables de multiplication et aux concepts du carré et de la racine carrée.

La table de Pythagore

Le plateau et les cartons

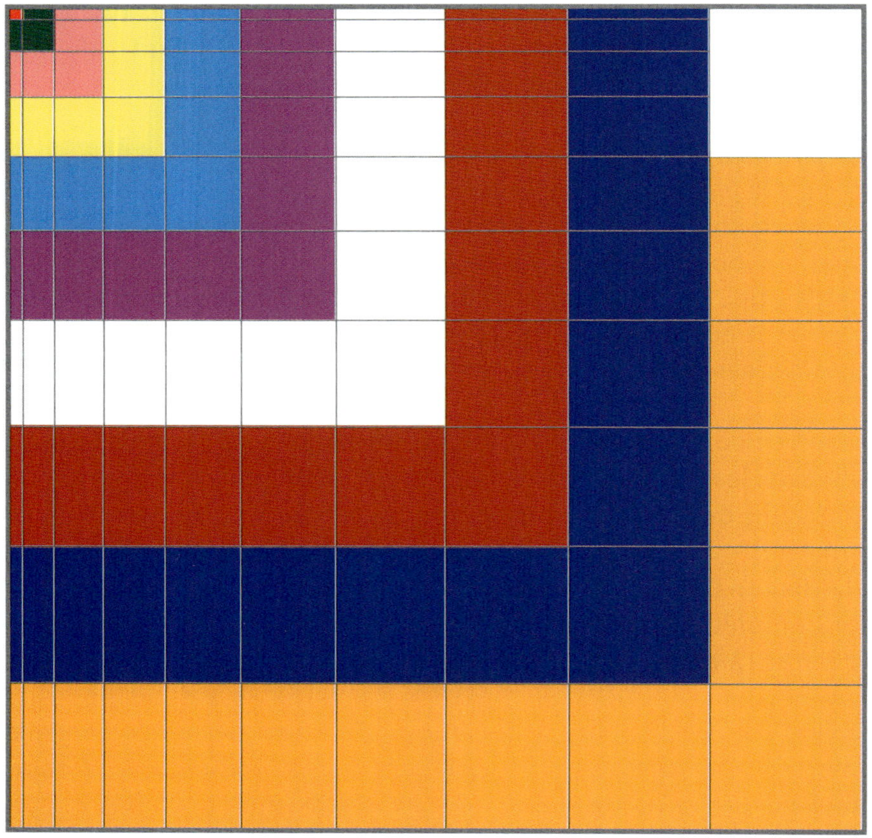

Le rangement

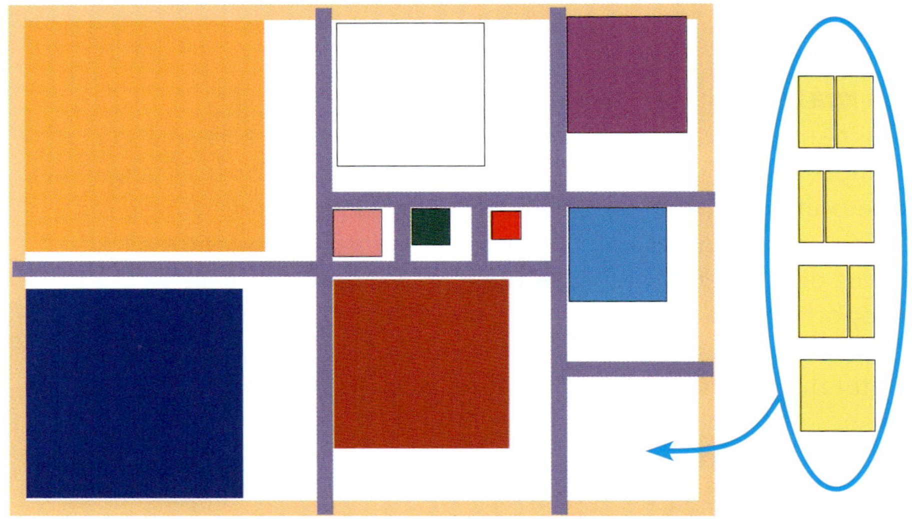

Binômes

Trinômes

Les cylindres de couleur

Le matériel

Quasi impossible à réaliser correctement chez soi, le matériel se compose de 4 boîtes (couvercles vert, rouge, jaune et bleu) contenant chacune une série de 10 cylindres de la même couleur que le couvercle de leur boîte. Le diamètre et la hauteur des cylindres correspondent à ceux des Emboîtements cylindriques (Voir les croquis). Comme ils ne sont pas rangés dans des supports, ils n'ont pas de bouton pour les attraper, ce qui permet de les empiler.

La présentation

Invitez l'enfant à porter la boite rouge sur la table. Sortez les cylindres avec lui. Dites que vous allez graduer, c'est-à-dire les ranger du plus petit au plus grand. Commencez à les mettre dans l'ordre, l'enfant termine.

Plusieurs exercices sont possibles avec ce matériel :
Si l'enfant est à l'aise avec la graduation, passez tout de suite à la combinaison de 2 boites.
• Cylindres rouges et jaunes.
L'enfant gradue les jaunes devant les rouges, puis derrière, puis dessus. Encouragez l'enfant à faire toutes les expérimentations. L'enfant explore ainsi les différences et les similarités dans les dimensions.
• Cylindres rouges et verts.
• Cylindres jaunes et verts.
• Puis combinaison de 3 couleurs.
• Et enfin combinaison de 4 couleurs.
L'enfant découvrira seul une multitude de possibilités et de variations. Ici encore, place à l'inventivité.

Conclusion

Voilà. Nous avons fait le tour des principaux matériels Montessori de la Vie pratique et de la Vie sensorielle en essayant d'être à la fois précises et non dogmatiques.

Nous espérons que ce double souci est suffisamment visible pour que vous vous sentiez maintenant en terrain sûr et que, en même temps, cette confiance vous rende libres de faire vôtres toutes ces démarches et de les adapter aux enfants avec lesquels vous travaillez. Vous allez forcément enrichir ce que vous venez de lire par votre propre expérience, vos propres recherches et vos observations. Un bon enseignant ou un bon éducateur est celui qui s'interroge et remet ses pratiques en question. Nous ne saurions trop vous conseiller, également, d'échanger avec d'autres éducateurs Montessori.

Enfin nous voudrions rappeler que l'essentiel ce ne sont pas le matériel ou les démarches, c'est **l'esprit Montessori** : celui qui vous fera écouter l'enfant, favoriser son autonomie, comprendre ses particularités et ses différences, lui donner confiance, l'aider à devenir une personne active et curieuse.

Nous espérons avoir contribué à transmettre cet esprit.

L'ÉCRITURE, LA LECTURE ET LE FRANÇAIS

L'écriture, la lecture et le français : chronologie

2 ans et 1/2 **vers 3 ans**

L'enrichissement du vocabulaire

L'entraînement au langage

Le jeu des sons

Les lettres rugueuses

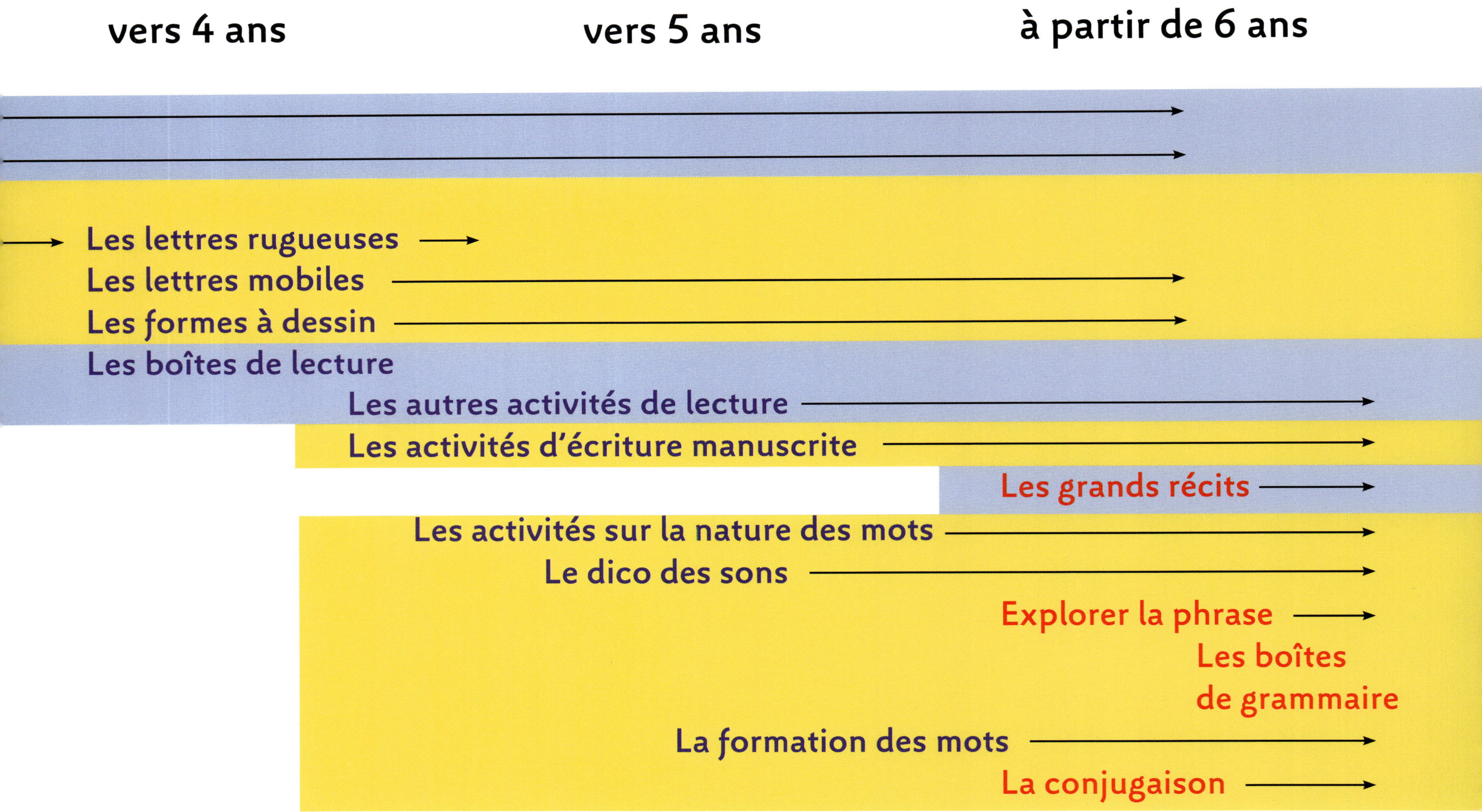
vers 4 ans
vers 5 ans
à partir de 6 ans
Les lettres rugueuses
Les lettres mobiles
Les formes à dessin
Les boîtes de lecture
Les autres activités de lecture
Les activités d'écriture manuscrite
Les grands récits
Les activités sur la nature des mots
Le dico des sons
Explorer la phrase
Les boîtes de grammaire
La formation des mots
La conjugaison

Le langage oral

Le "bain" de langage permet à l'enfant de 0 (et même avant sa naissance !) à 6 ans un développement naturel par une imprégnation permanente grâce à ce que Maria Montessori appelait "l'esprit absorbant". L'acquisition du langage s'organise lors des premières relations de l'enfant avec les adultes qui l'accompagnent. Votre responsabilité est donc grande dans l'apport des "matériaux". Pour que l'enfant apprenne à parler, il faut d'abord... lui parler.

Les activités de langage oral sont vitales. Les trois premières années de sa vie, l'enfant absorbe le langage comme un tout de manière inconsciente. Puis il consolide cette acquisition, sa capacité à parler, son vocabulaire, et clarifie son discours.
Les activités de langage oral sont également les fondations indispensables pour une exploration future de l'écrit. En effet, l'enfant doit avoir élaboré et structuré son langage oral avant d'aborder avec facilité le langage écrit. Ces activités vont donc préparer l'enfant à l'autonomie et à la créativité en écriture ainsi qu'à l'aisance et à la compréhension en lecture.

Le but ici n'est pas de saturer l'enfant de nouveaux mots mais bien de favoriser la fonction du langage à la fois comme support de la pensée et outil de communication. L'objectif de la démarche Montessori dans le domaine du langage oral est de donner à l'enfant beaucoup d'expériences grâce à l'enrichissement du vocabulaire (pour être compris et comprendre les autres) et aux activités d'entraînement : histoires, conversations, jeu de questions, chansons et poèmes... Ces dernières activités sont pour l'enfant une invitation à parler, des occasions pour faire correspondre parfaitement son discours avec ce qu'il souhaite exprimer. Nous allons aider l'enfant à transmettre des informations le plus clairement possible en prenant conscience de ce qu'il sait ou ne sait pas exprimer.

Les activités de langage oral vont aider l'enfant à communiquer verbalement avec aisance.
Elles concernent :
- la prononciation (la manière dont l'enfant produit les sons),
- la clarification de son énonciation (la manière dont il dit les mots),
- la grammaire (la correction de la langue, qui vient naturellement avec ce que l'enfant entend),
- la syntaxe (la manière d'agencer les mots entre eux et d'utiliser des phrases bien structurées).

Il est indispensable de faire ces exercices régulièrement et chaque jour avec le jeune enfant, et de les faire de façon "engagée", réellement présente : il ne faut pas négliger cet aspect qui peut paraître futile.
Nous vous recommandons de faire attention au temps passé devant les écrans qui a tendance à empiéter sur le temps des échanges avec l'enfant. Ces moments d'interactivité sont fondamentaux pour l'enfant mais sont aussi, pour nous adultes, des moments agréables, formateurs et... uniques.

L'enrichissement du vocabulaire

Les objets de l'environnement

Vous présenterez trois objets de l'environnement selon une leçon en trois temps[1] en les montrant toujours dans le contexte. Par exemple :
Temps 1. "Pose tes mains par terre, tes mains touchent le sol"
Temps 2. "Est-ce que tu peux toucher le sol ?"
Temps 3. "Qu'est-ce que c'est ?" (en montrant le sol).

Ainsi le nom des parties du corps, celui des vêtements, des objets de la maison, de la nature, etc. peuvent être présentés de manière vivante, en élargissant toujours le périmètre à découvrir, de façon concentrique autour de l'enfant.

Le matériel sensoriel

Nous avons vu que l'un des rôles importants du matériel sensoriel est de relier le langage et l'expérience[2]. Le vocabulaire simple est présenté grâce à une leçon en trois temps, de la même façon, celui des comparatifs (plus et moins) et des superlatifs (le plus et le moins).
C'est un travail important qui permet à l'enfant de pouvoir exprimer la qualité des choses (comme les couleurs) le plus exactement possible.
Ne négligez pas cet aspect, même si ce travail vous paraît long : vous n'aurez plus à y revenir et les bases du langage seront solides.
Aussi surprenant que cela puisse paraître, ce travail de langage avec le matériel sensoriel est une étape utile pour aborder les premières notions mathématiques (plus, moins...).

---

1. *Voir p. 10.*
2. *Voir la partie Vie sensorielle.*

Les Images classifiées

A ne pas confondre avec les Cartes de nomenclature classifiées (voir p.112), elles sont un outil intéressant pour aider l'enfant à classifier et mettre en relation des objets et leur environnement.

Le matériel

Il s'agit d'une collection de cartes classifiées en lien avec l'environnement quotidien et la culture de l'enfant : les transports, les animaux, les fruits, les légumes, les instruments de musique, les objets de la maison... Les cartes sont organisées et structurées par thème. Elles vont du général (ex. : les animaux) au particulier (les animaux domestiques, les animaux sauvages...). Petit à petit, au fur et à mesure que l'enfant grandit, que son univers s'élargit et qu'il est capable de percevoir les nuances, le sujet des cartes s'affine encore (ex. : les insectes, les mammifères, etc.). De même, les centres d'intérêt de l'enfant évoluant, vous pourrez créer des cartes sur l'Histoire (la préhistoire, l'Egypte, etc.), la géographie (la mer, la montage, les pays...), etc. Les cartes doivent toutes être de même format et de même taille, si possible, pour éviter la confusion. Les images doivent être facilement identifiables et les dessins réalistes.Il est important de changer et d'enrichir régulièrement les cartes pour renouveler l'intérêt de l'enfant.
Ce matériel permet de vérifier que l'enfant comprend toutes sortes de mots communs dont le sens pourrait rester flou pour lui sans que nous nous en rendions compte. Cela permet aussi à l'enfant de prendre conscience de la prononciation de certains mots.
Ces cartes n'existent pas dans le commerce en France. Vous pouvez en acheter sur des sites américains (Classified cards). Vous pouvez aussi vous aider d'un imagier, d'un dictionnaire visuel, de magazines pour enfants pour les réaliser. Vous y trouverez des images (photos, dessins) à découper et à coller. Cela vous aidera également à déterminer les groupes thématiques sans oublier de mots. L'idéal est de pouvoir créer d'abord une carte présentant un tout, puis les cartes

présentant les détails de ce tout. Ex. : une carte pour la basse cour avec son cadre et tous ses animaux en situation, puis une carte par animal (voir les exemples ci-contre).
La réalisation de ce matériel peut faire peur, mais n'oubliez pas que vous créerez les cartes au fur et à mesure de l'évolution des centres d'intérêts de l'enfant, petits paquets par petits paquets.

La présentation

Commencez par présenter à l'enfant des thèmes familiers (transports, objets de la maison...) en l'invitant à choisir une catégorie. L'enfant travaille sur un tapis et sort toutes les cartes en isolant celle du groupe qui l'intéresse. Il les aligne en haut du tapis. Observez chaque carte avec l'enfant et demandez-lui de la nommer. Ne vous contentez pas, bien sûr, d'une simple désignation. Au contraire, encouragez chaque fois une petite conversation en posant des questions à l'enfant, en lui montrant des détails. N'insistez pas trop longtemps non plus : laissez-vous guider par l'intérêt de l'enfant. Retournez les cartes pour lesquelles l'enfant n'a pas de problème de vocabulaire, (nom connu) et faites une pile. Présentez les cartes inconnues selon une leçon en trois temps.
Lorsque toutes les leçons en trois temps ont été faites, présentez une nouvelle fois toutes les cartes à l'enfant pour vérifier qu'il peut identifier toutes les illustrations et que tous les noms sont connus. Montrez à l'enfant comment ranger le matériel avec l'image du groupe au-dessus de la pile thématique.

D'autres activités

Les occasions d'enrichir le vocabulaire ne manquent pas. On peut citer le vocabulaire de la politesse, que l'on aborde à travers des jeux de rôle (répondre au téléphone, s'excuser, saluer...) mais également les autres aspects de la culture comme la musique (ex. avec le chant : voix grave, triste, petite, forte, vive, lente, faible...), la peinture, le cinéma, etc.

L'entraînement au langage

Les histoires

On peut définir un certain nombre de règles de base pour qu'une histoire ait une chance de captiver un enfant.
Tout d'abord dans la structure. L'histoire doit commencer par une courte introduction des personnages, du cadre et de la situation, pour que l'enfant sache "où il est". Elle doit ensuite présenter une problématique (un manque, un mystère, une situation inconfortable...), pour que l'enfant attende quelque chose et ait envie de savoir ce qui va se passer.
A travers une série de péripéties, d'interactions entre les personnages, l'histoire doit enfin conduire à la résolution du problème (en bien ou en mal, mais on aime toujours mieux les histoires qui finissent bien, sans mièvrerie !).
D'autres règles concernent l'adéquation entre l'histoire et son public. La question de l'âge est bien sûr importante, non seulement pour ce qui est de la longueur du texte et du choix du vocabulaire, mais aussi pour la sélection du sujet. De même, un jeune enfant préfèrera l'action aux longues descriptions. Certaines histoires intéressent plus les garçons, d'autres les filles, mais ce n'est pas une loi : ne plaquez pas des goûts *a priori* sur l'enfant, suivez plutôt les siens. Enfin, dans des histoires mettant en scène des enfants "de tous les jours", le fait de remplacer le nom du héros ou de l'héroïne par le prénom de l'auditeur assurera évidemment une adhésion encore plus grande.

Raconter des histoires

Les librairies et les bibliothèques regorgent de bonnes histoires que vous connaîtrez bientôt par cœur. Vous savez peut-être en inventer vous-même. Vous pouvez raconter une histoire n'importe où : à la maison, en promenade, en voiture... Et le récit oral a un côté plus affectif, direct et fort que le fait de lire une histoire. C'est un vrai cadeau.

La lecture d'histoires

Les premiers livres doivent être reliés à la vie de l'enfant. L'histoire ne doit être ni trop longue ni trop compliquée pour les plus jeunes. Pour les enfants plus âgés, il est possible de choisir une longue histoire composée de plusieurs chapitres. Vous pouvez ainsi aiguiser le plaisir de l'attente et lire un nouveau chapitre chaque jour. Dans ce cas, avant de commencer un nouveau chapitre, discutez avec l'enfant du début de l'histoire : il devrait pouvoir vous raconter ce qui s'est passé. Pensez chaque fois à donner le titre, le nom de l'auteur et de l'illustrateur.
Pendant la lecture, votre voix doit être animée : "jouez" l'histoire.
Il est intéressant de lire certaines histoires sans montrer les dessins, pour laisser à l'enfant la possibilité de créer ses propres images mentales.

Le coin des livres

Le coin des livres doit être une belle collection d'ouvrages variés et joliment illustrés : humour, littérature pour enfants, documentaires, magazines. Ils doivent être à la portée des enfants pour satisfaire leur besoin de curiosité. Si vous vous occupez d'enfants d'âges différents, répartissez les livres de chaque niveau d'âge par niveau d'étagère.

- Tout en bas, des livres d'images pour les enfants non lecteurs.
- Au-dessus, des livres avec des phrases courtes pour les jeunes lecteurs.
- Encore au-dessus, des livres avec des textes plus élaborés.
- Enfin des livres aux histoires longues.

Maria Montessori recommandait que les livres de fiction pour les jeunes enfants ne soient pas fantaisistes parce que l'enfant de moins de 6 ans a besoin d'expérimenter le réel.
Il est important de faire des présentations de "Vie pratique" autour des livres : comment tenir un livre, comment ouvrir un livre et tourner les pages avec soin, comment ranger un livre sur une étagère en écartant les autres, comment porter deux ou trois livres ensemble sans les abîmer...

Chansons et poèmes

La musique des sons choisis et des rimes plaît au jeune enfant qui est en période sensible du langage. Le langage des poèmes est une forme différente du langage qu'il connaît. Cela l'amuse, l'intrigue et le séduit. L'enfant fait ainsi l'expérience de la littérature soignée et cela lui permet de travailler le langage articulé. Choisissez des poèmes courts et simples, qui jouent sur la musique des mots et éventuellement l'humour. Pensez à donner le titre et le nom de l'auteur. Lisez ou récitez le texte entièrement et demandez ensuite à l'enfant si ce poème lui plaît et s'il aimerait l'apprendre pour pouvoir le dire à son tour.
Les chansons ajoutent des plaisirs supplémentaires : on peut les chanter à deux ou à plusieurs, on peut les accompagner de quelques notes sur un instrument ou de percussions. Pour le reste, le choix est à faire exactement comme pour les poèmes : simplicité, humour, soin apporté au choix des mots, des sons.

Les actualités

Cette activité aide à la clarification du discours et au développement de l'expression personnelle.
Le matériel se compose d'extraits de journaux (locaux, de préférence pour être mieux connectés à l'enfant) ou de magazines. Vous pouvez aussi puiser dans des émissions de radio ou de télévision pour les enfants. Discutez avec l'enfant (ou un groupe d'enfants) d'événements connectés à leur vie : vie de famille, vie du village, du quartier ou de la ville, information entendue à la radio, vue à la télévision ou sur internet. Même tout petits, les enfants se posent des questions et ont une interprétation toute personnelle des événements qui se produisent autour d'eux. En les faisant parler, non seulement on développe leur aptitude à s'exprimer, mais on se réserve des surprises pleines d'humour !

Le tableau des événements

Le matériel se compose d'un tableau de liège divisé en deux avec un côté pour le passé, un côté pour le futur. Vous y punaiserez des petits papiers portant l'inscription d'événements comme les fêtes, les anniversaires, les sorties… l'enfant pourra ainsi les attendre, puis les transposer dans la colonne du passé une fois qu'ils se seront terminés. Il acquerra ainsi la notion du temps qui passe et fera la nuance entre le futur et le passé. Ne mettez pas plus de 2 ou 3 événements à la fois sur le tableau et ne placez que des événements qui vont se passer très bientôt, dans les 2 ou 3 jours à venir, sauf si ce sont des événements très forts pour l'enfant : Noël, un départ en voyage… Ce sera alors l'occasion de faire ressentir la durée plus ou moins longue de l'attente.

Le jeu des questions

Les occasions de converser avec l'enfant sont autant d'exercices de langage en situation à privilégier. L'enfant s'habitue à faire de vraies phrases, à expliquer ce qu'il veut dire pour être compris. En vous écoutant parler, il assimile des tournures de phrases et les particularités grammaticales et syntaxiques de notre langue… qui sont nombreuses et riches en exceptions. Saisissez donc les occasions de discussion spontanée avec l'enfant en lui posant des questions adaptées à son âge et à ses connaissances supposées du sujet abordé. Il ne doit pas de retrouver en situation d'échec.
Ecoutez attentivement ses réponses et laissez-le parler à son rythme, sans le presser : il ne doit pas se précipiter en pensant que vous allez lui couper la parole s'il est trop lent.
Un exemple : L'enfant mange une tartine beurrée. Posez une "devinette" : "Le beurre est fait avec quelque chose qui est aussi sur la table. Tu sais quoi ?" Puis, lorsque la réponse sur le lait est venue (jouez à "tu brûles", "tu gèles", pour l'aider éventuellement) : "Et tu sais quel animal donne du lait ?" Etc.

Attention cependant à un écueil, surtout dans le cas de l'école à la maison : il ne faut pas que tout le temps de la vie ensemble se transforme en temps d'apprentissage. Il faut aussi du dialogue affectif, des conversations quotidiennes, humoristiques, futiles... c'est aussi du dialogue et l'enfant ne doit pas avoir le sentiment d'être harcelé de questions et d'explications.

Les conversations

Les conversations doivent être un vrai dialogue, un échange d'une personne à une autre.
Vous écoutez quand l'enfant parle. Il écoute quand vous parlez. Soyez disponible.
Mettez-vous physiquement au niveau de l'enfant, accroupi(e) devant lui ou assis(e) à la même table ou sur un canapé : il doit pouvoir voir votre bouche pour l'énonciation et la prononciation.
Utilisez un discours normal et un vocabulaire approprié. Et, bien sûr, ne bêtifiez pas.
L'enfant est ainsi entraîné, petit à petit, à mener une conversation. Progressivement il sera à l'aise dans son expression. La qualité de vos réponses déterminera ses progrès.

L'introduction à l'écriture

L'entrée dans l'écrit

En pédagogie Montessori, l'entrée dans l'écrit ne se fait pas par un manuel mais en offrant à l'enfant des occasions multiples et spécifiques d'explorer la langue écrite, en l'outillant pour une "conquête de la lecture".
Le langage écrit est une autre forme du langage que l'enfant connaît déjà. C'est une forme symbolique qui recourt à des signes graphiques. Ce que l'enfant doit comprendre, c'est le "principe alphabétique", c'est-à-dire le fait que ces signes, isolés ou groupés, représentent à l'écrit les sons de la langue orale. Attention : cela n'a rien à voir avec l'ordre alphabétique, auquel on ne s'intéresse absolument pas pour le moment. L'entrée dans le langage écrit demande donc la capacité à mettre en relation les symboles avec les sons à transcrire, mais cela dans un ordre particulier afin que, mis bout à bout, ces symboles aient un sens.
La pédagogie Montessori offre à l'enfant des "clés" pour l'écriture et la lecture sous la forme de nombreuses activités permettant de préparer isolément des aptitudes indispensables à la maîtrise de l'écrit. L'enfant

va explorer dans ces activités ce dont il a besoin pour reconnaître et utiliser les symboles. Il est invité à explorer de façon sensorielle les éléments constitutifs puis l'organisation de notre langue écrite :
• les sons, les lettres, puis la formation des mots,
• l'organisation des mots pour former les phrases.
Parallèlement, il peaufine les gestes et la mémorisation des formes qui vont lui permettre d'écrire.
Toute cette préparation débouche un beau jour, et vraiment du jour au lendemain de façon spectaculaire, sur ce que Maria Montessori appelait "l'explosion de la lecture". Lorsque l'enfant, lentement et soigneusement préparé, comprend tout d'un coup "comment cela fonctionne" et se met à utiliser tout le bagage acquis.

Les activités s'enchaînent et s'articulent de la façon suivante :
• Les activités de Vie pratique et de Vie sensorielle, incontournables, ont préparé le terrain. Nous ne répèterons jamais assez à quel point il ne faut ni négliger ni *a fortiori* "sauter" ces deux étapes fondamentales.
• Le Jeu des sons met en évidence la diversité des sons de notre langue et entraîne l'enfant à les détecter dans les mots. Attention : comme il n'y a pas de matériel pour cette activité, on a tendance à l'oublier, ou à la faire trop rapidement.
• La découverte des Lettres rugueuses familiarise complètement l'enfant, par le toucher, avec la forme de chaque lettre et la "trajectoire" pour la tracer. Elle lui permet d'associer le symbole et le son. Elle l'aide aussi à intérioriser le geste pour former chaque lettre.
• Le matériel des Lettres mobiles permet à l'enfant de composer des mots, puis des phrases, d'abord sans se soucier de l'orthographe, purement phonétiquement. Le but, ici, est l'assimilation du rôle symbolique des lettres et leur utilisation pour composer de l'écrit.

• Les activités avec les Formes à dessin affinent la précision du geste, son élan, et donnent à l'enfant de l'aisance dans l'occupation de l'espace de la page. Le geste est construit sans les contraintes initiales des lignages.

L'originalité des activités d'écriture et de lecture Montessori est d'abord de faire appel en même temps au toucher, à la manipulation d'objets et à la réflexion de l'enfant. L'originalité réside aussi dans le fait que l'écriture et la lecture sont présentées à l'enfant comme des activités sensorielles et intellectuelles passionnantes. L'enfant accède au fonctionnement du langage par une approche qui fait toujours sens (pas de syllabes artificielles ou de pseudo-mots). Le matériel est conçu pour lui plaire, susciter son émotion, libérer sa créativité naturelle. Il donne à l'enfant une image claire et concrète de notions abstraites (telles que le concept de "mot", par exemple). L'enfant s'engage, touche, explore, découvre et comprend. Il en tire une satisfaction directe.

L'apprentissage de l'écriture

L'écriture manuscrite est une action complexe. Il n'y a rien d'évident : l'enfant doit être préparé. Face à la complexité des tâches, il doit organiser ses sensations.

Décomposer et préparer l'acte d'écrire

L'approche Montessori apporte un soin minutieux dans la préparation mentale et physique de l'écriture, avant même de proposer à l'enfant de tenir un crayon ou d'utiliser un cahier. Cela se fait par un grand nombre des activités de Vie pratique et de Vie sensorielle, qui constituent l'humus sur lequel se développe la capacité d'écrire, de lire, de raisonner, etc. Ces activités préparent chacune une composante particulière, telles que la motricité des doigts, de la main, du poignet, la fluidité des gestes, la capacité à suivre ses gestes du regard, mais aussi la concentration, la capacité de réflexion et d'abstraction, etc.

Apprendre les lettres

Il s'agit maintenant de comprendre que l'écrit est une forme symbolique de langage, d'en découvrir les symboles, de devenir capable de les associer aux sons, et aussi de les tracer. Les premières activités de lecture et d'écriture manuscrite proprement dites sont reliées aux Lettres rugueuses (voir p.92). Elles sont progressives et structurées.

Lorsque l'enfant est à l'aise avec le son et la forme des lettres, et seulement à ce moment-là, il commence à tracer les lettres sur une ardoise de taille moyenne pour en venir petit à petit travailler sur un espace plus défini et plus réduit. On ne lui présentera l'écriture sur du papier avec un crayon qu'après : il n'y a aucune urgence.

En parallèle, des exercices de tri avec les Lettres mobiles lui permettront de mieux observer les particularités de chaque lettre. Les lettres seront alors regroupées par forme ou par position par rapport à l'ensemble du mot écrit ou de la phrase écrite (le n, le o, le u, etc. alignés, la barre du p plongeant vers le bas, celle du t ou du d montant, comme la boucle du b ou du f, etc.).

Les mots, les signes conventionnels, les phrases...

Mais écrire, ce n'est pas seulement tracer des lettres. Au tout début, l'enfant compose des mots avec les Lettres mobiles en analysant chaque son. L'écriture de mots commence avec quelque chose que l'enfant connaît déjà. Il a en tête le mot qu'il a envie d'écrire. Le mot sera donc forcément intéressant pour lui. L'enfant sera également invité à transcrire des mots, puis des phrases à partir de différents matériels. L'écriture et la création devront alors être encouragées et aidées. Il découvrira au passage les signes conventionnels dont il aura besoin : ponctuation et majuscules.

Le Jeu des sons

L'enfant prend progressivement conscience des sons qui composent les mots désignant les personnes ou les objets qui l'entourent puis les mots moins familiers. Prenez le temps de bien développer cette conscience des sons car il s'agit d'une activité préparatoire indispensable au futur apprentissage de l'écriture et de la lecture. Attention : comme ces exercices ne s'appuient sur aucun matériel, contrairement à de très nombreuses autres activités Montessori, on a tendance à les négliger ou à passer très vite. Or ici comme pour tout le reste, il faut donner le temps à l'enfant de comprendre et de mémoriser.
Vous n'avez pas besoin de matériel particulier, mais de temps, d'attention et de disponibilité. Ces jeux peuvent se faire à tout moment, dans une salle d'attente, un train, une voiture...

Les sons en début de mots

Commencez par des mots familiers comme, par exemple, le prénom de l'enfant ou le vôtre.
Demandez à l'enfant : "Connais-tu mon prénom ?" L'enfant répond. Insistez bien sur le premier son."Oui, mon prénom est MMMMMona."
"Comment s'appelle ton chat ? - Eliott. - EEEEEliot. Quel joli son !"
Ensuite, jouez avec le premier son des prénoms de la famille de l'enfant ou des enfants, dans un contexte de classe.
"Je pense à une personne dont le prénom commence par IIIIIII... Irène." Puis enchaînez avec le nom des parties du corps. Vous pointez une partie du corps et vous demandez : "Comment s'appelle cette partie du corps ? - Le nez. - Oui, c'est ton NNNNez." Insistez sur le premier son. "Comment s'appelle ce que tu as sur la tête ? - Les cheveux. - CHCHCHeveux. Quel drôle de son !" Ainsi de suite.

Lors d'une autre séance, abordez par exemple les noms de vêtements, le nom des meubles de la pièce... Vous pouvez aussi utiliser de petits objets sur un plateau, comme les animaux de la ferme.
Montrez un animal et demandez : "Comment s'appelle cet animal ? - Une vache. - Oui, c'est une VVVVache." Continuez à bien insister sur le premier son, puis passez à un autre animal. Revenez de temps en temps sur ceux que vous avez déjà nommés. Passez ensuite à des groupes d'objets situés dans un même endroit de la pièce ou de la maison. Ex. : La BBBBrosse à dent, le DDDDentifrice, le VVVVerre...

Les sons en fin de mots

Il s'agit du même exercice mais cette fois-ci vous insistez sur la fin des mots et vous encouragez l'enfant à produire le son avec force et à le prolonger si c'est possible. Expliquez d'abord ce qu'est la fin du mot : c'est le dernier son que l'on entend. Donnez à l'enfant l'exemple de son prénom : OliviAAAA ou LudoviCCCC.
Comme pour le début des noms, passez en revue toutes sortes de séries d'objets ou d'êtres vivants proches de l'univers de l'enfant.

Les sons en milieu de mots

Utilisez des mots courts comme "Zoé". Aidez l'enfant à trouver le son du début, puis le son de la fin. Enfin demandez-lui quel est le son que l'on entend au milieu. Il découvre avec votre aide qu'après le "ZZZZ", on entend "OOOO".
Pour aider l'enfant, choisissez d'abord des séries de mots dont seul le premier et le dernier sons changent, tandis que le son du milieu est toujours le même : bac, lac, sac... col, bol, Paul,... Vous augmenterez progressivement la difficulté, avec des sons différents.

Les Lettres rugueuses

Dans l'approche Montessori, les Lettres rugueuses sont une base incontournable de l'entrée dans l'écrit. Elles renseignent l'enfant sur le mouvement de l'écriture (amorce, sens et trajectoire du geste). Elles permettent aussi de mettre en relation le symbole et le son.
L'enfant doit avoir déjà bénéficié d'une préparation pour le toucher avec les Planchettes rugueuses (voir p.31) et avoir joué suffisamment avec tous les sons que les symboles représentent, à travers le Jeu des sons (voir p.91). Le papier de verre agit comme un contrôle de l'erreur. À tout moment les doigts de l'enfant sont guidés par la forme de la lettre.

Note importante : Si les Lettres rugueuses cursives sont un moyen d'entrer dans l'écriture manuscrite, elles sont aussi un outil pour la reconnaissance des lettres et donc pour la lecture. Or, les lettres auxquelles l'enfant est confronté dans son environnement quotidien sont le plus souvent des capitales et des minuscules d'imprimerie. Il se peut qu'il s'interroge et interroge l'adulte sur telle ou telle lettre qu'il ne reconnaît pas, sur une affiche ou un paquet de nourriture.
Il est important de profiter de cette occasion pour souligner qu'il s'agit bien d'une lettre qu'il connaît déjà, mais qui est représentée un peu différemment. Montrez-lui alors la lettre cursive rugueuse et la lettre d'imprimerie correspondante qu'il a repérée sur le paquet ou l'affiche. Montrez-lui aussi d'autres lettres s'il le demande.
Mais ne passez pas toutes les lettres systématiquement : d'abord il les oublierait presque immédiatement, et, de plus, cela ne ferait que compliquer son apprentissage. Il va s'habituer progressivement et assez facilement aux différentes formes d'une même lettre, sans qu'il soit nécessaire d'en faire un apprentissage spécifique. L'enfant raccrochera la nouvelle lettre à la lettre qu'il connaît.

Le matériel

Les Lettres rugueuses sont faciles à fabriquer, avec un peu de soin. Il s'agit de lettres cursives découpées dans du papier de verre et collées sur des planchettes de bois ou des plaques de carton. Les voyelles sont collées sur des planchettes bleues, les consonnes sur des planchettes roses. Il y a aussi des lettres collées sur des planchettes vertes : ce sont les combinaisons de lettres pour former un son qui ne peut être représenté par une seule lettre de l'alphabet : ch, gn... ou, in, etc. Voir le croquis et la liste pages suivantes. Vous ne présenterez les lettres collées sur les planchettes vertes que bien après les autres, sauf si elles sont nécessaires immédiatement, par exemple si l'enfant s'appelle Ra-PH-aël, Gu-ILL-aume, A-GN-ès, ou si la localité où il habite présente des lettres combinées, etc.
Nous avons bien précisé que l'orthographe n'est pas à l'ordre du jour pour le moment et encore pour une période assez longue. Nous en sommes à la correspondance phonétique.

La présentation

La présentation des Lettres rugueuses se fait sous forme de "leçon en trois temps". Voici comment se déroule la leçon en trois temps pour les Lettres rugueuses. Commencez par parler de l'activité avec l'enfant et dirigez-vous avec lui vers l'endroit où est rangé le matériel. Il doit en effet connaître l'emplacement pour pouvoir s'orienter lorsqu'il aura envie spontanément de tracer des lettres.

Temps 1

C'est le temps de l'association du nom à l'objet. Dans le cas des Lettres rugueuses, il correspond à la présentation des lettres, par groupes de trois, l'une après l'autre. Choisissez toujours trois lettres contrastées par leur forme et leur son, par exemple "m" (prononcez le son de la lettre et non pas son nom : ME - au lieu de ÉME - et en essayant de rendre le E le plus muet possible : MMM plutôt que ME), "c" (à prononcer KKK pour le moment) et "p" (PPP). L'ordre de l'alphabet importe peu pour le moment. Posez une première lettre devant l'enfant. Touchez la lettre du bout des doigts, dans le sens de l'écriture, en prononçant le son qui lui correspond. "MMMM, comme MMM-Maman". Puis, invitez l'enfant à suivre la lettre du bout des doigts, à son tour, en disant le son. S'il prononce le son correctement mais n'effectue pas le geste dans le bon sens, laissez-le finir puis reprenez le geste devant lui à votre tour. Puis passez à la deuxième, puis à la troisième lettre.

Temps 2

Le deuxième temps est celui de la reconnaissance. Il s'agit d'un véritable défi intellectuel à l'échelle de l'enfant. C'est le temps le plus long, qui doit être poursuivi jusqu'à ce que l'association soit fermement établie. Posez les trois lettres devant l'enfant. Il s'agit toujours des trois mêmes lettres, dans l'ordre de la première présentation puis dans le désordre. Demandez à l'enfant de reconnaître la lettre : "Montre-moi le... MMMM", "Montre-moi le... KKKK", "Montre-moi le... PPPP". Invitez l'enfant à tracer à chaque fois la lettre en disant le son. Lorsque l'enfant n'éprouve aucun problème pour désigner, suivre du bout des doigts correctement et prononcer le bon son pour les trois lettres, passez au temps 3.

Temps 3

Toujours avec les trois mêmes lettres, vous allez maintenant tester la connaissance de l'enfant en lui posant une question ouverte. "Quel est le son de cette lettre ?" À cette étape l'enfant ne risque pas d'être mis en échec, puisque la seconde période a consolidé sa reconnaissance de la lettre. Félicitez-le, encouragez-le.

Ne brûlez pas les étapes et si, quelque temps plus tard, l'enfant hésite sur l'une des lettres, reprenez-la dans le prochain groupe de trois lettres à découvrir. Si tout semble bien assimilé, passez au groupe suivant. Ainsi de suite jusqu'à épuisement des lettres de l'alphabet. N'oubliez pas de garder des traces écrites datées de ces activités et

Les Lettres rugueuses simples

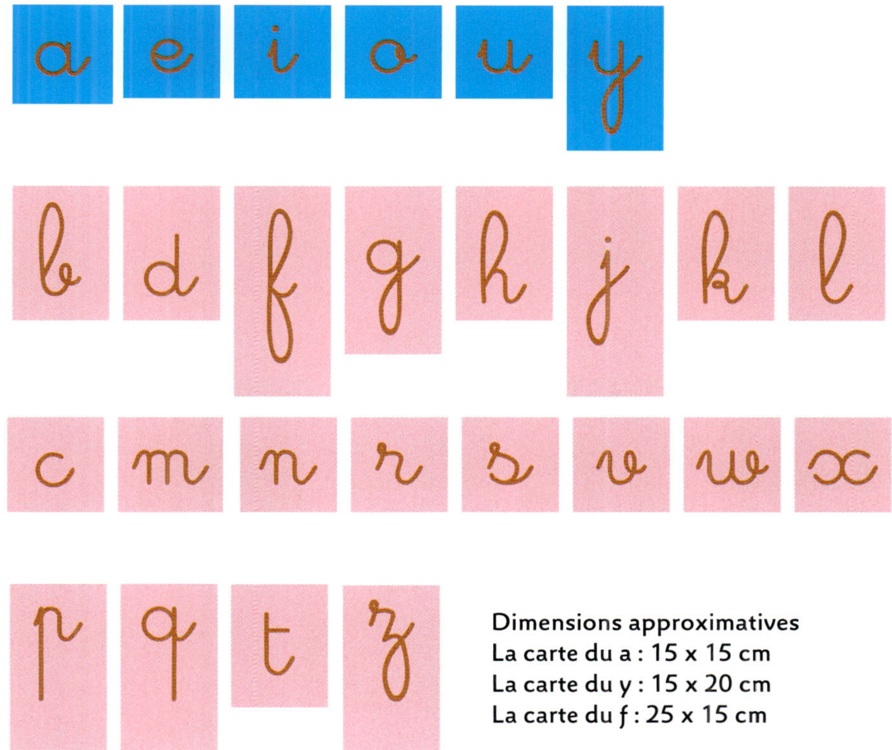

Dimensions approximatives
La carte du a : 15 x 15 cm
La carte du y : 15 x 20 cm
La carte du f : 25 x 15 cm

Les Lettres rugueuses composées

La première prononciation des lettres

Lettre	Prononcer
a	a
b	b(e) et non pas bé*
c	k(e) et non pas cé
d	d(e) et non pas dé
e	e
f	fff(e) et non pas effe
g	gg(e)**
h	silence /doigt devant la bouche
i	i
j	j(e) et non pas ji
k	k(e) et non pas ka
l	l(e) et non pas elle
m	m(e) et non pas emme
n	n(e) et non pas enne
o	o
p	p(e) et non pas pé
q	k(e) et non pas ku
r	r(e) et non pas erre
s	ss(e) et non pas esse
t	t(e) et non pas té
u	u
v	v(e) et non pas vé
w	ou(e) et non pas double vé
x	x(e) et non pas ixe
y	y(e) et non pas i grec
z	z(e) et non pas zède

* On prononce la consonne et on rend le e le plus muet possible.
On répète les consonnes qu'on ne peut pas faire durer, comme le b, le d, etc.
Pour les autres (f, s, v...) prolongez le son.
** Comme dans gâteau.

des progrès de l'enfant, surtout si vous êtes dans le cas de l'école à la maison. Ce sera un outil de communication efficace dans le cas d'une inspection.
Le jeune enfant traverse les périodes sensibles du langage et du toucher. Si les Lettres rugueuses sont présentées au bon moment, vous vous apercevrez que l'enfant aura envie de les découvrir toutes, sans fatigue et en quelques semaines à peine pour les leçons en trois temps des lettres les plus communes.
Un dernier conseil : pour les enfants nés très prématurément, remplacez les Lettres rugueuses par des lettres de velours douces au toucher, plus agréables pour ces enfants qui, souvent, peuvent manifester une certaine irritabilité tactile selon le degré de stimulus et leur éducation des sens.

Jeux avec les Lettres rugueuses et prolongements

Jeu 1

Tracez une lettre dans le dos de l'enfant. Demandez le son de la lettre.

Jeu 2

Tracez le symbole dans les airs devant l'enfant, en vous mettant non pas face à lui mais à côté. Demandez le son de la lettre.

Jeu 3

Invitez l'enfant à tracer la lettre dans un plateau de semoule ou de sable. Montrez comment secouer doucement le plateau pour faire disparaître les lettres. Invitez l'enfant à tracer une autre lettre.
C'est un matériel simple, efficace et économique. Laissez le plateau à disposition de l'enfant.
Il déclenche une envie irrésistible de plonger ses doigts dans la semoule et d'y laisser des traces… d'écrit.

Les Lettres mobiles

En bon "montessorien", ce matériel porte le nom d'Alphabet mobile. Nous préférons lui donner le nom de Lettres mobiles pour éviter la confusion avec le traditionnel apprentissage mécanique de l'alphabet. En effet ce matériel très efficace et créatif est aux antipodes de la récitation ânonnée. L'enfant va pouvoir composer des mots avant même de savoir écrire. Parallèlement, il pourra continuer tranquillement sa préparation "mentale" pour l'écriture manuscrite et la lecture.

Un autre avantage de ce matériel est le fait que l'enfant compose les mots de son choix, ceux qui l'intéressent, ce qui est évidemment plus motivant et psychologiquement moins lourd que de lire ou de recopier le mot (traduire la pensée) de quelqu'un d'autre, comme c'est le cas avec un manuel traditionnel. En voulant traduire sa pensée par écrit, l'enfant est amené à analyser les sons qui composent SON mot. Il découvrira ainsi et par lui-même, le principe de la combinatoire syllabique. Son intelligence assemblera naturellement, sans même se poser la question, mais simplement parce qu'il les entend dans le mot qu'il veut écrire, les sons d'une consonne et d'une voyelle pour former une syllabe. Puis il enchaînera les syllabes, toujours parce que c'est ce qu'il entend dans le mot qui l'intéresse. On n'est donc pas dans la méthode syllabique, parce que c'est le mot et sa signification qui intéressent l'enfant, pas les syllabes en elles-mêmes… qui n'ont aucune signification. Dès lors que l'enfant a composé son premier mot, il est capable de déchiffrer et de commencer à lire parce qu'il a "intégré" le principe des associations indispensables à la lecture.

Avec Montessori, comme toujours dans la pédagogie active, l'écriture précède donc la lecture.

Le matériel

Il est composé, le plus souvent, de deux larges boîtes contenant des casiers pour accueillir les lettres prédécoupées de l'alphabet. La première boîte contient de grandes lettres, chacune en plusieurs exemplaires : les voyelles sont généralement bleues et les consonnes roses, comme pour les Lettres rugueuses. La seconde contient des lettres plus petites dont la couleur est soit la même pour toutes les lettres (vert, par exemple) soit identique à celles des grandes lettres : bleu pour les voyelles, rose pour les consonnes. Il n'y a pas de combinaisons vertes puisque l'enfant les fabrique lui-même avec les consonnes et/ou les voyelles appropriées (voir croquis).
Un dernier point sur le code couleur : on trouve parfois dans le commerce des couleurs différentes. Cela n'a pas grande importance pourvu que les consonnes et les voyelles soient bien contrastées. Il est également et évidemment plus logique d'avoir le même code pour les Lettres rugueuses et les Lettres mobiles. Attention : que les lettres soient en bois ou en plastique, et quelle que soit leur couleur, veillez à ce qu'elles ne soient colorées que d'un seul côté. Cela permet le contrôle de l'erreur en évitant que l'enfant ne les utilise à l'envers.
Vous aurez également besoin de deux tapis.

Les Lettres mobiles doivent appartenir à la même famille typographique que les Lettres rugueuses. Evitez, par exemple, d'avoir une typographie "bâton" (exemple de typo bâton) pour les Lettres rugueuses et une typographie cursive manuscrite (exemple de typo cursive) pour les Lettres mobiles, ou l'inverse. Il est même préférable (mais pas impératif) qu'elles soient de la même taille. En tout cas, il est plus commode pour l'enfant de composer des mots avec des lettres de taille moyenne (quelques cm de haut) plutôt qu'avec des lettres trop grandes (mots énormes, phrases gigantesques) ou trop petites (difficulté de manipulation, confusion plus fréquente, perte de lettres).

1er alphabet
taille : a = 4 à 5 cm et f : 12 cm environ

2e alphabet
taille : a = 2 à 3 cm et f : 9 cm environ

taille : a = 2 à 3 cm et *f* : 9 cm environ

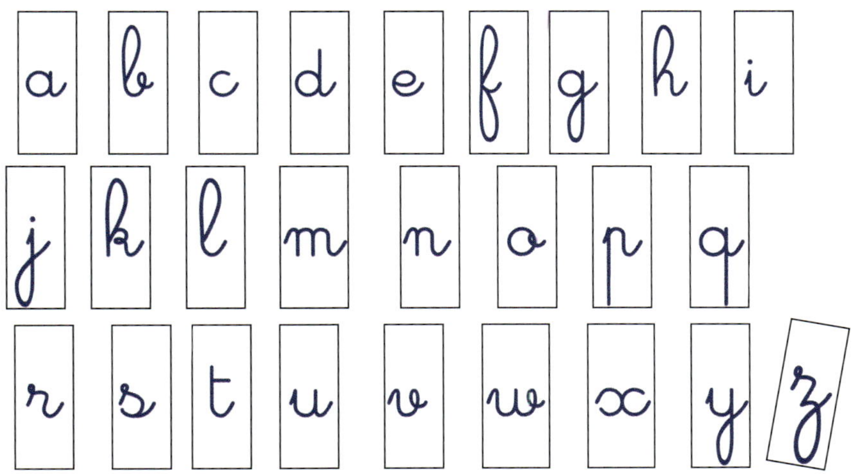

3ᵉ alphabet
taille de la carte : 4 à 6 cm, taille du a : 1 cm environ

La première présentation

Avant de présenter les Lettres mobiles à l'enfant, veillez à ce qu'il soit parfaitement conscient des sons pour être capable de les analyser dans des mots. Il doit donc avoir pratiqué pendant une longue période le Jeu des sons (voir p. 91) et pouvoir répondre sans hésiter à des questions du type : "Dis-moi un mot qui commence par O", "Qu'est-ce qu'on entend à la fin de 'ouistiti' ? ", "Est-ce qu'il y a TTTT dans ton prénom ?", etc.
De plus, bien sûr, ne lui proposez de composer des mots que lorsqu'il aura découvert au moins une dizaine de lettres (voyelles et consonnes) avec les Lettres rugueuses. Pour que cela soit possible très rapidement, car c'est un enjeu important de ce matériel, choisissez avec soin les lettres que vous présenterez lors des premières leçons en trois temps des Lettres rugueuses : leur combinaison doit permettre de créer des mots à la portée de l'enfant et proches de son univers quotidien : des prénoms, des mots qui désignent ce qu'il aime, ce qu'il a fréquemment sous les yeux, des mots chargés émotionnellement pour lui...

Invitez l'enfant à dérouler deux tapis parce que ce matériel prend trop de place pour un seul tapis.
Allez vers l'étagère où est rangé le matériel. N'oubliez pas de le nommer et d'annoncer qu'il va découvrir un matériel formidable : on va fabriquer des mots.
Avec l'enfant observez les lettres et positionnez-les correctement dans leurs casiers de manière à ce que chaque lettre apparaisse clairement.
Parcourez avec l'enfant l'ensemble des lettres pour savoir quelles sont celles qu'il connaît. Sortez ces lettres et éloignez la boîte.
Introduisez oralement un mot qui est familier à l'enfant et dont les lettres figurent parmi celles qu'il connaît. Il est conseillé d'avoir une liste de mots intéressants à suggérer à l'enfant et qui s'écrivent comme ils se prononcent. Nous prendrons ici l'exemple du mot "sac". Annon-

cez à l'enfant que vous allez fabriquer le mot ensemble avec les Lettres mobiles. Demandez-lui quel est le premier son. L'enfant répond SSSS. Invitez-le à analyser le son suivant et à trouver la lettre correspondante. Montrez comment la placer en haut à gauche du petit tapis.
Répétez le mot et demandez le son suivant. Invitez l'enfant à prendre le "a". Montrez-lui comment le placer à côté du "s". Procédez de la même manière pour le dernier son. Puis lisez le mot devant l'enfant, en suivant les lettres du doigt.
Continuez à suggérer de nouveaux mots aussi longtemps que l'enfant est intéressé. Laissez les mots finis sur le tapis, alignés les uns sous les autres. Lorsque l'enfant semble se lasser, finissez le mot en cours puis montrez comment ranger les lettres dans les casiers. Prenez la première lettre et parcourez les mots pour "collectionner" les lettres identiques. Placez-les dans leur compartiment. Faites de même pour la lettre suivante et ainsi de suite jusqu'à ce que tout soit rangé.
Le rangement et l'empilement exact des lettres sont des activités attirantes pour l'enfant. L'enfant est mis en relation irrésistiblement avec le matériel. En rangeant, il travaille de façon inconsciente.

L'utilisation ultérieure

L'enfant reprend la boîte des Lettres mobiles chaque fois qu'il en a envie et peut constater qu'il connaît de plus en plus de lettres. Encouragez-le à composer les mots qu'il veut. Il va le faire de façon phonétique, ce qui est tout à fait normal. Ne le corrigez pas pour le moment, sauf s'il manque des sons dans ses mots. Par exemple, s'il écrit "dictionnaire" : "dixioner", pour le moment, c'est formidable. S'il l'écrit "dxioner", il a oublié le son I après le son DDD, et vous devez le lui faire retrouver en le félicitant par ailleurs pour le reste du mot. Pour l'orthographe, voir comment et quand on s'en occupe pp.105, 107 et 110 et, surtout, plus tard, au moment de découvrir les mécanismes de formation des mots. Ensuite, encouragez l'enfant à composer une expression avec deux mots puis petit à petit des phrases, une histoire...

Dernière remarque sur les lettres mobiles

Il devrait en fait exister 3 alphabets mobiles de tailles différentes.

- Un grand en deux couleurs : les voyelles en bleu, les consonnes en rose, utilisé par les petits qui commencent à composer des mots très simples et qui ont besoin de renforcer la notion de voyelle et de consonne.
- Un moyen dont les lettres ont toutes la même couleur. Celui-ci permet de composer des mots de toutes les longueurs et des phrases, sans être obligé de couvrir le sol ! L'idéal est même d'avoir 2 alphabets unis de couleurs différentes, par exemple un brun et un rouge, pour pouvoir mettre en valeur des difficultés orthographiques dans un mot ou une phrase, ou pour souligner, par exemple, la différence entre le radical et le suffixe de conjugaison. L'enfant peut ainsi mobiliser toutes ses ressources et sa mémoire car il n'est pas en "multitâches" avec un crayon.
- Un petit, fabriqué avec des lettres imprimées sur des cartons. Il contient aussi un ensemble de signes de ponctuation. Les lettres sont toutes de la même couleur. Les cartons sont parfois lignés, ce qui permet à l'enfant de travailler également sur le positionnement des lettres les unes par rapport aux autres dans un mot.

Les Formes à dessin

Le matériel

Il s'agit de 10 formes géométriques différentes, encastrées et amovibles dans des cadres carrés de 14 cm de côté. Elles sont munies de boutons de préhension pour que l'enfant puisse les maintenir sur son papier le temps d'en dessiner les contours (voir croquis).
Ces formes ont exactement la même mesure que les formes en bois des tiroirs de géométrie. Vous pouvez donc éventuellement utiliser les tiroirs si vous voulez limiter la fabrication ou l'achat de matériel.
Des feuilles blanches carrées découpées selon le même format (14 cm x 14 cm) et une planchette en bois, servant de support pour les feuilles, toujours du même format, complètent le matériel.
Vous aurez également besoin de dix crayons de couleur, soigneusement rangés par couleur.
Il existe aussi dans le commerce des supports en bois pour poser 3 crayons afin qu'ils ne roulent pas. Ils sont conçus spécifiquement pour cela mais une petite boîte de type plumier peut aussi bien faire l'affaire. Le fond des boîtes de crayons de couleur est généralement muni d'une plaque de plastique moulé avec un compartiment pour chaque crayon. Vous pouvez aussi vous en servir.

L'intérêt des Formes à dessin

L'activité s'appuie sur le constat suivant : les compétences en écriture sont dans la réalisation graphique elle-même. Ce matériel poursuit le travail d'éducation de la main démarré par les activités de Vie pratique et de Vie sensorielle. Il aide l'enfant à acquérir la souplesse du poignet pour le contrôle du tracé en utilisant un instrument d'écriture :

- L'enfant apprend à bien tenir son crayon (bonne position des doigts sur le crayon et position correcte de la main).
- Il apprend à gérer l'espace graphique du papier.
- Il affine sa perception des formes, des dimensions, des espaces.
- Il développe l'élan, la continuité, la fluidité de son geste d'écriture.
- Il apprend à se concentrer sur son activité et à bien suivre des yeux son geste, ses doigts, son tracé.
- Le résultat gai et coloré plaît à l'enfant.

La première présentation

Il s'agit de montrer à l'enfant comment se servir du matériel. L'organisation est importante car la séquence est riche en actions et en gestes ordonnés. C'est cette coordination qui favorise la concentration chez l'enfant. Placez sur un plateau la planchette en bois avec une feuille de papier, l'une des 10 formes géométriques et son cadre d'encastrement. Prenez également le support pour les crayons en choisissant 2 couleurs contrastées. Installez-vous devant une table.

Dans un premier temps, laissez la forme géométrique de côté et ne gardez que son cadre d'encastrement. Posez la feuille sur la planchette en bois. Superposez exactement le cadre d'encastrement à la feuille. Choisissez un crayon, stabilisez le cadre avec la main gauche et tracez l'intérieur de la forme en commençant en bas à gauche et en continuant dans le sens inverse des aiguilles d'une montre. Gardez toujours le crayon en contact avec le papier et avec le cadre, dans un mouvement précis et souple. Rangez le crayon. Enlevez le cadre et rangez-le sur le plateau. Observez la forme avec l'enfant.

Dans un deuxième temps, prenez la forme géométrique et placez-la exactement sur le trait que vous venez de dessiner. Prenez un autre crayon de couleur et tracez le contour de la forme. La main gauche tient le bouton de préhension, la main droite passe par dessus la main gauche en partant en bas à gauche pour faire le contour.

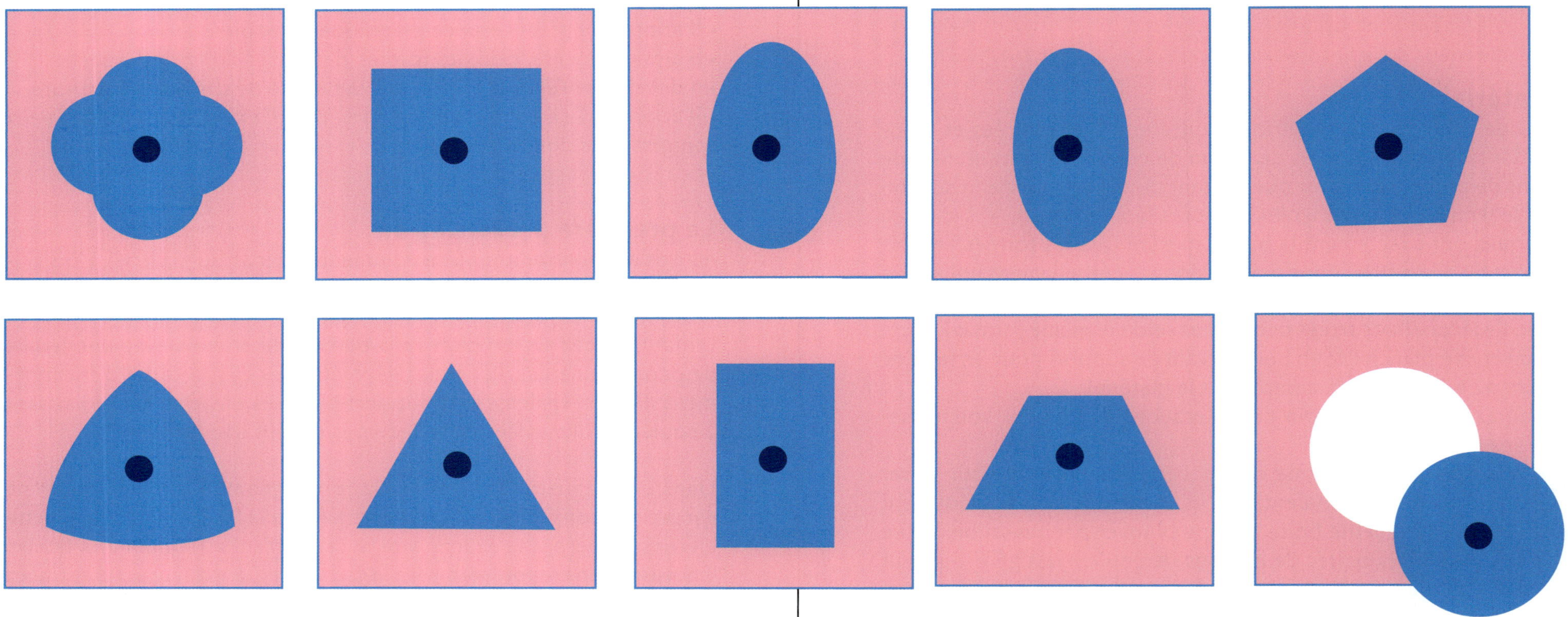

Rangez le crayon sur son support. Enlevez la forme géométrique et remettez-la sur le plateau dans son cadre d'encastrement. Les deux lignes tracées ne se superposent pas exactement mais sont très proches et bien parallèles. Observez la double ligne avec l'enfant. Retournez la feuille de papier et invitez l'enfant à tracer des doubles lignes. Une fois qu'il aura compris les deux façons possibles de tracer, l'une autour de la forme et l'autre à l'intérieur du creux d'encastrement, l'enfant aura le libre choix de travailler avec les formes qui l'intéressent et les couleurs qui l'attirent. Il répètera l'activité en totale liberté, quand, comme et autant de fois qu'il le voudra.

Quelques activités possibles

Ne montrez ces possibles à l'enfant que s'il commence à se lasser de ses propres découvertes. Sinon, laissez-le faire, tout en gardant à l'esprit que le but principal de l'activité est la maîtrise du geste graphique, à la fois dans l'élan et dans son contrôle.

Activité 1

Tracer le contour de l'intérieur d'un cadre d'encastrement. Une grande précision est nécessaire pour bien caler les bords carrés du cadre d'encastrement sur les bords de la feuille. Puis doubler la ligne en traçant cette fois-ci le contour extérieur de la forme. Il faut bien centrer la forme à l'intérieur de la ligne déjà tracée. Il faut ensuite maintenir fermement la forme en la tenant par son bouton pendant que l'on trace. Ce n'est absolument pas simple. L'enfant apprend à contrôler la pression de ses deux mains et à ne relâcher ni son attention ni son geste. Reproduire l'activité avec toutes les formes.

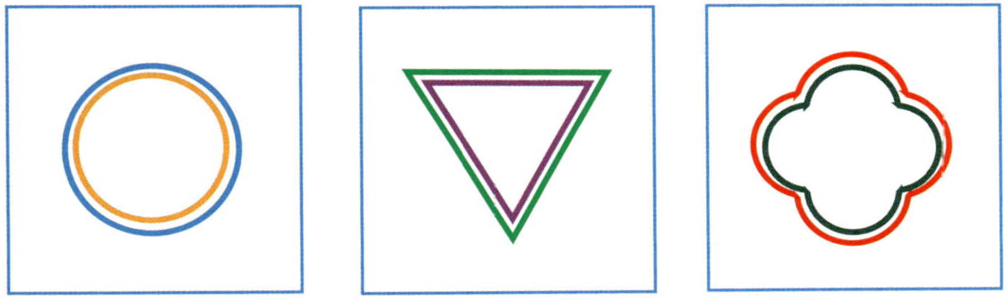

Activité 2

Travailler avec toutes les formes en traçant à l'intérieur des cadres :
- des courbes espacées comme des vagues ;
- puis, un autre jour, des lignes plus rapprochées ;
- enfin des formes entièrement colorées.

L'enfant apprend à maîtriser la position relative du tracé. Lorsqu'il maîtrise son geste et reste dans les limites des lignes, on peut commencer avec lui l'apprentissage de l'écriture des lettres avec les ardoises (p.119).

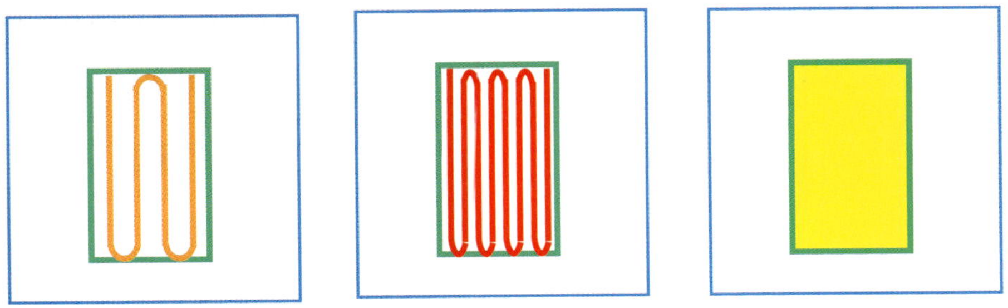

Activité 3

Travailler avec toutes les formes en coloriant l'intérieur :
- la moitié en appuyant fort, l'autre en appuyant légèrement ;
- progressivement de plus en plus légèrement de gauche à droite.

L'enfant apprend à maîtriser la pression de son crayon et la force de son trait.

Activité 4

Travailler avec toutes les formes en coloriant l'intérieur avec des traits verticaux. L'enfant apprend à maîtriser les points de départ et d'arrivée de son tracé. Deux croquis ci-dessous à gauche.

Activité 5

Tracer le contour de deux formes contrastées en utilisant deux crayons de couleurs différentes. Puis colorier. Coquis ci-dessous à droite.

Activité 6
Tracer une forme dans deux positions différentes en utilisant deux crayons de couleurs différentes. Croquis ci-dessous à gauche.

Activité 7
Tracer trois formes contrastées avec trois crayons de couleurs différentes. Puis colorier chaque forme de la couleur de son contour. Croquis ci-dessous au centre.

Activité 8
Tracer une forme dans trois positions différentes en utilisant trois crayons de couleurs différentes. Colorier chaque forme de la couleur de son contour. Croquis ci-dessous à droite.

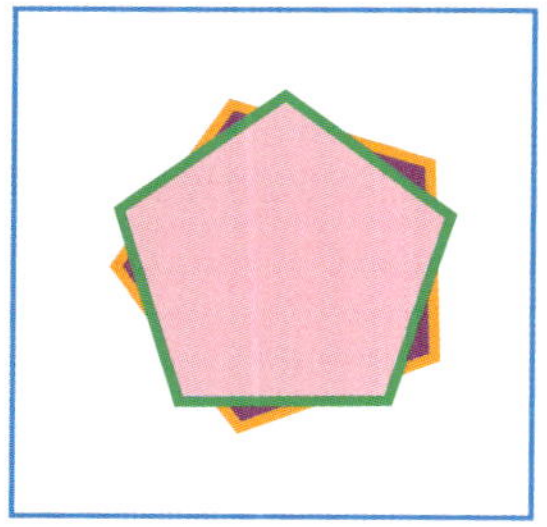

Activité 9
Créer des formes variées en utilisant plusieurs formes à dessin et leurs cadres d'encastrement à l'aide d'un crayon à papier. Colorier librement. Comme tout se passe dans le petit espace de la feuille carrée de 14 x 14 cm, le résultat est très graphique. L'enfant apprend à suivre la continuité de ses tracés sans se tromper. Il développe son sens de l'observation des proportions.

Vous pouvez montrer à l'enfant des formes artistiques dans la nature, des dessins géométriques artistiques appartenant à différentes cultures (mosaïques arabes, mandalas tibétains, enluminures celtes...). Ces formes graphiques seront une grande source d'inspiration pour lui.

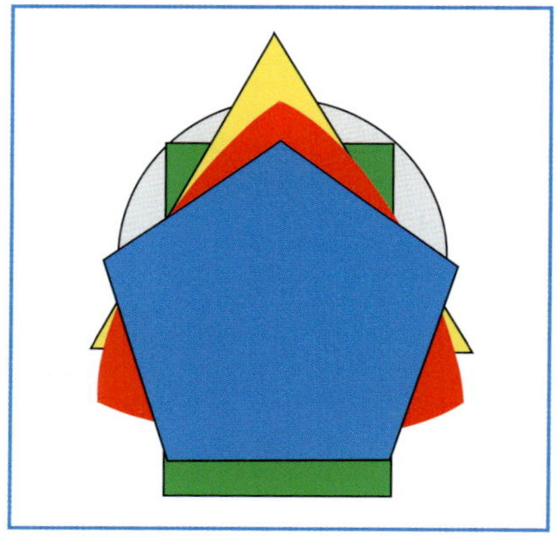
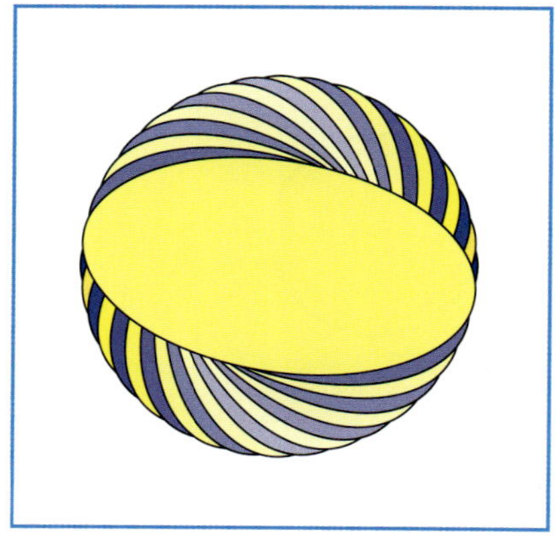

Premières activités de lecture

La première Boîte de lecture

La force de ce matériel, qu'on appelle aussi la Boîte d'objets phonétiques, est d'aider l'enfant à réaliser qu'un mot écrit est un groupe de sons représentés par des signes graphiques et que le tout a... une signification !
Un détail qui a son importance : au tout départ l'adulte écrit devant l'enfant, ce qui souligne l'aspect dynamique de l'acte d'écrire, alors que trop souvent, dans la pédagogie traditionnelle, les "modèles" sont préparés en dehors de la présence de l'enfant.
Pour savoir si l'enfant est prêt à apprendre à écrire, il faut avoir observé attentivement son travail avec les Lettres mobiles. Il doit être capable de lire les mots qu'il a formés.

Le matériel

Il s'agit d'une boîte contenant plusieurs objets miniatures réalistes dont les noms s'écrivent comme ils se prononcent : sac, coq, bol...
Un écritoire composé d'un plateau allongé avec un crayon de papier, des bandes de papier découpées et des ciseaux complète le matériel.

La présentation

Apportez le matériel sur la table et nommez-le. En prenant un air mystérieux, ouvrez la boîte. L'enfant découvre les objets. Invitez-le à les nommer. Ensuite, dites : "Je vais te demander un objet d'une façon spéciale... Je ne vais pas utiliser ma voix. Je ne vais rien dire mais je vais te faire savoir ce que je cherche." Devant l'enfant, écrivez le nom de l'un des objets sur une bande de papier. Utilisez la forme des lettres que l'enfant connaît (bâton ou cursive selon le style de l'alphabet mobile qu'il utilise). Donnez la bande de papier à l'enfant, et demandez-lui de couper après le mot. Il est important que l'enfant coupe après le mot : le "mot" est un concept que l'enfant doit acquérir. De plus cet engagement dans le mouvement fait participer l'enfant et l'aide à s'approprier le travail. Invitez l'enfant à reconnaître les sons, c'est-à-dire à déchiffrer. Il prononce le son de chaque lettre, indépendamment les unes des autres. Puis aidez-le en l'encourageant à dire les sons plus vite. L'enfant devrait soudainement reconnaître le mot. Demandez-lui alors de placer la bande de papier sur la table à côté de l'objet correspondant. Continuez de la même façon pour chaque objet.

L'utilisation ultérieure

Activité 1

Regroupez toutes les étiquettes. Lisez une étiquette avec l'enfant. Il doit trouver l'objet correspondant. Continuez avec toutes les étiquettes. Lors de cette étape, l'enfant mobilisera ses ressources pour "deviner" les mots dès le début des lettres, ce qui est une manifestation de son intelligence et non pas un signe de paresse : il émet des hypothèses de lecteur.

Activité 2

Mélangez toutes les étiquettes. L'enfant choisit un objet. Il doit maintenant lire toutes les étiquettes pour retrouver la bonne. Faites de même pour chacun des objets.

Activité 3

L'enfant travaille de manière autonome avec des étiquettes préparées concernant les objets présents dans votre boîte.

Activité 4 : Extension à l'environnement

Une boîte avec des objets de l'environnement et les étiquettes correspondantes, préparées à l'avance. Ex. : cube, bol, livre, plume, banane...

Activité 5 : Invitation à l'écriture

L'enfant lit une étiquette, la retourne, puis écrit le mot. Il écrit donc sans copier. Relire l'étiquette sert de contrôle de l'erreur.

La deuxième Boîte de lecture

Ne la présentez à l'enfant que lorsqu'il est à l'aise avec la première boîte. Il s'agit d'une boîte contenant une douzaine d'objets miniatures dont les noms incluent un seul graphème combiné, c'est-à-dire que plusieurs lettres sont nécessaires pour représenter un son (ex: on, an, ph, ch, gn...). L'enfant a déjà rencontré ces combinaisons avec les Lettres rugueuses "vertes". Exemple d'objets : cheval, ruban, savon...
Au départ, ne choisissez pas de mots contenant des lettres "parasites", comme des "e" ou des "s" muets ("souris", etc.). Plus tard, cela peut être l'occasion de discuter avec l'enfant des lettres que l'on trouve dans la langue française écrite et qui ne se prononcent pas.
Le choix des objets et, surtout, les trouver, peuvent poser des problèmes. Si vous rencontrez trop de difficultés, vous pouvez vous contenter d'images. Mais les objets en relief restent préférables car l'enfant peut les toucher. L'écritoire, les bandes de papier découpées et les ciseaux de la première boîte reprennent du service.
La présentation est exactement la même que pour la Boîte d'objets phonétiques. Reportez-vous p.103.

Les Mots-outils

Avec les activités précédentes, l'enfant a appris à composer des mots de façon phonétique (comme il les entend) et à lire des mots sans difficulté orthographique. Très rapidement, il aura besoin de savoir lire et reconnaître des mots utiles comportant une difficulté orthographique que, une irrégularité ou bien des sons qu'il ne sait pas encore lire.

Le matériel

Ce matériel porte aussi le nom de Mots-puzzle, en particulier chez les Anglo-Saxons. Il s'agit de cartes de couleur jaune, et d'un format proche de 20 x 8 cm, sur lesquelles sont écrits des mots que l'enfant peut rencontrer très tôt dans ses lectures et qui présentent une difficulté particulière (lettre muette, q+u, etc.). Exemples : dans, qui, mais... Les premiers mots présentés seront ceux que l'enfant rencontrera dans les Petits livres (voir p.106).

L'utilisation

Commencez par expliquer à l'enfant qu'il y a des mots qui ne s'écrivent pas comme on les prononce. Sélectionnez 3 cartes représentant des mots isolés. Lisez une carte. Donnez une phrase pour mettre ce mot dans un contexte (Ex. : "dans" comme "les yaourts sont DANS le frigo"). L'enfant vous proposera un autre ou plusieurs exemples. Ces phrases seront personnalisées selon le tempérament et les goûts de l'enfant. Le mot sera ainsi "incarné", vivant. Soyez précis et exact dans vos exemples. En travaillant sur ce mot mis dans un contexte, l'enfant se l'appropriera plus facilement. Il le mémorisera mieux et se souviendra de son orthographe. Faites de même pour les deux autres mots que vous avez choisis. Les jours suivants, poursuivez la lecture et la reconnaissance de ces mots selon la leçon en trois temps. Puis passez à de nouvelles cartes.

Les Actions

Voici une activité de lecture originale pour le jeune apprenti-lecteur. L'enfant traduit en action, et donc en mouvements, ce qu'il a lu. On appelle parfois ce matériel "les Ordres" ou "les Commandes". En engageant le mouvement, l'enfant va percevoir les différences entre l'inerte et l'actif, ce qui est une préparation à la distinction du nom et du verbe.

Le matériel

Il se compose de cartes rouges d'environ 20 cm x 8 cm sur lesquelles sont écrits des verbes d'action à la première personne du singulier de l'impératif. Ces mots ne comportent que les symboles de sons que l'enfant connaît déjà. C'est donc vous qui allez choisir ces actions. Préférez les actions qui demandent du mouvement et de l'énergie ("marche", "danse", "saute", "parle", "crie"...), ou qui comportent de l'humour ("zozote"). Chez Montessori, le rouge est réservé au verbe et à l'action, dans la symbolique liée à la nature grammaticale des mots.

L'utilisation

Écrivez une action sur une carte rouge et donnez-la à l'enfant. Demandez-lui de faire ce qui est écrit. L'enfant lit et fait l'action. Lorsqu'un certain nombre de cartes d'actions est disponible, l'enfant peut les utiliser en autonomie.
Une variante avec plusieurs enfants : un enfant choisit une carte, la lit, la retourne et fait l'action. Les autres enfants doivent deviner l'action. On vérifie ensuite tous ensemble sur la carte.

Les Petits livres

Le matériel

Le matériel se compose, comme son nom l'indique, de livres, petits à la fois en format et en nombre de pages, contenant une histoire courte avec une illustration sur la page de gauche et seulement une phrase sur chaque page de droite. Voir l'exemple ci-contre. Malheureusement, ces livres ne sont pas disponibles dans le commerce en français et vous aurez non seulement à les fabriquer, mais à les inventer vous-même. Si vous pensez ne pas avoir le temps ou le talent nécessaire, il est possible d'utiliser des magazines pour petit enfant à la place ou de découper et recomposer des pages adaptées à votre enfant.

En tout cas, attention à la rédaction des phrases (elles doivent comporter un nombre limité de mots-outils) et au choix des mots (ils doivent être connus de l'enfant et doivent inclure plusieurs des combinaisons des Lettres rugueuses vertes). Pour relier le livre, utilisez par exemple une spirale en plastique.

Une autre option pour ces petits livres consiste à les fabriquer avec l'enfant ou même à l'inciter à les inventer et à les fabriquer tout seul, après un premier exemple en commun (vous lui servirez éventuellement de scribe).

L'utilisation

L'enfant doit avoir déjà bien travaillé avec les cartes des Mots-outils. Montrez à l'enfant les petits livres. Choisissez l'histoire la plus facile à lire et accompagnez l'enfant dans sa lecture.

À la fin, félicitez-le : "Maintenant tu as lu... tout un livre !"

Les Pochettes de lecture

Ce matériel, qu'on appelle aussi, en France, "Carnets de lecture" ou "Enveloppes homophoniques", est très simple à mettre en place. Il répond à une difficulté spécifique de la langue française : l'écart souvent important entre les sons et la façon de les écrire. À un même son peuvent correspondre plusieurs graphies et une même lettre peut se prononcer de différentes façons. Il y a aussi de nombreuses lettres muettes. Notre langue n'est pas "phonétique" comme l'italien, par exemple, ou même l'anglais. Ces difficultés particulières s'imposent à l'enfant dès le début de l'apprentissage conjoint écriture-lecture. Il est donc essentiel de l'aider à les surmonter.
Les Pochettes de lecture présentent à l'enfant les combinaisons de lettres les plus courantes pour représenter un son donné. On les aborde bien sûr en commençant par les plus simples et les plus fréquentes pour aller vers les plus complexes et les plus rares.
Pour des raisons pratiques, il est préférable (mais pas indispensable) que l'enfant connaisse déjà le nom des lettres de l'alphabet (sous la prononciation a, bé, cé, dé...) avant de lui proposer cette activité : il pourra plus facilement citer la ou les lettres qui composent un son.

Le matériel

Il s'agit d'une série de pochettes (ou enveloppes), chacune représentant phonétiquement un son qui peut s'écrire de plusieurs façons. Le son de référence est écrit sur la pochette, en rouge. Les pochettes peuvent être de différentes couleurs, ce qui a l'avantage, dans une classe, de permettre le repérage à distance du son sur lequel un enfant travaille.
A l'intérieur de chaque pochette se trouvent des cartes. Sur le verso de chaque carte est inscrit le son de référence (qui sera un contrôle de l'erreur pour l'enfant).

Sur le recto est écrite, en vert par exemple, l'une des combinaisons de lettres pour représenter le son par écrit. Chaque pochette contient également des mini-livres avec un mot par page. Il y a un mini-livre par façon d'orthographier le son.
Chaque mot est écrit en noir, mais la combinaison de lettres étudiée apparaît en vert. Laissez des cartes blanches dans les enveloppes pour que l'enfant puisse écrire des mots spontanément.

La pochette, une par son (environ 12 x 12 cm)

Les livrets, un par graphie (environ 4 x 8 cm)
La graphie est notée en gros et en vert sur la couverture du livret, avec le rappel du son, en petit et en rouge, dans le coin.

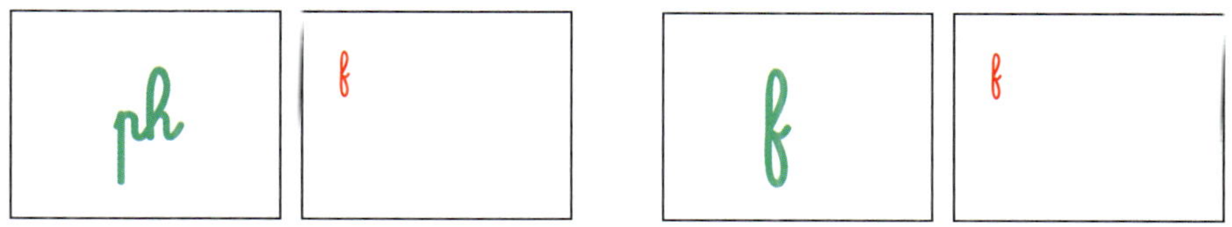

Les cartes, une par graphie : au recto la graphie, au verso, le rappel du son (environ 8 x 10 cm)

La première présentation

Prenez une pochette. Exemple le "f". L'enfant doit pouvoir reconnaître le son de référence. Expliquez-lui qu'il n'y a pas qu'une seule façon d'écrire ce son. Sortez alors les cartes et les mini-livres. Commencez par inviter l'enfant à lire le mini-livre avec l'orthographe qu'il connaît déjà (le "f") : il va lire par exemple les mots "farine", "fille"... Ensuite montrez-lui la carte du "ph" en expliquant que c'est une autre façon d'écrire le son "f ". Invitez l'enfant à lire le son, puis à découvrir le mini-livre en l'aidant dans sa lecture. Il découvrira "phare", "photo", "éléphant", "Raphaël", "Sophie"...
Quand il aura exploré toutes les façons de représenter le même son, étalez les cartes devant lui, en posant la pochette en haut et les cartes dessous, alignées. À la fin de la séance, il est important de bien montrer à l'enfant comment tout ranger dans la pochette, de façon à ce qu'il puisse retrouver tout ce matériel correctement classé la prochaîne fois.
Au début, l'enfant travaille avec une pochette à la fois. Quand il a exploré toutes les pochettes et qu'elles lui sont familières, invitez-le à trouver dans d'autres livres des mots qui contiennent chaque façon d'écrire les sons qu'il vient d'étudier.

Autre activité : Vous sélectionnez une graphie avec l'enfant (par exemple "ph"). L'enfant regarde un mot du livret correspondant, puis le cache et "l'écrit" avec les Lettres mobiles.

Les exercices de tri

Étape 1

Sélectionnez deux pochettes avec des sons bien contrastés (par exemple, le son "o" et le son "f".) Pour cette activité, vous n'avez pas besoin des mini-livres qui restent donc dans la pochette. Sortez les cartes et mélangez-les. Placez les deux pochettes en haut du tapis, avec le son de référence visible. Invitez l'enfant à lire les cartes et à les classer selon le son qui correspond.
À la fin de l'activité, montrez à l'enfant comment retourner les cartes pour contrôler son travail.

Étape 2

Encouragez l'enfant à travailler avec un nombre de plus en plus important de pochettes : 3 puis 4, 5 jusqu'à ce que toutes les pochettes soient mélangées.

Les défis

Choisissez une pochette. Vérifiez avec l'enfant quel est le son de référence. Prenons l'exemple du son "o".
Sans regarder les cartes, l'enfant doit composer, avec les Lettres mobiles, toutes les manières différentes "d'écrire" ce son : eau, au, o...
Montrez à l'enfant comment vérifier son travail avec les cartes. Continuez avec d'autres pochettes.
L'intérêt de cet exercice est que l'enfant doit uniquement mémoriser les différentes manières d'écrire un son et non pas des mots entiers. L'écriture avec un stylo n'intervient pas.

Les dictées

Choisissez une pochette. Comme pour l'activité des défis, l'enfant doit composer avec les lettres mobiles et sur une ligne, toutes les manières d'écrire le son. Mais cette fois-ci, vous lui dictez des mots. Par exemple, dictez "cadeau". L'enfant le compose avec les lettres mobiles. Continuez avec différents mots choisis dans les mini-livres.
Vous pouvez bien entendu aider l'enfant si c'est nécessaire : guidez-le vers la réponse sans lui donner la solution toute faire. Ex: " C'est le même O que dans chapeau...". Profitez-en pour lui faire découvrir et utiliser les mots : "pareil que, pas pareil que, comme..."

N'oubliez pas de montrer à l'enfant les mini-livres comme contrôle de l'erreur. Il peut alors modifier ce qu'il a fait pour que ce soit exact. Deux enfants peuvent travailler ensemble : l'un dicte, l'autre doit composer les mots. L'adulte prépare éventuellement une liste de mots à l'avance.
Il ne faut pas aller trop vite. Cette activité aide l'enfant à mémoriser "la bonne écriture" et donc à orthographier correctement les mots. Avec cette approche, c'est le son qui sert de point de départ à la classification claire des graphies, et non l'inverse, comme on le fait d'habitude. Cette activité constitue une aide directe à la lecture.
Ce travail concernant "la bonne écriture" ou l'orthographe correcte d'un mot sera poursuivi plus tard avec le travail sur la formation des mots (préfixes, suffixes...).

Le Dictionnaire des sons

L'enfant qui découvre la lecture peut buter sur des combinaisons de lettres qu'il n'a jamais vues mais qui correspondent à des sons qu'il connaît. Le dictionnaire des sons est là pour ça. Ce dictionnaire un peu particulier est une aide à la lecture autonome.

Le matériel

Il s'agit d'un petit dictionnaire fabriqué comme un répertoire dans un long carnet de 21 cm x 7 cm, indexé comme un carnet d'adresse. Chaque index présente un graphème (une combinaison de lettres), par exemple : en, an, em, am. Il affiche aussi le son de référence qui lui correspond, écrit en rouge. Pour nos exemples, il s'agit de "an".
Vous fabriquerez ce matériel car il n'existe pas dans le commerce. Vous pourrez compléter ce dictionnaire des sons au fur et à mesure des questions de l'enfant et avec lui. Invitez-le à décorer son dico des sons.

L'utilisation

Pour présenter le dictionnaire à l'enfant, choisissez dans l'index un graphème que l'enfant a déjà découvert grâce aux Lettres rugueuses vertes et ouvrez le dico à la bonne page. Lisez le son de référence. Choisissez un nouveau graphème, toujours parmi ceux que l'enfant connaît. Procédez de la même façon. Enfin choisissez un graphème *a priori* inconnu de l'enfant et refaites l'opération. L'enfant doit comprendre l'association graphème-son et retenir que le son est en rouge. Invitez l'enfant à utiliser le dictionnaire des sons chaque fois qu'il a besoin de connaître le son d'une combinaison de lettres qu'il ne connaît pas encore.

Les Dictées muettes

Ce matériel, inventé par Hélène Lubienska de Lenval, élève puis collaboratrice de Maria Montessori est souvent utilisé et car on le trouve facilement dans le commerce. Voilà pourquoi nous développons ici son utilisation. Mais nous avons hésité, pour les raisons que nous développons plus bas. Rappelons que Maria Montessori insistait sur le fait que son matériel pédagogique était avant tout un matériel de développement. Il n'est pas là pour rendre commode ou confortable le travail de l'adulte (toujours soucieux de l'aspect évaluation de la progression et de son contrôle) mais pour servir le développement de l'enfant.

Contrairement à l'italien, où, la plupart du temps, chaque lettre écrite correspond à un son entendu, le français offre parfois une grande variété de possibilités pour écrire un même son. Le son "è" par exemple peut s'écrire : è (flèche), ê (pêche), ai (j'ai), ei (peigne), ait (il avait), ais (tu avais), aient (ils avaient), ès (progrès), et (projet), etc. Il y a aussi les lettres muettes en début ou en fin de mot, les doubles lettres, etc.
L'enfant n'entend donc pas tous les sons qu'il doit écrire. Pour les premières dictées muettes (voir p.111), il n'y a pas de problème. Mais pour les suivantes, il faut une bonne préparation et un travail préalable avec les Lettres rugueuses vertes pour que l'enfant ne se trouve pas confronté à des échecs répétés et quasi inévitables. Il y a donc une progression dans les difficultés mais c'est ce découpage même qui pose problème.

Un autre problème vient des illustrations. Même si elles sont de bonne qualité, elles peuvent mettre l'enfant dans l'embarras et éventuellement le frustrer. Prenons par exemple tous les mots de la première série :

- En voyant l'image de l'as, l'enfant peut très bien dire "carte" et il aura parfaitement raison.
- De même, un roc, un bac, un lac, un col, ne sont pas faciles à illustrer de façon incontestable, sans confusion possible. On peut très bien dire caillou ou même montagne, bassine ou cuvette, flaque ou eau, et ne pas comprendre le dessin du col.
- Le cor est un mot inconnu pour l'enfant de cet âge.
- Restent le bol, l'os et peut-être le sac, qui ne posent pas de problème.

Et la confusion augmente au fur et à mesure que l'on progresse. Donc là encore, si vous utilisez les dictées muettes, nous vous suggérons de préparer le travail en donnant d'abord le mot exact à l'enfant au lieu de lui demander : "Qu'est-ce que c'est ?"
Enfin rappelons que l'approche Montessori n'est pas une approche syllabique. C'est le travail de l'intelligence à partir de l'analyse des sons et de la reconnaissance des lettres qui amènera l'enfant à comprendre l'articulation et la fusion des sons entre eux.
Pour résumer, selon nous les dictées muettes peuvent être un moyen de mémorisation pour travailler sur un son spécifique, mais seulement si la préparation dont nous avons parlé est effectivement faite.

Vous l'avez compris, le débat est ouvert quant à la validité de ce matériel selon son utilisation.

Le matériel

Les dictées muettes sont composées de plusieurs séries de petites images servant de support à la construction de mots à l'aide des lettres mobiles. Les images sont rangées et présentées par difficulté croissante au niveau du vocabulaire et par séries correspondant souvent à un son spécifique (Voir les exemples de séries p.111). Il y a 9 images par série et 66 séries en tout.

Quelques séries de dictées muettes

Dictée 1
os, lac, roc, bol, sac, as, bac, cor, col

Dictée 2
sel, ver, mer, fer, bec, fil, if, vis, pic

Dictée 6
cabane, ovale, épine, tulipe, salade, tomate, carafe, bobine, banane

Dictée 11
salière, rivière, comète, fermière, primevère, trèfle, vipère, cafetière, lièvre

Dictée 30
montagne, ligne, lorgnon, baignoire, agneau, vigne, épagneul, oignon, cigogne

Dictée 51
malle, échelle, poubelle, pelle, hirondelle, truelle, selle, dentelle, ballon

On utilise de préférence les lettres mobiles dont les voyelles sont bleues et les consonnes roses.

La présentation

Nous l'avons dit plus haut, il vaut mieux montrer les images à l'enfant en lui donnant d'emblée le mot. Montrez donc la première série complète, puis demandez à l'enfant de choisir une carte. Il la pose devant lui. Dites le mot (Ex. : "bol") et demandez-lui quel est le premier son qu'il entend. Aidez-le en accentuant la prononciation : "BBBol". S'il trouve le son "b", demandez-lui de chercher la lettre mobile et de la poser contre ou sous l'image. Puis demandez-lui quel est le son qu'il entend ensuite. L'enfant devrait être capable d'analyser les sons car il a travaillé avec les Lettres mobiles à partir de mots intéressants pour lui. Ainsi jusqu'à la dernière lettre. Ensuite, il passe à l'image suivante et poursuit jusqu'à la fin de la série.
Même lorsque l'enfant travaillera éventuellement, plus tard, de façon autonome, présentez-lui toujours la série en lui rappelant quels sont les mots à écrire.

Les Cartes de nomenclature

Ce matériel porte aussi parfois le nom de "Cartes de nomenclature classifiées" ou "Cartes de vocabulaire classifiées". Comme plusieurs autres que nous présentons dans ce livre, il n'est malheureusement pas disponible dans le commerce en France. Vous aurez donc à le fabriquer vous-même, mais cela peut se faire de façon progressive, au fur et à mesure des besoins des enfants. L'aspect graphique peut poser un problème : vous pouvez éventuellement utiliser les images d'un imagier classique ou acheter des cartes en anglais (*Reading classification*) sur des sites américains, les traduire et les modifier.

Pour les cartes de nomenclature 2 et 3 et 4, l'aspect documentaire peut paraître simple à traiter, mais ce n'est qu'une apparence. L'équilibre entre un texte simple et une certaine richesse de contenu n'est pas toujours facile à trouver. Vous pouvez vous appuyer sur les magazines pour jeunes enfants ou des ouvrages de librairie qui traitent de sujets documentaires. Un point important en ce qui concerne le choix du vocabulaire : nous vous recommandons d'utiliser les termes scientifiques appropriés. Par exemple, sur le croquis de la p.114, nous avons utilisé les termes de "radula" et de "tentacules" pour désigner la langue et les cornes de notre escargot, car ce sont les termes exacts. N'oubliez pas que l'enfant auquel nous nous adressons ici est en période sensible du langage et qu'il est donc parfaitement capable d'assimiler toutes sortes de mots. Bien sûr, n'exagérez pas non plus. S'il est capable d'assimiler des mots nouveaux et complexes, il n'est pas encore apte à comprendre certains concepts.

Les Cartes de nomenclature sont un matériel progressif destiné à procurer à l'enfant des occasions, toujours adaptées à son niveau, pour lire des mots et des textes dont le contenu représente une véritable information et donc un sens et un intérêt.

Le matériel

Il se compose d'images et de mots ou de textes classés dans des enveloppes et structurés de la manière suivante :

• Cartes de nomenclature 1 : un dessin et son nom sur une carte carrée (carte renseignée) et la même carte sans le nom (carte muette) accompagnée d'une étiquette portant le nom.
Format possible : 14 x 14 cm

• Cartes de nomenclature 2 (pp.113-114) : le même dessin que sur la carte 1, mais en gris, avec de la couleur uniquement sur la partie décrite sur la carte de texte qui l'accompagne. Le mot représentant la partie décrite est écrit en rouge, le reste en noir. Il y a en général entre 4 et 6 couples texte-dessin par sujet.
A cela s'ajoutent des étiquettes avec le mot de la partie décrite : pour notre exemple "La bouche", "La coquille", "Les tentacules", "Le corps".

La coquille

La coquille

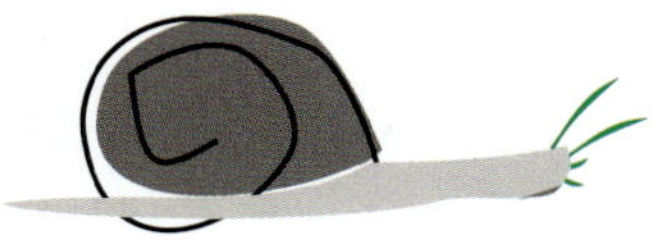

Les tentacules

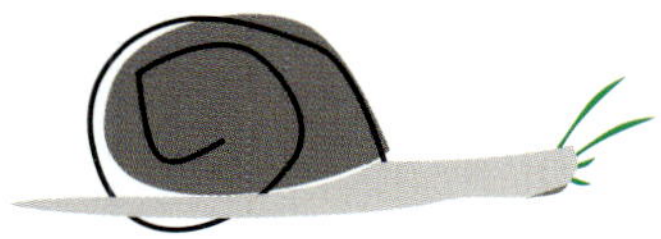

Les tentacules

Les Cartes de nomenclature 2
(entre 4 et 6 groupes image/texte)

La coquille de l'escargot s'enroule comme une hélice. Elle est dure et elle lui sert d'abri. L'escargot peut rentrer tout son corps à l'intérieur de sa coquille et même fabriquer une petite porte en bave séchée, pour la fermer. Quand il sort, il la garde sur son dos.

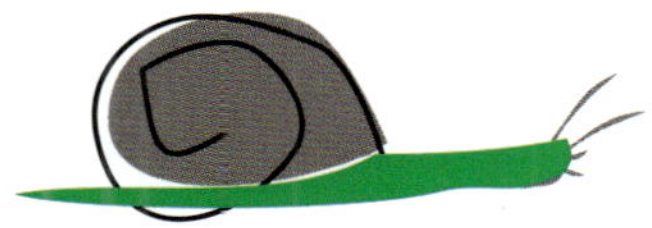

Le corps de l'escargot est tout mou, comme celui des limaces. L'escargot se déplace en rampant et en contractant son corps. Il ne sait pas reculer. En avançant, il laisse une trace de bave qui lui permet de mieux glisser sur le sol ou sur les feuilles.

Les Cartes de nomenclature 2
(suite de l'exemple de l'escargot)

L'escargot a quatre tentacules. Les deux longs, en haut de la tête, se terminent par les yeux. Et deux petits, en dessous, lui servent à la fois pour sentir et pour toucher. Si tu approches ton doigt, l'escargot rentre ses cornes pour les protéger.

La bouche de l'escargot est toute petite mais il mange beaucoup. Regarde avec une loupe, elle a une langue comme une râpe à fromage qui est appelée radula. Cette langue a de petites dents. Elle est noire. Avec la radula, l'escargot écrase les feuilles qu'il mange.

• Cartes de nomenclature 3 (ci-dessous) : le nom en rouge des cartes 2 est découpé et séparé du reste du texte. L'enfant doit retrouver le nom qui va avec la définition.

La coquille

de l'escargot s'enroule comme une hélice. Elle est dure et elle lui sert d'abri. L'escargot peut rentrer tout son corps à l'intérieur de sa coquille et même fabriquer une petite porte en bave séchée, pour la fermer. Quand il sort, il la garde sur son dos.

• Cartes de nomenclature 4 (p. 115) : le texte des cartes 2 est découpé comme un puzzle de façon à ce que l'enfant puisse le reconstituer. L'enfant est ainsi obligé non seulement de déchiffrer le texte mais aussi de le comprendre.

Attention : le découpage doit être fait intelligemment dans les phrases de manière à ce que les éléments fassent sens pour l'enfant.

Le vocabulaire doit être adapté pour permettre une bonne accessibilité à l'information.

Ces cartes sont un intermédiaire nécessaire entre les albums jeunesse et les premiers livres de lecture. L'enfant n'est pas rebuté par l'ampleur de la tâche car leur taille est assez réduite.

Les Cartes de nomenclature 4

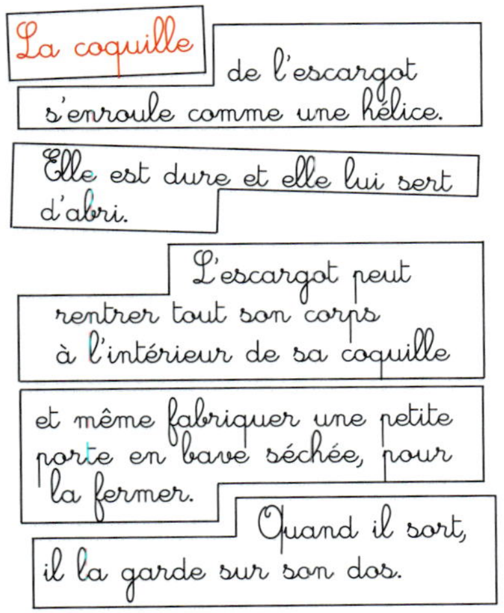

• Les livrets (ci-contre) : les cartes de dessin et de texte peuvent être reliées à l'aide d'une spirale de plastique, pour former une collection de mini-livres documentaires.

Les cartes sont rangées soigneusement dans des enveloppes colorées. Par exemple, bleu pour les animaux, vert pour les légumes et les fruits, rouge pour les moyens de transport, etc.

On peut aussi ajouter les éléments propices à un travail créatif de l'enfant, sous la forme d'images en couleur ou en gris que l'enfant peut colorier et réunir sous forme de livret. Vous pouvez éventuellement participer à ce travail en écrivant des textes sous la dictée de l'enfant.

La présentation des Cartes de nomenclature 1

Vous n'utiliserez que les cartes de nomenclature 1 et les images des cartes 2. Ce matériel s'adresse au lecteur débutant. Invitez l'enfant à disposer toutes les images seules (cartes muettes), sur un tapis, de préférence en nommant les parties colorées en vert. Ensuite, donnez une étiquette à l'enfant et invitez-le à la lire. Accompagnez l'enfant dans sa lecture puis montrez-lui comment placer l'étiquette bien exactement au-dessous du mot. Continuez ainsi avec les autres étiquettes. À chaque fois, invitez l'enfant à placer l'étiquette sous l'illustration correspondante. Discutez avec l'enfant. Observez le travail. À la fin du travail de lecture, présentez les cartes renseignées (avec le nom) qui seront utilisées comme un contrôle de l'erreur. Invitez l'enfant à placer ces cartes renseignées à côté de l'image qui correspond. L'enfant peut donc vérifier s'il a bien placé l'étiquette correcte sur chacune des cartes.
Montrez à l'enfant comment ranger le matériel en regroupant toutes les cartes renseignées, puis toutes les étiquettes, et enfin toutes les images.
Maintenant, l'enfant peut travailler en autonomie avec les autres Cartes de nomenclature 1.

La présentation des Cartes de nomenclature 2

L'utilisation de ce matériel n'intervient pas immédiatement après celle des cartes 1 car il s'adresse à un enfant qui maîtrise déjà bien le déchiffrage (grâce à l'utilisation des lettres mobiles, par exemple). Ce nouveau travail de lecture apporte à l'enfant beaucoup d'informations. Le choix des cartes doit être connecté aux intérêts et aux expériences de l'enfant. Voilà pourquoi vous pouvez les réaliser à la demande, au fur et à mesure des découvertes et des occasions. Certains enfants s'intéressent aux animaux, d'autres aux machines, etc.
Lisez à l'enfant chacune des cartes de texte (ou de définitions) en discutant sur les informations. Invitez-le à disposer uniquement les images sur le tapis. Ensuite donnez-lui une carte de définition. Invitez-le à lire le texte puis à placer la carte à côté de l'image qui lui correspond. Selon le niveau de lecture de l'enfant continuez avec les autres cartes ou attendez un autre jour.
Montrez à l'enfant comment utiliser le livret des définitions comme contrôle de l'erreur puis comment ranger toutes les cartes dans leur enveloppe.
Maintenant, il peut travailler en autonomie avec les autres Cartes de nomenclature 2.

La présentation des Cartes de nomenclature 3

Cette fois choisissez l'enveloppe avec les définitions sans le nom. Comme d'habitude l'enfant dispose les images sur le tapis. Commencez par lui donner les étiquettes avec le mot isolé. À ce stade, l'enfant devrait pouvoir les lire sans difficulté et les placer à côté de l'image correspondante. Donnez-lui alors une carte de définition sans le nom. Dès les premiers mots, l'enfant devrait trouver la partie correspondante et l'associer avec le nom. Continuez de la même façon avec les autres cartes de définition sans le nom. Le livret permet à l'enfant un contrôle autonome.

La présentation des Cartes de nomenclature 4

Présentez la nouvelle enveloppe en expliquant que "c'est comme un puzzle". Disposez en bas du tapis la première image et les éléments de texte dans le désordre. Invitez l'enfant à retrouver les différents éléments de la définition et à les mettre en ordre à côté de l'image. Continuez de la même façon pour les autres cartes.
Montrez à l'enfant comment vérifier son travail avec le livret de définition. Il peut désormais travailler seul avec ce matériel. Il pourra même, lorsqu'il sera bien habitué, travailler avec deux ou trois couples image/éléments du texte ensemble.

L'écriture manuscrite

Dans la pédagogie traditionnelle, on s'attend à ce que l'enfant saisisse le plus tôt possible un stylo pour commencer à écrire des lignes de lettres sur le papier. Dans l'approche Montessori, le travail sur la forme des lettres ne se fait pas à partir de pages d'écriture. Un important travail préparatoire aide d'abord l'enfant. Le travail avec les Lettres rugueuses en est un exemple.
En français, le verbe "écrire" recouvre plusieurs habiletés : tracer, écrire, composer des mots, transcrire... Le travail montessorien prend en compte toutes ces activités.

Les activités de Vie pratique ont initié l'enfant à l'orientation de gauche à droite, à la coordination de son regard et des mouvements de sa main, à la planification de son travail. Les activités de Vie sensorielle l'ont préparé à percevoir et à reconnaître les différences de tailles. Les premières activités de langage lui ont permis de prendre conscience de l'importance des sons. Le travail avec les Formes à dessin assure la tenue de l'outil d'écriture et cultive l'élan du geste. Il y a maintenant toutes sortes de notions que l'enfant doit encore acquérir pour BIEN écrire, comme par exemple savoir écrire non seulement les lettres, en ayant conscience de leur forme particulière, mais aussi les chiffres ; savoir où positionner les signes de l'écriture les uns par rapport aux autres et sur l'espace de la page ; et, surtout, comprendre ce qu'il écrit et AIMER écrire.

Un détail... qui n'en est pas un : attention aux modèles de lettres que vous utilisez. Voir pages suivantes le type d'écriture cursive que nous recommandons : des lettres bien rondes et pas trop de boucles alambiquées pour les majuscules. Une remarque aussi : en France, on utilise des lettres cursives pour l'apprentissage de l'écriture mais l'utilisation anglo-saxonne des lettres-bâtons a tendance à se répandre. Et il est assez rare que l'on écrive les majuscules ornées aujourd'hui. On leur préfère habituellement les majuscules bâtons. Cela n'empêche pas que l'enfant prenne un certain plaisir esthétique à écrire les majuscules ornées.

a b c d e f g h
i j k l m n o p
q r s t u v w
x y z

A B C D E F
G H I J K L
M N O P Q
R S T U V
W X Y Z

Les Ardoises

À ce stade, l'enfant sait "tracer" la lettre avec ses doigts. Avec les ardoises, il va apprendre progressivement à écrire lettres et chiffres dans un espace de plus en plus réduit. Ces ardoises ne sont pas celles que l'on connaît habituellement. Elles sont plus grandes, et se différencient par leurs lignages. Elles doivent être transportables par l'enfant. Cette activité est faite en parallèle avec la classification des symboles (le tri des lettres).

Le matériel

Il se compose de plusieurs grandes ardoises d'environ 30 x 50 cm, faciles à fabriquer avec de la peinture spéciale pour ardoise (il faut parfois plusieurs couches) et du correcteur blanc pour tracer les lignes. Utilisez des bandes de scotch pour délimiter les zones à peindre de façon à faire des lignes impeccables en évitant les bavures. Soignez le placement des bandes de scotch pour délimiter des traits bien droits et parallèles les uns aux autres. Prévoyez du temps de séchage entre les couches.
Sur internet, il est souvent question de deux ardoises Montessori, en fait il y en a quatre.

- L'ardoise unie.
- L'ardoise avec de grands carrés.
- L'ardoise avec les doubles lignes (L'écart entre les lignes doit correspondre à la taille de vos Lettres mobiles).
- L'ardoise avec des lignes simples.

Pour un travail à la maison, vous pouvez faire des ardoises recto-verso. Un plateau ou un panier avec des craies, une éponge humide et un chiffon complètent le matériel. L'enfant utilisera également les Lettres rugueuses comme un guide pour la précision de son geste.

Les quatre ardoises et, à côté, un zoom pour montrer le placement des lettres

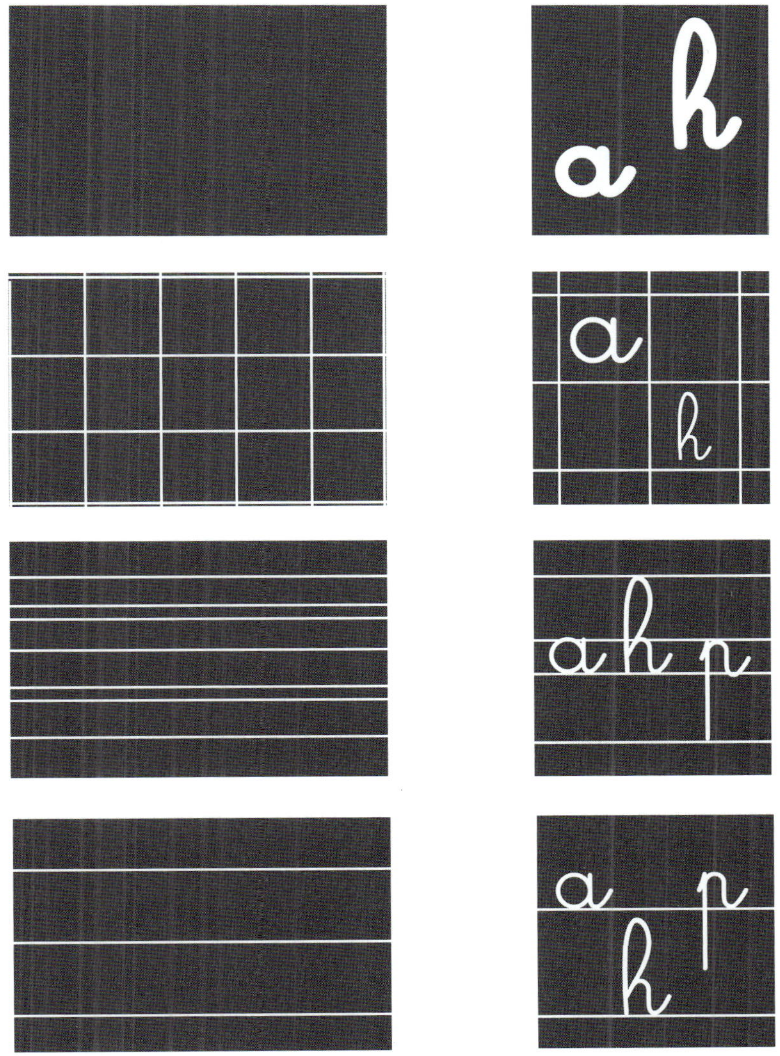

La présentation

Demandez à l'enfant de trouver le son, puis la lettre rugueuse qui correspondent au début de son prénom. L'enfant apporte la lettre sur la table. Présentez-lui l'ardoise unie. Il la porte sur la table avec la craie, l'éponge et le chiffon. Dites-lui : "Je vais mettre les mains derrière mon dos puis te montrer mes doigts. Je voudrais que tu traces cette lettre autant de fois qu'il y aura de doigts." (Montrez trois doigts, par exemple). L'enfant trace la lettre (trois fois) et dit le son. Il écrit d'abord dans les airs, puis sur l'ardoise. Demandez-lui alors lequel de ses trois essais ressemble le plus à la lettre rugueuse. Vous l'encouragez ainsi à évaluer lui-même son travail : il doit prendre conscience de son écriture.

Effacer est la partie du travail que l'enfant préfère !

Les activités

Activité 1

L'enfant travaille en autonomie avec les lettres de son choix.

Activité 2

Lorsque l'enfant est à l'aise avec la reproduction des lettres, présentez-lui l'ardoise avec les carrés. Il porte l'ardoise sur la table. Invitez-le à choisir une lettre rugueuse puis à la suivre du bout des doigts. Touchez la lettre à votre tour du bout des doigts, puis avec une craie écrivez-la dans le premier carré. Suggérez à l'enfant de tracer de nouveau la lettre dans les airs puis de l'écrire dans le second carré. Il continue sur les carrés d'à côté, avec la même lettre. Quand la première ligne de carrés est remplie, invitez l'enfant à évaluer son travail en comparant les lettres qu'il a écrites avec la lettre rugueuse. Il peut entourer toutes celles qu'il préfère. Le contrôle de l'erreur est dans la mémoire du geste. Puis il continue avec une autre lettre.

Il écrira ainsi une lettre ou un chiffre sur chaque rangée ou la même lettre (le même chiffre) sur plusieurs rangées s'il le souhaite.

Les enfants aiment beaucoup compléter les carrés qui sont une véritable invitation à l'écriture. Ce format les incite également à la réflexion et les oblige à cantonner leur geste à un espace plus restreint que d'habitude. À ce stade, il n'y a pas encore la contrainte du lignage.

Activité 3

Vous présentez à l'enfant l'ardoise aux lignes doubles. Avec les lignes l'enfant prend conscience de l'horizontalité et du "fil conducteur" de l'écriture. Souvenez-vous : l'enfant a déjà été préparé à aligner les Lettres mobiles lorsqu'il composait les mots.

Activité 4

Cette activité n'intervient que lorsque l'enfant a déjà fait le travail de tri des Lettres mobiles selon leur position par rapport à la ligne (voir plus loin, p.122). N'utilisez également cette ardoise que lorsqu'il aura perfectionné ses lettres et aura pris de l'assurance.

L'enfant trie les Lettres rugueuses et choisit un groupe de lettres. Il les prend et les dispose en haut de la table. Placez la première lettre en haut à gauche de l'ardoise. Écrivez-la, l'enfant continue avec les autres. Ce jour-là, l'enfant écrira aussi les lettres des autres groupes.

Le tri des lettres par leur forme

Les lettres se ressemblent beaucoup, à des détails près. Les apprendre à l'enfant, c'est l'exposer à une avalanche d'informations. Il a donc besoin de repères pour bien distinguer chacune des formes avant même de les écrire sur du papier.
Avec cette activité, l'enfant observe les lettres et prend conscience des particularités de leur forme. Vous allez présenter à l'enfant plusieurs groupes de lettres définis selon leurs similitudes (en cursive).

- Les lettres qui possèdent une forme arrondie : a c d g o q s
- Les lettres qui possèdent une boucle : b e f h k l
- Les lettres en forme de pont ou de creux : h p m n u v w
- Les lettres qui possèdent une boucle vers le bas : g j y z
- Les lettres qui ont un trait droit : i d t p q
- Les autres, comme le r.

Le matériel

Vous allez utiliser les Lettres rugueuses puis les Lettres mobiles, de préférence unies.
Vous aurez également besoin de deux tapis : un uni et un tapis avec une ligne simple.
Vous utiliserez aussi les ardoises.

Le premier travail

Proposez à l'enfant une activité nouvelle avec les Lettres rugueuses. Il porte le matériel et le pose sur la table.
Sortez une lettre qui comporte un rond, suivez-la des doigts et prononcez le son qui lui correspond. Invitez l'enfant à faire de même.
Faites remarquer qu'il faut faire un geste particulier pour tracer cette lettre. Par exemple : "Nous avons besoin de faire un rond en commençant cette lettre". Placez la lettre en haut de la table. Invitez l'enfant à trouver les autres lettres qui comportent un rond : il prend une lettre et la suit lui-même des doigts. Discutez avec lui des mouvements nécessaires pour la "tracer" : rond, boucle, pont... Si la lettre comporte un rond, montrez à l'enfant qu'il doit la placer en haut de la table. Si ce n'est pas le cas, il la met sur le côté. Continuez de la même manière jusqu'à ce que toutes les lettres comportant un rond soient alignées en haut de la table.
Cherchez maintenant avec l'enfant les lettres en forme de boucle. Continuez jusqu'à ce que toutes les lettres soient regroupées dans leur famille respective. Discutez avec l'enfant des caractéristiques de chaque groupe. Discutez aussi du fait que certaines lettres peuvent entrer dans deux groupes : le "q", par exemple, a un rond, mais aussi un trait droit.
L'enfant travaillera par la suite en autonomie pour retrouver les groupes de lettres selon leur forme.
Une remarque : les critères de tri peuvent éventuellement être personnels à l'enfant. Pour lui, il peut y avoir des lettres qui ont une queue de singe, d'autres qui ont une petite couette, etc. Laissez-le choisir. Ce qui importe, c'est l'observation de toutes les lettres et le travail de tri.

Les activités ultérieures

Activité 1

L'enfant suit les lettres du bout des doigts et les trie. Il choisit un groupe. Proposez-lui d'écrire les lettres de ce groupe sur l'ardoise. Choisissez une ardoise qu'il connaît déjà. Commencez ce travail lorsque l'enfant a déjà travaillé sur l'ardoise qui comporte des carrés.
Encouragez la répétition. Puis invitez l'enfant à choisir un autre groupe.

Activité 2

Prenez du papier marqué d'une seule ligne ou du papier marqué de petits carrés (les enfants adorent les compléter). Invitez l'enfant à écrire toutes les lettres de l'un des groupes. L'enfant choisit la lettre sur le tapis, la porte sur la table et la suit du bout des doigts, puis il l'écrit sur le papier avant de la replacer dans son rang. Ensuite l'enfant pourra passer à la double ligne. Encouragez-le à écrire plusieurs fois des lettres du même groupe, puis à choisir un groupe différent.

Le tri des lettres par leur position

Cette activité offre à l'enfant l'occasion de prendre conscience des proportions des lettres et de leur position par rapport à la ligne lorsqu'on écrit des mots puis des phrases. Jusqu'à présent, l'enfant a "créé" des mots, mais il ne les a pas "écrits" : il posé les lettres mobiles sans réfléchir à leurs positions relatives. Il va maintenant faire un pas de plus vers l'écriture.

Le matériel

Vous utiliserez les Lettres mobiles, de couleur unie de préférence. Il vous faudra aussi deux tapis. Le premier comporte des lignes simples. Le second est brodé de doubles lignes et d'interlignes : habituellement, les lignes doubles sont vertes, les interlignes sont roses. La broderie apporte un relief à la ligne que l'enfant peut donc toucher.

Le premier travail

Vous allez présenter à l'enfant 4 groupes de lettres définis selon la manière elles se posent sur les lignes (écriture cursive). Vous distinguerez :

- les lettres qui montent : b d h k l t
- les lettres qui descendent : g j p q y z
- la lettre qui monte et qui descend : f
- les lettres courtes : a c e i m n o r s u v w x

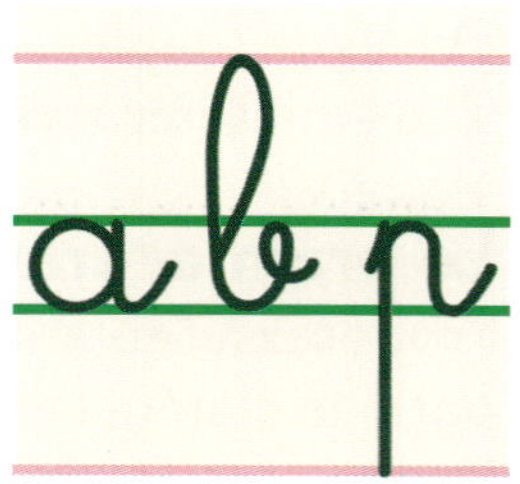

Pour cela, observez chaque lettre avec l'enfant et aidez-le à chercher celles qui montent. Puis celles qui descendent. Puis la lettre qui monte et qui descend à la fois. Enfin vérifiez avec lui que toutes les lettres qui restent ne peuvent entrer dans aucun des trois groupes déjà identifiés : ce sont les lettres courtes.

Les activités ultérieures

Activité 1

L'enfant travaille seul sur un tapis avec une ligne simple.

Activité 2

Vous utilisez le tapis avec des lignes doubles. L'enfant classe d'abord toutes les lettres selon les quatre critères définis plus haut. Puis il les place sur le tapis, par groupes.

Activité 3

L'enfant apprend le nom "alphabétique" des lettres (différent de celui, phonétique, qu'il connaissait jusqu'à présent) : "bé" pour le "b", "esse" pour le "s", etc. Il étale toutes les lettres au hasard sur le tapis, en les nommant. À l'aide d'une leçon en trois temps, donnez à l'enfant le vocabulaire des lettres dont il ne connaît pas encore le nom "alphabétique". Il s'agit en fait de toutes les lettres sauf "a", "e", "i", "o" et "u".
Ensuite, indiquez à l'enfant qu'il y a un ordre spécial pour la suite de lettre. Montrez-lui un alphabet complet tracé sur un papier. Puis proposez-lui de poser les Lettres mobiles dans l'ordre en regardant puis sans regarder l'alphabet. Lorsqu'il a terminé, lisez l'alphabet avec lui.
Après chaque séance, il range le matériel en commençant par le "a".
Dans l'approche Montessori, le nom des lettres et leur ordre alphabétique n'interviennent que lorsque l'enfant est déjà bien à l'aise avec le déchiffrage et l'écriture des lettres.

Activité 4

A ne faire que plus tard, lorsque vous sentez que l'enfant est prêt. Il s'agit du même travail que pour l'activité 2, mais cette fois-ci l'enfant écrit sur du papier à lignes doubles.

La ponctuation

Ces activités vont permettre à l'enfant d'avoir une compréhension et une approche plus fines de la lecture et de l'écriture.

Le matériel

Le matériel se compose de 3 séries de cartes :
• Série A : des cartes regroupées par deux : sur la première, une lettre de l'alphabet en minuscule, sur la seconde la même lettre en majuscule.
• Série B : des cartes présentant en même temps les deux formes minuscule et majuscule, pour le contrôle de l'erreur.
• Série C : des cartes regroupées par deux : sur la première, une phrase sans ponctuation, sur la seconde, la même phrase avec la ponctuation et la majuscule en début de phrase, notées en rouge, pour le contrôle de l'erreur. Au début, vous n'utiliserez que les cartes portant des phrases uniquement ponctuées d'un point final. Mais la série comprend également des phrases où apparaissent le point d'interrogation, le point d'exclamation, la virgule, etc.
A cela s'ajoute une série D : les cartes portant les signes de ponctuation. Vous présenterez d'abord le point et, plus tard, au fur et à mesure des besoins, la virgule, le point d'exclamation, le point d'interrogation, les guillemets, les tirets, les parenthèses...
Voir page suivante les exemples des 4 séries.

La présentation

Étape 1

Présentez les cartes des majuscules (série A) à l'enfant. Invitez-le à les porter sur la table. Sortez une lettre sous sa forme minuscule puis majuscule. Demandez à l'enfant de dire le son de lettre et son nom.
Pointez la lettre et dites son nom (Ex. : "C'est a"). Pointez maintenant la carte de la majuscule et dites : "C'est a majuscule." Expliquez que le

Les 4 séries de cartes de ponctuation

Série A

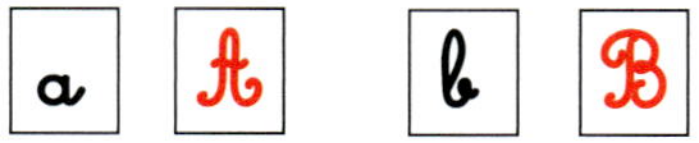

Série B

Série C

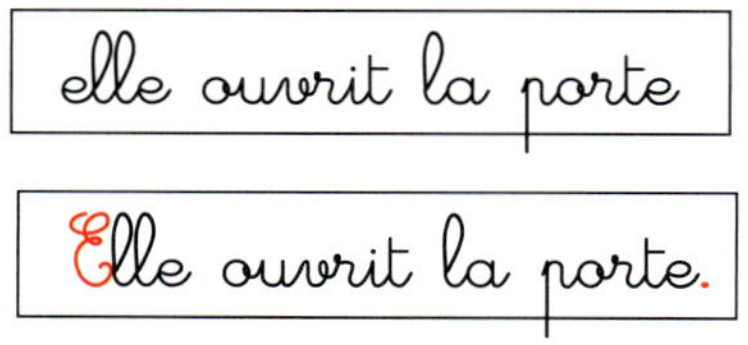

Série D

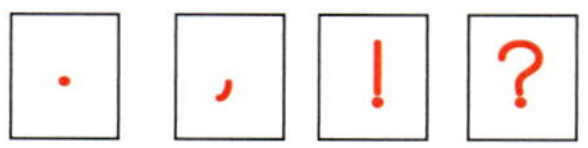

L'utilisation pour l'étape 3

"a" peut être appelé "a minuscule" mais qu'on l'appelle simplement "a". Présentez les majuscules à travers des leçons en trois temps.

Étape 2

Invitez l'enfant à dire le son puis le nom de chacune des lettres minuscules que vous disposerez en colonne. Puis commencez à placer les cartes avec les majuscules à côté des lettres minuscules correspondantes. L'enfant termine le travail. Présentez à l'enfant les cartes de contrôle (série B) : minuscule et majuscule sur la même carte. Montrez aussi à l'enfant comment ranger les cartes par catégories : en commençant par toutes les minuscules et ainsi de suite... Un autre jour, l'enfant pourra travailler en autonomie avec les cartes des série A et B.

Étape 3

Présentez les cartes de ponctuation (série C) à l'enfant et proposez-lui de les porter sur la table. Invitez-le à lire une carte. Demandez-lui s'il a remarqué la couleur rouge à certains endroits. Expliquez-lui pourquoi c'est différent. Par exemple : "Une lettre majuscule nous indique où commence la phrase et un point final nous indique où elle s'arrête." Avec l'enfant lisez les autres cartes avec la ponctuation en rouge. Montrez-lui aussi les cartes individuelles des signes de ponctuation (série D).

Présentez maintenant à l'enfant l'autre groupe de cartes de la série C : cette fois-ci la partie sans ponctuation. Montrez-lui comment placer la bonne ponctuation sur la carte avec les cartes de ponctuation préparées (voir croquis). Invitez l'enfant à faire de même pour les autres cartes sans ponctuation. Utilisez les cartes ponctuées comme contrôle de l'erreur pour que l'enfant vérifie son travail.

Le même jour ou plus tard, présentez à l'enfant les cartes comportant un nouveau signe de ponctuation : le point d'interrogation. Invitez l'enfant à lire et faites-lui remarquer qu'en lisant il vient de poser une question. Expliquez alors que lorsqu'on pose une question, on note un point d'interrogation à la fin de la phrase. Lisez avec l'enfant les autres cartes en soulignant le fait qu'à chaque fois il s'agit d'une question. Ensuite présentez-lui la carte individuelle du point d'interrogation. Posez également sur la table la carte du point. L'enfant travaille alors sur des cartes sans ponctuation, avec des phrases affirmatives ou interrogatives. Il ponctue en choisissant le bon signe.
Lisez chaque phrase avec un ton vivant, en accentuant, pour bien montrer les nuances. Faite chuter votre voix à la lecture du point final ou montez, au contraire, pour souligner l'interrogation.
Le même principe sera suivi pour présenter plus tard à l'enfant les autres signes de ponctuation : la virgule, les tirets, les guillemets, les points de suspension, d'exclamation, les parenthèses...
Si l'enfant a des difficultés avec les signes de ponctuation, présentez alors l'information selon une leçon en trois temps. Il pourra ensuite travailler en autonomie avec les phrases non ponctuées, les signes de ponctuation et les majuscules.

La transcription

Le matériel

Il s'agit de petits paquets de cartes portant des mots écrits en cursive (le nom des couleurs, les nombres écrits en lettres, etc.), des phrases ou de courts extraits de littérature jeunesse avec la ponctuation correcte et des petites décorations. Ce matériel n'existe pas dans le commerce. C'est à vous de le créer et de lui donner un format et un aspect attirants pour l'enfant.

L'activité

L'enfant compose déjà depuis quelque temps des mots et des phrases avec les Lettres mobiles. Vous allez maintenant l'encourager à écrire sur le papier. Présentez-lui les cartes et montrez-lui comment procéder : il lit le mot ou la phrase, retourne la carte, écrit le mot puis vérifie avec la carte (ponctuation incluse). Proposez-lui d'autres situations d'écriture sur le papier, soit en recopiant les créations qu'il a faites avec les Lettres mobiles, soit en écrivant directement. Encouragez-le à produire de petits textes (une ou deux phrases seulement, au début) liés à ce qu'il vit, ce qu'il aime, etc. Chaque exercice de lecture peut également être suivi d'une activité d'écriture.

Les Grands récits

Pour intéresser les enfants de primaire et leur transmettre une sorte de bagage culturel fondamental de l'humanité, Maria Montessori avait créé les Grands récits. Ils sont 5 : La Terre, La vie, L'Homme, L'écriture, Les nombres. Ils jouent un peu le rôle des récits mythologiques ou cosmogoniques des civilisations à transmission orale : expliquer et relier.
Si vous voulez créer vous-même ces grands récits, vous trouverez sur Internet et dans des bibliothèques la matière pour les écrire et des illustrations à utiliser comme supports visuels. Attention cependant : ce qui circule est souvent obsolète et parfois inexact sur le plan scientifique. L'enfant participera éventuellement aux recherches et illustrera les récits. Les Grands récits peuvent également devenir des sortes d'expositions multimedia si vous y ajoutez des objets, des vidéos trouvées sur Internet, des figurines fabriquées par l'enfant, etc.

Si vous préférez partir de bases déjà élaborées, actualisées et validées sur le plan scientifique, la collection Pas à Pas comporte deux titres : Les Grands récits et Les Lignes du temps (frises chronologiques).

L'âge pour présenter les Grands récits dépend vraiment des enfants. Pour certains on peut commencer vers 5 ans, pour d'autres plus tard, vers 6 ans. Bien sûr en adaptant le vocabulaire et la façon de raconter.

La grammaire

L'article (ou déterminant)

L'enfant a déjà travaillé sur le nom en identifiant les éléments de son environnement (voir p. 84). Il a donc déjà la notion de ce qu'est un nom, même s'il ne connaît pas encore le mot qui le désigne en grammaire. Voilà pourquoi aucune activité spécifique sur le nom ne figure dans cette partie sur la nature des mots, qui commence par l'outil grammatical le plus inséparable du nom : l'article.
Cette étape ne doit pas être négligée, même si elle peut nous sembler dénuée d'intérêt, à nous adultes, qui n'avons aucune difficulté pour distinguer la différence entre "un" et "le" et "une" et "la". De plus, dans cette présentation, il ne s'agit pas tant de faire de la "grammaire" que d'apporter une aide à l'enfant dans la lecture. À ce stade, il sait déchiffrer, il va devoir maintenant accéder à une lecture plus fine pour décoder et comprendre véritablement l'écrit. Lorsqu'il lira un article, il aura auparavant assimilé de manière vivante son concept et son rôle : il n'y aura pas de "vide" attaché à ce petit mot riche en informations...

Le matériel

Très simple à réaliser, il se compose de deux boîtes contenant des petits objets dont le nom est féminin dans l'une et masculin dans l'autre. Chaque boîte contient des objets de trois ou quatre sortes au maximum, certains en plusieurs quantités, d'autres uniques. Voici quelques exemples :

• pour les noms masculins : bouton(s), savon(s), dé(s), cube(s)...
• pour les noms féminins : clé(s), voitures(s), gomme(s)...

Vous aurez également besoin d'un plateau-écritoire avec crayon, bandes de papier préparées et ciseaux. Un mot sur ce "plateau-écritoire" : il ne s'agit nullement d'un énième matériel cher. Il s'agit de réunir sur un même support (plateau) ce dont l'enfant a besoin pour toute une série de travaux : un crayon à papier, des bandes de papier préparées (de 2 à 3 cm de large) et des ciseaux. Ranger les ciseaux et le crayon dans une boîte en bois, par exemple, est un plaisir nouveau pour l'enfant. Cela peut constituer l'un des points d'intérêt qui le motivent pour l'écriture.
Quant aux bandes de papier, vous les confectionnerez dans une feuille de format A4 prise dans le sens de la longueur, en y découpant des bandes de 2 à 3 cm de large. Leur intérêt réside dans leur originalité, leur aspect ludique par rapport au cahier quadrillé et, surtout, la possibilité qu'elles offrent d'intervertir des mots, de les classer, etc.
Enfin il vous faudra des étiquettes préparées, portant le nom des objets, pour un travail en autonomie.

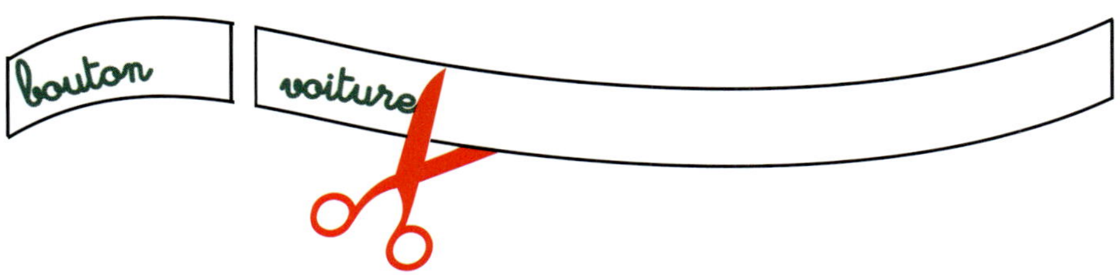

La présentation

Montrez à l'enfant une boîte et apportez-la sur la table ainsi que le plateau-écritoire. L'enfant sort les objets un par un en les nommant. Réunissez tous les objets au milieu de la table. Demandez à l'enfant un objet : "Peux-tu me donner un bouton ?" Lorsqu'il l'a pris, écrivez sur une bande de papier : "un bouton". Passez la bande de papier à l'enfant. Invitez-le à couper après le mot et à lire ce qui est écrit. L'enfant place l'étiquette à côté de l'objet.
Continuez de la même façon avec tous les objets. Les objets semblables et leurs étiquettes respectives sont disposés en colonne. Quand tous les objets sont munis d'une étiquette, demandez à l'enfant l'un des objets qui ne sont présents qu'en un seul exemplaire. Par exemple : "Peux-tu me donner un savon ?" Immédiatement, reprenez en disant "Attends ! J'ai fait une erreur ! Combien de savons avons-nous ?" L'enfant répond "un". Dites alors : "J'aurais dû dire le savon". Remplacez l'étiquette "un savon" par une autre portant : "le savon". Demandez à l'enfant s'il y a d'autres objets seuls. Remplacez les étiquettes correspondantes.
Tous les objets sont maintenant étiquetés correctement et en colonnes. Discutez avec l'enfant sur l'utilisation des articles "un" et "le". À ce stade, vous ne parlez pas encore d'article mais seulement de "petit mot". Pour expliquer l'utilisation de l'un ou de l'autre, vous pouvez dire : "On utilise "un" lorsque celui qu'on veut est entouré de deux ou plusieurs objets pareils et "le" lorsque l'objet est seul."
Regroupez ensuite toutes les étiquettes au milieu de la table et montrez à l'enfant comment travailler avec les étiquettes préparées et le matériel. Prenez une étiquette, lisez-là, prenez l'objet correspondant puis associez l'étiquette à l'objet.

Le travail ultérieur

Activité 1

L'enfant travaille de manière autonome avec les étiquettes préparées : l'article et le nom sont sur la même étiquette.

Activité 2

L'enfant travaille maintenant avec des étiquettes d'articles et des étiquettes de noms séparées. Donnez une étiquette de nom à l'enfant. Invitez-le à la lire et à choisir l'objet correspondant. Demandez-lui ensuite de choisir l'étiquette d'article "un" ou "le" (ou bien "une" ou "la" selon la boîte). Il est important que vous l'encouragiez à expliquer son choix car il n'y a pas de contrôle de l'erreur : il faut que l'enfant ait compris la nuance pour choisir la bonne étiquette.

Activité 3

L'enfant travaille avec les cartes de la ferme : l'article et le nom se trouvent sur la même étiquette. Les étiquettes doivent correspondre aux animaux disponibles dans la ferme. Si vous voyez que l'enfant est encore un peu hésitant, isolez les animaux masculins pour une séance, puis les animaux féminins pour une autre séance. Vous pourrez les réunir pour une séance ultérieure.

Activité 4

L'enfant travaille avec les étiquettes de la ferme. Mais cette fois-ci, l'article et le nom sont sur des étiquettes séparées comme pour l'activité 2.

Activité 5

L'enfant écrit d'après les étiquettes préparées ou d'après ses propres créations.

L'adjectif

Bien entendu, il n'est pas question d'apprendre la définition abstraite d'un adjectif. La première présentation engage le mouvement chez l'enfant et l'exploration de son environnement. Comme d'habitude dans la pédagogie Montessori, il doit comprendre l'information avant même de travailler sur la terminologie.

Le matériel

La ferme est un classique dans les écoles Montessori. Il s'agit d'une basse-cour avec ses animaux. L'intérêt de la ferme réside dans le fait qu'elle offre un petit univers riche du point de vue affectif et émotionnel, un vocabulaire adapté et connu des enfants ainsi qu'une lecture accessible des mots correspondants : cheval, poule, vache, cochon, lapin...

Vous utiliserez également le plateau-écritoire, avec des bandes de papier préparées, et, pour le travail autonome, deux jeux d'étiquettes préparées portant les noms des animaux de votre ferme. Le premier jeu d'étiquettes comporte, sur chacune, un nom avec son article et son adjectif. Dans le deuxième jeu, les étiquettes préparées ne comportent que l'article ou le nom ou l'adjectif.

Enfin, c'est la première fois que vous utiliserez les symboles de grammaire (voir croquis p.129). On conteste parfois l'utilité de ce matériel, en arguant du fait qu'il surchargerait ou compliquerait le travail de l'enfant au lieu de le simplifier. Bien au contraire, il constitue un support visuel mnémotechnique et un outil de réflexion pour l'enfant dans le but de l'amener à se poser les bonnes questions sur les relations entre les mots et donc... leur signification ! L'objectif n'est pas de faire de la grammaire pour faire de la grammaire, mais d'aider l'enfant à interpréter correctement, avec exactitude et nuance, les mots écrits. Cet outil s'intègre donc dans une progression structurante pour l'enfant.

Les premières présentations des symboles de grammaire se font sans parler de terminologie, au moment où vous travaillez sur chaque élément de la phrase (adjectif, verbe, adverbe…) et au fur et à mesure que l'enfant en découvre la diversité. En aucun cas vous ne présenterez tous les symboles en même temps.

Dans le commerce, il existe des symboles de grammaire en volume présentés sur un plateau. Ces symboles sont une véritable invitation à les toucher. Ils sont donc intéressants pour une première présentation. Mais on peut aussi s'en passer. Vous pouvez éventuellement les fabriquer avec l'enfant, en pâte à modeler ou en pâte à sel peinte.
Les symboles "plats" existent en bois, ce qui est agréable à manipuler. Mais vous pouvez aussi les fabriquer vous-même, en carton. Ils doivent bien sûr être réalisés en plusieurs exemplaires.

Un dernier point : vous trouverez, dans ce domaine comme dans d'autres concernant le matériel Montessori, des codes couleurs ou des formes variables, selon les marchands de matériel ou même les livres. Nous avons choisi le code le plus communément adopté… Une chose est importante : comme il s'agit d'outils mnémotechniques, ils doivent être logiques par rapport à ce qu'ils représentent. Par exemple, le symbole de la conjonction ressemble à un tiret de liaison. L'article, le nom et les adjectifs forment "la famille du nom" (ou "groupe nominal"). Pour cette raison leurs symboles ont un petit air… de famille : ce sont tous des triangles. Le symbole du nom est un grand triangle noir, celui de l'adjectif est un peu plus petit et bleu foncé, celui de l'article est encore plus petit et bleu clair. Le pronom est un triangle étroit et haut, violet. Les symboles du verbe et de l'adverbe, qui forment la "famille du verbe" (ou "groupe verbal") sont tous deux ronds : celui du verbe est un gros rond rouge, celui de l'adverbe est un rond plus petit et orange. Voir le croquis pour la totalité des symboles.

Les symboles grammaticaux

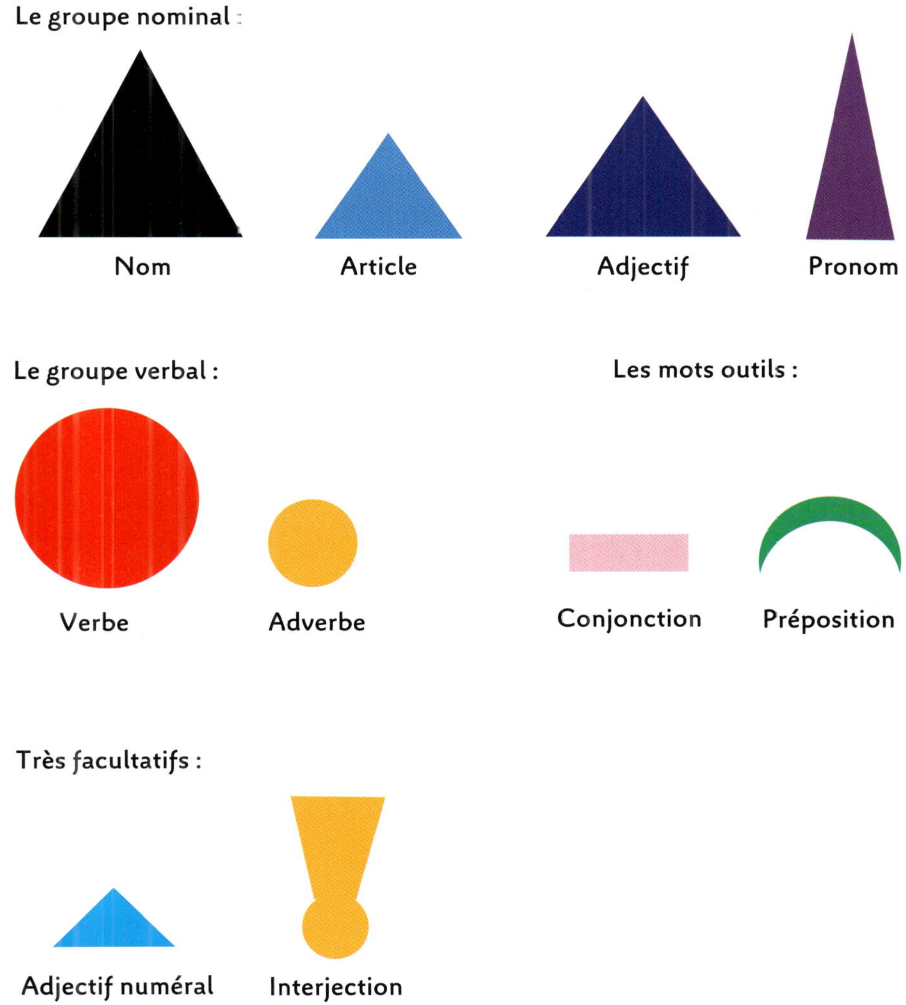

La présentation

Dans un coin de la pièce, loin de la table où vous allez travailler, installez la ferme avec l'enfant. Puis asseyez-vous tous les deux à la table. Sur une bande de papier, écrivez le nom d'un animal avec son article (Ex. : "un cheval", "une vache"...). Donnez la bande à l'enfant. Il la coupe à la fin de ce qui est écrit et la déchiffre, puis va chercher l'animal dont il a lu le nom et vous le rapporte. Il rapporte par exemple un cheval noir. Dites-lui alors que ce n'est pas cet animal-là auquel vous pensiez et que vous avez besoin d'écrire plus d'informations.
Sur une autre bande de papier, écrivez un adjectif de couleur correspondant à un autre cheval de la ferme. Par exemple "marron". L'enfant coupe l'étiquette de l'adjectif, la lit, va à la ferme, repose le premier cheval et choisit le bon, qu'il vous rapporte. Demandez-lui de lire les deux étiquettes à la suite : "un cheval" - "marron".

L'introduction des symboles de grammaire

Demandez à l'enfant de vous montrer quel mot indique l'animal qu'il devait prendre. Il vous montre : "cheval". Isolez le mot "cheval" en coupant la bande après l'article. Sortez le symbole du nom et placez-le au-dessus du nom. Ensuite demandez : "Quel mot nous dit quel cheval je voulais ?" L'enfant répond : "marron". Sortez le symbole de l'adjectif et placez ce nouveau symbole au-dessus de mot "marron".
Rappelons qu'à ce stade de présentation des symboles de grammaire, vous n'utilisez pas encore la terminologie "nom", "adjectif", etc. Vous vous contentez de placer les symboles.
Demandez à l'enfant s'il y a un cheval ou plusieurs chevaux. L'enfant répond : "un". Demandez alors quel est le mot qui nous l'indique. L'enfant montre l'article "un". Sortez le symbole de l'article et placez-le au-dessus du mot. Voir le croquis ci-contre.

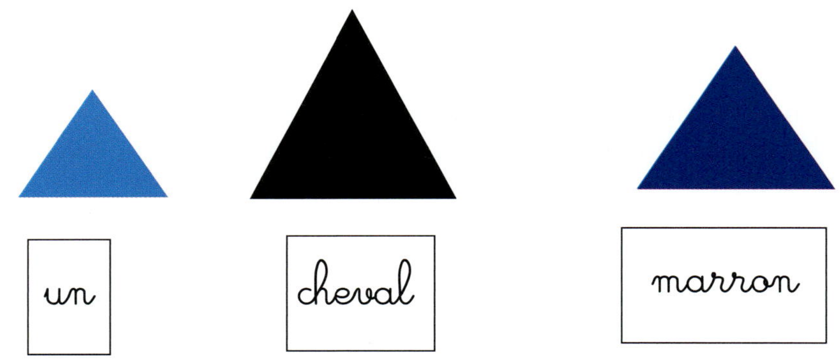

Le travail en autonomie

Présentez les étiquettes préparées à l'enfant et montrez-lui comment les utiliser.

Activité 1

L'enfant travaille avec vos bandes préparées de la ferme. Il lit une bande, part chercher le bon objet et place ensuite les symboles au-dessus des mots, toujours en commençant par le nom, c'est-à-dire ce qu'il est allé chercher.

Activité 2

Cette fois-ci l'enfant travaille avec des étiquettes séparées. Les articles, les noms et les adjectifs sont écrits sur des étiquettes différentes. L'enfant prend un nom, choisit un adjectif puis un article qui conviennent. Il doit alors chercher l'animal qui correspond aux informations données par les étiquettes. Invitez-le à placer les symboles de grammaire au-dessus de chacun des mots.

Le Jeu de l'adjectif logique

L'importance de l'adjectif n'est pas quelque chose d'évident pour un enfant, surtout lorsqu'il est présenté traditionnellement dans des exemples du type "le crocodile vert" ou "la baleine bleue" ce qui ajoute peu aux informations données par le nom : un crocodile est en général vert et une baleine bleue. Cette activité montessorienne va précisément aider l'enfant à s'interroger sur le lien de sens logique qui existe entre le nom et l'adjectif. Il va travailler sur les associations ou les oppositions. C'est le contraste qui va lui permettre de saisir le rôle spécifique des mots.

Le matériel

Il s'agit de cartons noirs sur lesquels sont écrits des noms et de cartons bleus sur lesquels sont écrits des adjectifs. Il doit y avoir autant de noms que d'adjectifs et à chaque nom doit correspondre au moins un adjectif qui ait du sens par rapport à lui. Par exemple : "le ciel nuageux", "un chat rapide"... Prévoyez deux boîtes : une pour les noms et les adjectifs au masculin, une autre pour les noms et les adjectifs au féminin. Vous n'utilisez toujours pas la terminologie (nom, adjectif).
Demandez à l'enfant de prendre les cartes noires et de lire ce qui est écrit dessus, en mettant les cartes en colonne, les unes sous les autres. Faites de même avec les cartes bleues des adjectifs. L'enfant les lit puis les dispose en colonne à côté des cartons noirs sans se soucier pour l'instant de l'association des deux cartes. Invitez l'enfant à lire les associations et découvrez avec lui celles qui sont correctes (ex. : "un camion vert") ou qui ne le sont pas ("un enfant vert").
Ce jeu suscite chez l'enfant une prise de conscience du pouvoir de l'adjectif en travaillant sur certaines oppositions. Vous allez pouvoir observer la créativité de l'enfant qui inventera des situations cocasses où des associations en apparence impossibles pourront être faites ! Cette activité peut également affiner le sens de l'humour de l'enfant. Lorsque les associations semblent incorrectes à l'enfant, enlevez l'adjectif. À la fin, trouvez avec lui un adjectif approprié pour chaque nom laissé seul. Demandez à l'enfant de placer les symboles de grammaire qui conviennent au-dessus de chaque colonne.

Le travail ultérieur

Activité 1

L'enfant travaille en autonomie avec la boîte du masculin ou celle du féminin, puis en mêlant les deux boîtes.

Activité 2

Cette activité va permettre à l'enfant de réaliser qu'il y a différentes possibilités pour décrire un nom. Prenez un carton noir (nom). Demandez à l'enfant de lire les cartons bleus (adjectifs) et de choisir ceux qui peuvent aller avec le carton noir. Vous pouvez demander à l'enfant combien il a trouvé de mots. Il compte. Invitez-le à placer les symboles. Continuez de la même façon pour tous les cartons noirs. L'enfant peut aussi écrire de manière autonome les associations qu'il souhaite.

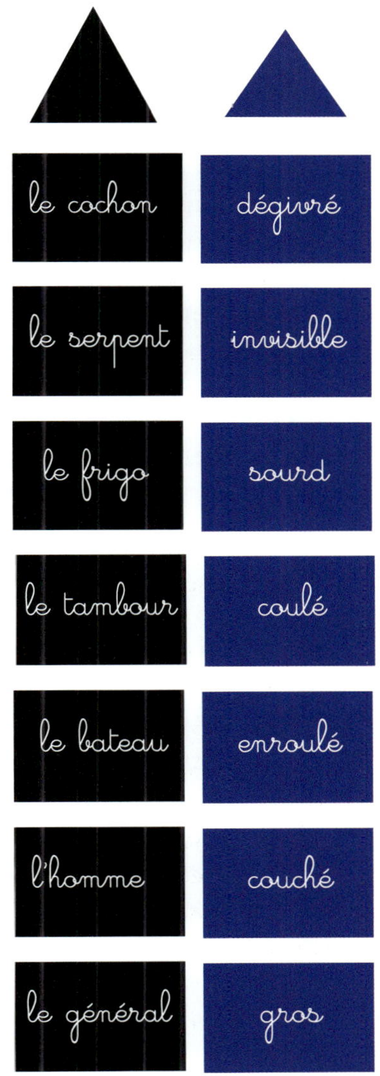

Le Jeu du détective

Ce jeu met bien en lumière le rôle de complémentarité de l'adjectif. L'enfant, devenu détective, apprend à trouver dans les adjectifs les indices dont il a besoin pour résoudre l'énigme. Le principe est simple : L'énigme consiste à sélectionner un triangle parmi de nombreux autres. C'est vous qui ajoutez progressivement des indices (adjectifs) que l'enfant va devoir lire. Il utilisera chaque fois la nouvelle information pour éliminer certains triangles. L'information donnée, de plus en plus précise au fur et à mesure de l'ajout d'adjectifs, lui permettra enfin de sélectionner le bon triangle.
On travaille là non pas sur le code mais sur le sens du texte écrit : c'est donc un exercice important qui montre à l'enfant que, pour lire, il ne suffit pas de déchiffrer mais qu'il faut aussi comprendre ce que dit le texte.
L'enfant doit avoir déjà travaillé sur le nom des triangles[1].

Le matériel

63 triangles de différentes
- tailles : petit, moyen, grand,
- couleurs : jaune, bleu, rouge,
- natures : isocèle (2 côtés égaux), équilatéral (3 côtés égaux), scalène (3 côtés inégaux)
- et possédant des angles différents : acutangle (avec uniquement des angles aigus), obtusangle (avec un angle obtus), rectangle (avec un angle droit). Voir les combinaisons possibles sur le croquis ci-contre.

Vous aurez également besoin du plateau-écritoire : des bandes de papier préparées, un crayon et des ciseaux.

1. *Voir le Tiroir de géométrie n° 5, p. 59.*

Les formes possibles (chacune existe en 3 tailles et 3 couleurs, ce qui fait 7 x 3 x 3 = 63 triangles en tout).

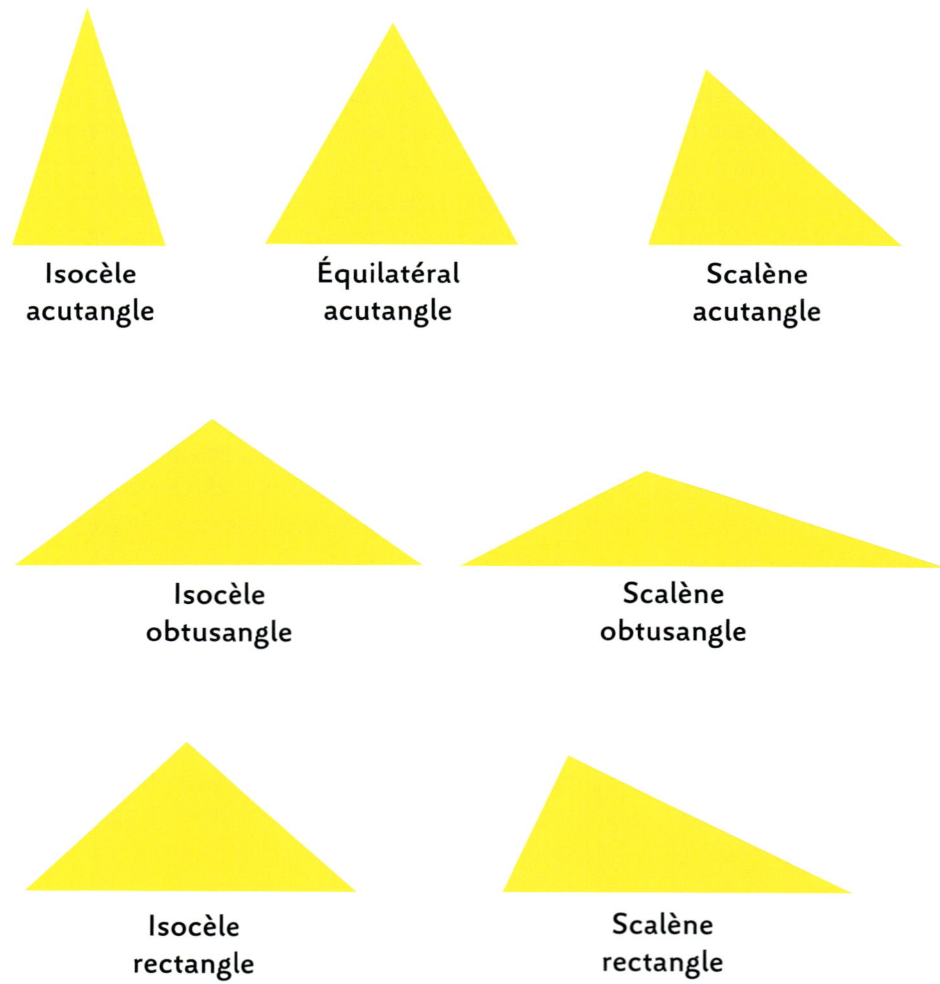

L'utilisation

Nommez le matériel. Expliquez ce qu'est un détective si l'enfant ne sait pas ce que c'est. Vous pouvez travailler aussi bien sur une table que sur un tapis. Attention, les triangles sont nombreux !

Avec l'enfant sortez tous les triangles de la boîte. Sur une bande de papier, écrivez : "un triangle". Demandez à l'enfant de lire et de vous donner ce qui est écrit. Il choisit n'importe quel triangle. Dites-lui qu'il a choisi un triangle et qu'il a raison car c'est ce qui est écrit. Mais que vous avez oublié une information car ce n'est pas exactement à celui-là que vous pensiez. Sur une nouvelle bande de papier, écrivez une information supplémentaire, qui ne correspond pas au triangle choisi par l'enfant. Par exemple : "petit", si celui de l'enfant était grand. Placez l'étiquette devant "un triangle". Vous obtenez : "petit" "un triangle". Lisez et faites observer que ce n'est pas comme cela qu'on dit. Coupez après le "un", déplacez les étiquettes et demandez à l'enfant de lire : "un petit triangle". Demandez-lui si c'est ce que vous avez. Demandez-lui alors de ranger dans la boîte tous les triangles qui ne sont pas petits. Puis continuez. L'enfant choisit un petit triangle au hasard. Observez avec lui que c'est bien un petit triangle, comme c'est écrit... mais dites que vous avez encore besoin d'une précision supplémentaire parce que ce n'est pas celui auquel vous pensiez. Ajoutez un adjectif de couleur. Reprenez le processus. Puis ajoutez un adjectif désignant la qualité des angles, puis un autre concernant la forme... Pour plus de précisions, voir l'exemple pas à pas, ci-contre.

L'enfant finit par trouver le "bon" triangle. Félicitez-le : parmi tous les triangles il a réussi à trouver celui auquel vous pensiez ! Il (elle) est un(e) détective formidable !

Le jeu du détective pas à pas

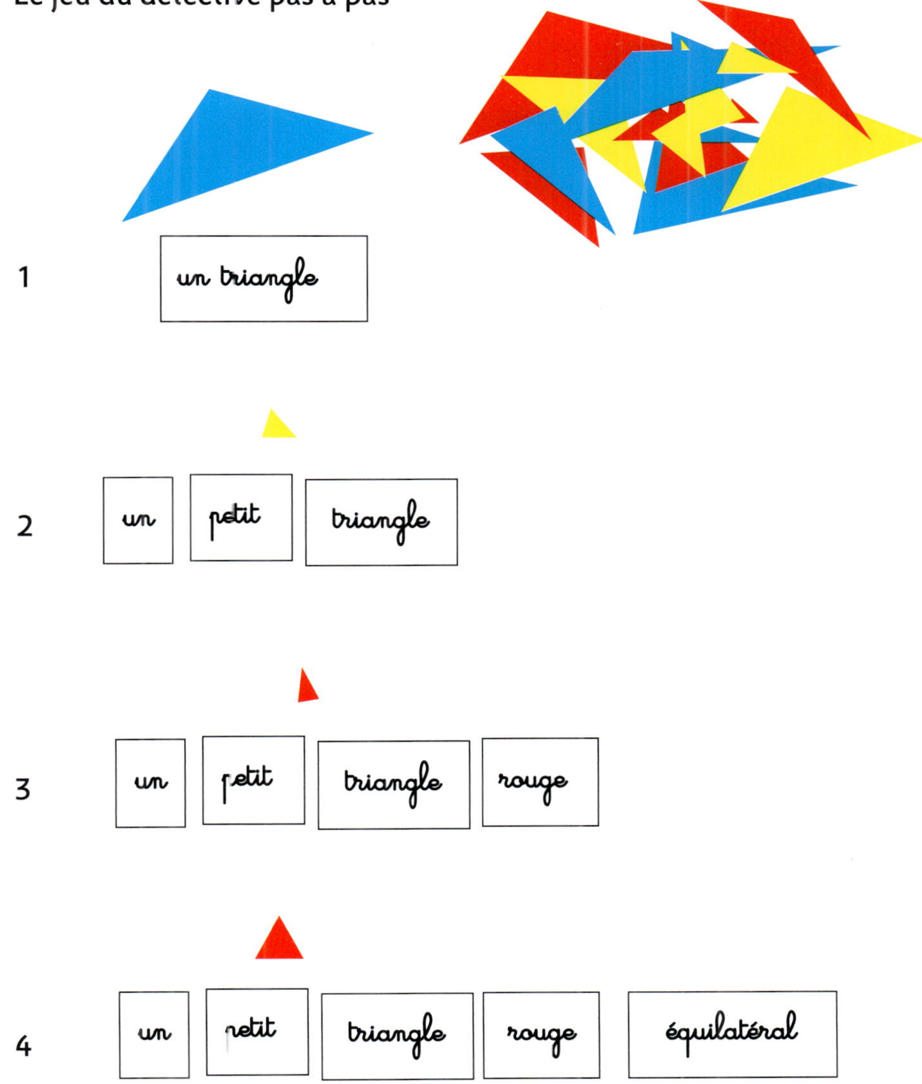

Invitez alors l'enfant à symboliser. Amusez-vous à changer la place des étiquettes et observez que ce n'est pas comme ça que nous parlons. L'enfant remet les étiquettes dans l'ordre et lit l'information complète une dernière fois. L'enfant peut travailler avec les étiquettes préparées : "petit", "moyen", "grand", "jaune", "bleu", "rouge", "équilatéral", "isocèle", "scalène", "acutangle", "obtusangle", "rectangle".

Étape de la symbolisation

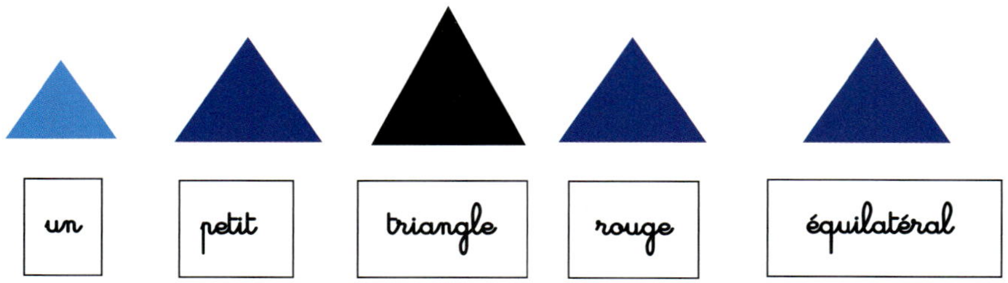

Étape des essais d'interversion des étiquettes

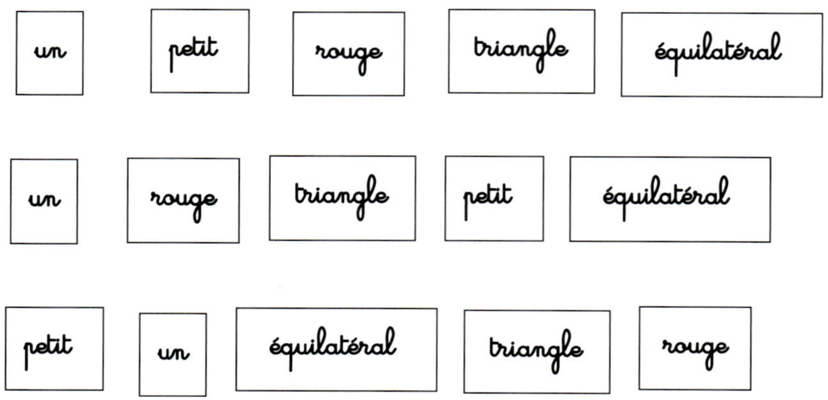

La conjonction

Le matériel

Cette activité demande un peu de préparation. Prenez soin d'avoir tout le matériel avant de commencer...

- Trois ou quatre objets de couleurs différentes (des fleurs, par exemple. Et c'est encore mieux si les fleurs sont naturelles !).
- Un bout de ruban rose (la couleur du symbole de la conjonction).
- La boîte des symboles de grammaire.
- Le plateau-écritoire avec un crayon à papier, des bandes de papier préparées et des ciseaux.
- Des étiquettes préparées pour le travail autonome en lien avec les animaux de la ferme.

La présentation

Vous apportez ensemble le plateau-écritoire, la boîte des symboles de grammaire et le ruban. Écrivez "la fleur blanche" sur une bande de papier. L'enfant coupe après le dernier mot. Invitez-le à lire ce qui est écrit et à trouver l'objet. Faites de même pour la fleur bleue et la fleur jaune. (Il va sans dire que nous avons choisi les couleurs de notre exemple totalement au hasard !)

Dites à l'enfant que vous allez mettre toutes les fleurs ensemble. Attachez-les avec le ruban. Proposez à l'enfant à relire les trois étiquettes. Dites alors que maintenant les fleurs sont ensemble et que vous avez besoin d'un mot pour décrire cela exactement.

Avec un stylo rouge, écrivez "et". Demandez à l'enfant de lire l'étiquette. Placez le mot "et" entre les étiquettes de la fleur blanche et la fleur bleue. Écrivez "et" sur une autre étiquette et donnez-la à l'enfant pour qu'il la lise. Invitez-le à la placer entre les étiquettes de la fleur bleue et la fleur jaune. L'enfant peut maintenant lire l'ensemble : "la fleur

blanche et la fleur bleue et la fleur jaune". Demandez-lui si c'est bien exactement ce qu'il voit. Invitez-le ensuite à symboliser les mots en l'aidant si nécessaire grâce à des questions du type : "Quel mot indique ce que tu devais prendre ? Quel mot indique quelle sorte de fleur ? Quel mot t'indique s'il y a une ou plusieurs fleurs blanches ?...."
Présentez à l'enfant le symbole de grammaire pour la conjonction : le petit rectangle rose qui ressemble à un trait d'union. Précisez que "le mot qui relie les mots ensemble à ce symbole". Placez le nouveau symbole au-dessus du "et". Intervertissez les étiquettes. L'enfant lit. Observez que c'est toujours correct et que cela a du sens. Vérifiez si les symboles sont toujours corrects. Remettez les étiquettes comme au début.
Avec l'enfant rangez les symboles dans la boîte, la conjonction à la fin, en rappelant que le "et" réunit les mots ensemble.

Le travail ultérieur

Activité 1

Montrez à l'enfant les étiquettes préparées pour un travail autonome.

Activité 2

Montrez les étiquettes préparées en lien avec votre ferme. Ex. : "le petit cochon", "le cheval noir", "le petit lapin"... L'enfant doit associer les étiquettes aux animaux. Mettez ensuite les animaux ensemble et placez "et" entre les étiquettes préparées. Il continuera seul avec d'autres étiquettes et les étiquettes du "et".

Activité 3

L'enfant travaille d'après ses propres étiquettes et créations.

La préposition

À ce stade, on ne donne toujours pas la terminologie à l'enfant. On lui offre avant tout l'occasion d'explorer de manière concrète et vivante le rôle de la préposition.

Le matériel

• Trois ou quatre objets de couleur différente, comme pour le travail sur la conjonction. Nous reprenons l'exemple des fleurs pour notre démonstration.
• Un vase (si vous utilisez des fleurs), une boîte si vous utilisez d'autres objets.
• La boîte des symboles de grammaire
• Le plateau-écritoire avec un crayon à papier, des bandes de papier préparées et des ciseaux.
• Des étiquettes préparées pour le travail autonome, en lien avec les animaux de la ferme.

La présentation

L'enfant apporte sur la table, avec vous, le plateau-écritoire, la boîte des symboles de grammaire et les étiquettes préparées. Écrivez devant lui sur la bande : "la fleur blanche et la fleur bleue et la fleur jaune". Donnez-lui la bande et invitez-le à lire ce qui est écrit puis à réunir les trois fleurs. Donnez maintenant à l'enfant l'étiquette "un vase". Il lit et va chercher un vase. Placez enfin la bande et l'étiquette l'une à côté de l'autre et positionnez les objets au-dessus. Ensuite, avec un crayon rouge, écrivez "dans" sur une nouvelle étiquette. Aidez l'enfant à lire s'il en a besoin. Placez "dans" entre la bande (fleurs) et l'étiquette (vase). Demandez à l'enfant si ce qui est écrit est tout à fait la même chose que ce que l'on voit. L'enfant répondra probablement "non". Proposez-lui alors de faire ce qu'il faut pour que ce soit pareil. Il met les fleurs dans le vase. Remplacez l'étiquette "dans" par une étiquette "derrière". Invitez l'enfant à lire, puis à faire le changement nécessaire pour que ce soit de nouveau pareil sur le papier et dans la réalité. Continuez avec différentes prépositions ("devant", "à côté", "sur"...).

Utilisez maintenant la boîte des symboles et invitez l'enfant à choisir ceux qui correspondent aux mots de la bande et des étiquettes. Aidez-le si nécessaire en lui posant des questions du type : "Quel mot indique ce que tu devais prendre ? Quel mot indique quelle sorte de fleur ? Quel mot t'indique s'il y a une ou plusieurs fleurs ?" Présentez à l'enfant le symbole pour la préposition, une lune verte, posez-le au-dessus de "dans" en expliquant : "Ce mot nous indique où mettre les fleurs." Il indique qu'il y a une relation entre ce mot (fleurs) et celui-là (vase).

Intervertissez l'étiquette du vase et la bande des fleurs, en laissant la préposition "dans" entre les deux. L'enfant lit : "Le vase dans la fleur blanche et la fleur rouge et la fleur rose". L'enfant réalise que cela n'a pas de sens. Remettez la bande et les étiquettes dans l'ordre correct.

Avec l'enfant, rangez les symboles dans la boîte, en finissant par celui de la préposition et en rappelant que les mots comme ce "dans" nous disent comment les fleurs sont reliées au vase.

Le travail en autonomie

Activité 1

Montrez à l'enfant les étiquettes préparées pour le travail autonome : deux étiquettes avec, sur chacune, le nom d'un objet, et une étiquette de préposition. L'enfant lit et va trouver les objets correspondants puis met les étiquettes dans l'ordre correct. Invitez-le à placer les symboles. Intervertissez les étiquettes, observez. L'enfant pose les étiquettes en haut de la table, range les objets et continue avec d'autres étiquettes préparées de la même façon.

Activité 2

L'enfant travaille d'après les étiquettes de son choix et de sa propre création.

Le verbe

Pour renforcer de façon sensorielle la distinction nom/verbe, vous pouvez utiliser deux petits volumes de couleur, la sphère rouge et la pyramide noire, qui correspondent aux symboles de l'analyse (p.129)[1]. Donnez la sphère à l'enfant pour qu'il la manipule. Demandez-lui ce que la sphère peut faire : elle bouge, elle roule... Elle ne tient pas en place ! C'est comme le verbe. Précisez que pour écrire sur une feuille, on représente ce symbole par un cercle rouge (montrez le symbole).
Présentez ensuite la pyramide noire. L'enfant va bien sûr découvrir qu'il est plus difficile de la faire rouler. Expliquez que c'est ce symbole (et son représentant plat le triangle noir qu'il connaît déjà.) que l'on utilise pour les objets, les animaux ou les personnes. Demandez à l'enfant de vous citer des objets, des animaux ou des personnes. Écrivez les noms proposés par l'enfant. Symbolisez les mots écrits à l'aide des triangles noirs. À ce stade, vous pouvez commencer à employer les mots "nom" et "verbe".

L'enfant va aborder le verbe sous son aspect d'action. C'est la raison pour laquelle il faut travailler dans un premier temps uniquement avec des verbes qui impliquent du mouvement ou des actions physiques.

Le matériel

- La boîte des symboles de grammaire.
- Le plateau-écritoire.
- Un casier numéroté 1 et portant un cercle rouge (symbole du verbe) et contenant des étiquettes préparées pour un travail autonome.

1. Ces symboles sont ceux qu'a choisis Maria Montessori. Elle a expliqué ces choix, comme par exemple celui de la pyramide noire pour le nom à cause de son caractère massif et de sa forte présence physique.

La présentation

Apportez le plateau écritoire et les symboles sur la table. Dites que vous allez écrire quelque chose d'amusant à faire. Sur une bande de papier, écrivez une action, par exemple : "saute". Passez le papier à l'enfant. Il coupe après le mot et le lit. Invitez-le à faire ce qui est écrit. De la même façon, écrivez deux autres actions (marche, soupire, rigole, tousse...). Vous pouvez faire cette activité avec un petit groupe de trois enfants. Chacun lit le mot et fait l'action qui correspond. Encouragez l'enfant à faire l'action avec beaucoup d'énergie. Ensuite demandez-lui ce qu'il vient de faire : "j'ai marché", "j'ai chanté"... Observez que l'action est maintenant terminée. Il s'agit là d'une première approche de la notion de passé, qui servira plus tard, au moment d'aborder les conjugaisons.
Invitez l'enfant à symboliser.

Le travail ultérieur

Activité 1

Montrez à l'enfant les étiquettes préparées. Il les lit et fait les actions, puis symbolise les mots.

Activité 2

L'enfant travaille d'après les étiquettes préparées ou d'après ses propres créations.

Les aspects du verbe

Le verbe est bien sûr le mot le plus complexe de la phrase. Les activités qui suivent permettent à l'enfant d'explorer de façon systématique la grande diversité de ses aspects. Comme d'habitude, il n'y a rien de théorique dans cette découverte. Le but est simplement de sensibiliser l'enfant aux différents aspects, de l'en rendre conscient. Cela lui évitera d'être déstabilisé lorsque, plus tard, il sera question d'accord et de conjugaison. Il ne faut donc pas négliger ces activités, même si elles paraissent presque trop simples.
Un point important : ce travail ne se limite pas au français mais concerne le langage au sens large. Vous pourrez tout à fait adapter cette présentation à une langue étrangère.

Le matériel

- Le plateau-écritoire.
- Les symoles grammaticaux.
- Un casier de rangement numéroté 2, contenant des étiquettes d'actions préparées pour un travail autonome de lecture ou d'écriture.

Verbes transitifs / verbes intransitifs

Il ne s'agit pas de faire apprendre des terminologies compliquées à l'enfant mais de susciter chez lui un intérêt et une sensibilité à la lecture de chaque mot. Comme souvent chez Montessori, on passe par le mouvement et l'action. Le principe est celui du jeu des actions (voir p.105). Sur une bande de papier, écrivez une action devant l'enfant (Ex. : "saute" ou "parle", ...). L'enfant lit le mot et fait l'action. Écrivez ensuite une autre action mais cette fois-ci en choisissant un verbe qui doit s'accompagner obligatoirement d'un complément d'objet (Ex. : "ouvre"). L'enfant lit le mot et vous demande probablement "Ouvre quoi ?". Vous remplacez la première étiquette par une nouvelle comportant le même verbe et un complément d'objet (Ex. : "ouvre un livre"). L'enfant lit les mots et accomplit l'action. Continuez avec un troisième verbe, qui doit lui aussi s'accompagner d'un complément d'objet (Ex. : "apporte"). L'enfant lit et demande "Quoi ?". Vous complétez (Ex. : "apporte un cube").
Si l'enfant veut continuer, écrivez d'autres étiquettes. Mais, comme d'habitude, il vaut mieux reprendre le jeu le lendemain que de trop le prolonger. À la fin relisez les étiquettes avec l'enfant. À cette occasion, vous pouvez lui faire remarquer qu'il peut continuer certaines actions ("saute, parle"), mais que d'autres se terminent tout de suite ("ouvre", "apporte"). Attention : ce ne sont pas forcément les verbes intransitif dont l'action est courte (Ex. : "porte ta poupée"). Utilisez alors la conjugaison, bien sûr sans le dire. "Ouvre le livre". "Ça y est : le livre est ouvert".
Avant de ranger le matériel, invitez l'enfant à symboliser les verbes.

Le temps du verbe

L'enfant doit réaliser que le verbe change de forme selon le moment où se passe l'action. Comme c'est lui qui fait l'action du verbe, la découverte des nuances est bien sûr facilitée. C'est important car cela l'aide à se situer lui-même dans le temps.

Cette présentation peut être faite bien avant d'aborder les conjugaisons mais devra être reprise aussi souvent que l'enfant en aura besoin pour percevoir les différentes formes du verbe selon le temps.
La base de l'activité est encore celle du jeu des actions (voir p.105). Vous écrivez une action au présent pour l'enfant (Ex. : "chante"). Pendant que l'enfant chante, écrivez : "Pierre[1] chante" et montrez-lui l'étiquette.

1. *Remplacer par le prénom de l'enfant.*

Lorsqu'il a fini, écrivez "Pierre[1] a chanté" et montrez-lui l'étiquette. Vous pouvez enfin choisir un moment festif dans le futur (Noël, kermesse, anniversaire...) attendu par l'enfant et vous écrivez une troisième étiquette : "Pierre[1] chantera à Noël". Faites remarquer que c'est toujours la même action mais qu'elle change de forme selon le moment où elle se passe.
Il est important que l'enfant puisse à son tour mettre ses propres mots sur l'action (Ex. : "Marche - Que fais tu ? - Je marche", puis, lorsqu'il s'arrête "Qu'as tu fais ? J'ai marché.") Il est également nécessaire de varier les verbes et d'ajouter une note attractive, de la surprise, de l'humour...
À la fin de la séance, l'enfant symbolise chaque verbe avec les cercles rouges.

Le sujet du verbe

L'enfant devenu lecteur va parfois buter sur certains verbes comme "chantent" qu'il lira peut-être "chantant" car "en" se lit le plus souvent comme "an". Il n'a pas encore abordé la conjugaison systématique des verbes et pourtant il va devoir être sensibilisé à cet aspect. Procédez toujours selon le jeu des actions. Écrivez une action pour l'enfant (ex. : "rampe"). Puis écrivez en incluant le prénom de l'enfant. Enfin écrivez : "Les enfants rampent." Faites remarquer à l'enfant que l'on entend la même chose et qu'il s'agit de la même action mais que le verbe ne s'écrit pas pareil si c'est une seule personne qui fait l'action ou plusieurs. N'employez pas encore le mot "sujet".

L'action du verbe

Le verbe n'a été présenté pour le moment qu'à travers les verbes d'action visible. Il s'agit maintenant de montrer à l'enfant que ce n'est pas le cas pour toutes les actions. Écrivez "Pense à un animal". Après un moment, demandez à l'enfant ce qu'il a fait. L'enfant répond : "J'ai pensé à un animal." Dites à l'enfant que vous n'avez pas pu voir mais que vous savez qu'il l'a fait car il vous l'a dit : on peut faire des actions qui ne se voient pas.

1. *Remplacer par le prénom de l'enfant.*

Les séquences d'actions

Les activités qui suivent vont permettre à l'enfant d'approfondir le concept de verbe. Il va devoir mémoriser des séquences d'actions de plus en plus longues et différer dans le temps une série de gestes à accomplir. Ces séquences d'actions aideront l'enfant à comprendre ce qu'il lit en se représentant mentalement les mots lus. Elles l'aideront aussi, progressivement, à planifier et organiser ses mouvements, à les hiérarchiser, à devenir plus efficace et précis, dans le prolongement de ce qu'ont initié les activités de Vie pratique.
D'autre part, ne vous étonnez pas que l'on passe tant de temps sur le verbe seul. Ici comme pour de très nombreux apprentissages, on isole la difficulté. L'approche Montessori est très riche au niveau du langage. Il n'y a pas de manuel mais une réelle progression dans la construction des mots et des phrases.

Le matériel

- Le plateau-écritoire.
- Les symboles grammaticaux.
- Un casier numéroté 3 contenant des cartes comportant deux actions.
- Un casier numéroté 4 contenant des cartes comportant deux actions dont l'une est accompagnée d'un complément d'objet (CO).
- Un casier numéroté 5 contenant des cartes comportant deux actions, chacune s'accompagnant d'un CO.

La présentation

Le casier n°3 : 2 actions

Écrivez deux actions sur une bande de papier : (Ex. : "marche et saute"). L'enfant lit les mots et accomplit les actions. Demandez-lui ce qu'il a fait. S'il a respecté l'ordre de ce qui est écrit, soulignez-le en le félicitant. Sinon, demandez-lui de couper la bande après chaque mot, de symboliser avec les cercles rouges, puis d'intervertir les étiquettes. Il obtient "saute et marche". Demandez-lui de lire puis de faire l'action. Demandez-lui ce qu'il a fait. Demandez-lui pourquoi "marche et saute" n'est pas tout à fait pareil que "saute et marche".
Montrez à l'enfant les étiquettes préparées du casier n°3 à utiliser pour un travail autonome ultérieur.

Le casier n°4 : 2 actions + un CO

Cette fois-ci la deuxième action s'accompagne d'un complément d'objet. (Ex. : "prends et déroule un tapis"). L'activité est la même que pour le casier n°3.
Montrez à l'enfant les étiquettes préparées du casier n°4.

Le casier n°5 : 2 actions + 2 CO

Procédez de la même façon que pour les précédentes présentations. Maintenant chaque action s'accompagne d'un complément d'objet (Ex. : "prends un mouchoir et mouche ton nez").
Dans ce cas précis, la séquence des actions a son importance car après inversion des étiquettes, il devient impossible d'accomplir les actions ("prends ton nez et mouche ton mouchoir"). L'enfant va adorer travailler sur l'ordre des séquences et explorer l'ordre possible ou impossible des actions, car cela provoque des situations très humoristiques.
Montrez à l'enfant les étiquettes préparées du casier n°5.

L'adverbe

Cette activité aide l'enfant à comprendre le lien logique entre le verbe et l'adverbe, qui apporte une information supplémentaire.

Le matériel

- La boîte des symboles de grammaire.
- Le plateau-écritoire.
- Un casier portant un cercle orange et contenant des étiquettes préparées pour un travail autonome.

La présentation

Sur une bande de papier, écrivez une action. Par exemple : "chante". Passez le papier à l'enfant. Il le coupe après le mot, lit ce qui est écrit et fait l'action. Précisez alors que ce que vous allez écrire maintenant va lui indiquer une manière spéciale de le faire. Écrivez un adverbe sur la bande de papier ("fort"). Passez le papier à l'enfant, qui le découpe et le lit. Invitez-le à refaire l'action.
Passez maintenant à la symbolisation en posant des questions à l'enfant : "Quel est le mot qui dit ce que tu dois faire ?" L'enfant désigne le verbe et place le symbole qui correspond. Demandez : "Quel est le mot qui dit comment il faut le faire ?" L'enfant montre le mot "fort". Présentez-lui le symbole de l'adverbe (le cercle orange) en expliquant : "Quand tu as un mot qui indique comment se fait une action, voici son symbole".
Intervertissez les étiquettes et demandez à l'enfant de les lire. Soulignez que cela ne veut rien dire. Le but est de lui faire comprendre l'importance de l'ordre des mots. Remettez les mots dans l'ordre et demandez-lui de lire à nouveau. Demandez à l'enfant si c'est correct. Demandez-lui de modifier la symbolisation.

Le travail ultérieur

Activité 1

Montrez à l'enfant les étiquettes préparées ("parle vite", "chante fort", "saute haut"...). Il les lit et fait les actions, puis symbolise les mots.

Activité 2

L'enfant travaille d'après les étiquettes préparées ou d'après ses propres créations.

Le Jeu de l'adverbe logique

Cette activité aide l'enfant à s'interroger sur le lien de sens logique entre le verbe et l'adverbe.

Le matériel

- Une boîte portant un cercle orange (symbole de l'adverbe).
- Des cartes rouges sur lesquelles sont écrits des verbes.
- Des cartes oranges sur lesquelles sont écrits des adverbes.

Il doit y avoir autant de verbes que d'adverbes. Chaque adverbe doit pouvoir correspondre à au moins un verbe.
La démarche est exactement la même que pour le jeu de l'adjectif logique.
Invitez l'enfant à prendre les cartes rouges (les verbes) et à lire ce qui est écrit dessus, en mettant les cartes en colonne, les unes sous les autres. Donnez-lui les cartes orange des adverbes. Il les lit puis les dispose en colonne à côté des cartes rouges, au hasard, sans se soucier pour l'instant de l'association des deux cartes. Proposez-lui de lire les associations et de faire les actions telles qu'elles sont écrites. Cette activité est pleine d'humour et donc de plaisir pour l'enfant, car on arrive à des associations parfois loufoques. L'enfant découvre avec intérêt celles qui sont possibles (Ex. : "chante mal") et impossibles ("mange bas"). Il prend ainsi conscience du pouvoir important de l'adverbe. Si des associations ne plaisent pas à l'enfant, enlevez les adverbes correspondants. À la fin cherchez ensemble un adverbe approprié pour chaque verbe resté seul.
Proposez à l'enfant de placer les symboles de grammaire au-dessus de chaque colonne : un gros cercle rouge au-dessus des verbes et un petit cercle orange au-dessus des adverbes.

Le travail ultérieur

Activité 1

Vous allez maintenant montrer à l'enfant comment travailler en autonomie avec les étiquettes préparées.

Activité 2

L'activité suivante va permettre à l'enfant de prendre également conscience du fait qu'il existe plusieurs possibilités pour décrire une action. Prenez la carte rouge d'un verbe. L'enfant la lit puis cherche, parmi toutes les cartes orange des adverbes, celles qui peuvent compléter ce verbe en ayant un sens. À la fin de son choix, vous pouvez demander à l'enfant combien il a trouvé de mots. Il fait le compte. Invitez-le à placer les symboles. Continuez de la même façon pour les différents verbes.
L'enfant peut travailler de manière autonome sur les associations qu'il souhaite d'après les étiquettes préparées ou en créant ses propres étiquettes.

Le pronom

Cette activité permet à l'enfant à comprendre la nature du pronom en lien avec un nom.

Le matériel

• La boîte des symboles de grammaire.
• Le plateau-écritoire.

La présentation

Sur une bande de papier, écrivez une action. Par exemple : "Pierre[1] chante". Passez le papier à l'enfant. L'enfant lit et fait l'action.
Passez maintenant à la symbolisation en posant des questions à l'enfant : "Quel est le mot qui indique l'action ?" L'enfant désigne le verbe et place le symbole qui correspond. Demandez : "Quel est le mot qui dit qui a fait l'action ?" L'enfant montre le mot avec son prénom. Avec humour demandez qui est... [son prénom] ? L'enfant va répondre "c'est moi !". Indiquez alors à l'enfant qu'il peut dire "je chante". Écrivez le mot "je" et donnez-le à l'enfant. Présentez-lui le symbole du pronom (le triangle violet) en expliquant : "Quand tu as un mot qui remplace un nom, voici son symbole". Mettez l'étiquette du pronom à la place du nom. Observez que le sens est conservé mais que ce n'est pas le bon symbole.
Intervertissez les étiquettes avec le verbe et demandez à l'enfant de les lire. Le but est de lui faire comprendre l'importance de l'ordre des mots. Remettez les mots dans l'ordre et demandez-lui de lire à nouveau. Demandez à l'enfant si c'est correct.

1. *Remplacer par le prénom de l'enfant.*

Commencez par présenter les pronoms sujets (je, tu, il/elle, nous, vous, ils/elles) de manière isolée à partir d'exemples concrets ancrés dans la réalité de l'enfant en insistant sur la signification du pronom :
- je : c'est moi qui parle
- tu : c'est la personne à qui je parle
- il/elle : c'est la personne dont je te parle
- nous : ce sont d'autres personnes et moi qui parlons
- vous : ce sont les personnes à qui je parle
- ils/elles : ce sont les personnes dont je te parle.

Ce qu'il faut, c'est que l'enfant comprenne qui parle, qui écoute et de qui on parle.

On ne donne pas encore la terminologie de 1re, 2e ou 3e personne du singulier ou du pluriel.
Invitez l'enfant à inventer ses propres phrases et écrivez les phrases suggérées en le guidant pour trouver le pronom correspondant.
Un travail ultérieur se fera au moment de la compréhension d'un pronom COD ou COI grâce aux flèches mobiles de l'analyse des fonctions.

Conclusion

Ce livre vous a permis de découvrir l'approche montessorienne en ce qui concerne le développement du langage et l'accès à la langue écrite : l'écriture, la lecture et la grammaire.

Nous espérons qu'en le lisant et en l'utilisant, vous avez vous-même adopté la démarche montessorienne (principe d'isolation pour une meilleure exploration des concepts, centres d'intérêts de l'enfant, aide à l'analyse et à la mise en relation, importance du mouvement, matérialisation de l'abstraction...) et que vous allez continuer sur cette lancée. À vous maintenant de trouver ici et là ou même d'inventer, parfois sans doute avec l'enfant, les moyens didactiques interactifs qui faciliteront sa compréhension et les moyens mnémotechniques adaptés à sa forme d'intelligence pour qu'il assimile les nouvelles connaissances. Il a maintenant les bases de réflexion, d'organisation, de méthode pour réagir et progresser avec aisance face à tout nouveau contenu.

Nous avons pris un grand soin à élaborer ce livre, fruit d'une collaboration et de regards croisés sur l'approche Montessori. Nous espérons qu'il vous a permis de mieux comprendre cette pratique pédagogique à la fois structurée et structurante pour l'enfant.

Nous vous rappelons que l'utilité du matériel Montessori est de servir le développement de l'enfant et n'a donc pas un but purement "scolaire". Avec l'approche vivante Montessori, l'enfant découvre bien sûr le fonctionnement de sa langue mais, surtout, il acquiert des outils pour comprendre et saisir le monde qui l'entoure.
"Un principe essentiel de l'éducation : enseigner les détails, c'est apporter la confusion, établir la relation entre les choses, c'est apporter la connaissance[1]."
On pourrait qualifier la pédagogie Montessori de pédagogie de l'élan car elle permet des pas assurés et volontaires vers les apprentissages. Dans un tel cadre, il faut laisser à l'enfant beaucoup de liberté dans ses investigations, et la possibilité de proposer des solutions, de prendre des initiatives. On est toujours surpris du résultat, parfois même déstabilisé, tant ces inventions enfantines sont novatrices et inattendues. Faites confiance à l'enfant, qui utilisera les matériaux que vous lui donnez pour les exploiter comme il en a besoin. Ce ne sera jamais au moment où vous vous y attendrez, ni de la manière dont vous l'aviez imaginé. L'enfant va élargir à partir de ce que vous lui montrez. Libre d'agir, il osera des associations auxquelles, le plus souvent, vous n'auriez jamais pensé, pour aller plus loin dans la découverte d'un concept.

Observez la concentration de l'enfant et ses différentes positions lorsqu'il apprend librement : il est engagé corporellement. C'est ce qui ouvre le passage vers le mental et facilite les apprentissages. Son intelligence est en action : alimentez-la tout en respectant les moments de rêverie qui sont tout aussi essentiels pour donner du sens à ses expériences.

1. Maria Montessori, *De l'enfant à l'adolescent*, Desclée de Brouwer, 1958, p. 104.

LE CALCUL ET LES MATHS

4 ans

Chronologie calcul et maths

Les barres rouges

Les chiffres rugueux

Association barres/symboles

Les fuseaux

Les jetons

Le jeu de mémoire

LES NOMBRES DE 1 À 10

vers 4 ans 1/2

Les perles dorées

Les symboles

Quantités/symboles

Le système décimal

L'addition statique
avec les perles

Nature des opérations

vers 4 ans 1/2

L'addition statique avec les perles

L'addition dynamique avec les perles

Nature des opérations

vers 5 ans

La soustraction statique avec les perles

La soustraction dynamique avec les perles

La multiplication avec les perles

La division (1 chiffre) avec les perles

Le serpent positif

Le serpent négatif

Mémorisation des opérations

vers 5 ans

Les 1res tables de Seguin

Les 2es tables de Seguin

Les chaînes

VOCABULAIRE DES DIZAINES

L'addition avec les timbres

La table des points

La soustraction statique avec les timbres

ECRITURE DES OPÉRATIONS

L'addition avec la table des réglettes

MÉMORISATION DES OPÉRATIONS

vers 5 ans 1/2

La soustraction dynamique avec les timbres

La multiplication par 10, 100, 1000

La multiplication avec les perles de couleur

La division (1 chiffre) avec les timbres

L'addition avec les tables des doigts

La soustraction avec la table des réglettes

La soustraction avec les tables des doigts

vers 6 ans

Toutes les notions en rouge se trouvent dans le livre Montessori Pas à Pas / 6-12 ans / Les maths

L'addition statique avec le boulier

L'addition dynamique avec le boulier

La division (2 puis 3 chiffres) avec perles puis avec les timbres

La soustraction statique avec le boulier

La table des points

Vers l'abstraction

La multiplication avec la table perforée - - - - - - - - - La multiplication avec les tables des doigts - - - - - - - - -

La division avec la table perforée - - - -

Mémorisation des opérations

vers 6 ans 1/2 et jusqu'à environ 10 ans

La soustraction dynamique avec le boulier

La multiplication avec le boulier (1, 2, 3 chiffres)

La multiplication avec le damier

La multiplication avec le boulier doré

La division avec les éprouvettes

La division avec les tables des doigts

L'esprit mathématique

Pour Maria Montessori, les mathématiques ne sont pas que dans les calculs et les nombres mais elles apparaissent constamment dans la vie pratique quotidienne. En effet remplir un verre d'eau demande précision et exactitude. Maria Montessori parlait "d'esprit mathématique". Il ne faut pas entendre ici le côté froid des mathématiques, mais l'organisation ordonnée d'informations précises et exactes indispensables à notre développement.
Comme dans l'approche montessorienne du langage, les apprentissages mathématiques se font sans manuels mais par l'intermédiaire d'un matériel concret remarquable dans sa progression.

Avec le matériel de Vie pratique de la pédagogie Montessori, l'enfant apprend, dès l'âge de 2 ans à 2 ans et demi, à se concentrer, à réfléchir, à associer son regard et son geste, à organiser son espace de travail et son travail lui-même, à enchaîner les séquences d'actions nécessaires pour obtenir un résultat... Grâce au matériel de Vie sensorielle, il aborde sans effort, de façon concrète et intuitive, certaines notions mathématiques. Lorsque cet enfant, à partir de 4 ans, découvre le calcul et les maths proprement dits, il s'appuie sur ces acquis effectués par imprégnation, en géométrie (formes, volumes, etc.), en arithmétique (addition, multiplication, fractions,...), en langage (plus grand, plus petit,...).

On ne va pas le faire basculer directement dans l'abstraction des mathématiques mais continuer à partir du concret dans une démarche progressive, en utilisant chaque fois de nouveaux matériels adaptés et spécifiques à chaque concept mathématique. Lors d'une première phase, il s'agira, dans l'ordre :
• de découvrir et de s'approprier les quantités,
• de découvrir et de s'approprier les symboles,
• d'associer quantités-symboles.
Viendront ensuite la présentation du système décimal, la fabrication des dizaines, les quatre opérations, etc.

Nous suivons dans ce livre, dans la mesure du possible, la chronologie des apprentissages. Cependant, vous le constaterez, il ne s'agit pas d'une chronologie linéaire. Certaines étapes sont parallèles et certains matériels sont utilisés plusieurs fois, à des moments différents, pour divers apprentissages. C'est le cas des timbres, par exemple, que vous utiliserez d'abord pour l'addition, puis successivement pour les autres opérations.

D'autre part vous constaterez aussi que les zones d'âge approximatives que nous indiquons sur le tableau chronologique de la p.148 se chevauchent, au début, avec une partie de celles de la Vie sensorielle et, tout le temps, avec celles du langage. Bien entendu, il ne s'agit pas d'enseigner le langage pendant quelques années, puis de passer au calcul pour les années qui suivent, ou vice versa. À vous de composer au fur et à mesure, en suivant le rythme et le niveau de l'enfant, un emploi du temps où les activités alternent et où il acquiert parallèlement la maîtrise du langage, de l'écriture, de la lecture et du calcul. Tout cela doit se faire en restant à l'écoute de l'enfant : les séances ne doivent jamais être trop longues et, surtout, elles ne doivent jamais le lasser. Mieux vaut faire se succéder de courtes séances sur des travaux différents et variés que de consacrer une longue séance à une seule activité. Bien sûr, si l'enfant est bien dans son activité, laissez-le continuer autant qu'il le veut : il ne s'agit pas non plus de l'inciter à la dispersion.

Un dernier point : les premiers matériels Montessori pour les maths aident l'enfant à être à l'aise avec les nombres de 1 à 10, à établir les liens entre nombre oral et quantité, nombre oral et symbole écrit puis symbole écrit et quantité. Ces relations sont les fondations indispensables à une compréhension solide du nombre.

Les nombres de 1 à 10

Les barres rouges et bleues

Le nombre est un concept abstrait car il est à la fois quantité, chiffre écrit et nom oral. Les barres rouges et bleues parviennent à matérialiser cette abstraction. De plus, elles permettent à l'enfant d'apprendre véritablement à compter, c'est-à-dire non pas à réciter mécaniquement les nombres : un, deux, trois, quatre... mais à percevoir les quantités dans leur "taille", leur "grandeur", en relation les unes par rapport aux autres. C'est le premier matériel "mathématique" que l'on présente à l'enfant qui a déjà travaillé avec le matériel sensoriel des barres rouges, lorsqu'il est capable de construire un escalier et, donc, de percevoir la sériation.

Le matériel

Le matériel, que l'on appelle aussi "barres numériques", peut être fabriqué à la maison. Il s'agit de 10 barres de bois de 2 cm de section environ et de longueur croissante. La première fait 10 cm de long, la dernière 1 m (10 x 10 cm). Chaque section de 10 cm est peinte en rouge ou en bleu en alternance.

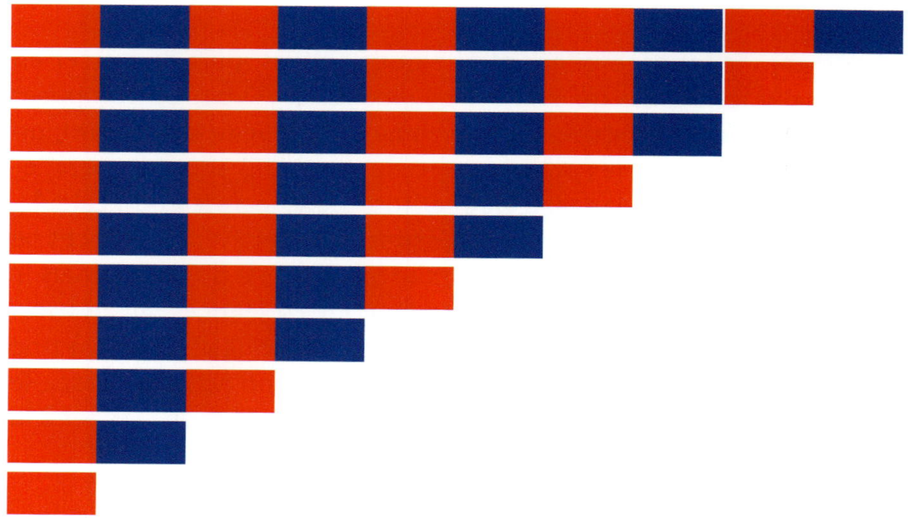

L'utilisation

Proposez à l'enfant de construire un escalier avec les barres rouges et bleues. Il devrait être à l'aise car il a travaillé la discrimination des longueurs dans le cadre de la Vie sensorielle avec les barres rouges[1].
Abordez le matériel progressivement.
Lors de la première présentation, étalez les 3 premières barres seules et procédez à une leçon en trois temps[2] :
Temps 1 : Prenez la barre de 1, pointez la section et dites : "C'est 1". Prenez la barre de 2, comptez en touchant chaque section et dites : "C'est 2". Etc.

---

1. Voir p. 51.

2. Voir l'explication détaillée de la leçon en trois temps p. 10.

Temps 2 : Reposez les barres devant l'enfant, dans l'ordre, et demandez : "Donne-moi 1", "Donne-moi 2"... A chaque fois, demandez-lui de compter véritablement chaque section. Lorsqu'il a mémorisé cela, placez les barres en désordre et faites les mêmes demandes, d'abord dans l'ordre 1, 2, 3... puis dans le désordre.
Temps 3 : Demandez à l'enfant "Qu'est-ce que ceci ?" en montrant le 1, puis le 2, etc. Les barres sont d'abord placées devant l'enfant dans l'ordre, puis en désordre. De même, les questions concernent d'abord les quantités dans l'ordre puis en désordre.
Lorsque tout ceci est bien assimilé, au bout de quelques jours, ajoutez graduellement les barres suivantes selon l'intérêt de l'enfant.
Compter à partir des barres intermédiaires devient plus difficile pour l'enfant car il doit synchroniser le geste de compter avec le fait de dire les nombres.

Le prolongement

Avec plusieurs enfants, on peut placer les barres au hasard sur un petit tapis et demander à chaque enfant une barre spécifique : "Apporte-moi la barre de 6" "Et toi, la barre de 4", etc. Encouragez les enfants à compter les barres devant vous.
Plus tard, prenez une barre au hasard et demandez son "nom" à l'enfant.

Les chiffres rugueux

Voici la clé qui ouvre au jeune enfant le monde des chiffres écrits.

Le matériel

Le matériel est facile à fabriquer soi-même. Il consiste en 10 plaques de carton plastifié ou de contre-plaqué verni, sur lesquelles on colle de gros chiffres découpés dans du papier de verre très fin.
Pour le moment, vous n'utilisez pas le 0. Mettez-le de côté. Il sera présenté après les fuseaux, lorsque son concept aura été introduit de façon concrète. Les autres plaques sont rangées dans une corbeille.

L'utilisation

La présentation se fait selon la leçon en trois temps et en ne travaillant qu'avec 3 plaques à chaque fois. Vous ne démarrerez pas forcément avec les plaques 1, 2 et 3. Le but n'est pas ici d'apprendre l'ordre des chiffres mais les symboles eux-mêmes. L'approche Montessori travaille à partir du contraste. Ne choisissez donc pas des chiffres trop ressemblants pour éviter la confusion et faciliter le travail de mémorisation.

Temps 1

Vous pouvez commencer la présentation par des questions à l'enfant. Par exemple "Quel âge as-tu ?", "Quel âge a X (son frère, sa sœur, son copain...) ?". Admettons que cela vous fasse retirer de la corbeille les plaques du 4, du 2 et du 5. Nommez la plaque lorsque vous la sortez "C'est le 4". Posez-la devant vous et suivez le chiffre des doigts, dans le sens de l'écriture en redisant "C'est le 4". Donnez ensuite la plaque à l'enfant pour qu'il glisse lui-même les doigts sur le chiffre, dans le sens de l'écriture. Invitez-le à dire le chiffre en même temps. Puis passez à la question suivante et à la plaque correspondante.

Temps 2

Posez les 3 plaques devant l'enfant, dans l'ordre croissant des chiffres, en les nommant. Demandez ensuite à l'enfant de toucher le 2, puis le 4, puis le 5. Attention : si l'enfant touche le bon chiffre mais le "trace" dans un sens différent de celui de l'écriture, dites-lui que c'est le bon chiffre mais touchez-le devant lui dans le bon sens et demandez-lui de faire de même. Puis faites les mêmes demandes, mais dans un ordre différent (5, 2, 4 ou 4, 2, 5, etc.). Enfin placez les plaques en désordre et posez les mêmes questions.

Temps 3

Enfin montrez une plaque et demandez "Qu'est-ce que c'est ?". Ici encore, procédez d'abord dans l'ordre puis dans le désordre. Pour plus de facilité, évitez de présenter le 6 et le 9 le même jour. Sinon, soulignez qu'ils se ressemblent mais ne sont pas dans le même sens.

Le prolongement

Vous pouvez proposer à l'enfant de reconnaître les chiffres les yeux bandés.

Association des barres numériques et des symboles

L'enfant a bénéficié d'une préparation concernant les quantités d'une part et les symboles de l'autre. Maintenant il va devoir construire le lien quantités /symboles grâce au comptage qu'il maîtrise, à ce stade.

Le matériel

En plus des barres numériques, vous aurez besoin d'une série de petites étiquettes de carton portant les chiffres de 1 à 9 et d'une dernière étiquette portant le 10. Placez les étiquettes dans une petite boîte ou une corbeille. Au début, ne mettez pas le 10.

L'utilisation

Pour ce travail, invitez l'enfant à dérouler deux tapis. Les barres numériques sont étalées au hasard sur un tapis. L'enfant sort les cartes en les nommant.
Montrez une carte au hasard, l'enfant doit trouver la barre numérique correspondante. Vérifiez avec l'enfant en comptant à chaque fois.
Une autre fois, montrez une barre au hasard, l'enfant doit trouver la carte avec le symbole correspondant. Vérifiez avec lui.

Avec les activités précédentes, l'enfant a bien établi le lien entre les quantités et leur symbole. Maintenant, il est enfin prêt à percevoir leur progression et leur ordre. Invitez-le à faire un escalier avec les barres numériques. Les cartes sont étalées au hasard sur un autre tapis, à côté.
Sortez une barre de l'escalier et placez-la devant l'enfant. Il compte et doit retrouver la carte correspondante. Montrez à l'enfant comment replacer la barre dans l'escalier avec la carte posée sur la dernière section. À la fin, les barres, accompagnées de leur carte, sont toutes en séquence :

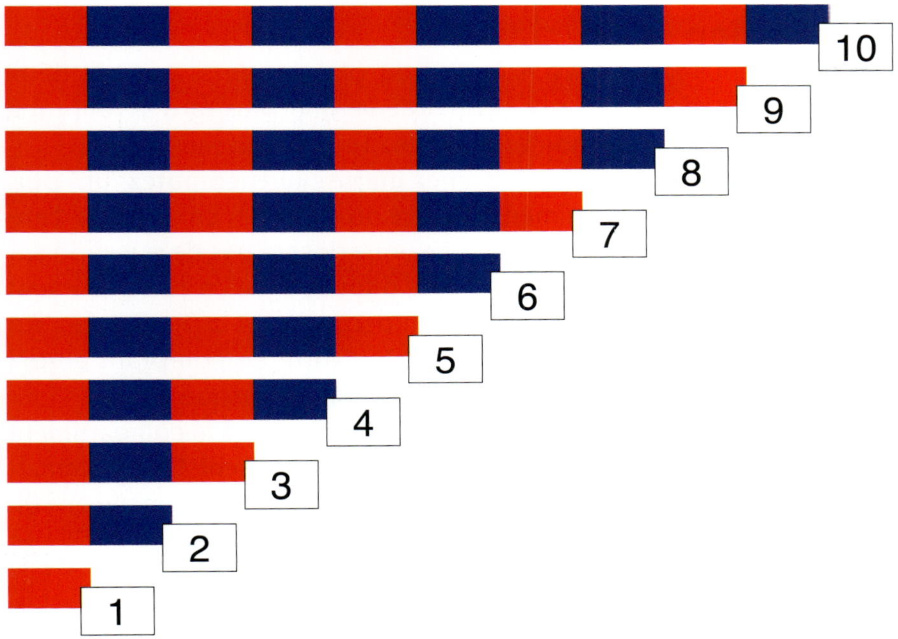

1, 2, 3, 4... 10 (croquis ci-dessus).
C'est la première fois que les nombres sont présentés dans l'ordre.
Lisez avec l'enfant : 1, 2, 3, 4, 5, 6... 10.

Remarque importante

Il est peu probable que l'enfant remarque que le 10 est composé de deux chiffres : le 1 et surtout le 0, qu'il ne connaissait pas encore. Dans ce cas, ne dites rien à ce sujet. Contentez-vous de dire "C'est 10" et "C'est pareil que la barre de 10". Vous attendrez l'utilisation des fuseaux pour présenter le 0.
Dans le cas contraire, si l'enfant remarque le 0, donnez-lui la plaque du chiffre rugueux 0 et montrez-lui comment toucher le chiffre dans le sens de l'écriture. Et montrez que 10 s'écrit avec un 1 et un 0. Mais n'entrez pas encore dans la notion de "0 = rien".

Les prolongements

Impression sensorielle de l'addition

Demandez à l'enfant de mettre les barres en ordre. Prenez et parcourez du doigt la barre de 10. "C'est 10". Prenez la barre du 9 et posez-la sous celle du 10. "C'est 9". Demandez à l'enfant : "Combien doit-on ajouter à 9 pour avoir 10 ?" L'enfant répond : "Un". Ajoutez la barre du 1 à côté. Parcourez du doigt la barre du 9 en comptant, puis continuez à compter sur la barre du 1 jusqu'à 10. "9 et 1 : c'est 10".
Placez alors la barre du 8 sous celle du 9. Et demandez à l'enfant de chercher quelle barre il faut ajouter pour faire 10. Ainsi de suite avec 4 et 6, 7 et 3, 5 et 5.
Cette activité constitue une bonne préparation à l'addition.

Impression sensorielle de la soustraction

Posez la barre de 10 sur le tapis devant l'enfant. Posez dessous les barres du 9 et du 1. Parcourez du doigt la barre du 9 et du 1 en comptant de 1 à 10. Enlevez le 1. "10. On enlève 1. Ça fait 9".
Reproduisez l'opération avec les barres du 9 et celles du 8 et du 1 posées dessous. Etc.
Lorsque l'enfant est vraiment à l'aise avec tout cela, vous pouvez continuer avec la barre du 10 et celles du 8 et du 2, la barre du 9 et celles du 7 et du 2.
Cette activité constitue une bonne préparation à la soustraction.

Les fuseaux

Les enfants adorent manipuler les fuseaux. Avec ce matériel, c'est la première fois que l'enfant découvre que des quantités séparées correspondent à un symbole. C'est aussi un outil essentiel pour renforcer la séquence des nombres dans la tête de l'enfant. En effet la manipulation est longue et assez malaisée car les baguettes sont grosses pour de petites mains. L'enfant est donc obligé de compter et de recompter, en se concentrant.

Le matériel

Le matériel peut être réalisé à la maison. Il se compose de 45 baguettes de bois et de deux plateaux de classement à 5 compartiments chacun. Les compartiments sont numérotés de 0 à 9. Pour le rangement, on conseille parfois de lier les fuseaux par un élastique ou un ruban mais c'est bien difficile pour des petits doigts inexpérimentés.

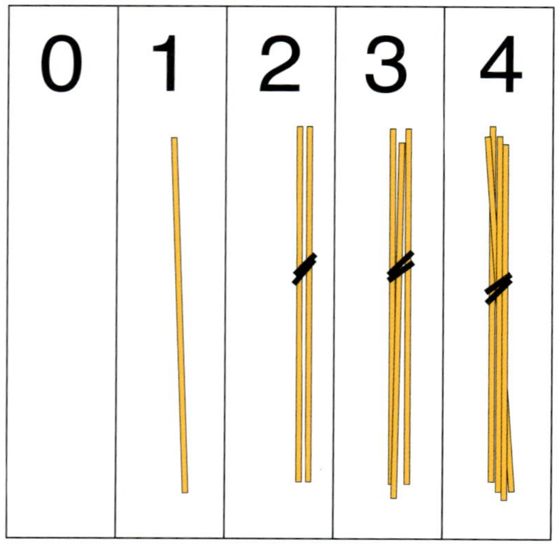

L'utilisation

Installez le plateau de 0 à 4 à côté du plateau de 5 à 9. Les deux plateaux sont séparés ce qui permet de vérifier plus tard si l'enfant a intégré la séquence des nombres. Sortez tous les fuseaux.
Montrez à l'enfant le chiffre 1, prenez un fuseau et comptez "un" puis placez-le dans le compartiment marqué du chiffre 1. En principe, l'enfant, intéressé par la manipulation, ne vous posera pas de question sur le compartiment du 0. Mais s'il le fait, dites-lui que ce compartiment est un peu spécial et que vous vous en occuperez à la fin. Pointez sur le chiffre 2, prenez 2 fuseaux l'un après l'autre en comptant à voix haute. Placez les fuseaux dans le compartiment marqué d'un 2.
À la fin, faites remarquer à l'enfant qu'il n'y a rien dans le compartiment du 0 et... qu'il n'y a plus de fuseau pour ce compartiment. "C'est normal : 0, c'est rien, aucun fuseau. Il y a zéro fuseau dans le compartiment 0".
Vous pouvez maintenant sortir la plaque du chiffre rugueux 0.

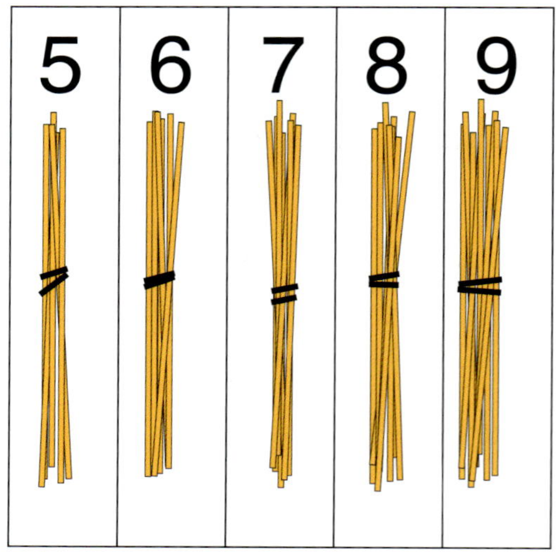

Ce matériel incorpore, dans une certaine mesure, un contrôle de l'erreur : s'il reste des fuseaux à la fin, c'est sûr, il y a une erreur quelque part. De même, s'il manque des fuseaux pour terminer le 9. En revanche, ce contrôle n'est pas totalement fiable : il est possible que l'enfant ait mis 3 fuseaux dans la compartiment 4 et 7 dans le 6, par exemple. Il faut donc bien vérifier à tout moment, ce qui oblige à compter et recompter. L'enfant ne se lasse pas, malgré la difficulté, parce qu'il aime manipuler les fuseaux et les ranger.

Les prolongements

• Maintenant que l'enfant sait dénombrer des quantités, il a envie de tout compter autour de lui : les marches de l'escalier, ses doigts, les vôtres, les chaises, les roues du tricycle, de la voiture, etc. Encouragez-le et jouez avec lui. Il est également important qu'il réalise l'utilité du comptage : on met 2 œufs dans la poêle, 6 assiettes sur la table car il y a 6 membres dans la famille, il y a 4 marches à l'escalier, etc.

• Pour renforcer la compréhension du concept de 0, invitez un petit groupe d'enfants à venir jouer à ce jeu. Demandez à un enfant : "Saute 4 fois." Demandez à un autre : "Claque 3 fois dans tes mains." Demandez à tout le groupe de chuchoter 8 fois. Etc. Puis, tout d'un coup, demandez à un enfant de faire quelque chose zéro fois. "Pourquoi n'as-tu rien fait ?" Vous discutez alors du fait que zéro, c'est rien.
Continuez le jeu en donnant à chaque enfant l'occasion de faire une action plusieurs fois et une autre zéro fois.

Les jetons

Le matériel

Le matériel est très facile à réunir. Il se compose de 55 jetons identiques rangés dans une petite corbeille ou une boîte munie d'un couvercle pour éviter d'en retrouver partout au sol en cas de mauvaise manipulation. Les billes chinoises utilisées pour la décoration font d'excellents jetons car elles sont brillantes, colorées, douces au toucher... donc très attirantes pour l'enfant. Elles ont une face plate et ne bougent donc pas une fois posées. On utilise également les étiquettes de 1 à 10 qui ont servi pour les barres numériques.

L'utilisation

Étalez les premières étiquettes en séquence (1, 2, 3). L'enfant continue, dans l'ordre, jusqu'à 10.
Comptez puis placez 1 jeton sous le 1, 2 jetons sous le 2, 3 sous le 3... en respectant la disposition indiquée sur le croquis ci-dessous. L'enfant continue seul à partir de 6, en plaçant la quantité de jetons qui convient sous chaque symbole.

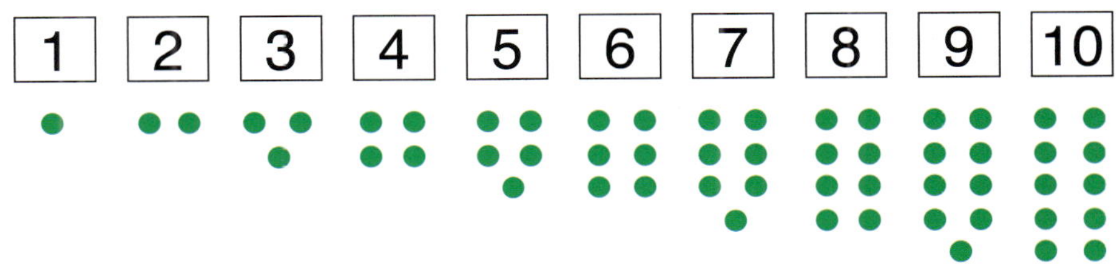

Lorsque tout est fini, ajoutez un petit jeu : faites glisser le bout de votre doigt sur les "routes" délimitées par les jetons. Il y a des cas où "ça passe" jusqu'au bout et d'autres ou "ça coince" à la fin sur le dernier petit jeton. L'enfant doit repérer et nommer les nombres où "ça passe". Vous annoncez alors : "Ce sont les nombres pairs". Puis il repère les nombres où "ça coince". Vous annoncez : "Ce sont les nombres impairs". Demandez alors à l'enfant de montrer un nombre pair, puis un nombre impair, puis un autre. Puis inversez les questions : "Est-ce que le 7 est un nombre impair ?"

Vous retournez tous les nombres pairs et vous demandez à l'enfant : "Qu'est-ce qui reste ?" Une fois que l'enfant a constaté qu'il ne reste que des nombres impairs, demandez-lui de nommer un nombre pair de son choix. Découvrez-le carton correspondant. Procédez de la même manière jusqu'à ce que tous les nombres pairs soient retournés. Retournez maintenant tous les cartons des nombres impairs et faites la même chose que pour les nombres pairs.

Les prolongements

• Donnez à l'enfant un petit tas de jetons et demandez : "Sans les compter, tu saurais me dire s'il y en a un nombre pair ou impair ?" Suggérez-lui de faire des "petites routes" s'il n'y pense pas tout seul.

• Mettez des jetons dans un panier sur une table, un peu loin de vous. Devant l'enfant, écrivez un chiffre sur un bout de papier, en cachant ce que vous marquez. Accentuez l'aspect ludique. Pliez le papier et donnez-le à l'enfant qui devra le lire "dans sa tête" (ou sans que les autres le voient s'il s'agit d'un travail en groupe). Il devra ensuite aller chercher et vous rapporter le nombre de jetons correspondant. Vous vérifiez ensemble en comptant les jetons et en lisant le papier.

Le jeu de mémoire

Cette activité peut se faire avec un ou plusieurs enfants.

Le matériel

11 petites bandes de papier pliées en deux, avec un nombre (de 0 à 10) écrit à l'intérieur.

L'utilisation

L'enfant pioche une bande, l'ouvre et lit le nombre. Il referme et doit garder en mémoire le nombre qu'il a lu puis aller n'importe où dans la pièce ou dans son environnement (jardin, plage...) pour collecter le nombre demandé d'objets (crayons, cailloux...).

Attention, les objets choisis doivent faire partie d'une même collection. Par exemple, si ce sont des vêtements, uniquement des pulls ou seulement des chaussures...

Lorsque l'enfant revient avec les objets, vérifiez ensemble s'il a bien le nombre écrit sur le papier. Demandez à l'enfant : "Quel nombre est écrit ?" L'enfant répond puis compte un à un les objets rapportés.

Le système décimal

La banque des perles dorées et les symboles

L'approche Montessori permet à l'enfant d'accéder assez vite aux très grands nombres. Le premier travail sur le système décimal se fait à l'aide des perles dorées, très attractives pour les enfants à cause de leur aspect précieux. La force de ce matériel réside dans le fait que l'enfant peut véritablement toucher la structure du système décimal et faire l'expérience des équivalences entre les différentes catégories : une dizaine est matérialisée par exactement dix unités ; la centaine par dix dizaines ou cent unités, mille par dix centaines ou cent dizaines ou mille unités.
La démarche est réellement un "pas à pas". L'enfant est sensibilisé à chacune des catégories avant d'accéder à l'ensemble du matériel. D'autre part, vous lui présenterez d'abord les quantités de manière isolée, puis les symboles et enfin l'association des deux. Ains'il pourra tisser au fur et à mesure les liens nécessaires à la compréhension des grands nombres sous leurs différents aspects (nom, écriture/lecture, fabrication).

Le matériel

Le matériel, que l'on peut fabriquer soi-même, comprend :
- 1 boîte contenant 50 perles isolées (unités)
- 1 boîte contenant 40 barrettes de 10
- 20 plaques de 100
- 10 cubes de 1000.

Le détail des perles

Les barrettes sont enfilées sur du fil de fer recourbé aux deux bouts. Dans le commerce, les plaques de 100 sont composées de 10 barrettes solidaires et les cubes de 1000 comprennent 10 plaques superposées pour former un cube. Si vous faites votre matériel vous-même, vous pouvez remplacer les plaques par de vraies plaques de contre-plaqué ou de carton et les cubes par de vrais cubes de bois ou, à défaut, de carton. Mais attention, d'une part l'épaisseur de la plaque doit être égale au diamètre d'une perle et le côté du cube doit correspondre à la hauteur de 10 plaques superposées, de façon à ce que l'enfant perçoive immédiatement l'équivalence. D'autre part, vous devez couvrir les faces des plaques et des cubes d'une représentation de 100 perles alignées (voir croquis page suivante). De toute façon, nous vous conseillons d'avoir au moins une plaque de 100 et un cube de 1000 en vraies perles pour que l'enfant perçoive bien la correspondance lors de la présentation.

Le détail des symboles

Le matériel comprend également les cartons des grands symboles du système décimal : les unités, les dizaines, les centaines et les milliers (voir croquis p.164). Ce matériel peut également se fabriquer à la maison. On trouve dans le commerce ou on peut fabriquer un tableau pour ranger les grands symboles classés. Sinon, l'enfant les empilera dans l'ordre et les rangera dans une boîte. Il les étalera en les classant avant chaque séance. Ce travail de classement préalable à toutes les activités avec les grands symboles peut paraître fastidieux, surtout à nous adultes.

La banque des perles dorées

L'unité

La barrette
de la dizaine

La plaque de la centaine. Son épaisseur est égale à une perle et, dans le commerce, on la trouve composée de 10 barrettes accrochées ensemble.

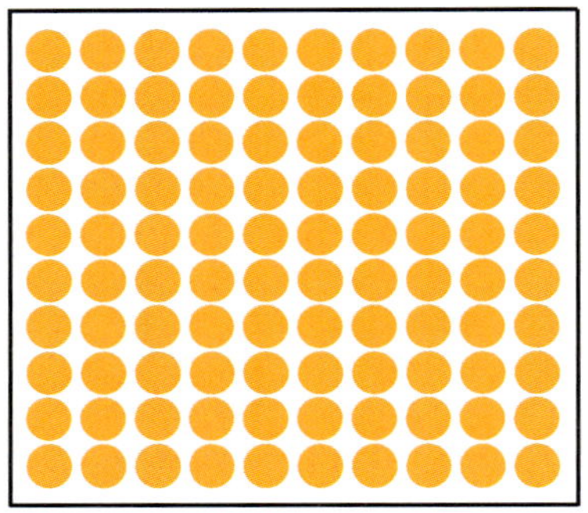

Le cube du millier (dans le commerce, on le trouve composé de 100 barrettes accrochées ensemble).

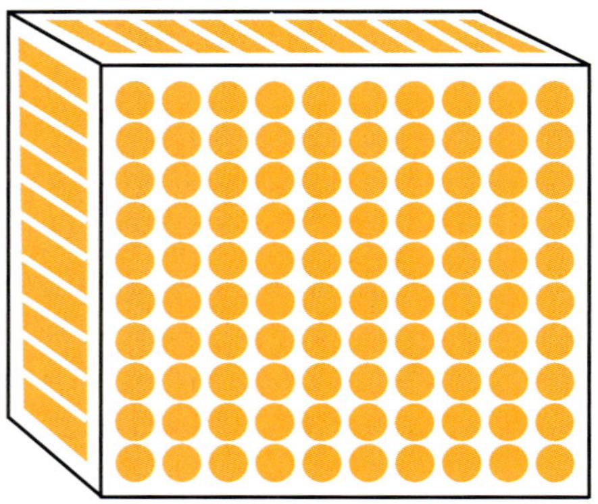

Les symboles

1000	100	10	1
2000	200	20	2
3000	300	30	3
4000	400	40	4
5000	500	50	5
6000	600	60	6
7000	700	70	7
8000	800	80	8
9000	900	90	9

En fait, d'une part l'expérience montre que certains enfants y prennent plaisir et, d'autre part, le fait de devoir trier et remettre les symboles dans l'ordre permet que l'enfant s'interroge sur leur continuité et sur les rapports entre les différentes catégories. Bien sûr, si vous voyez que l'enfant ou les enfants avec lesquels vous travaillez s'en lassent au bout d'une dizaine de séances, par exemple, utilisez le tableau de classement qui permet de présenter les symboles classés d'emblée.

La présentation des quantités

À ce stade, l'enfant connaît les nombres et les chiffres de 1 à 10.
Pour cette activité, vous pouvez travailler indifféremment sur une table ou sur un tapis car le matériel tient sur un petit plateau.

La leçon en trois temps

La présentation se fait par une leçon en trois temps. Vous présentez les 4 quantités ensemble.

Temps 1

Placez une perle isolée devant l'enfant. "Tu sais ce que c'est ? - Une perle - Il y en a combien ? - Une - Oui, c'est 1, UNE unité." Cachez la perle dans votre main. "Elle est toute petite. Je peux la cacher. Et toi ?".
Placez maintenant la barrette de 10 devant l'enfant : "C'est 10. C'est UNE dizaine. Je peux encore la cacher. Et toi ? - Non."
Placez maintenant la plaque de 100 devant l'enfant. Faites remarquer à l'enfant qu'il y a plusieurs barres de 10 ou dizaines. Posez 10 barrettes sur la plaque pour souligner l'équivalence. "C'est 100. C'est UNE centaine. Elle a 10 dizaines. Celle-là, on ne peut plus la cacher du tout."
Ajoutez maintenant le cube de 1000. "Il est lourd, celui-là. C'est 1000. UN millier." L'enfant soulève le cube. Juxtaposez 10 plaques de 100 à côté du cube, pour que l'enfant perçoive l'équivalence de façon concrète. Remontrez plusieurs fois successivement les 4 quantités et dites : "1, 10, 100, 1000".

Temps 2

Placez les 4 quantités devant l'enfant, dans l'ordre de la première présentation. Demandez : "Montre-moi 1". Idem pour 10, 100 et 1000. Déplacez les quantités puis posez les mêmes questions. N'oubliez pas que ce temps 2 est celui de la consolidation. Pas de précipitation. Lorsque cela semble bien acquis, au bout de plusieurs jours, passez au temps 3.

Temps 3

Placez les 4 quantités devant l'enfant dans l'ordre et, plus tard, dans le désordre, puis montrez successivement chaque quantité et demandez : "Qu'est-ce que c'est ?"
Quand le vocabulaire est maîtrisé, on revient sur l'équivalence 1 dizaine = 10 unités ; 1 centaine = 10 dizaines ; 1 cube = 10 centaines = 1000 unités. Dites : "Prends la dizaine et compte les perles. - 10. - Oui, une dizaine c'est 10." Passez ensuite à "Prends la centaine et compte les dizaines", puis aidez l'enfant à former 1000 avec 10 centaines.

La disposition systématique des perles

Avant de passer à l'utilisation proprement dite des perles dorées, il est nécessaire de consolider visuellement et de façon tactile le principe hiérarchique du système décimal ainsi que la continuité dans le passage d'une catégorie à l'autre : après 9, vient 10, et 10, c'est 1 dans la catégorie supérieure. Ce travail ne posera aucun problème à l'enfant puisqu'il sait compter de 1 à 10 et qu'il est donc capable de compter chaque catégorie jusqu'à 10. Invitez-le à dérouler un tapis.

Étalez les perles des unités à droite du tapis de haut en bas en comptant "Une unité, 2 unités... 9 unités. Après 9 unités vient... 10 unités et 10 unités, c'est UNE dizaine".
Étalez maintenant les barrettes des dizaines, en comptant à haute voix : "Une dizaine, 2 dizaines, 3 dizaines... 9 dizaines. Après 9 dizaines vient...10 dizaines et 10 dizaines c'est UNE centaine".
Passez ensuite aux centaines. Vous finirez en plaçant 1 cube de 1000 en haut à gauche des centaines. N'allez pas plus loin pour le moment.

La disposition systématique

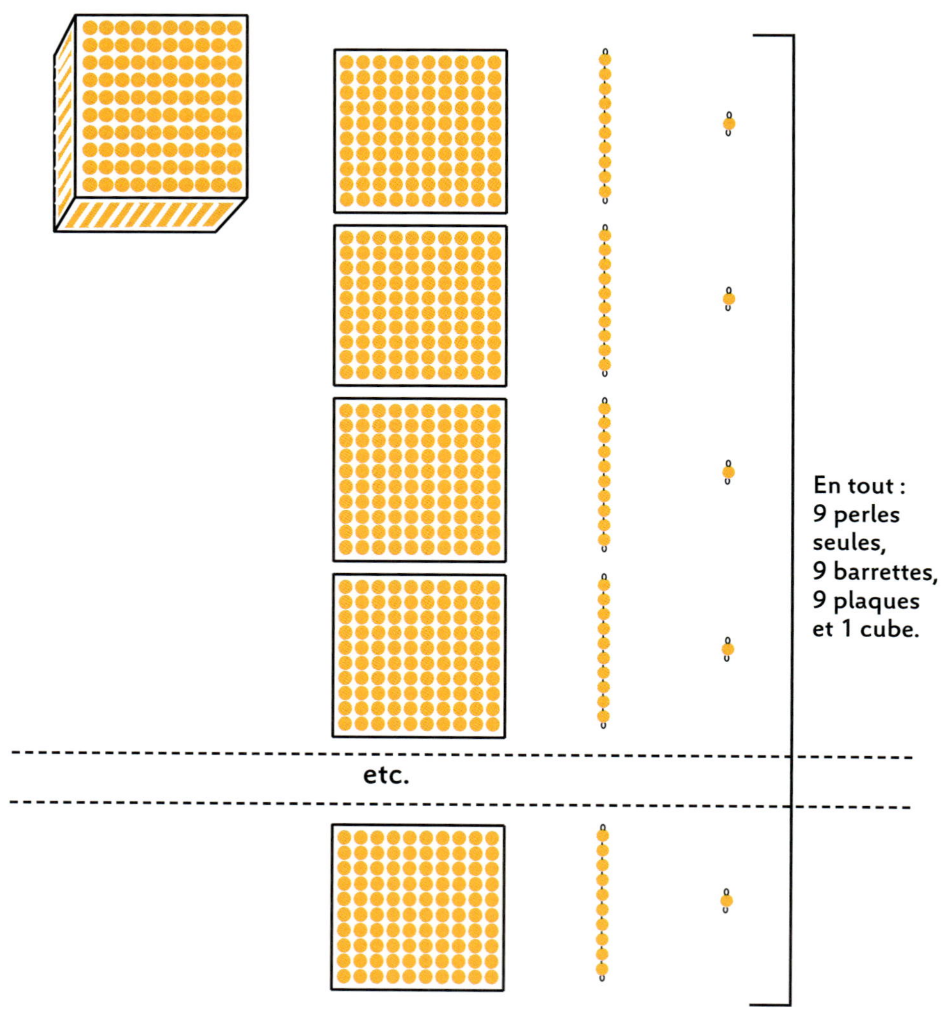

L'utilisation

Quand l'enfant maîtrise parfaitement les équivalences, il prend un petit plateau et vous lui passez des commandes. Au début, ne travaillez que sur une seule catégorie : "Va me chercher 3 dizaines (ou 3 dix)", "5 dizaines", "6 dizaines", etc. N'oubliez pas de vérifier à chaque fois avec l'enfant ce qu'il vous a rapporté.

Puis augmentez la difficulté pour une même commande. D'abord 2 catégories uniquement, puis 3, puis toutes : "2 milliers, 1 centaine (ou 1 cent), 7 dizaines et 5 unités". Vérifiez chaque fois ensemble. Travaillez longtemps de cette façon. Si vous travaillez avec deux ou plusieurs enfants, chacun ira chercher sa propre commande avec son plateau. Attention : il est trop tôt pour parler de trente, quarante, etc. Pour 2347, par exemple, dites : 2 mille, 3 cents, 4 dix (ou 4 dizaines), 7.

La présentation des symboles

La leçon en trois temps

De nouveau, il s'agit d'une présentation en trois temps. L'enfant connaît déjà 1 et 10. Il s'agit de lui présenter 100 et 1000.

Temps 1

Isolez le carton 1 devant l'enfant. "Tu le connais ? Oui, c'est 1". Posez-le en haut à droite. Placez le 10, isolé, devant l'enfant. Même question et, vraisemblablement, l'enfant connaît encore la réponse. Posez le carton en haut, à gauche de celui du 1. Isolez le 100 devant l'enfant. "Celui-là, tu ne le connais pas encore : c'est 100. Posez-le en haut, à gauche de celui du 10. Isolez enfin le carton de 1000 devant l'enfant. Celui-ci, c'est 1000." Remontrez le 1. "C'est 1." Remontrez le 10. "C'est 10. Combien de zéros ? - 1". Remontrez le 100. "C'est 100. Combien de zéros ? - 2". Remontrez le 1000. "C'est 1000. Combien de zéros ? - 3".

Temps 2

Vous connaissez maintenant le principe : "Montre-moi 1, 10, etc."

Temps 3

"Qu'est-ce que c'est ?"

La disposition systématique des symboles

Comme pour la disposition systématique des quantités, il s'agit de fixer la notion hiérarchique et d'aider à la mémorisation pour permettre à l'enfant de classer les symboles sans difficulté.
Cette démarche originale permet à l'enfant de découvrir les symboles du système décimal avant même de maîtriser la lecture des dizaines (20, 30, 40...). En attendant il lira "2 dizaines, 3 dizaines, 4 dizaines, etc.", ce qui est la clé pour la compréhension de la structure des nombres.

Invitez l'enfant à dérouler un tapis.
Étalez les cartes des unités à droite du tapis de haut en bas et de gauche à droite en comptant "Une unité, 2 unités... 9 unités. Après 9 unités vient 10 unités et 10 unités c'est UNE dizaine".
Étalez maintenant les cartes des dizaines, en comptant à haute voix : "Une dizaine, 2 dizaines, 3 dizaines... 9 dizaines. Après 9 dizaines, c'est 10 dizaines et 10 dizaines c'est UNE centaine."
Ensuite, disposez les symboles des centaines à la gauche des dizaines en comptant toujours à haute voix : "Une centaine, 2 centaines, 3 centaines... 9 centaines. Après 9 centaines, c'est 10 centaines, et 10 centaines c'est UN millier." Puis placez le carton 1000 et arrêtez-vous là pour le moment.

L'utilisation

- Reprenez les 4 symboles de base. Cachez-les successivement. Posez les questions : "C'est 10. Combien de zéros ?", "C'est 1000. Combien de zéros ?" Etc.
- Quand tout cela est parfaitement acquis, sortez le tableau des grands symboles et faites l'exercice déjà pratiqué pour les quantités. "Apporte-moi 1 dix, 2 dix, 5 dix, etc." ou "Dans la famille des 10, je veux le 4, le 6 et le 8." Travaillez d'abord catégorie par catégorie, puis sur deux, puis trois puis toutes.
- Mélangez tous les cartons dans chaque catégorie. Passez des commandes en ne travaillant que sur une seule catégorie : "Va me chercher 3 dizaines (ou 3 dix)", "5 centaines". Vérifiez avec l'enfant ce qu'il vous a rapporté.

Vous pouvez aider l'enfant en lui faisant compter les zéros comme repères pour différencier les symboles. Montrez-lui aussi comment ranger : il doit remettre les cartons dans l'ordre puis collecter d'abord les unités, puis les dizaines, les centaines, les mille avant de les replacer dans le tableau des symboles ou de les remettre dans leur boîte.

L'association quantités/symboles

Les premiers exercices

L'enfant installe un petit tapis et apporte la banque et un plateau. Vous allez chercher et vous installez ensemble le tableau des symboles verticalement, contre un mur ou un meuble (rappelons qu'au début au moins, vous sortez tous les symboles pour que l'enfant les reclasse sur un tapis).
Mettez un carton d'unité sur le plateau, le 3, par exemple. "Je voudrais la même chose en perles. Tu peux aller les chercher ?" L'enfant pose 3 perles à côté du carton. Vous contrôlez ensemble, en comptant les perles. Reproduisez l'opération plusieurs fois avec les unités. Puis passez aux dizaines, aux centaines, aux milliers. Lorsque tout cela se fait de façon aisée, vous pouvez poser 2 catégories à la fois, une unité et à sa gauche, une dizaine. Nommez chaque fois les nombres des cartons avant que l'enfant ne cherche les perles correspondantes. Pour le moment, continuez à dire 5 dix, par exemple, au lieu de 50. Pour les centaines, vous pouvez dire indifféremment "cent" ou "centaine".

Passez ensuite à 3 cartons, en ajoutant les centaines à gauche des dizaines, puis à 4 cartons, en ajoutant les milliers tout à fait sur la gauche. Tout cela ne se fait bien entendu pas en un jour mais sur plusieurs jours, voire plusieurs semaines. L'enfant doit toujours être à l'aise. Si vous sentez que les erreurs se multiplient ou qu'il est un peu stressé, c'est que vous allez trop vite. N'hésitez pas à revenir en arrière.

Le prolongement

Inversez l'exercice en posant des perles sur le plateau et en demandant à l'enfant d'aller chercher les cartons correspondants.

La "magie" du nombre

La présentation

L'enfant installe son espace de travail et apporte la boîte de perles de la banque et le plateau. Allez cherchez ensemble le tableau des symboles et installez-le contre un mur. L'enfant sort les cartons et les classe sur un tapis. Asseyez vous du côté des symboles, choisissez un carton et demandez à l'enfant de vous chercher la quantité correspondante.

Demandez alors de poser sur le plateau, par exemple, les perles de 2000, 500, 10, et 2. Puis demandez-lui d'aller chercher les cartons correspondants et de les disposer sous les perles, les 1000 à gauche, les unités à droite. Demandez : "Combien de milliers ? combien de centaines ? combien de dizaines ? combien d'unités ?". Et annoncez : "Maintenant, regarde : on va faire un tour de magie."

Vous posez alors le carton de 2000 devant vous, puis le carton de 500 dessus, puis celui de 10 et enfin celui de 2. On ne peut plus rien lire car les chiffres se chevauchent. Dites : "Ça ne veut rien dire, là !" Saisissez alors tous les cartons à la fois, le dos de la carte des milliers contre votre paume, et faites les coulisser verticalement en les tapant légèrement sur le plateau pour que le bord droit de tous les cartons soit aligné. Reposez-les sur le plateau. Les seuls chiffres qui restent visibles forment le nombre 2512 (voir ci-contre le croquis pas à pas). Faites lire le nombre à l'enfant : deux mille, cinq cents, un dix, deux. Puis demandez-lui si c'est bien ce qu'on avait avant et faites-lui vérifier en comptant les perles.
Invitez l'enfant à remettre les perles et les symboles à leur place avant de travailler avec un nouveau nombre.

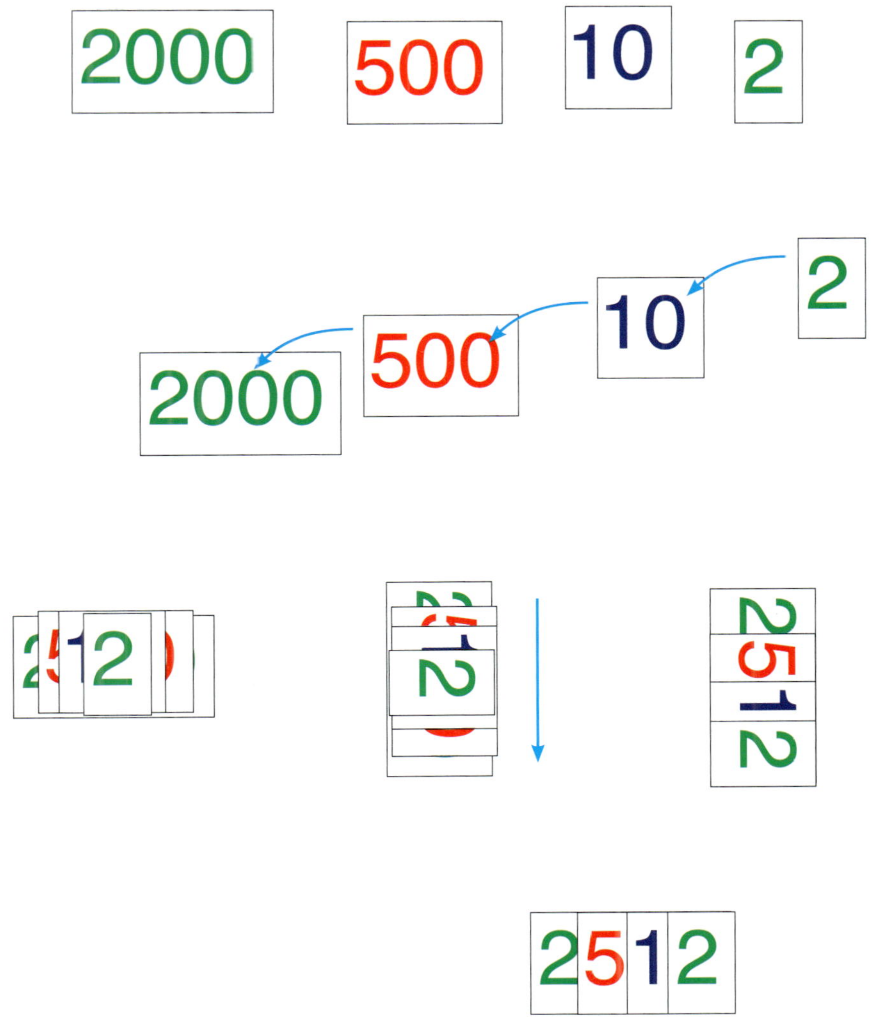

L'utilisation

• Proposez à l'enfant beaucoup d'occasions de composer ainsi des combinaisons de cartons de symboles à partir des perles ou l'inverse. Il fera la magie du nombre lui-même.

• Augmentez la difficulté en supprimant une catégorie. Montrez alors qu'il y a un zéro dans le nombre à l'endroit où "il manque" une catégorie. Pour mettre cela en évidence, faites composer, par exemple : 2504 et 254, d'abord avec les perles puis avec les cartons, en faisant la magie du nombre. L'enfant comparera les nombres et les perles. Il comprendra ainsi que le zéro représente une catégorie manquante.

Si vous percevez un nombre incorrect demandez à l'enfant de recompter et de lire le carton pour l'aider à prendre conscience de son erreur sans avoir à le corriger directement.

L'initiation aux opérations

Les perles dorées sont un matériel très intéressant qui permet à l'enfant de comprendre le principe des opérations : une addition, c'est quand on met plusieurs quantités ensemble ; une multiplication, c'est quand on met plusieurs fois la même quantité ensemble ; une soustraction, c'est quand on enlève une quantité ; une division, c'est quand on partage une quantité en parts égales. À l'âge où l'on aborde les quatre opérations avec les perles, on n'entre ni dans les détails, ni dans l'abstraction, qui seront abordés plus tard, avec les timbres puis le boulier.

La découverte de l'addition statique avec les perles dorées

Le matériel

En dehors de la banque des perles et du tableau des grands symboles, vous aurez besoin de :

• 3 petits plateaux avec, pour chacun, une coupelle du type "boîte à éponge" ;

• 1 grand foulard ;

• 3 tableaux des petits symboles, identiques au tableau des grands symboles, mais de format beaucoup plus réduit (environ A3) ;
• 3 étiquettes portant les symboles +, + et =
Ce matériel peut être fabriqué facilement.

La présentation

Dans les écoles Montessori, cette présentation fait partie des exercices collectifs, à faire avec un petit groupe d'enfants. Chaque enfant disposera d'un plateau et devra collecter une quantité. Pour un travail individuel à la maison, l'enfant collectera plusieurs fois une quantité différente.

Annoncez qu'aujourd'hui vous allez faire quelque chose de nouveau : une addition. Disposez le matériel avec l'enfant. Les symboles, la banque un peu plus loin sur un autre tapis, et les 3 tableaux des petits symboles encore à un autre endroit. Posez sur le premier plateau un petit symbole des unités, un petit symbole des dizaines, un des centaines et un des milliers. Puis passez au deuxième plateau et faites de même, en prenant les petits symboles sur le deuxième tableau des petits symboles. Idem pour le troisième plateau, avec le troisième tableau des petits symboles. Attention, pour le moment, on commence par le plus simple : l'addition sans retenue (ou "statique"). Arrangez-vous pour que la somme des unités des trois plateaux ne dépasse pas 9, que celle des dizaines ne dépasse pas 90, que celle des centaines ne dépasse pas 900 et celle des milliers 9000. Lorsque vous en serez à additionner ce qui se trouve sur les 3 plateaux, il faudra qu'il n'y ait pas de retenue.
Demandez à l'enfant de s'occuper d'abord du premier plateau et d'aller chercher dans la banque les perles correspondant aux symboles. Lorsqu'il revient, demandez-lui de classer ce qu'il a rapporté, en plaçant les unités dans la coupelle sous le symbole des unités, complètement à droite, puis en allant vers la gauche, les barrettes de 10 sous le symbole des dizaines, puis les plaques de 100 sous le symbole des centaines, et enfin les cubes de 1000 sous le symbole des milliers. Demandez à l'enfant combien il a sur son plateau. Il dira par exemple : "Trois mille - deux cents - trois dix - cinq" ou "Deux mille - cinq cents - deux dix - trois". À ce stade, il ne connaît pas encore "vingt, trente, quarante, etc." mais cela n'a aucune importance. Ne le corrigez pas : ce qui importe pour le moment c'est qu'il soit parfaitement conscient des différentes catégories. Proposez-lui maintenant de faire la magie du nombre avec ses petits symboles et de "lire" le nombre obtenu. Puis passez au deuxième puis au troisième plateau.

Proposez alors à l'enfant de mettre ensemble tout ce qu'il y a sur les trois plateaux. "Faire une addition, c'est mettre tout ensemble". Pour cela, vous allez utiliser le foulard.
"Est-ce que tu crois qu'on peut tout mettre dans le foulard ? On va d'abord commencer par les unités." L'enfant met toutes les perles d'unités du premier plateau, puis du deuxième, puis du troisième dans le foulard. Montrez à l'enfant comment attraper le foulard par les quatre coins et laissez-le soupeser. "Ce n'est pas lourd ? On peut ajouter les dizaines ?" Ainsi de suite, toujours dans l'ordre des plateaux, jusqu'à ce que tout soit dans le foulard. Insistez sur le fait que "lorsqu'on met tout ensemble, c'est lourd, ça fait beaucoup." Voyons maintenant tout ce qu'on a dans le foulard. Étalez le foulard et demandez à l'enfant de classer toutes les unités à droite, puis, de droite à gauche, toutes les dizaines, puis les centaines et enfin les milliers.

Demandez à l'enfant combien il y a d'unités et proposez-lui d'aller chercher le grand symbole correspondant. Procédez de même pour les dizaines, puis les centaines, puis les milliers. L'enfant fait alors la magie du nombre et lit le résultat.

Étalez les trois nombres des petits plateaux, comme le montre le croquis. Lisez ensemble le premier nombre, dites “plus” en sortant et en posant à sa place la première étiquette “+”, lisez le deuxième nombre et sortez la deuxième étiquette “+”, lisez le troisième nombre. Relisez le tout en suivant lentement avec le doigt, sortez et posez l’étiquette “=” en disant le mot “égale”. Posez alors les grands symboles et lisez le nombre. “Voilà, tu as fait une addition. Faire une addition, c’est mettre ensemble. Et le résultat de notre addition est : six mille - sept cents - huit dix - huit”. Pensez à utiliser “huit dix” au lieu de “quatre-vingts”, par exemple.

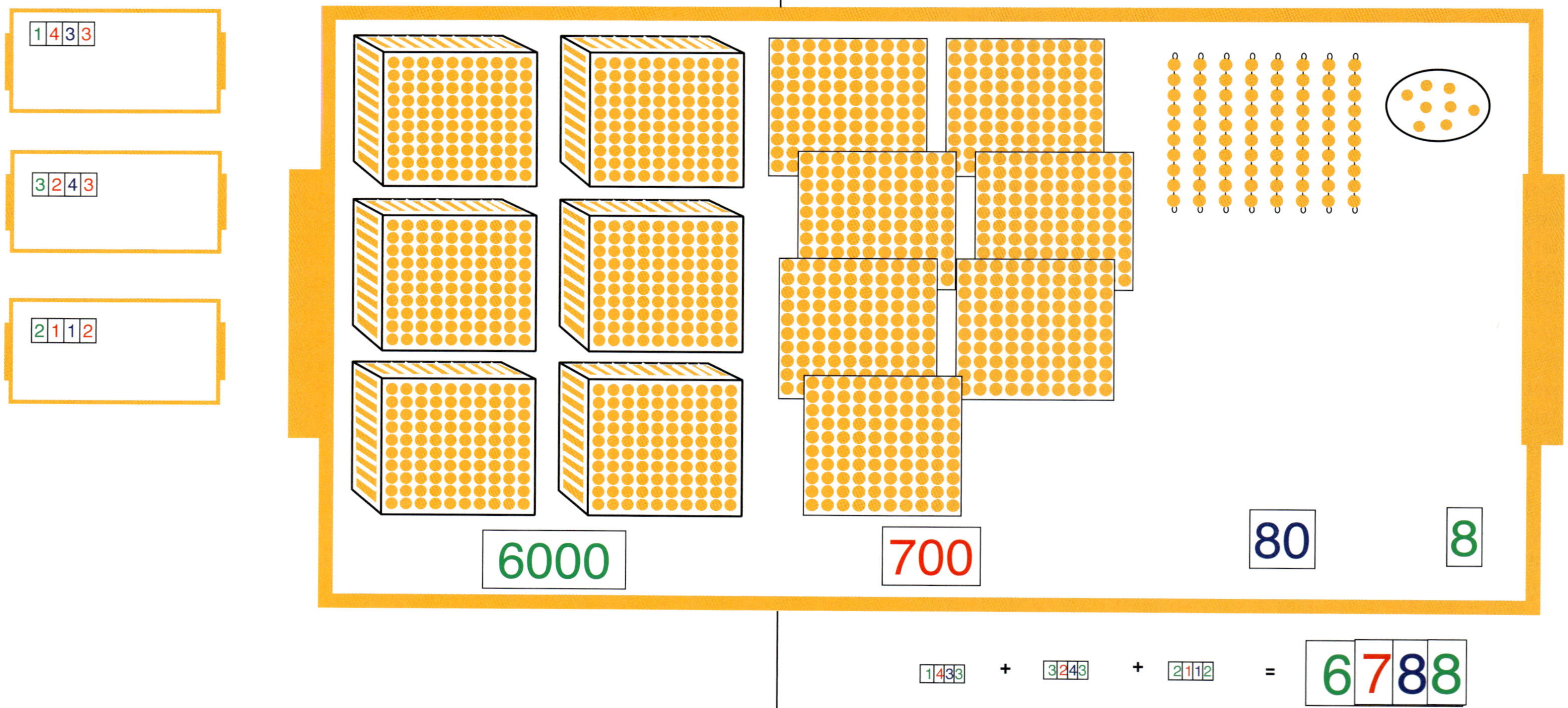

Les fois suivantes, l'enfant installera lui-même le matériel, mais vous continuerez à choisir les petits symboles sur les trois plateaux pour éviter les retenues et à vérifier que les catégories sont bien séparées et ordonnées. Après la magie du nombre sur les trois plateaux, l'enfant posera lui-même son addition comme l'indique le croquis. Ensuite, il fera l'addition sur un grand plateau, il ira chercher les grands symboles correspondants et fera la magie du nombre, pour poser le résultat à la fin de son addition. Il lira alors son opération en entier ainsi que sa somme.
L'enfant fait ainsi l'expérience physique de l'addition en mettant les quantités ensemble. Visuellement le résultat est représenté par des cartons plus grands pour rappeler que la quantité finale est plus grande que les nombres du départ.
Ne passez à la suite que lorsque l'enfant aura fait plusieurs additions de ce type (6, 10, ou même plus) jusqu'à ce qu'il le fasse avec une parfaite aisance.

L'addition dynamique avec les perles dorées

Le nom de "banque" donné aux perles dorées prend ici tout son sens. Pour l'addition dynamique l'enfant va devoir échanger des catégories. C'est l'expérience physique de ce qui deviendra "la retenue". Pour le moment, vous l'appellerez "le change".

Le matériel

Vous utiliserez le même matériel que pour l'addition sans retenue (voir p. 45) : les perles dorées de la banque, les petits et les grands symboles.

La présentation

Cette activité n'intervient que lorsque l'enfant est à l'aise avec l'addition statique (sans retenue). Procédez exactement comme pour l'addition sans retenue.
Pour la première fois, choisissez vous-même les petits symboles. L'enfant va chercher à la banque les quantités qui correspondent et charge successivement les trois petits plateaux. Par la suite, vous pourrez laisser l'enfant choisir les symboles pour les trois plateaux, en vérifiant toutefois que le chiffre des milliers de la somme n'excède pas 9. Si vous voyez qu'il n'y aura pas de retenue avec ce qu'il a choisi, proposez-lui de choisir plutôt un autre symbole : "Et puis, tiens, si on prenait plutôt celui-là ?"
L'enfant fait la magie du nombre sur chaque plateau et pose son addition comme d'habitude, avec les symboles "+" et "=".
Il passe alors au classement global sur le grand plateau, en veillant à bien séparer les catégories.
Puis il compte les unités et procède au change si nécessaire. Il pose alors une ou plusieurs barrettes de 10 en plus dans le groupe des dizaines et les perles des unités non changées restent dans la coupelle. Il compte alors les dizaines et, de nouveau, procède au change si

nécessaire. Attention à bien poser les barrettes au bon endroit et à ranger les perles qui ont été remplacées lors du change. Il faut procéder méthodiquement et avec beaucoup d'ordre et de calme.
Lorsque le calcul des milliers a été effectué, l'enfant va chercher les symboles qui conviennent sur le tapis où il les a classés. Il vérifie en les posant sur le grand plateau. Puis il fait la magie du grand nombre, pose son résultat après le signe "=" et lit son opération.

La soustraction statique avec les perles dorées

Il s'agit toujours de découvrir la nature de l'opération et son principe sans s'encombrer de détails, de façon concrète, avec des quantités.

Le matériel

- Les petits et les grands symboles.
- Les perles dorées de la banque.
- Un grand plateau et trois petits.
- Les étiquettes - et =.

La présentation

Sur le grand plateau, posez les grands symboles d'un nombre de 4 chiffres (Ex. : 7685). L'enfant cherche les perles à la banque et fait la magie du nombre. Préparez également le petit plateau avec les petits symboles (Ex. : 7543). L'enfant fait la magie du nombre mais ne cherche pas de perles. Remarquez que vous avez toutes vos perles mais qu'il n'y a rien sur le plateau de l'enfant. Demandez-lui s'il veut des perles et combien : "Combien d'unités ? - 3. - Combien de dizaines ? - 4. - Combien de centaines ? - 5. - Combien de milliers ? - 7. Je n'ai presque plus rien !" Mettez les grands symboles sur la table : "Voilà ce que j'avais au début." "Voyons maintenant ce qu'il me reste." Demandez à l'enfant de compter les perles qui restent sur le grand plateau et d'aller chercher les petits symboles correspondants (142 pour notre exemple). Annoncez alors que vous venez de faire une soustraction. Soustraire, c'est enlever. Montrez l'étiquette du signe "- " à l'enfant et sortez aussi celle du signe "=" qu'il connaît déjà. Posez alors l'opération avec les symboles :

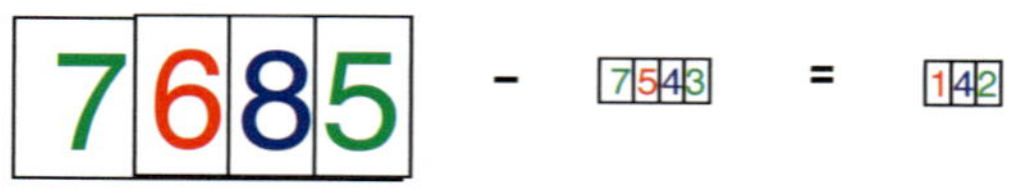

Lisez au fur et à mesure que vous posez : "7685 moins 7543 égale 142."

La taille des cartons des symboles met bien en valeur cette différence : les symboles composant le nombre de départ sont plus grands que ceux du nombre enlevé et du résultat.

Dans les jours et peut-être les semaines qui suivent, préparez chaque jour une soustraction de ce genre (toujours sans retenue) pour l'enfant : préparez les grands symboles sur le grand plateau, les petits sur le petit. L'enfant ira chercher les quantités de perles qui correspondent au nombre du grand plateau et transfèrera ce qui convient sur le petit, en fonction du nombre indiqué par les petits symboles et en commençant toujours par les unités, puis par les dizaines, etc. Puis il refera les comptes sur le grand plateau et "posera" sa soustraction avec les grands symboles, les petits symboles et les signes - et =. À la fin, il la lira.
Veillez, même lorsque l'enfant travaille seul, à ce qu'il commence toujours par soustraire les unités.
Plus tard, vous pourrez passer à la soustraction "dynamique" (avec retenue), lorsqu'il sera nécessaire de changer une dizaine pour 10 unités. Parallèlement vous pouvez commencer les toutes premières activités de la mémorisation de la soustraction.

La soustraction dynamique avec les perles

Choisissez un nombre de 4 chiffres (Ex. : 5382) et mettez les grands symboles correspondants sur un grand plateau. Préparez aussi, sur un petit plateau, des petits symboles qui permettent de faire une soustraction avec retenues (Ex. : 4948). Annoncez à l'enfant qu'aujourd'hui vous lui avez fait une petite blague.
L'enfant va chercher les perles correspondant au nombre du grand plateau. Il fait la magie du nombre sur les deux plateaux[1]. Bien sûr, au moment où il veut commencer à faire la soustraction en enlevant 8 unités, il est bloqué. Rappelez-lui que vous lui avez fait une blague et demandez-lui s'il a une solution. S'il ne trouve pas seul, montrez-lui qu'il y a beaucoup de dizaines et qu'il pourrait peut-être faire un change. Il retourne à la banque, change une dizaine en 10 unités qu'il place dans la coupelle sur le grand plateau. Il enlève 8, les pose sur le petit plateau, et continue. Il enlève 4 dizaines sans difficulté mais bloque de nouveau avec les centaines. Il sera probablement tout content de connaître la solution : il change un millier et poursuit jusqu'à la fin.

---

1. Comme les lettres mobiles qui permettent à l'enfant de créer des mots alors même qu'il ne sait pas encore écrire, les symboles lui permettent de créer des nombres et de poser des opérations, même s'il maîtrise encore mal l'écriture.
C'est seulement avec le travail sur les timbres qu'il commencera à écrire les opérations sur un cahier ou sur du papier libre. Même alors, vous lui servirez peut-être de scribe jusqu'à ce que le fait d'écrire ne soit plus, pour lui, un travail en soi, ou même un handicap. Il doit pouvoir concentrer toute son attention sur les opérations et ne pas être ralenti dans sa réflexion.
Si vous voulez garder des traces du travail et de la progression de l'enfant, vous pouvez faire des photos, les tirer sur une imprimante, les dater et les compiler dans un classeur. Dans le cas de l'école à la maison, ces éléments seront utiles lors d'une éventuelle inspection.

Il compte alors ce qui reste sur le grand plateau, va chercher les petits symboles correspondants, fait la magie du nombre et pose le résultat. Pour notre exemple : 5382 - 4948 = 434.

Faites quelques opérations de ce type, puis, lorsque l'enfant a compris qu'il peut faire des changes au cours d'une soustraction, annoncez que vous allez faire la même opération avec les timbres.

La multiplication avec les perles dorées

L'enfant a déjà vu l'addition avec les perles et peut-être commencé les timbres. Même s'il n'en est pas à l'abstraction, il pourra comprendre le principe de la multiplication puisque multiplier c'est additionner des nombres identiques. Il va le découvrir avec les perles dorées, sans qu'il soit besoin de le lui dire.

Le matériel

- Les perles dorées.
- Les petits et les grands symboles.
- Trois plateaux.
- Les étiquettes " ×" et "=".

La présentation

Choisissez un nombre de 4 chiffres (Ex. : 1241) et mettez les petits symboles correspondant sur le 1er plateau. Prenez soin de choisir une opération dont le résultat ne dépassera pas 9999.
Si vous travaillez avec un seul enfant, demandez-lui de placer sur chacun des deux autres plateaux le même nombre en symboles. Dans le cas où vous travaillez avec plusieurs enfants, déposez le même nombre dans chacun des plateaux.
Demandez à l'enfant (ou aux enfants) de prendre les quantités à la banque et de faire la magie du nombre. Demandez-lui d'additionner les trois plateaux, de fabriquer le résultat à l'aide des grands symboles puisqu'il a obtenu un grand nombre et de le lire. Il obtient :

1241 + 1241 + 1241 = 3723

Soulignez alors le fait qu'il s'agit d'une addition vraiment spéciale puisque on ajoute toujours le même nombre : "Combien de fois as-tu pris le même nombre ? - 3 fois. - Alors regarde : on peut l'écrire différemment" :

Tandis que vous manipulez les symboles, dites 3 fois 1241 égale 3723. "Tu viens de faire une multiplication".
Le lendemain, refaites une présentation avec des nombres différents. Lorsque vous arrivez au résultat :

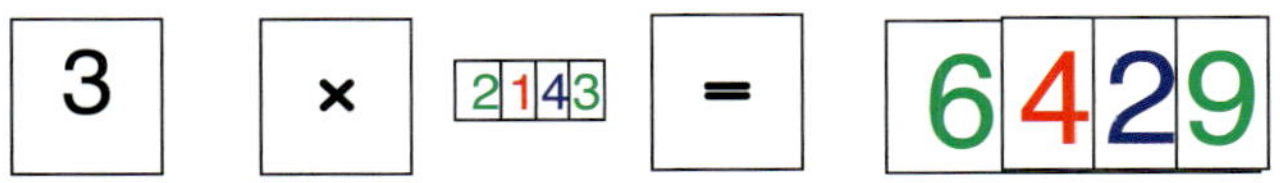

montrez que l'on peut aussi inverser et écrire :

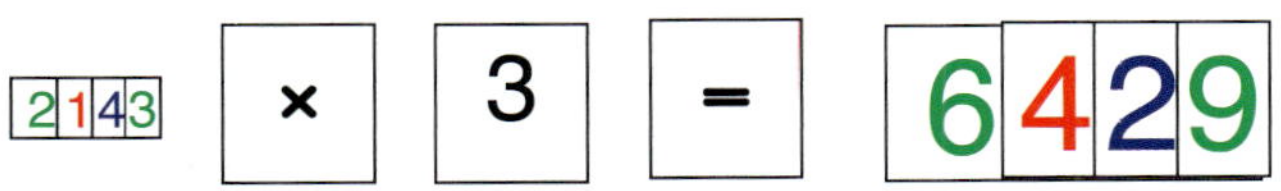

ou encore poser l'opération en colonnes :

$$\begin{array}{rr} & 2\,1\,4\,3 \\ \times & 3 \\ \hline = & 6\,4\,2\,9 \end{array}$$

Mais précisez que vous l'écrirez comme ça plus tard. L'enfant fera plusieurs multiplications avec les perles avant de passer à la suite. Parallèlement vous pouvez commencer les toutes premières activités de la mémorisation de la multiplication.

La division avec les perles dorées

Les perles dorées sont un matériel si concret que le jeune enfant peut très tôt découvrir la division dans sa notion de partage.

Le matériel

- Les perles dorées avec les petits et les grands symboles.
- Trois petits plateaux et un grand.
- Les étiquettes " :" et "=".

La présentation

Fabriquez un nombre de 4 chiffres (ex. : 7645) à l'aide des grands symboles sur un grand plateau puis demandez à l'enfant d'aller chercher les quantités en perles. Le diviseur sera le nombre d'enfants s'ils sont plusieurs. Par exemple 4. Si vous travaillez avec un seul enfant, vous prenez des peluches de l'enfant pour simuler le partage. Distribuez les perles sur les 4 petits plateaux en commençant par les plus grosses quantités : les cubes de 1000. Vous distribuez ensuite les plaques de 100. Continuez jusqu'à la fin de la distribution des unités. Il y aura sans doute un reste. Cela n'a pas d'importance. Mettez simplement les dernières perles dans une coupelle et dites : "Celles-là elles restent. Il n'y en a plus assez pour en donner une à chacun." L'enfant va alors chercher les petits symboles, fait la magie du nombre sur chaque plateau et montre le résultat du partage. Faites un résumé : "Voici la quantité que j'avais au départ", en pointant les grands symboles du nombre initial. "Je l'ai partagé en 4". Demandez : "Combien a reçu chacun ?"

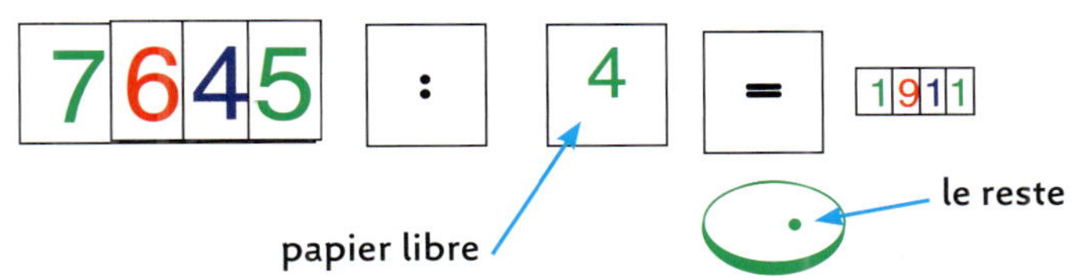

L'enfant lit l'opération avec vous. Inutile de vous appesantir sur le reste. L'enfant le découvrira tranquillement, plus tard, avec les timbres p.190 et, surtout, avec la table perforée p.254.
Annoncez fièrement : "Nous avons fait une division !"
Vous reproduirez l'opération avec l'enfant jusqu'à ce qu'il soit clair qu'il a bien compris le principe du partage en quantités égales.

La division avec un diviseur à 2 chiffres avec les perles dorées

Attention, cette étape n'est pas à aborder avec l'enfant juste après la division avec un diviseur à 1 chiffre avec les perles. Vous y viendrez quand il aura vu la division avec un diviseur à 1 chiffre avec les timbres.
L'ordre sera donc le suivant :
- division avec un diviseur à 1 chiffre avec les perles,
- division avec un diviseur à 1 chiffre avec les timbres,
- division avec un diviseur à 2 chiffres avec les perles,
- division avec un diviseur à 2 chiffres avec les timbres,
- division avec un diviseur à 3 chiffres avec les perles,
- division avec un diviseur à 3 chiffres avec les timbres.

Le matériel

- Les perles dorées.
- Un grand plateau et plusieurs petits plateaux sur lesquels vous poserez des fonds de couleur : un vert, un bleu, un rouge. Comme vous pourrez éventuellement avoir besoin de 9 de ces petits plateaux (diviseur 19 ou 29, etc.), vous pouvez aussi simplement utiliser des sets de table ou des serviettes en papier de couleur.
- Des coupelles pour les perles isolées.

La présentation

Commencez par refaire une division à 1 chiffre au diviseur avec les perles, pour rappeler le principe à l'enfant. Puis passez à une division à 2 chiffres au diviseur (ex. : 8975 : 12 =). Posez la division avec les grands symboles pour le dividende et une étiquette pour le diviseur écrit en couleur.

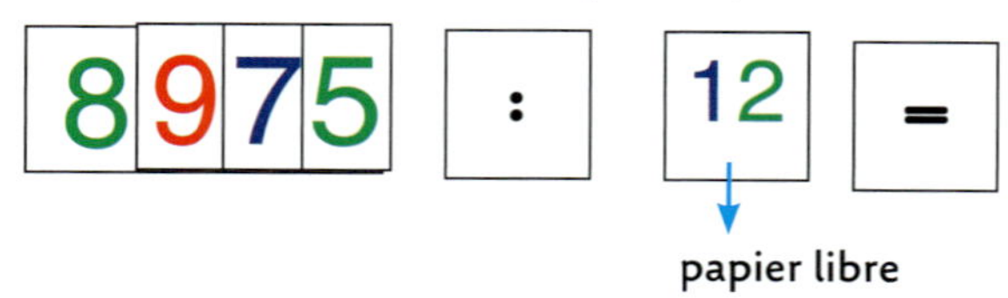

L'enfant prend les perles correspondant au dividende et les pose sur un grand plateau.

Soulignez qu'il serait vraiment compliqué de prendre 12 plateaux pour faire le partage et qu'il faut trouver une autre solution. Parlez de l'armée romaine dans laquelle il y avait des soldats (les légionnaires) et des décurions qui représentaient 10 soldats. Pour faire le 12 (10 + 2) du diviseur, vous allez partager entre 1 décurion (= 10), symbolisé par un plateau bleu, et 2 soldats, symbolisés chacun par un plateau vert. Si vous travaillez avec plusieurs enfants, vous pouvez nouer un foulard bleu autour du bras de votre décurion. Et vous commencez la distribution. Bien sûr, sur le plateau du décurion, il faudra mettre 10 fois plus que sur chacun des 2 autres, puisqu'il devra partager en 10 à la fin : si on donne 100 à chaque soldat, on donne 1000 au décurion. Distribuez 4 cubes de 1000 au décurion et 4 plaques de 100 à chaque soldat. Il reste 4 cubes de 1000 et seulement 1 plaque de 100 sur le grand plateau (croquis 1, ci-contre).

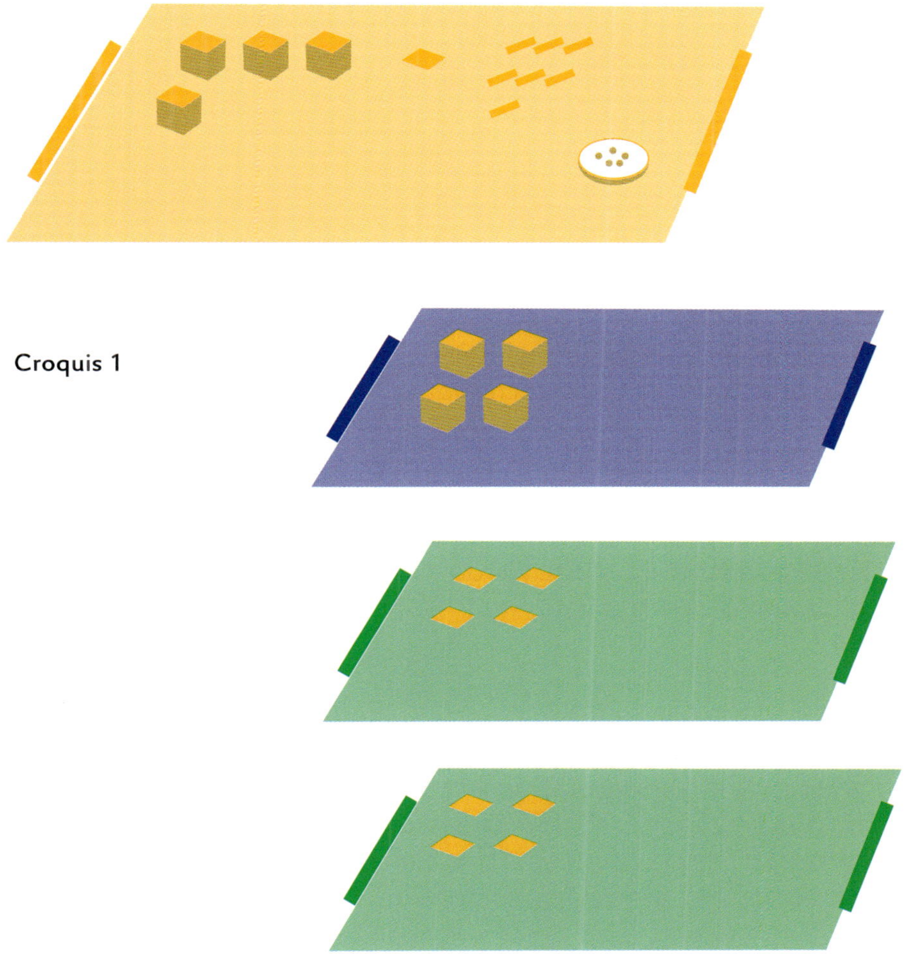

Croquis 1

Vous faites le change d'un cube de 1000 en 10 plaques de 100 et vous continuez. Cela fait donc 3 cubes de 1000 et 11 plaques de 100 sur le grand plateau. Vous donnez les 3 cubes de 1000 au décurion et 3 plaques de 100 à chaque soldat. Il reste 5 plaques de 100 sur le grand plateau, 7 barrettes de 10 et 5 perles isolées. Vous donnez 3 plaques de 100 au décurion et 3 barrettes de 10 à chaque soldat. Puis nouveau change et nouvelle distribution. Ainsi de suite jusqu'à ce qu'il soit impossible de diviser ce qui reste sur le grand plateau : 11 perles. Il y a 7 plaques de 100, 4 barrettes de 10 et 7 perles isolées sur chaque plateau de soldat et 7 cubes de 1000, 4 plaques de 100 et 7 barrettes de 10 sur le plateau du décurion (croquis 2, ci-contre).

Demandez alors à l'enfant le résultat de la division en lui rappelant que c'est la part qu'a obtenue un soldat. Il composera ce résultat en petits symboles qu'il placera à la fin de l'opération, sans oublier de descendre la coupelle du reste : (croquis 3, ci-contre en bas). Demandez-lui de compter le reste : 11, et de vérifier qu'il est plus petit que le diviseur.

Attention : si vous sentez la moindre hésitation chez l'enfant à propos du plateau du décurion (celui qui reçoit pour 10), proposez à l'enfant de vérifier qu'il a bien reçu 10 fois ce qu'a reçu chacun des soldats. L'enfant fera le change et divisera la part du décurion sur 10 petits plateaux. Vous lui ferez constater qu'il y a bien la même chose, au bout du compte, sur tous les plateaux, y compris les 2 plateaux des soldats du début.

Croquis 2

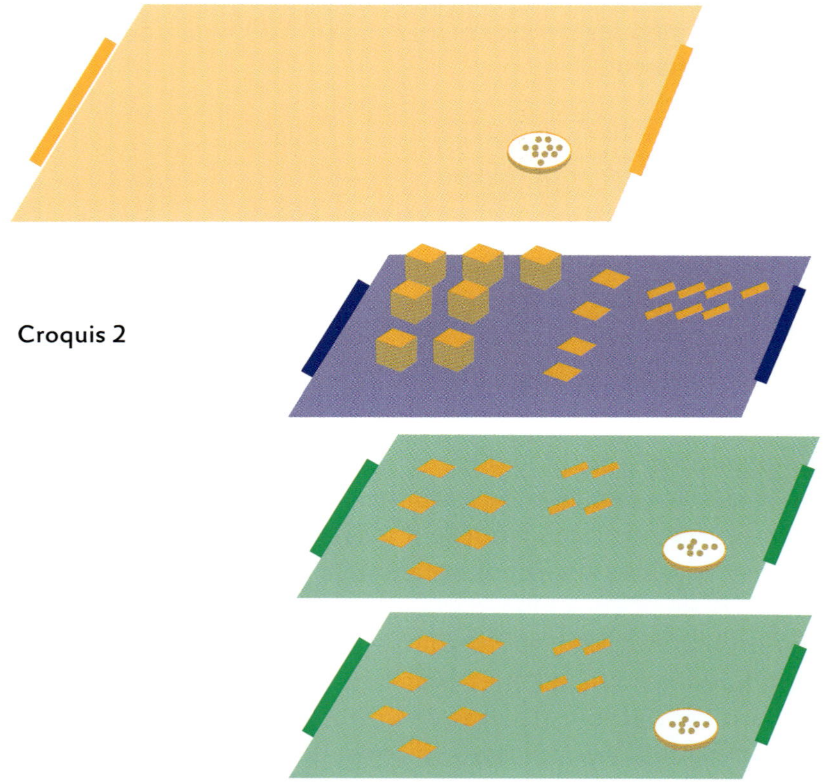

Croquis 3

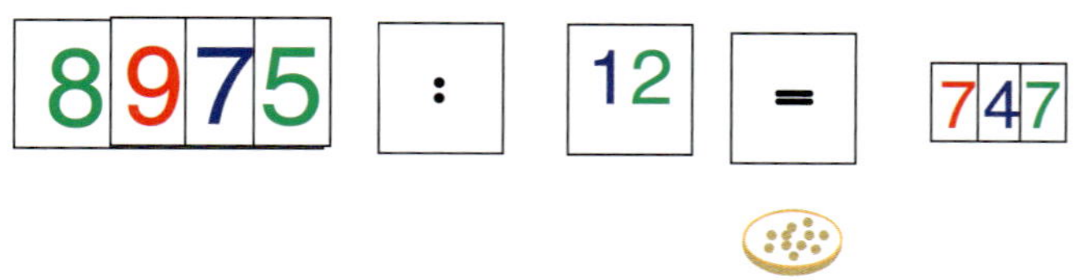

La division avec un diviseur à 3 chiffres avec les perles dorées

Le principe et le matériel sont exactement les mêmes que pour la division avec un diviseur à 2 chiffres, mais vous introduisez le centurion qui représentait 100 soldats et un plateau rouge pour ce qu'il recevra dans le partage (si vous travaillez avec plusieurs enfants nouez un foulard rouge autour du bras de votre centurion). Lorsque le centurion aura une plaque de 100, le décurion aura dix fois moins donc il recevra une barrette de 10 et le soldat encore dix fois moins donc il recevra une seule perle. Pour la suite, reportez-vous p. 178.

Le vocabulaire des dizaines

Les 1res tables de Seguin

Ce matériel aide formidablement les enfants dans l'acquisition du vocabulaire et la compréhension des dizaines.

Le matériel

Il s'agit de deux tables comportant, pour la première, cinq fois le nombre 10, et pour la seconde, quatre fois le nombre 10 et une case vide (voir le croquis page suivante). Vous utiliserez également une série de petites plaques portant les chiffres de 1 à 9. Enfin, reprenez les barrettes de 10 et les perles de couleur.
Ce matériel peut être fabriqué assez facilement. Celui que l'on trouve dans le commerce est en bois et permet à l'enfant de glisser les plaques de chiffres pour compléter les tables.
Les premières tables de Seguin permettent de faire découvrir à l'enfant le vocabulaire, les symboles et les quantités de 11 à 19.

Les tables de Seguin n°1

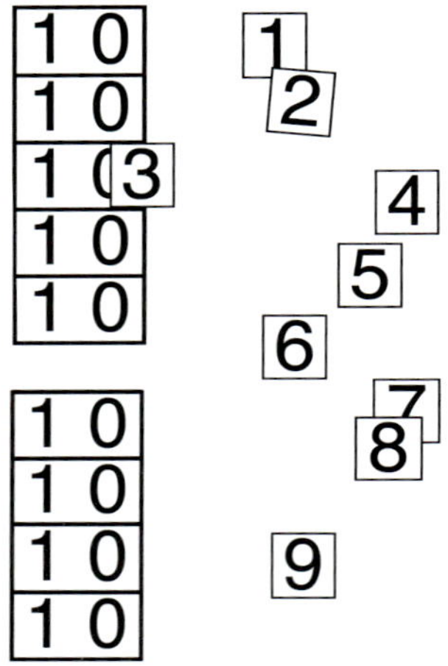

Les tables de Seguin n°2

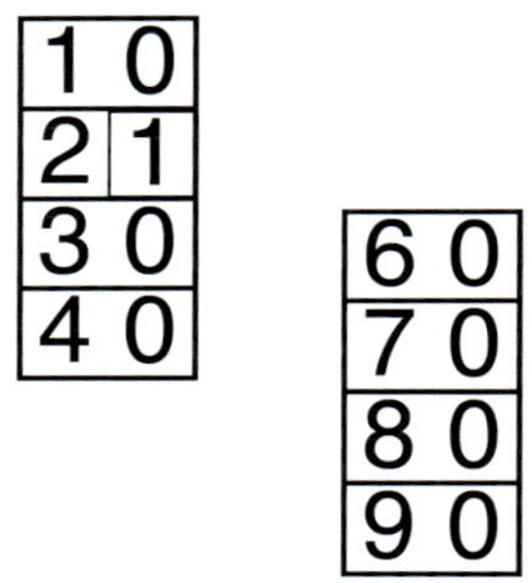

La disposition des perles pour la leçon en trois temps

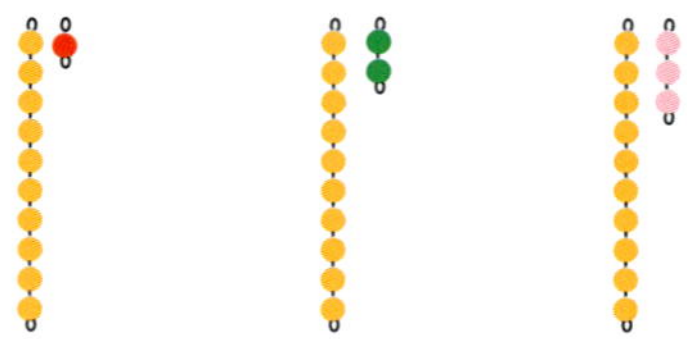

La leçon en trois temps avec les perles

Pour le moment, vous n'utilisez que les perles, pour une leçon en trois temps. Présentez les perles de couleur à l'enfant en lui montrant comment les disposer en escalier. Ceci lui permet de visualiser la séquence des premiers nombres et l'aidera à voir, plus tard, leur relation par rapport à la quantité de 10. De plus, c'est une préparation que l'enfant adore. Pour la leçon en trois temps, procédez lentement, comme d'habitude, avec trois nombres à chaque fois.

Temps 1

Allez chercher le matériel avec l'enfant. Prenez une barrette de 10 et demandez : "Qu'est-ce que c'est ?" "C'est 10". Si l'enfant hésite encore, ne lui donnez pas le résultat mais invitez-le à compter. Puis prenez une barrette de 1 et demandez : "Qu'est-ce que c'est ?" "C'est 1". Disposez-les comme sur le croquis de la page ci-contre. Attention : les unités sont toujours à droite. Vous pointez successivement la dernière perle de la dizaine et la perle isolée en disant : "10... et 1 : 11". Procédez de même avec une barrette de 10 et une barrette de 2 pour 12, puis une de 10 et une de 3 pour 13. Puis demandez à l'enfant : "Montre-moi 11" puis "Montre-moi 12", etc. Dans l'ordre puis dans le désordre. Lorsqu'il n'y a plus d'hésitation, déplacez les perles et posez les mêmes questions à l'enfant. Prenez votre temps (celui de l'enfant !) et revenez plusieurs fois sur chaque nombre.

Temps 2

Souvenez-vous que ce temps 2 est le plus important de la leçon en trois temps : celui qui consolide l'assimilation du nouveau vocabulaire. Il peut durer plusieurs séances. Même si l'enfant connaissait déjà "11", "12" et "13" ou même plus, il est sans doute utile de lui permettre de bien établir visuellement la relation quantité/symbole.

L'utilisation des tables de Seguin n°1

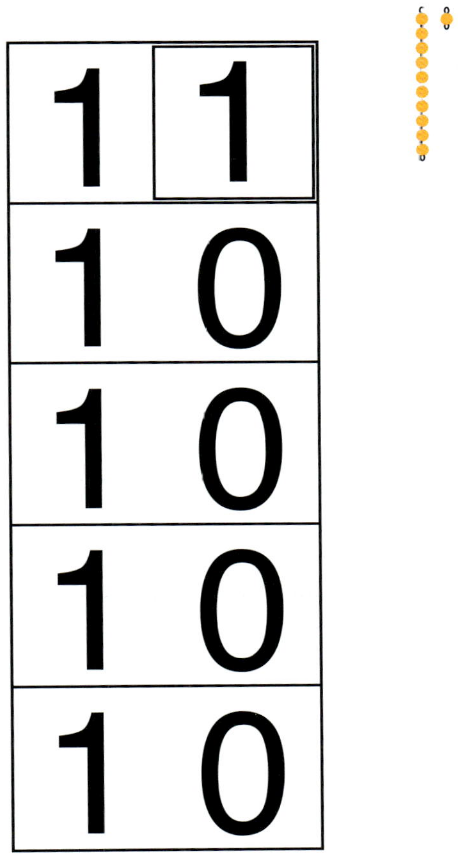

Demandez à l'enfant de "fabriquer" lui-même 11, puis 12, puis 13... S'il ne compte pas à haute voix en le faisant, prenez ensuite le temps de nommer chaque nombre avec lui, en montrant la dernière perle de la barrette de 10 : "10", puis en comptant les perles des unités : "11", "12", etc.
Lorsque les barrettes sont positionnées correctement. Demandez à l'enfant de vous montrer 10, 11, 12, etc. dans l'ordre, puis dans le désordre, en laissant les barrettes classées, puis en les déclassant.

Temps 3

Formez les associations de perles 10 + 1, 10 + 2, 10 + 3 avec l'enfant, et demandez-lui de les nommer. D'abord dans l'ordre puis dans le désordre.
Lorsque tout cela est parfaitement assimilé et mémorisé, passez à une nouvelle leçon en trois temps pour les nombres de 14 jusqu'à 19.

L'association vocabulaire/symbole avec les tables de Seguin

Il s'agit là encore d'une leçon en trois temps pour aider l'enfant à mémoriser le lien entre le nom et le symbole des dizaines. Allez chercher le matériel avec l'enfant. Vous aurez besoin des perles de la banque, des perles de couleur et des 1res tables.
Demandez à l'enfant d'installer un petit tapis ou asseyez-vous ensemble devant une table.

Temps 1

Posez les perles comme sur le croquis, pour former 11, 12 et 13.
Disposez la première table et étalez les plaques de 1 à 3. Faites lire à l'enfant ce qu'il y a sur les tables, puis sur les petites plaques. Puis posez la plaque 1 sur le zéro du premier 10. Dites "10 et 1 : 11". Posez le 2 sur le zéro du deuxième 10. "10 et 2 : 12". Arrêtez-vous à 13.

Temps 2

Enlevez les plaques de chiffres de la première table de Seguin. Demandez à l'enfant : "Peux-tu fabriquer le 11, le 12, etc.", dans l'ordre et dans le désordre.

Temps 3

"Qu'est-ce que c'est ?" (en montrant le 11, le 12, etc.). Puis continuez avec la deuxième tablette et les derniers nombres jusqu'à 19, toujours avec une leçon en trois temps. L'ensemble prendra plusieurs jours. Prenez le temps qu'il faut pour que l'enfant assimile parfaitement.

L'association vocabulaire / symbole / quantité avec les tables de Seguin

Vous utilisez maintenant les deux tables, toutes les plaques d'unités et les barrettes de perles, le tout soigneusement étalé et ordonné sur la table ou le petit tapis.

Posez la plaque du 1 sur le zéro du premier 10. Dites "10 et 1, onze". Puis, à gauche de la tablette, posez une barrette de 10 et une barrette de 1, en disant "10 et 1, onze". Faites de même pour le 12 : posez la plaque du 2 sur le zéro du deuxième 10. Dites "10 et 2, douze". Puis, à droite de la tablette, posez une barrette de 10 et une barrette de 2, en disant "10 et 2, douze". Laissez l'enfant continuer jusqu'à 19 : "À toi, maintenant". Enfin demandez à l'enfant de tout défaire et passez-lui des commandes, dans l'ordre d'abord, puis dans le désordre, à la fois sur les tables de Seguin et avec les perles. "Fabrique-moi 14, 17, 11...".

Le prolongement

Demandez à l'enfant de compter de 10 à 19 dans l'ordre croissant puis décroissant, en s'aidant des tables puis sans elles.

C'est le moment de commencer, parallèlement, les toutes premières activités de la mémorisation de l'addition.

Les 2es tables de Seguin

Le matériel

Les 2es tables de Seguin permettent de faire découvrir à l'enfant le vocabulaire, les symboles et les quantités de 11 à 99. Elles fonctionnent comme les premières. On peut les fabriquer facilement.

Pour la présentation, vous utiliserez également 45 barrettes de 10 et 10 perles dorées.

La leçon en trois temps avec isolement des dizaines (10, 20, 30...)

Comme toujours pour le vocabulaire, il s'agit de leçons en trois temps et en ne parlant que de trois nouveaux mots à la fois (d'abord 10, 20 et 30, puis 40, 50, 60, et enfin 70, 80 et 90).

Temps 1

Demandez à l'enfant de nommer le premier compartiment, placez une barrette de 10 à côté, continuez avec 20 : "C'est deux dizaines, c'est 20", puis 30. Vous vous arrêtez-là.

Temps 2

Posez les questions : "Montre-moi 20, montre-moi 10, montre-moi 30", dans l'ordre puis dans le désordre.

Temps 3

C'est l'enfant qui aligne les barrettes "sur commande" et les questions deviennent : "Fabrique 20, 10, 30".

La séquence des nombres de 11 à 99

Travaillez d'abord sur la première table (de 10 à 50). Posez une barrette de 10 et une perle dorée à gauche de la table au niveau du 10.

Masquez le zéro du 10 avec la petite plaque du 1. Dites "C'est onze". Enlevez la perle seule et remplacez-la par une barrette de 2. Remplacez la plaque du 1 par celle du 2. Dites : "C'est douze". Ainsi de suite jusqu'à 14. L'enfant continue car il connaît déjà tout cela.
Donc cela peut aller assez vite : n'y passez pas trop de temps si vous voyez qu'il est parfaitement à l'aise, pour ne pas perdre son attention. À 19, montrez que, si on ajoute encore une perle, il faut changer pour 2 barrettes de 10 et qu'on passe à la case de dessous : celle de 20 (2 dizaines). Puis on recommence : 21, 22, etc.
Au passage de 70 à 71, disposez les barrettes de perles de façon à mettre en évidence 60 + 11 (voir croquis). Idem pour 91 (80 + 11).

Les prolongements

Pour varier les exercices tout en gardant l'intérêt de l'enfant, variez les "règles du jeu" :

- Vous posez des barrettes de perles sur la table. L'enfant doit les compter, les placer au bon endroit à côté des tables de Seguin, puis poser la bonne plaque d'unité pour masquer le zéro de la dizaine concernée.
- Vous posez une plaque d'unité pour masquer un zéro, celui du 50, par exemple. L'enfant doit prendre dans la banque les barrettes qui conviennent et les disposer à gauche de la table.
- C'est l'enfant qui vous pose des colles et doit vérifier si vous ne faites pas d'erreur.

L'utilisation des tables de Seguin n° 2

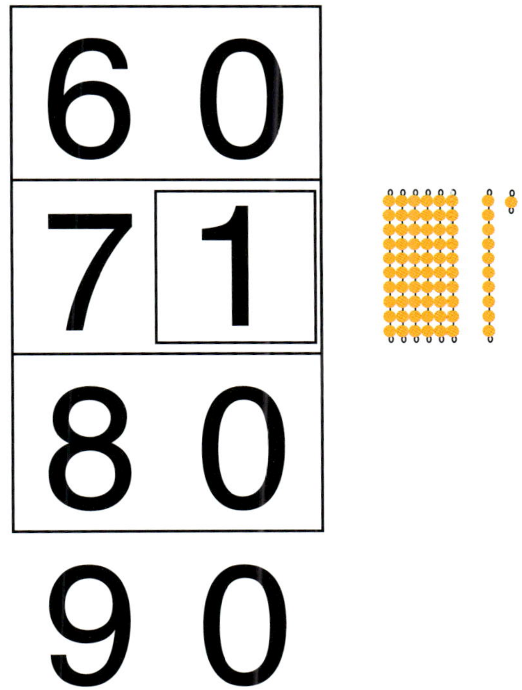

Les chaînes

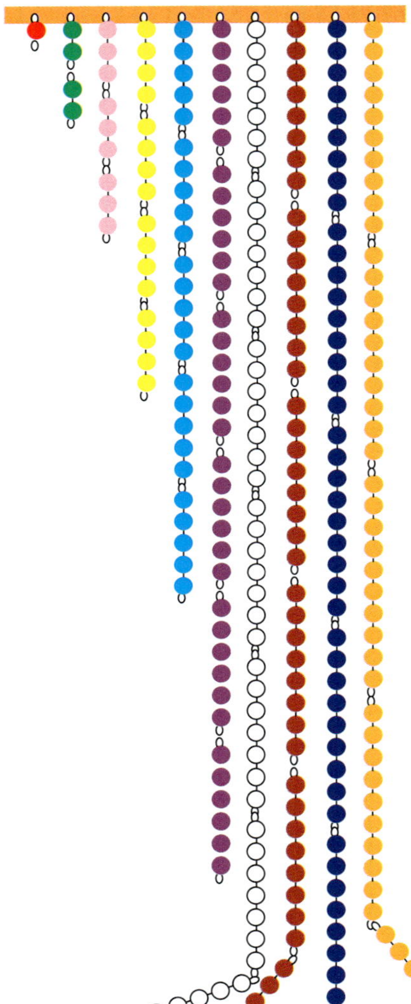

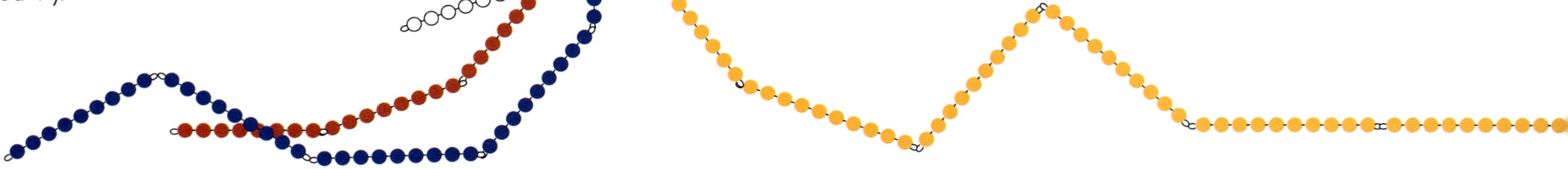

Vous pouvez commencer à présenter les chaînes à l'enfant dès qu'il maîtrise les tables de Seguin.
Les chaînes alignent des barrettes de perles de couleur identique reliées les unes aux autres par des maillons. Par exemple, 3 barrettes de 3 perles roses. Ou 6 barrettes de 6 perles violettes. Les couleurs sont les mêmes que pour la table de Pythagore ou pour les barrettes du serpent.
Il y a deux sortes de chaînes :

- Les courtes, ou chaînes des carrés, permettent, entre autres, de construire et de visualiser le carré du nombre. Par exemple, la chaîne du carré de 5 comprend 5 barrettes de 5 perles (5 x 5 ou 5^2).
- Les longues, ou chaînes des cubes, permettent de construire et de visualiser le cube du nombre. Par exemple, la chaîne du cube de 4 comprend 16 barrettes de 4 perles jaunes : 64 perles en tout (4 x 4 x 4 ou 4^3).

L'ensemble est présenté sur deux supports (un pour les courtes, un pour les longues) où toutes les chaînes sont suspendues comme un rideau de perles. Nous n'avons pas dessiné les longues : elles sont juste... plus longues et prennent trop de place pour nos pages !

- La courte chaîne dorée (chaîne du carré de 10) est aussi appelée chaîne de 100. Elle comprend 10 barrettes de 10 perles dorées.
- La longue chaîne dorée (du cube de 10) est aussi appelée chaîne de 1000. Elle comprend 100 (10 x 10) barrettes de 10 perles dorées.

Ce matériel pose un sérieux problème. Vous pouvez bien sûr le fabriquer vous-même. Les chaînes courtes, en particulier, ne sont pas trop pénibles à réaliser. Pour les chaînes longues, c'est une autre histoire. Imaginez le temps qu'il faut pour réaliser la chaîne de 1000 ou même simplement la chaîne du cube de 8 (8 x 8 barrettes de 8) ou de 9 (9 x 9 barrettes de 9). Cela ferait donc partie du matériel à acheter...

Compter un par un avec la chaîne de 100

Le matériel

- La courte chaîne dorée (carré de 10).
- 9 flèches vertes numérotées de 1 à 9.
- 9 flèches bleues numérotées de 10 à 90, un peu plus grosses.
- Une flèche rouge de 100 encore plus grosse.

La chaîne courte du 4
disposée en carré

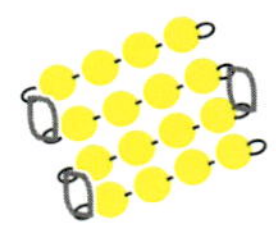

Les couleurs des flèches correspondent maintenant aux couleurs hiérarchiques (unités, dizaines, centaines...) des timbres, que l'enfant retrouvera aussi pour le boulier, le damier, etc.

L'utilisation

Le but de ce travail est de consolider l'assimilation de la numération de 1 à 100 dans l'ordre progressif et aussi dans l'ordre régressif (de 100 à 1).
Apportez avec l'enfant le matériel sur un tapis, élément par élément.
L'enfant étale la longue chaîne de 100 sur le sol. Montrez-lui comment plier la chaîne de 100 pour former un carré. Il devrait reconnaître la forme de la plaque de 100. Montrez-lui comment superposer la plaque et la chaîne pliée.
Expliquez à l'enfant : "Nous allons compter chaque perle de la plaque de 100 en dépliant la chaîne de 100 et en comptant toutes les perles !"
Montrez que vous avez des petites flèches pour vous aider. Invitez l'enfant à les mettre en ordre par catégorie.
Il commence à compter les perles. Pour chaque perle de la première barrette, il place la flèche verte qui correspond. À la dixième perle, vous placez la flèche bleue de 10. L'enfant continue avec les flèches bleues pour 10, 20, 30... jusqu'à 90. À la fin, il place la flèche rouge de 100 (croquis ci-dessous).
Placez la plaque de 100 à la fin de la chaîne.
"Nous avons compté 100 perles et nous avons donc découvert 100 perles dans le carré !"

Parcourez l'ensemble de la chaîne avec l'enfant en lisant les flèches.
Puis montrez-lui comment ranger ce matériel en commençant d'abord par les flèches.

Les prolongements

• L'enfant peut noter tous les chiffres de 1 à 100 sur une très longue bande de papier.
• Il peut aussi les noter en sens inverse, de 100 à 1.
• Vous montrez une étiquette d'un nombre inférieur à 100 et vous demandez à l'enfant de la positionner sur la chaîne : il travaille sur le concept de la ligne numérique.
• Ce matériel permet d'aborder également la notion de puissance d'un nombre.
• Montrez aussi la chaîne pliée pour faire le carré de 10. Dites à l'enfant : "Tu vois, 10 fois 10, c'est 100, c'est le carré de 10. On dit aussi que 10 puissance 2 c'est 10 multiplié par 10, ou 10 × 10, on dit aussi 10 au carré."

Compter un par un avec la chaîne de 1000

Le matériel

• La longue chaîne dorée (cube de 10).
• 9 flèches vertes numérotées de 1 à 9.
• 9 flèches bleues numérotées de 10 à 90, puis 110, 120, etc. jusqu'à 990.

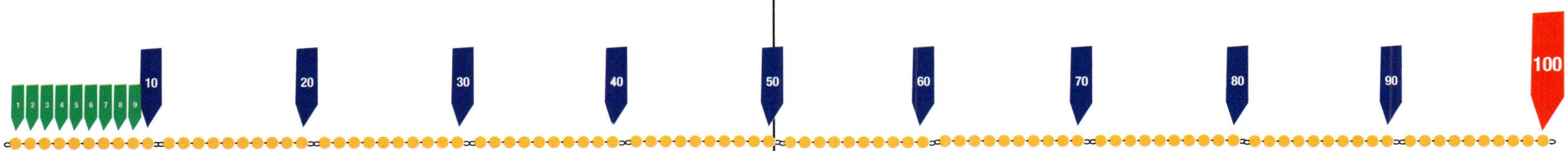

- 10 flèches rouges numérotées de 100 à 900.
- 1 flèche verte de 1000.

La taille des flèches augmente de catégorie en catégorie.

L'utilisation

Annoncez le grand événement : aujourd'hui, on va faire la chaîne de 1000 ! Allez chercher la chaîne avec l'enfant. Pliez-la sur le tapis de façon à bien mettre en évidence les 10 carrés de 100 (croquis ci-contre).
Prenez les plaques de 100 de la banque et superposez-les à chaque carré. Puis reprenez les plaques et posez-les maintenant les unes sur les autres de façon à reconstituer le cube de 1000. Prenez un cube de 1000 de la banque et mettez-le à côté. Demandez à l'enfant : "Peux-tu me dire combien c'est ? - 1000. - Donc cette chaîne est la chaîne de 1000. Il y a 1000 perles comme dans le cube de 1000 de la banque. Nous allons compter chacune des perles !"

Étalez maintenant la chaîne ensemble sur le sol. Attention, il faut de la place car elle fait près de 10 m. Vous pouvez éventuellement lui faire faire de grands zigzags si la place dont vous disposez ne suffit pas à l'étaler de façon rectiligne. Demandez à l'enfant d'aller chercher la chaîne de 100 et de l'étaler à côté de la chaîne de 1000, pour bien souligner l'énorme différence. L'enfant range les flèches dans leur catégorie et dans l'ordre. Puis il compte avec vous, comme il l'a fait avec la chaîne de 100, en posant les flèches vertes et bleues. À 100, il pose la flèche rouge de 100 et continue avec les flèches bleues 110, 120 etc. À 200 il pose une nouvelle flèche rouge. Ainsi de suite jusqu'à la flèche verte de 1000.
Placez un carré de 100 au-dessous de la chaîne, à la fin de chaque centaine comptée et le cube de 1000 à la fin de la chaîne, lorsque les 1000 perles ont été comptées et fléchées.

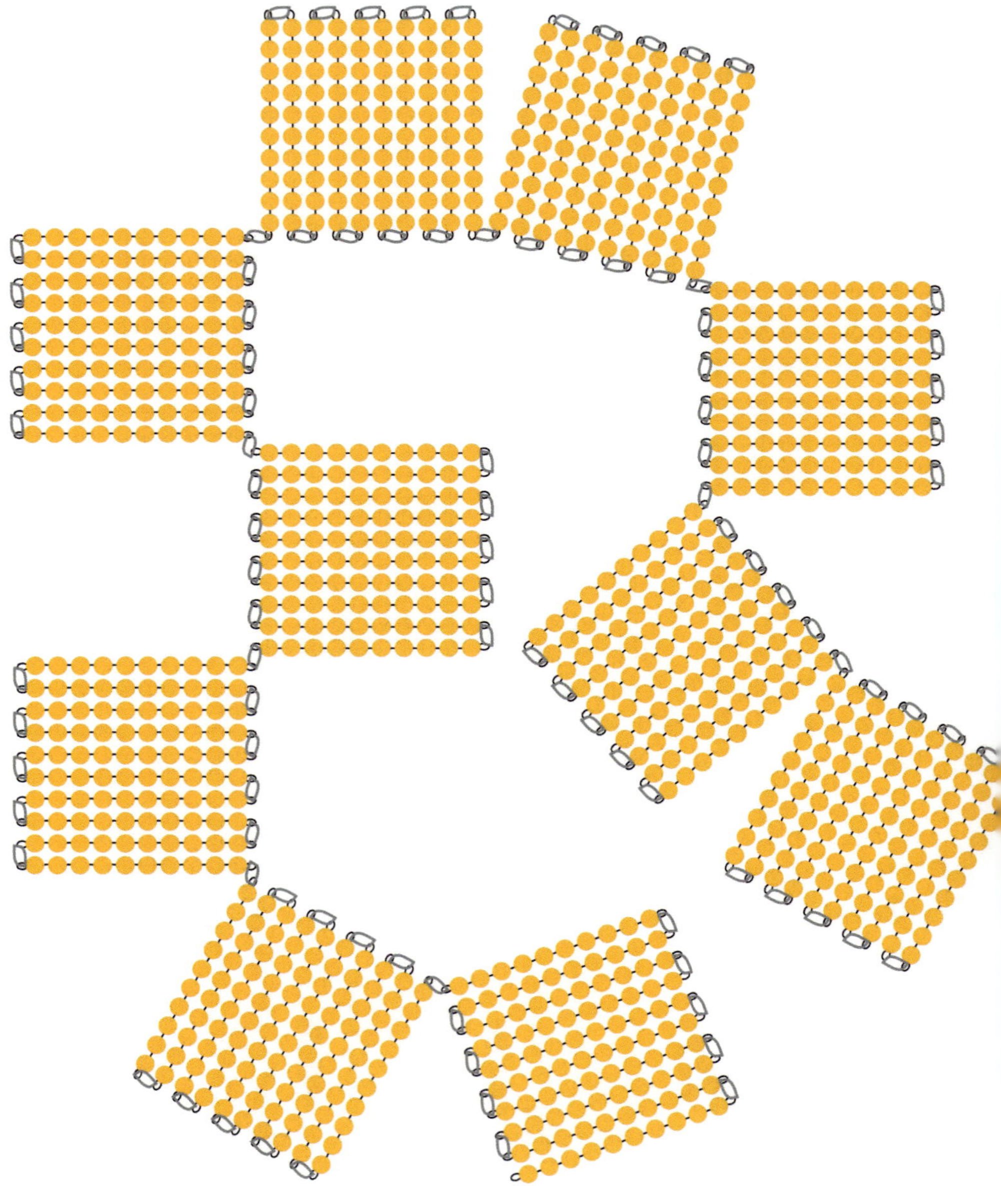

À la fin, parcourez toute la chaîne en lisant les flèches dans l'ordre. Montrez à l'enfant comment ranger ce matériel en commençant d'abord par les flèches, puis les carrés et le cube et enfin la longue chaîne.

Compter en sautant

Les chaînes et leurs flèches permettent d'apprendre à "compter en sautant" : 3, 6, 9 ou 4, 8, 12, 16, etc. Elles constituent une réelle préparation pour la multiplication car elles matérialisent la nature-même de l'opération : le même nombre pris plusieurs fois.

Le matériel

- Les chaînes du carré et du cube de 1 à 9.
- Des flèches de carton de la même couleur que les perles (ou avec des nombres écrits au crayon de couleur) : flèches roses pour les chaînes de 3, numérotées de 3 en 3 (3, 6, 9...), jaunes pour les chaînes de 4, numérotées de 4 en 4 (4, 8, 12...), etc.

L'utilisation

Pour la première présentation, l'enfant installe un petit tapis. Dirigez-vous ensemble vers l'endroit où vous avez suspendu le support des chaînes courtes. Laissez l'enfant les observer. Il est familier des barrettes, de leurs couleurs. Proposez-lui de prendre une chaîne. Une des petites pour commencer, par exemple celle du 3. Il étale la chaîne sur le tapis. Demandez-lui de compter les perles. À 3, posez la flèche du 3, à 6, posez la flèche 6, à 9, posez la flèche 9. (Voir croquis)
Annoncez alors qu'avec les chaînes courtes, on va pouvoir apprendre à compter en sautant : 3, 6, 9. Plus tard, vous pourrez retourner les flèches et demander à l'enfant de compter en sautant.
Montrez aussi à l'enfant que si vous pliez la chaîne en zigzag, cela forme un carré : 3 x 3, c'est le carré de 3. Plus tard, vous présenterez à l'enfant la notation 3 x 3, puis 3^2. Le matériel des chaînes permet en effet de travailler sur la notion de puissance d'un nombre, ce qui signifie ce nombre multiplié par lui-même.
L'enfant continuera avec une autre chaîne courte, puis une autre, d'abord avec vous puis seul. Il pourra explorer la relation des chaînes courtes avec le carré d'un nombre.
Lorsqu'il aura bien pratiqué la manipulation des chaînes courtes, présentez-lui les chaînes longues, de la même façon.
Montrez enfin à l'enfant comment disposer les chaînes longues en cubes. Dites-lui que : 3 x 3 x 3 c'est le cube de 3. Vous lui présenterez la notation plus tard.

Comptage de la chaîne du 3, en sautant

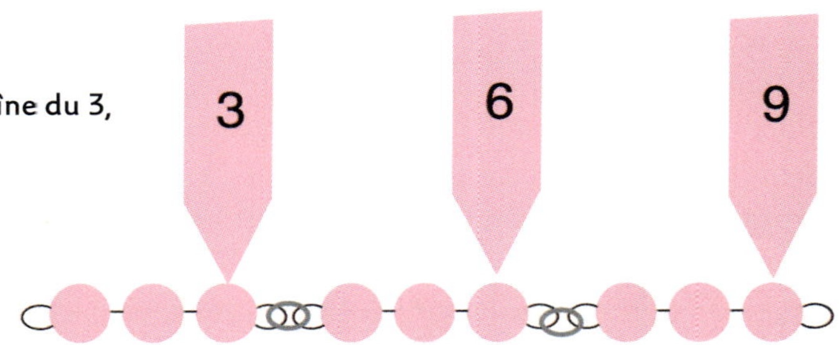

La chaîne courte du 6 disposée en carré

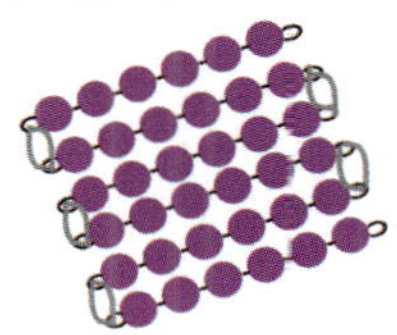

La chaîne longue du 6 disposée en cube

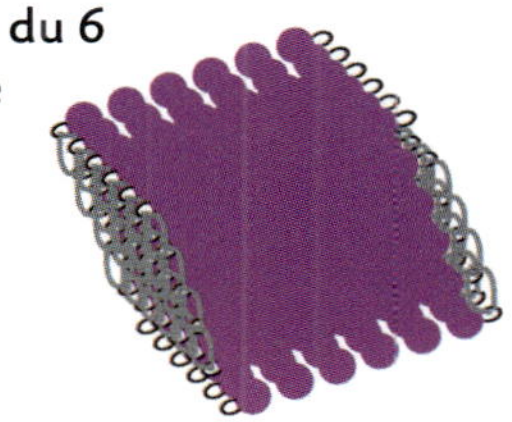

Vers l'écriture des opérations

Les timbres

À ce stade, l'enfant a déjà fait des opérations avec les perles dorées avec change avec la banque.
Avec les timbres, il s'agit maintenant de passer à un nouveau degré d'abstraction : on n'utilise plus les perles, barrettes, plaques et cubes. Désormais rien ne matérialise plus le fait qu'une dizaine, c'est 10 unités, une centaine, c'est 10 dizaines ou 100 unités, etc. Seuls les symboles et leur couleur aideront l'enfant à percevoir les différences.
Si vous n'avez pas présenté les signes des opérations avec les perles dorées, c'est maintenant que vous allez le faire. Vous pourrez aussi commencer à utiliser les termes de somme, différence, multiplicateur, multiplicande, produit, diviseur, dividende, quotient.

Le matériel

Les timbres sont de petites plaques de carton de couleur. Ils comprennent :
• Une vingtaine de cartons verts marqués d'un 1.
• Une vingtaine de cartons bleus marqués d'un 10.
• Une vingtaine de cartons rouges marqués d'un 100.
• Une vingtaine de cartons verts marqués d'un 1000.
Tous les cartons ont la même taille. On les range dans une boîte à compartiments (une sorte de "banque" des timbres).
Ce matériel est utilisé pour l'addition, mais aussi pour la multiplication, la soustraction et la division.

La première présentation

Pour cette première présentation, vous aurez besoin de la banque des perles dorées, pour faire le lien avec ce qui a précédé et avec le concret.
Montrez une perle isolée à l'enfant. "Combien de perles ? - Une". Montrez un timbre du 1 et dites : "C'est pareil. Maintenant, au lieu de la perle, on prendra le timbre du 1". Procédez de même pour 10, 100 et 1000. Tout cela va aller relativement vite puisque l'enfant connaît déjà les grands et les petits symboles, ainsi que le système décimal.

Vous posez la boîte des timbres devant vous sur la table.
Vous travaillez pour le moment de gauche à droite. Prenez un certain nombre de timbres de 1000 et alignez-les en colonne. Faites de même pour les 100, les 10, les 1.

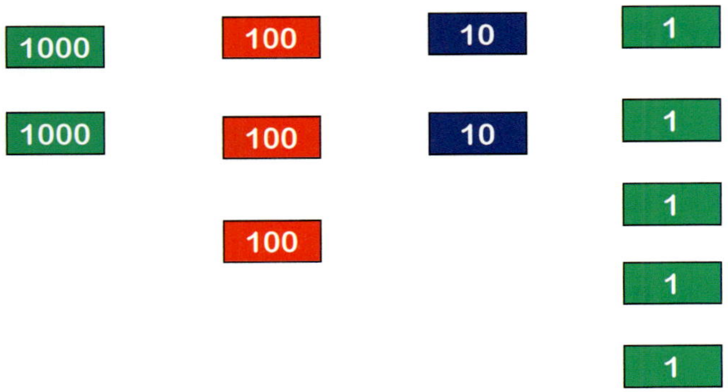

Puis demandez à l'enfant : "Combien de 1000 ? - 2 - Ça fait 2000". "Combien de 100 ? - 3 - Oui, 300. Ça fait donc 2300"."Combien de 10 ? - 2 - Oui, 20. Ça fait donc 2320"."Combien d'unités ? - 5 - Oui, 5. Ça fait donc 2325". Puis lisez avec lui : deux mille - trois cents - vingt - cinq. Vous pouvez reproduire la démarche ensemble une ou deux fois, puis c'est à l'enfant, maintenant, de former et de lire un grand nombre de son choix. Il prend des timbres dans la boîte, les aligne comme il faut et compte. Enfin il lit le grand nombre.

L'addition avec les timbres

L'enfant sait déjà faire des additions sans change ou retenue (statique) et avec change (dynamique) avec la banque et les symboles. Il s'agit maintenant de passer à un nouveau degré d'abstraction : vous n'utilisez plus les barrettes et les cubes. De même, vous pouvez passer directement à des additions dynamiques puisque la question de la retenue n'est plus à découvrir.
Vous aurez besoin des timbres, de papier blanc ou d'un cahier[1], de crayons de couleur (vert, bleu et rouge) ou d'un stylo-bille à 4 couleurs. Tracez 4 lignes verticales parallèles sur la feuille : une verte à droite, puis une bleue, une rouge et enfin une nouvelle verte. La ligne verte de gauche est légèrement plus écartée que les autres.

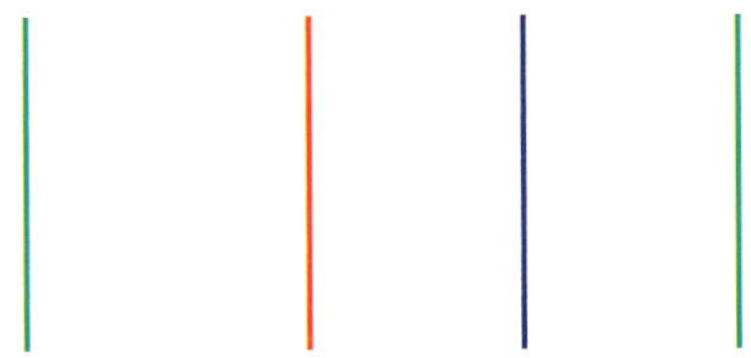

Ces lignes (appelées lignes de couleurs hiérarchiques) et leur disposition sont importantes. Jusqu'à présent, l'enfant avait la taille des perles comme repère de l'unité, la barrette de 10 comme repère de la dizaine, la plaque et le cube comme repères de la centaine et du millier. Désormais, ce sont les lignes qui vont lui servir de repères. Il va utiliser très longtemps, et pour toutes les opérations, ces lignes de couleur sur lesquelles il écrit en noir.

---

1. Nous conseillons le papier blanc pour éviter que les lignes verticales du cahier ne viennent perturber la lecture des lignes de couleurs hiérarchiques. Vous pourrez garder les feuilles dans un classeur. Rappelons que, pour le moment, c'est vous qui écrivez.

Annoncez maintenant le premier nombre que vous voulez additionner et écrivez-le en notant le chiffre des milliers sur la ligne verte de gauche, puis celui des centaines sur la ligne rouge, celui des dizaines sur la ligne bleue et les unités sur la ligne verte de droite.
Demandez à l'enfant de reproduire ce nombre avec les timbres sur la table, devant lui.

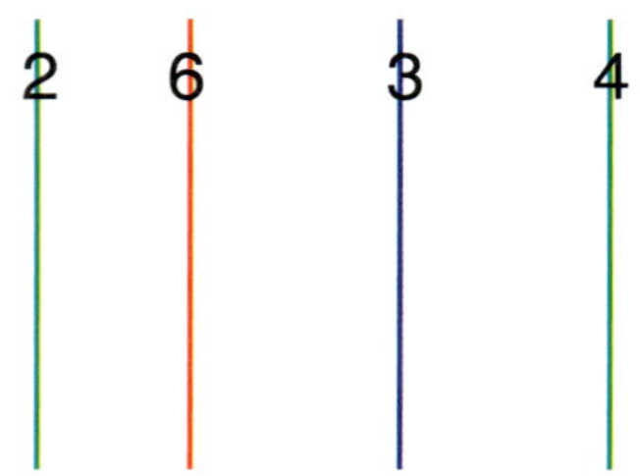

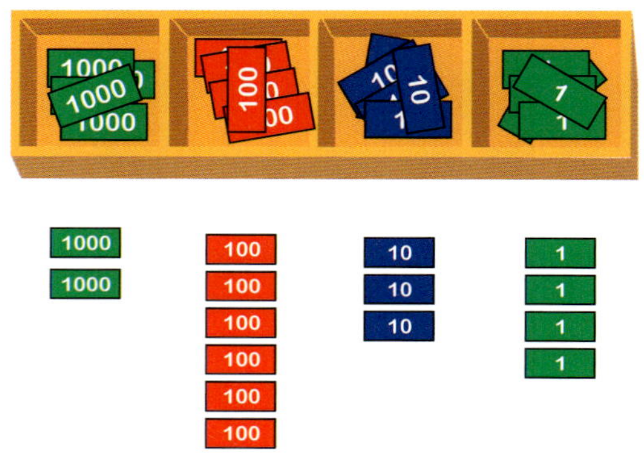

Écrivez alors le deuxième nombre à additionner, sous le premier, sans oublier le signe + et la barre horizontale qui séparera le résultat.
Demandez à l'enfant de reproduire ce nouveau nombre avec les timbres, sous les premiers.

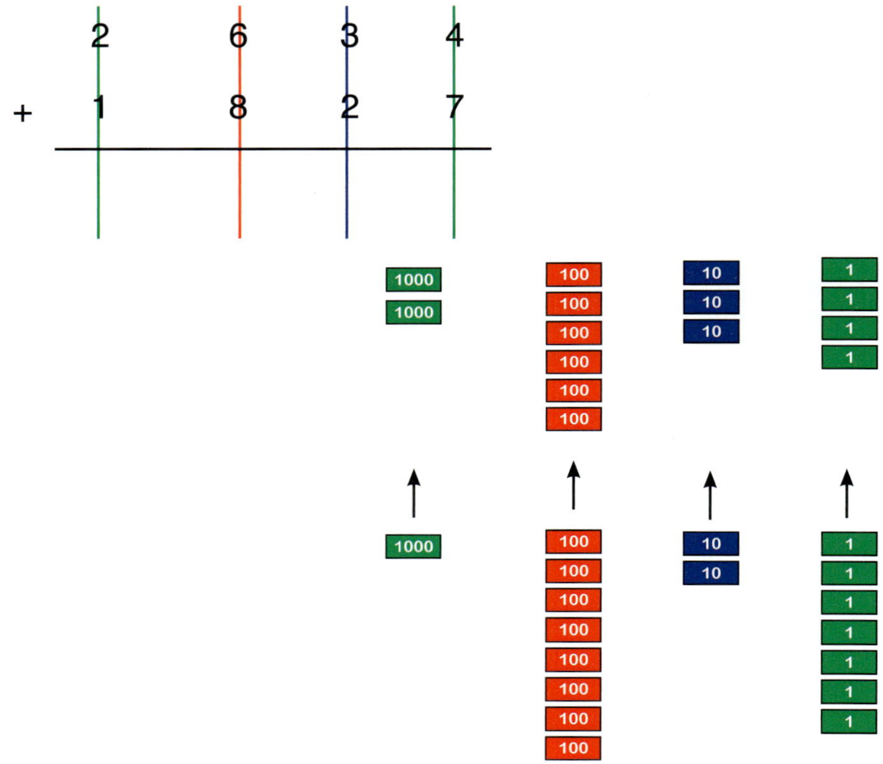

Il s'agit maintenant de faire l'addition avec les timbres et de reporter au fur et à mesure le résultat sur la feuille. Annoncez que vous allez "raccrocher les wagons des petits trains d'en bas aux petits trains d'en haut". Vous procédez de droite à gauche, colonne par colonne, en commençant par la colonne des unités et vous poussez du doigt vers le haut les 7 timbres du bas de la colonne des unités, pour leur faire rejoindre les 4 du haut. L'enfant fait la même chose pour les colonnes suivantes.

Il obtient la configuration :

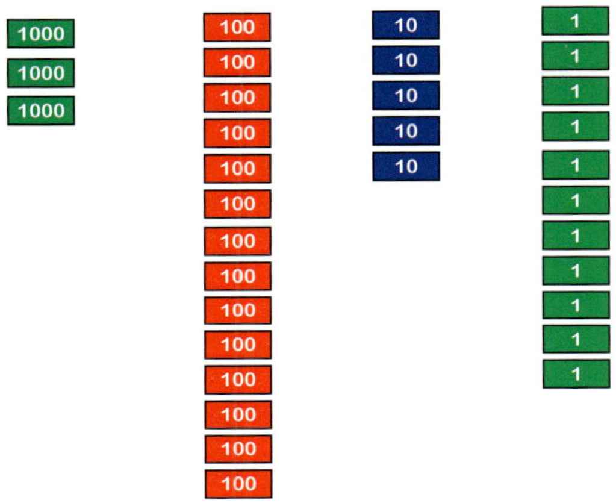

Demandez-lui maintenant de compter les unités : 11. En arrivant à 10, il a peut-être eu l'idée de parler de change. Si ce n'est pas le cas, demandez-lui ce qu'il faisait quand il avait 10 perles. Montrez-lui que c'est la même chose avec les timbres : pour remplacer 10 timbres de 1, on prend 1 timbre de 10. Il range les 10 timbres de 1 dans la boîte et prend 1 timbre de 10 qu'il pose sous les autres dans la colonne des dizaines. Il obtient la configuration ci-dessous et il écrit 1 sur la ligne verte des unités à l'endroit du résultat de l'opération, sur la feuille.

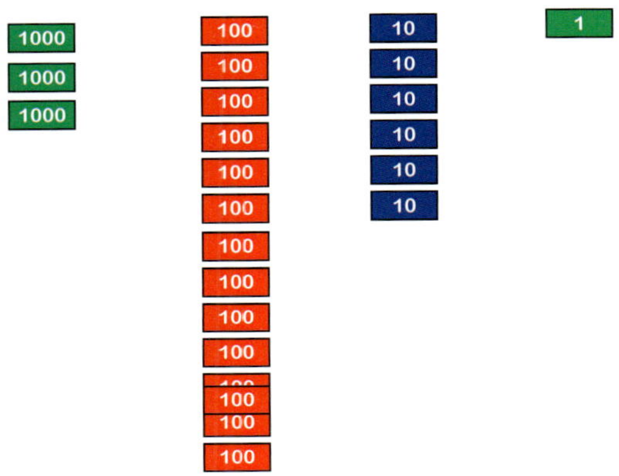

Il passe alors à la colonne des dizaines, compte 6, l'écrit sur la ligne bleue sur la feuille. À la colonne des centaines, il obtient 14, procède à un nouveau change, range les 10 centaines remplacées dans la boîte, pose un timbre de 1000 supplémentaire dans la dernière colonne, et marque le résultat 4 sur la ligne rouge.
Faites lire l'addition à l'enfant : 2634 + 1827 = 4461... et félicitez-le !

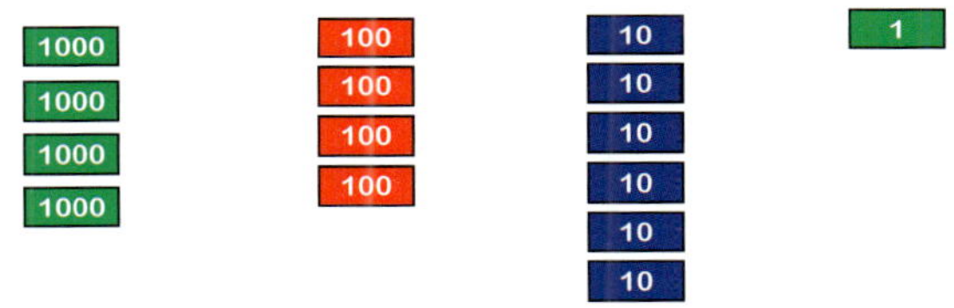

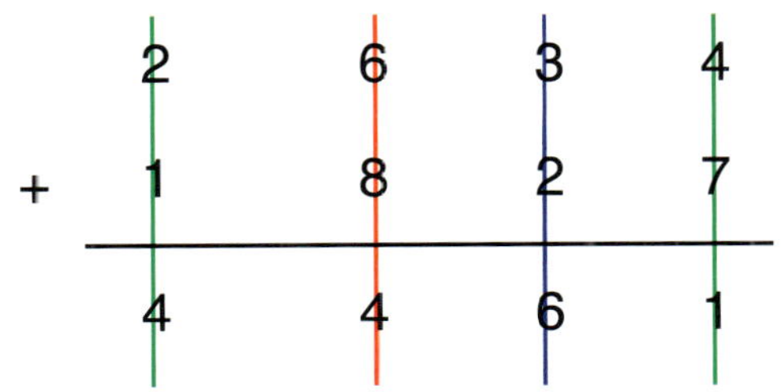

Tous les jours, préparez une addition sur les lignes de couleur, afin que l'enfant puisse travailler seul. Il faut qu'il fasse beaucoup d'opérations pour se familiariser avec cette écriture. Et ne vous pressez pas d'enlever les lignes de couleur : cela viendra tout seul.

La table des points

La table des points s'appelle aussi "table de la retenue", car son but est de mettre en évidence la retenue dans l'addition avant même tout travail sur la mémorisation. Cette activité est présentée après le travail avec les timbres et l'addition. Si elle porte le nom de table des points, c'est parce que l'on va tracer un point dans chaque case utilisée. Pour plus de clarté et de visibilité, on peut aussi tracer plutôt des croix que des points pour cocher les cases.

L'enfant va travailler le concept de la retenue sur des nombres de plus de 4 chiffres pour lui permettre d'analyser à quoi correspond exactement la retenue. S'il ne travaillait que sur des nombres de 2 chiffres, la retenue serait simplement un nombre à "décaler vers la gauche". Il ne retiendrait que cette question de la position mais ne comprendrait pas à quoi correspond réellement la retenue. Travailler avec des grands nombres permet à l'enfant d'analyser vraiment son rôle et de découvrir qu'elle est décalée sur la gauche dans la catégorie supérieure dès lors qu'une catégorie excède 9.
La table des points illustre concrètement le déplacement après le change. Chacune des étapes est bien mise en évidence.

Le matériel

La table de mise en évidence de la retenue (voir modèle et exemple sur la double page suivante) est une feuille à photocopier ou à tirer en plusieurs exemplaires sur votre imprimante. Vous pouvez également plastifier la feuille, ce qui la rendra effaçable et plaira énormément à l'enfant. Mais attention : un jeune enfant risque d'effacer par erreur avec sa manche.
Elle présente, de gauche à droite, une colonne de 10 cases pour les dizaines de milliers, une pour les milliers, une pour les centaines, une pour les dizaines et une pour les unités. Tout à fait à droite, une partie vierge permet de poser l'addition. En bas, la première rangée de compartiments sert à noter le change, la seconde le résultat de l'opération. Prévoyez un crayon à papier pour les points (ou les croix) si vous travaillez sur une feuille de papier ou un feutre noir si la feuille est plastifiée. Pour les changes et retenues vous utiliserez un feutre de couleur orange.

La présentation

Étape 1

Dans la colonne vierge de la table des points, posez une addition en colonnes où il s'agira d'ajouter non plus 2 mais 3 ou même 4 grands nombres ! Insistez sur "l'exploit" auquel vous allez vous livrer ensemble. Nous prenons l'exemple suivant : "3628 + 3549 + 2518 + 1937 = ", développé sur la p.195. Montrez à l'enfant comment vous allez noter chaque nombre sur la table des points en décomposant chacun des nombres. Pointez le 8 des unités du premier nombre et cochez 8 cases (en mettant un point ou une croix) dans la colonne des unités. Vous cochez à partir du haut à droite et vous allez de droite à gauche. Pointez ensuite le 2 des dizaines et cochez 2 cases dans la colonne des dizaines. Ainsi de suite pour le 6 des centaines et le 3 des milliers.
Puis montrez que vous passez maintenant au deuxième nombre. Pointez le 9 et cochez 9 cases à la suite des 8 déjà cochées dans la colonne des unités. Idem pour les dizaines, les centaines, les milliers. Continuez ainsi jusqu'au dernier chiffre des milliers du dernier nombre à ajouter. Il s'agit d'un 1 pour notre exemple.
L'enfant découvre peut-être les dizaines de milliers. Expliquez-lui que c'est 10 fois plus grand que le cube de 1000 ! C'est comme une barre de dix cubes de mille alignés. Dans les pays anglo-saxons, on utilise un matériel en bois hiérarchique, en taille réelle, qui vient compléter la banque des perles dorées. La barre de 10 000 fait par exemple 10 cubes mis bout à bout soit environ 7 cm de côté et 70 cm de long.

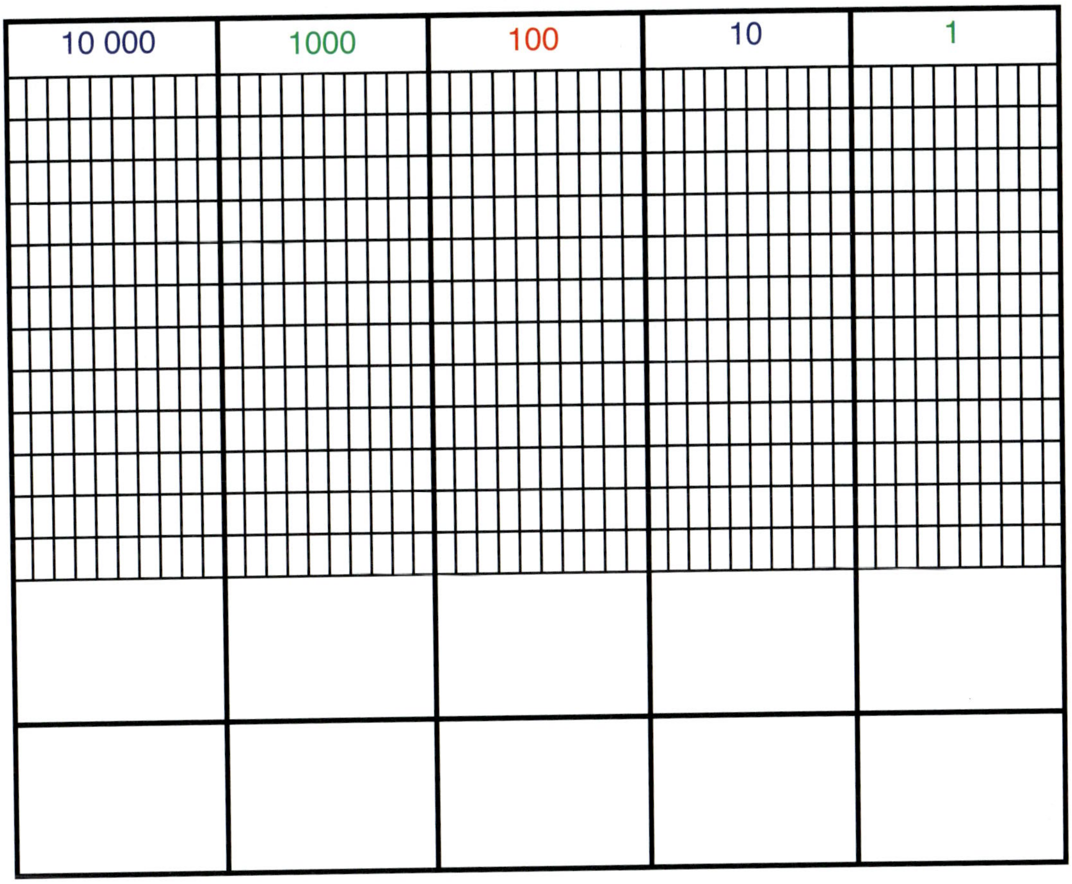

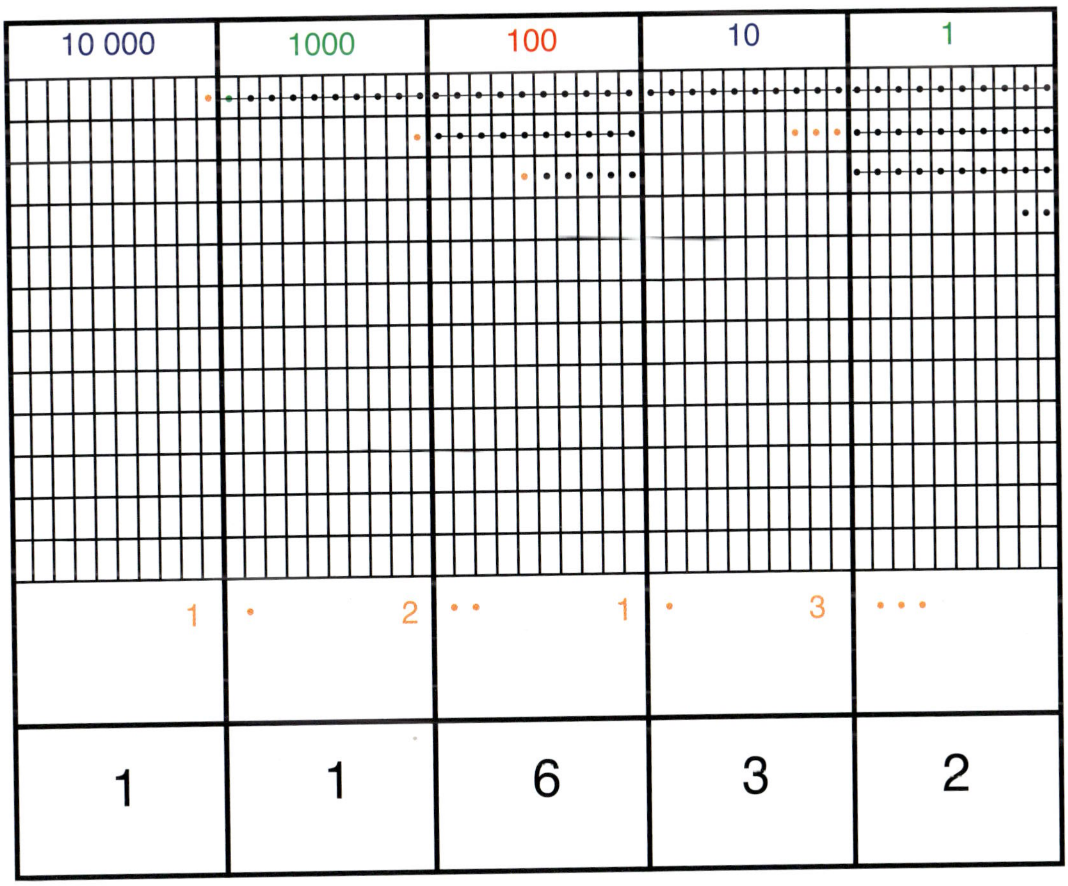

$$
\begin{array}{r}
3628 \\
+\ 3549 \\
+\ 2518 \\
+\ 1937 \\
\hline
11632
\end{array}
$$

Vous avez maintenant 32 cases cochées dans la colonne des unités, 10 dans celle des dizaines, 25 dans celle des centaines et 9 dans celle des milliers. La colonne des dizaines de milliers est encore vide.
Maintenant, dites à l'enfant que vous allez additionner : il faut compter tous les points (ou croix), colonne par colonne. Commencez bien sûr par la colonne des unités et comptez de droite à gauche. Au bout de la première rangée, cela fait 10. Demandez à l'enfant ce qu'il fait d'habitude quand il a 10. Il change 10 unités en une dizaine. Ici, c'est pareil. Vous rayez la ligne entière (10 points), puis, pour ne pas l'oublier, vous mettez un point orange en bas, dans le compartiment du change de la colonne des unités. "J'ai rayé une ligne, pour dire que je transforme 10 unités en une dizaine. Je mets un point (ou une croix) pour une dizaine".
Rayez la ligne suivante et tracez de nouveau un point en formulant le change comme précédemment. Rayez la dernière ligne et tracez un troisième point orange dans le compartiment du change. N'oubliez jamais de formuler vos changes : "Je transforme 10 unités en 1 dizaine, ou 10 dizaines, en 1 centaine...". Ceci aide l'enfant à acquérir de plus en plus d'aisance avec les équivalences dans le système décimal et donc avec les retenues.
Comptez alors les points orange et dites : "J'ai 3 dizaines". Écrivez le chiffre 3 dans le compartiment des changes de la colonne des dizaines. Ajoutez 3 nouveaux points en haut de la colonne des dizaines.
Vous pouvez maintenant rayer les lignes complètes de la colonne des dizaines. Il y en a 1 pour notre exemple. Tracez 1 point orange en bas, dans le compartiment du change des dizaines. Écrivez "1" à côté, dans le compartiment du change des centaines. Et ajoutez 1 point orange à la suite des cases déjà cochées dans la colonne des centaines. Ainsi de suite jusqu'à ajouter 1 dernier point orange dans la colonne des dizaines de milliers.

Comme vous utilisez le même feutre de couleur (orange) pour le change et la retenue, l'enfant visualise immédiatement la correspondance entre le chiffre écrit dans la colonne des changes et les points rajoutés en haut, dans la colonne d'à côté.
Il ne reste plus qu'à compter, colonne par colonne, les cases cochées qui n'ont pas été rayées. Inscrivez chaque fois le résultat dans la case de résultat, tout en bas de chaque colonne. Pour notre exemple, vous obtenez 2 dans la colonne des unités, 3 dans la colonne des dizaines, 6 dans celle des centaines, 1 dans celle des milliers et, enfin, 1 dans la colonne des dizaines de milliers.
Reportez alors le résultat sous l'opération posée à droite et lisez avec l'enfant : 3628 + 3549 + 2518 + 1937 = 11 632.

Après les débuts ensemble, c'est au tour de l'enfant. Pour les premières opérations, restez à côté de lui. Il est facile de sauter un point ou une croix et donc de se tromper. De toute façon, ce qui est important pour le moment, ce n'est pas le résultat, mais que le mécanisme soit bien compris. Le vrai but de l'activité est de mettre la retenue en évidence et son report dans la catégorie supérieure.
L'enfant fabriquera en autonomie des longues additions avec des grands nombres qu'il décomposera selon les catégories. À ce stade il ne fait pas de calcul mental mais compte facilement les points. Les retenues apparaissent sous forme de ligne de 10 complètes.
Additionner les centaines, milliers et dizaines de milliers n'est pas plus compliqué qu'additionner des unités !

Étape 2

Lorsque l'enfant a bien compris le principe, proposez-lui de cocher les cases (ou de mettre des points) nombre par nombre, mais catégorie par catégorie. Cette étape 2 est un pas de plus vers l'abstraction

puisqu'elle reprend la manière traditionnelle de calculer le résultat d'une addition en colonne.
Toujours avec le même exemple, cela donne :
- On coche les cases pour toutes les unités : d'abord 8, puis, 9, puis 8, puis 7.
- On raye les 3 lignes complètes. On trace 3 points orange en bas de la colonne des unités et le chiffre 3 en bleu dans le compartiment du change des dizaines. Montrez alors le 3 bleu, et dites : "Ça, c'est la retenue".
- On compte les points qui n'ont pas été rayés et on inscrit le résultat 2, dans le compartiment du résultat des unités.

Puis on passe aux dizaines. Il y a déjà 3 points orange. On ajoute, au crayon gris, 2 puis 4 puis 1 puis 3 points, qui correspondent aux chiffres des dizaines de nos 4 nombres à additionner. Et on reprend les mêmes opérations : rayer, symboliser le nombre de lignes rayées par des points orange en bas, noter la retenue dans le compartiment du change des centaines, noter le résultat (les points non rayés) tout en bas.
Ainsi de suite jusqu'à la fin. Attention à ne pas se tromper de case, à ne pas oublier de points et à tracer et reporter les points ou inscrire les chiffres toujours dans les bonnes colonnes.

La soustraction statique avec les timbres

Préparez sur une feuille des lignes verticales de couleur (vert, rouge, bleu, vert), comme pour poser une addition. Écrivez un premier nombre de 4 chiffres. L'enfant le forme en timbres. Écrivez le signe - et un deuxième nombre (attention : chaque chiffre du bas doit être inférieur au chiffre du haut dans la même colonne pour éviter les retenues). Si l'enfant se précipite pour former ce deuxième nombre, rappelez-lui que le 2e nombre n'est pas à ajouter mais à retirer du 1er. Il va donc devoir procéder comme il le faisait avec les perles dorées. Il va devoir enlever des timbres au lieu d'en ajouter ("décrocher des wagons" au lieu d'en "accrocher"), en commençant toujours par les unités.
Prenons l'exemple de l'opération 6538 - 2416 (voir le croquis pas à pas sur les pages suivantes). L'enfant descend 6 des 8 timbres des unités, 1 des 3 dizaines, 4 des 5 centaines et 2 des 6 milliers. Il compte alors ce qui reste des timbres du 1er nombre : 4122. Quand il a fini, il écrit le résultat en commençant par les unités.
L'enfant fera quelques opérations de ce type, sans s'attarder dès que le principe sera compris car il s'agit juste d'une préparation pour le travail avec le boulier.

étape 1

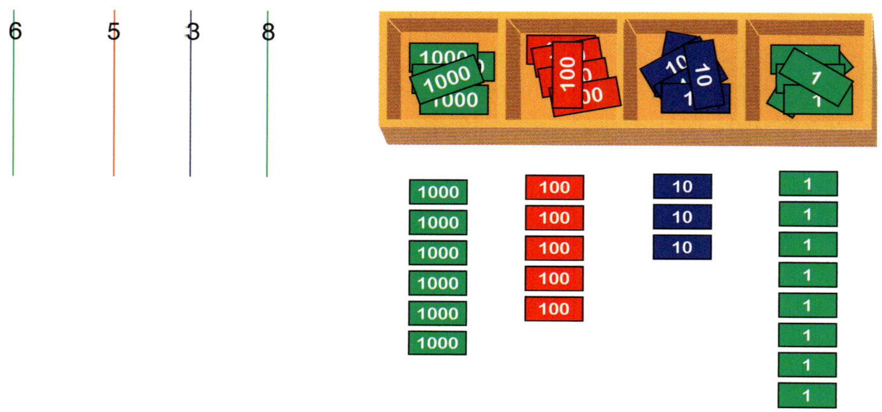

étape 2

	6	5	3	8
–	2	4	1	6
=				

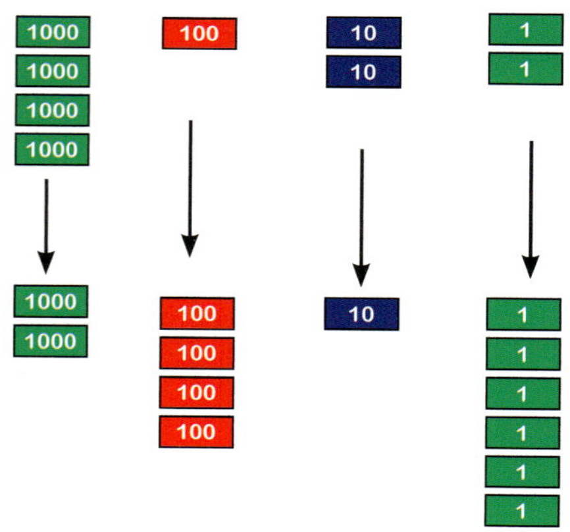

étape 3

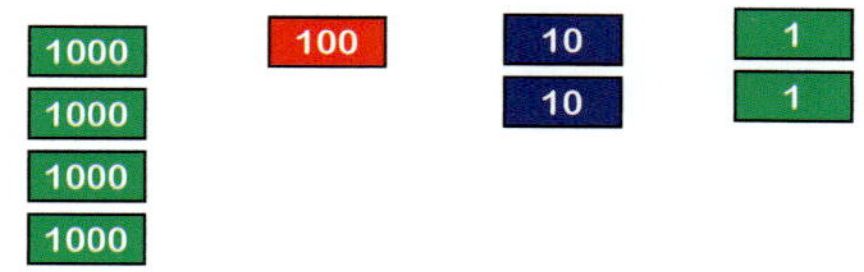

	6	5	3	8
–	2	4	1	6
=	4	1	2	2

La soustraction dynamique avec les timbres

Préparez une feuille en traçant les lignes verticales de couleur habituelles. Inscrivez une soustraction complète sur les lignes. Attention : le chiffre des milliers du 1er nombre doit être bien supérieur à celui du 2e nombre, pour s'assurer de ne pas avoir de résultat négat f (voir exemple ci-contre).

Demandez à l'enfant de former tout seul la soustraction avec les timbres. Vous pourrez alors vérifier qu'il a bien retenu qu'il ne fallait former que le 1er nombre pour faire une soustraction... autrement dit, qu'il a bien compris ce qu'est une soustraction.

Il commence alors à enlever les unités (6 pour notre exemple). Proposez-lui de faire un tas de tous les timbres enlevés, à l'écart sur la table. Il pourra ainsi vérifier son opération à la fin s'il a un doute : en ajoutant son résultat aux timbres du tas, il obtiendra le nombre de départ.

Il reste un timbre des unités. L'enfant écrit ce résultat sur la feuille.

Lorsqu'il veut enlever 5 dizaines, il est bloqué. S'il ne pense pas au change, rappelez-lui ce qu'il a fait avec les perles. Il fait alors le change, retire 5 dizaines. Il lui en reste 9. Il écrit ce résultat sur la feuille. Ainsi de suite jusqu'à la fin de l'opération.

Après quelques jours et une dizaine de soustractions de ce genre, ou lorsque l'enfant est visiblement à l'aise, il faut aborder le cas particulier des zéros dans le 1er nombre.

Vous pouvez maintenant poser l'opération en ligne et demander à l'enfant de l'écrire sur des lignes verticales de couleur. Prenons l'exemple 4605 - 2918 =. L'enfant forme le 1er nombre en timbres. Surveillez qu'il ne saute pas la colonne des dizaines sous prétexte qu'il n'y a pas de timbres à poser.

	6	3	4	7
–	1	4	5	6
=				

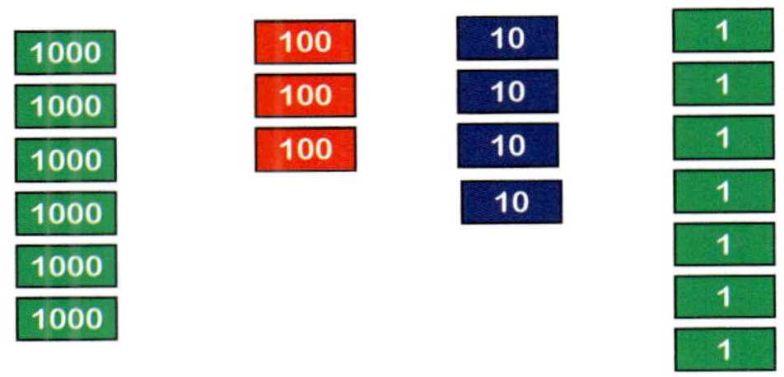

	6	3	4	7
–	1	4	5	6
=	4	8	9	1

Lorsqu'il veut faire le premier change pour soustraire les 8 unités, il a un problème car il n'a pas de dizaines pour faire le change. Laissez-lui un peu de temps pour réfléchir à son rythme. S'il ne voit pas du tout et vous demande la solution, suggérez-lui de faire un change de 100 pour obtenir 10 dizaines. Puis laissez-le finir l'opération et noter le résultat sur la feuille.
Préparez une opération de ce type par jour pendant plusieurs jours, en variant la position du 0 dans le 1er nombre (unités, dizaines ou centaines).

Lorsque l'enfant a bien compris le mécanisme et s'il n'oublie jamais la colonne où il n'y a pas de timbre, proposez-lui une soustraction avec deux zéros dans le 1er nombre, puis trois. L'enfant devra faire des changes successifs pour résoudre les opérations. Procédez lentement et méthodiquement. Ne brûlez pas les étapes.
Tout ce travail de change permettra à l'enfant, le moment venu, de passer facilement à la retenue, que vous aborderez avec le boulier. Avec les perles, il a compris de façon concrète le principe de l'opération. Avec les timbres, il passe progressivement à l'abstraction.

La multiplication par 10, 100, 1000 avec les perles dorées

Commencez par un petit rappel avec l'enfant. Vous sortirez avec lui les perles de la banque au fur et à mesure qu'il répondra aux questions. "Combien y a-t-il d'unités dans une dizaine ? Combien dans une centaine ? Et dans un millier ? Combien de dizaines dans une centaine ? Combien dans un millier ? Combien de centaines dans un millier ?"
Ce va et vient sur les catégories est une excellente gymnastique intellectuelle avec le système décimal.

Demandez ensuite à l'enfant de prendre, par exemple, 134 en perles dorées (1 plaque de 100, 3 dizaines et 4 unités). Écrivez sur un papier libre 134 × 10 =. Dites alors que vous voulez 134 dix fois. L'enfant pose les perles au fur et à mesure sur un grand plateau. Faites le change avec lui. Vous obtenez 1340 (un cube de 1000, 3 plaques de 100 et 4 barrettes de 10). Écrivez le résultat en soulignant (ou surlignant) le 0 pour le mettre en évidence. Enfin rangez les perles.

Demandez à l'enfant de prendre 45 en perles. Précisez que vous allez prendre 45 dix fois, mais de manière différente, maintenant. Prenez une perle et demandez : "10 fois une perle, c'est combien ? - Une dizaine." Vous rangez alors la perle et prenez une dizaine à la place. Faites de même avec les 4 autres perles. Puis prenez une dizaine et dites : "10 fois une dizaine, c'est combien ? - Une centaine." Rangez la dizaine et prenez une plaque de 100 à la place. Faites de même avec les 3 dizaines restantes. Écrivez le résultat, toujours en soulignant le 0, puis ranger.

Renouvelez l'opération plusieurs fois (jusqu'à 6 ou 8, mais sans lasser l'enfant) avec des exemples différents (Ex. : 5 × 10, 10 × 63,

100 × 72, 25 × 100, etc.). À la fin, vous obtenez une liste d'opérations avec un ou plusieurs 0 soulignés :
10 × 34 = 340
10 × 45 = 450
5 × 10 = 50
10 × 63 = 630
100 × 72 = 7200
25 × 100 = 2500
3 × 1000 = 3000

En discutant avec l'enfant, faites-le observer et découvrir la règle : lorsqu'on multiplie par 10, on ajoute un 0 au multiplicande, lorsqu'on multiplie par 100, on ajoute deux 0 et lorsqu'on multiplie par 1000, on en ajoute trois.

La multiplication avec la disposition systématique des perles de couleur

Avant de travailler la mémorisation et l'écriture systématique des tables de multiplication, l'enfant travaille l'opération avec la disposition des perles de couleur.

Le matériel

- Un assortiment de plusieurs perles de couleur.
- Un petit tapis pour éviter qu'elles ne roulent.

L'utilisation

Annoncez à l'enfant que vous allez lui présenter les tables de multiplication avec les perles de couleur, par exemple : la table de 4. Posez une barrette jaune de 4 horizontalement devant l'enfant. "Je prends 4 une fois. Combien ça fait ?" Comptez pour avoir la réponse : 4. Posez une nouvelle barrette jaune de 4 verticalement, sous la première.

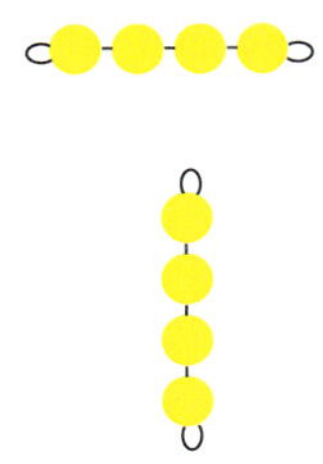

Posez maintenant 2 barrettes de 4 horizontalement. "Je prends 4 deux fois. Combien ça fait ?" Comptez pour trouver la réponse : 8. Placez une barrette marron de 8 verticalement sous les deux barrettes de 4.

Posez maintenant 3 barrettes de 4 horizontalement. "Je prends 4 trois fois. Combien avons-nous ?" Comptez avec l'enfant. Le résultat est 12. Sous vos 3 barrettes de 4 jaunes, posez une barrette de 10 et une barrette verte de 2.

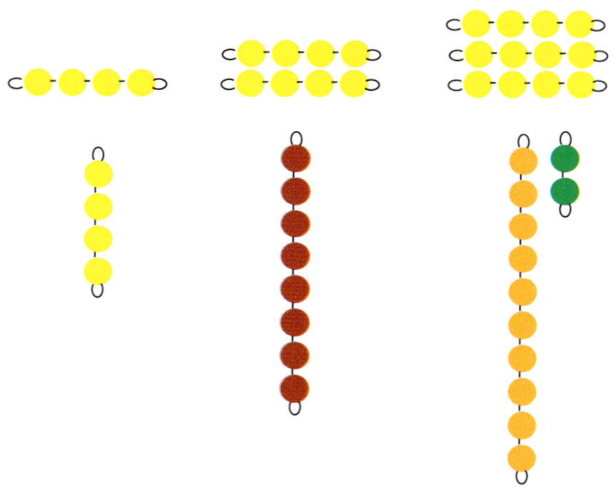

L'enfant continue jusqu'à prendre 4 dix fois et à placer 4 barres de 10 sous les 10 barres jaunes de 4.

Prolongement : la fabrication d'un nombre

Invitez l'enfant à trouver toutes les manières de faire un nombre (Ex. : 12). Représentez le nombre avec une barrette de 10 et une barrette verte de 2. Dites : "Nous allons voir si nous pouvons fabriquer 12 exactement avec deux barrettes identiques". Par tâtonnement, l'enfant trouve que deux barrettes de 6 font 12. Puis il fabrique 12 avec les barrettes de 3 et observe que 4 fois 3 font 12. Il fabrique ensuite 12 avec les barrettes de 4 et découvre que 3 fois 4 font 12. Faites observer qu'en posant les perles côte à côte, il obtient bien la même surface qu'avec les barres de 3.

Ceci est une préparation à la commutativité de la multiplication mais également à la divisibilité d'un nombre ainsi qu'à la notion de surface liée à la multiplication.

Avec les perles de couleur l'enfant découvre intuitivement que le multiplicateur n'est pas un nombre "solide" (qui représente une quantité d'objets, par exemple) comme le multiplicande, mais une indication sur le nombre de fois qu'il faut aligner une quantité.

La multiplication avec les timbres

On saute parfois cette étape, car elle est exactement semblable à ce que l'on fait pour l'addition. Pourtant, cela permet à l'enfant d'avoir les idées très claires pour les 4 opérations et c'est un passage important vers l'abstraction.
Indiquez à l'enfant que vous allez faire une multiplication avec les timbres. Discutez avec lui sur la nature de la multiplication en lui rappelant son travail avec les perles dorées lorsqu'il fallait prendre plusieurs fois le même nombre.
Invitez l'enfant à fabriquer par exemple 3 fois le même nombre avec les timbres.
Pour additionner les nombres, l'enfant a déjà vu comment "accrocher les wagons" en poussant du doigt les timbres et en commençant par les unités, puis les dizaines, les centaines, et les milliers : c'est ce qu'il a fait pour l'addition avec les timbres.

La division avec les timbres (diviseur à 1 chiffre)

Rappelez-vous : les timbres sont déjà un matériel semi-abstrait. Seule la couleur différencie les catégories de façon concrète, l'enfant doit donc avoir déjà travaillé la notion de division avec les perles dorées pour aborder les timbres.

Le matériel

- Les timbres. Vous aurez peut-être besoin de fabriquer de nouveaux timbres pour ce travail qui en demande beaucoup, surtout pour ceux de 10 et de 1. Assurez-vous d'en avoir assez au moment de commencer.
- 4 coupelles (2 vertes, 1 bleue et 1 rouge).[1]
- 27 petites quilles d'environ 2 cm de haut, pour matérialiser le diviseur (9 vertes, 9 bleues et 9 rouges). Ces quilles peuvent se fabriquer en pâte à sel ou en pâte fimo. Dans le premier cas, il faudra les peindre. Seules les quilles vertes sont nécessaires pour le moment.

L'utilisation

Écrivez un dividende de 4 chiffres sur une feuille ou un cahier (Ex. : 2439). Demandez à l'enfant de composer ce nombre en plaçant les timbres dans les coupelles. Vous placez le signe ":" puis le diviseur (Ex. : 7) et le signe "=". Vous disposez 7 quilles et vous placez le matériel comme sur le croquis de la page suivante.

---

1. L'utilisation des coupelles permet de bien séparer le dividende (les timbres à distribuer) des timbres répartis sous chaque quille. Mais certains procèdent en se passant des coupelles et en composant simplement le dividende bien au-dessus des quilles. A vous de choisir ce qui vous convient le mieux.

2439 : 7 =

Demandez à l'enfant ce qu'il distribue en premier avec les perles dorées. Il devrait se souvenir que l'on commence par les plus grosses quantités (dans notre cas les 1000) puis descendez la coupelle des 1000 en-dessous des quilles, en laissant de l'espace pour les timbres, avant de commencer la distribution. Vous êtes tout de suite bloqués car vous ne pouvez pas distribuer 2 entre les 7 quilles. Vous devez faire le change des 2 timbres de 1000. Par deux fois, vous allez donc changer un timbre de 1000 et ajouter dix timbres de 100. Remontez et retournez la coupelle vide des 1000 au-dessus des quilles. Descendez la coupelle des 100 et distribuez les timbres. Il en reste 3 (croquis 1 ci-contre).
Vous retournez et replacez la coupelle rouge en haut après avoir changé les 3 derniers timbres de 100 contre 30 dizaines. Il y a donc maintenant 33 timbres de 10 dans la coupelle bleue, que vous placez sur le côté avant de distribuer. Il reste 5 timbres de 10 (croquis 2 ci-contre).
Vous retournez et replacez la coupelle bleue en haut. Vous changez les 5 timbres de 10 contre 50 timbres de 1 que vous ajoutez dans la coupelle verte. Elle en contient maintenant 59. Vous déplacez la coupelle verte sur le côté et vous distribuez. Il restera 3 timbres de 1 (croquis 3, p.205).

Croquis 1

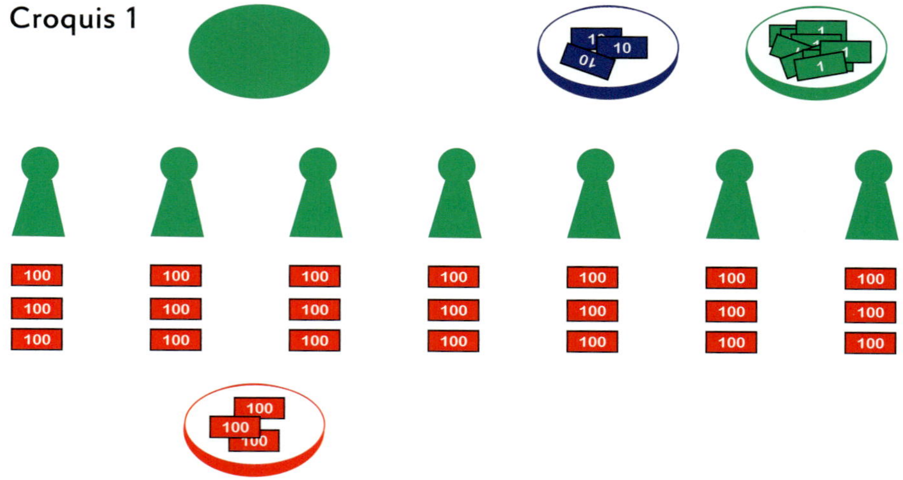

Croquis 2

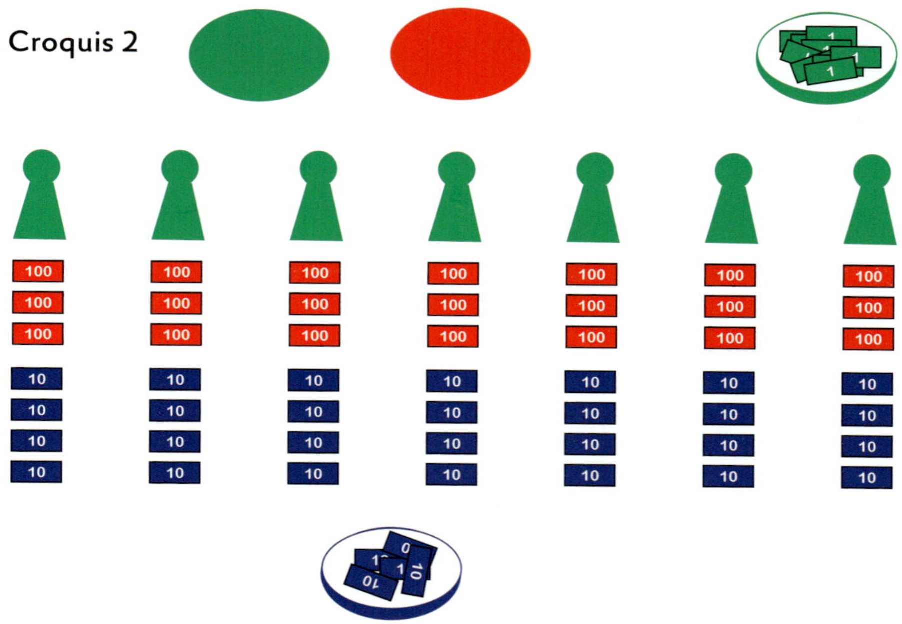

Croquis 3

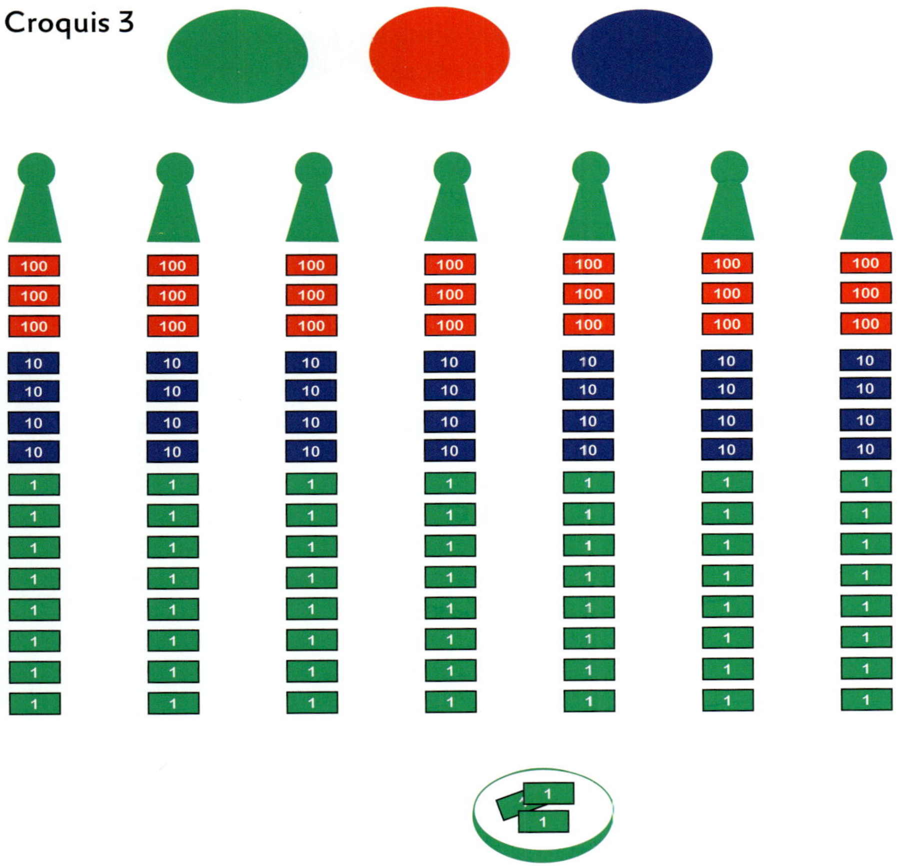

Aidez maintenant l'enfant à trouver le résultat de l'opération en faisant le lien avec la division des perles dorées : rappelez-lui que le résultat d'une division, appelé aussi quotient, est ce que reçoit chaque membre du partage. Donc, ici, ce que reçoit l'une des quilles. Il suffit donc maintenant de compter ce qu'à reçu une quille. Inutile de compter les

autres puisque c'est pareil pour toutes. Le résultat pour notre exemple est 348, que vous inscrivez à la fin de l'opération. Et le reste est de 3. Il est important d'écrire le reste aussi.

2439 : 7 = 348 **reste** 3

Après quelques opérations de ce type que vous aurez choisies, laissez l'enfant choisir les siennes. S'il tombe sur un cas particulier, comme par exemple celui d'un 0 au quotient, tant mieux, il aura compris qu'il y a une catégorie qu'il ne peut pas partager. Sinon proposez-lui une opération qui permette de voir ce cas et de montrer à l'enfant l'importance des couleurs pour ne pas "sauter" une catégorie quand il n'y a rien dedans.

La division avec les timbres (diviseur à 2 chiffres)

Vous n'abordez ce travail que lorsque l'enfant est parfaitement à l'aise avec un diviseur à un chiffre.

Le matériel

C'est le même que pour la division à 1 chiffre avec les timbres (p.203). Mais vous allez maintenant utiliser, en plus des vertes, les quilles bleues qui représenteront le nombre des dizaines du diviseur. Vous aurez également besoin de 6 jetons (2 verts, 2 bleus, 2 rouges), destinés à matérialiser les 0 au diviseur.

La présentation

Vous écrivez un dividende que l'enfant compose en timbres dans les coupelles. Vous écrivez le diviseur sur une étiquette en respectant les couleurs. Pour notre exemple, nous prenons : 3568 : 25 =
Dites à l'enfant qu'il est impossible de sortir 25 quilles vertes, il n'y en a pas assez. Vous allez donc prendre 2 quilles bleues et 5 quilles vertes.

L'enfant est bien habitué à ce que le bleu symbolise les dizaines, maintenant, mais n'hésitez pas à préciser pour démarrer sur des bases très sûres : rappelez les décurions et les légionnaires.

Descendez la coupelle des 1000 sous les quilles bleues et celle des 100 sous les quilles vertes. Commencez la distribution comme dans le cas d'un seul chiffre au diviseur (p.204) mais en donnant chaque fois aux quilles vertes 10 fois moins que ce que vous venez de distribuer aux quilles bleues.

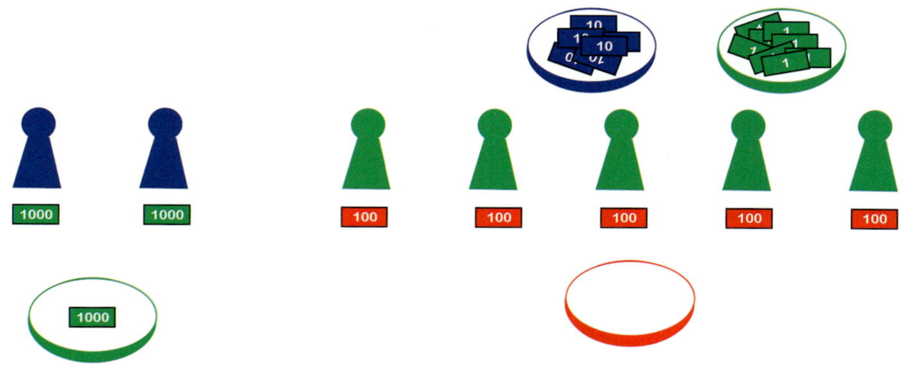

Changez le timbre de 1000 en 10 timbres de 100. Remontez et retournez la coupelle vide des 1000. Décalez la coupelle des 100 sous les quilles bleues et distribuez 1 timbre de 100 à chaque quille bleue. Il en reste 8. Descendez la coupelle des 10 sous les quilles vertes et distribuez-les. Il en reste 1. Distribuez 1 timbre de 100 à chaque quille bleue. Changez 1 timbre de 100 (il en reste 5 et il y a maintenant 11 timbres de 10). Distribuez 1 timbre de 10 à chaque quille verte. Distribuez 1 timbre de 100 à chaque quille bleue et 1 timbre de 10 à chaque quille verte. Il reste 3 timbres de 100 et 1 timbre de 10.
Continuez ainsi jusqu'à épuisement des timbres de 100 et en soulignant bien, chaque fois, que vous donnez à chaque quille verte 10 fois moins que ce que reçoit chaque quille bleue. Retournez la coupelle vide des 100 et décalez la coupelle des 10 sous les quilles bleues.

Croquis 1

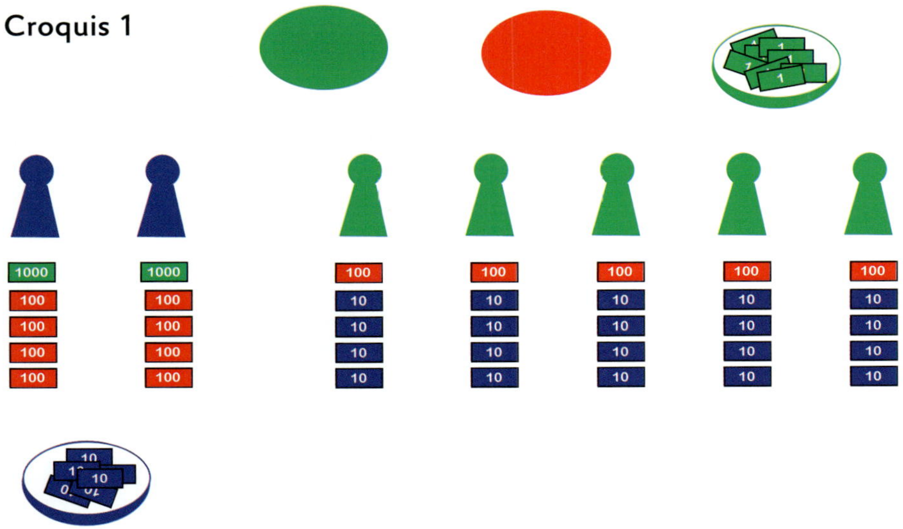

Croquis 2

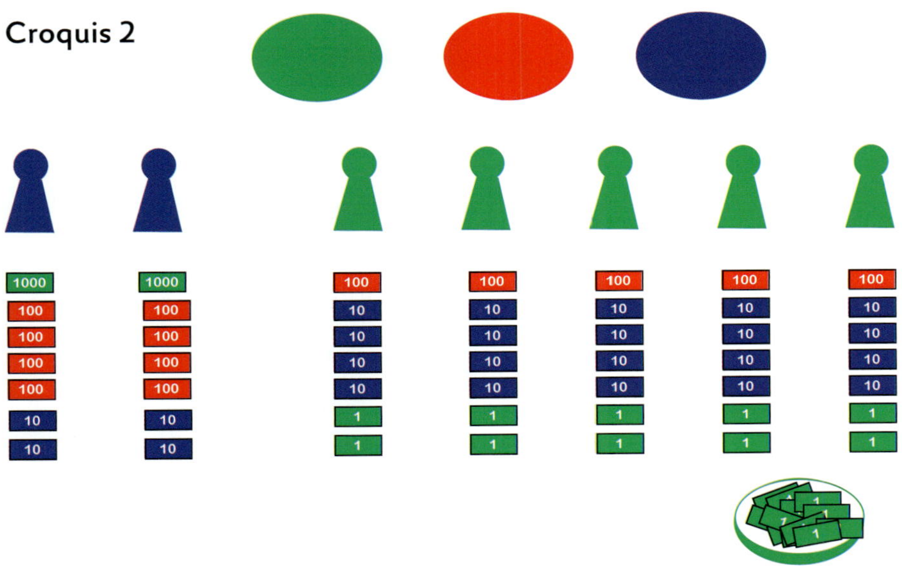

À ce stade, la situation est celle du croquis 1 de la page ci-contre. Descendez la coupelle verte des timbres de 1 sous les quilles vertes. Le croquis 2 montre la fin de la distribution. L'enfant compte ce qu'a obtenu l'une des quilles vertes : rappelez-lui que c'est le résultat de la division. Vous inscrivez ce résultat. L'enfant compte le reste dans la coupelle verte. Vous écrivez "reste 18" et constatez que 18 est inférieur à 25 (le diviseur). Encore une fois, si vous constatez la moindre hésitation soit au sujet de la répartition entre les quilles bleues et les vertes, soit au sujet de ce qui reste, décomposez la démonstration pour que les idées de l'enfant soient parfaitement claires. Il est possible, en effet, que voyant autant de timbres dans la coupelle, il se dise qu'il est possible de les distribuer. Laissez-le faire et constater que c'est impossible car ce qui reste est plus petit que le diviseur.

Le cas particulier du 0 au diviseur

Choisissez une opération du type 8235 : 40 = . Il y aura 4 quilles bleues et pas de quille verte. Mais il faut quand même marquer ce 0 ! Vous placerez un jeton vert à la place (croquis). Puis vous ferez la distribution, toujours en déplaçant les coupelles, même sous le jeton, pour ne pas oublier une catégorie. Voir l'exemple pas à pas ci-dessous et pages suivantes.

Situation initiale

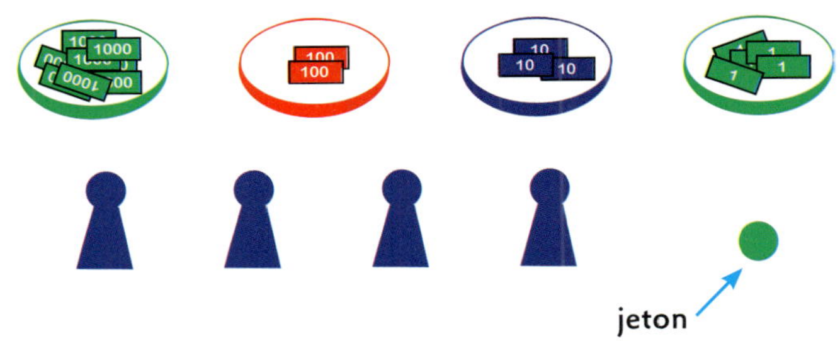

Distribution
des timbres de 1000

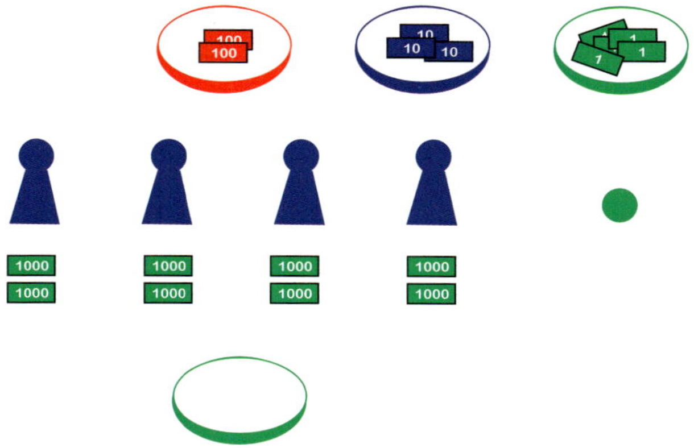

Avant le change
des 2 timbres de 100
en 20 timbres de 10

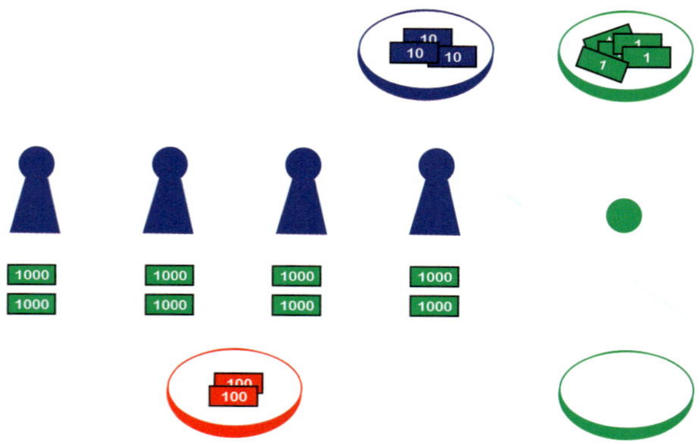

Après la distribution
des timbres de 10

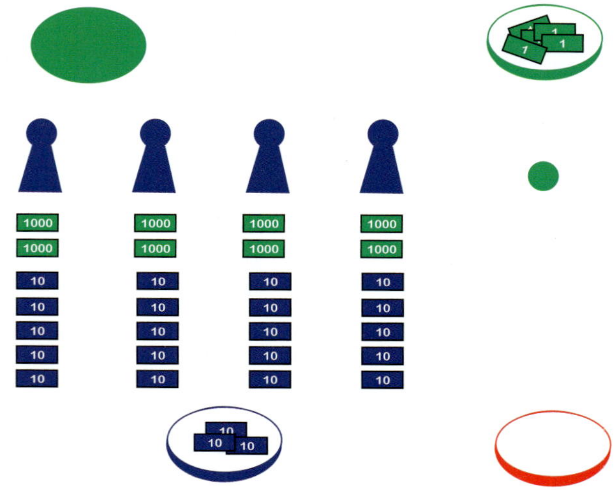

Avant le change
des timbres de 10
restants

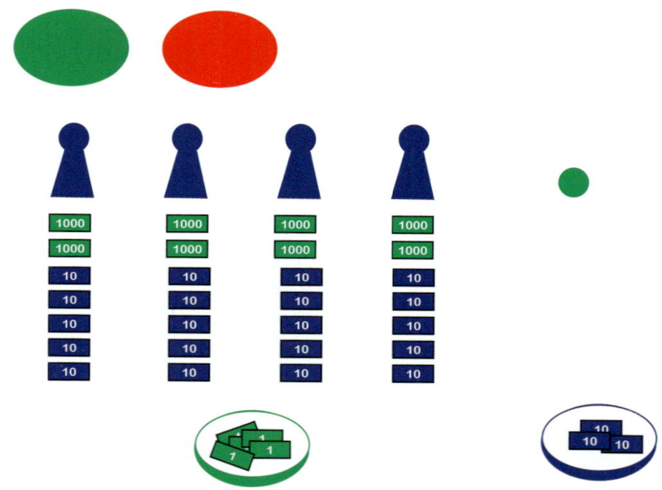

Résultat final

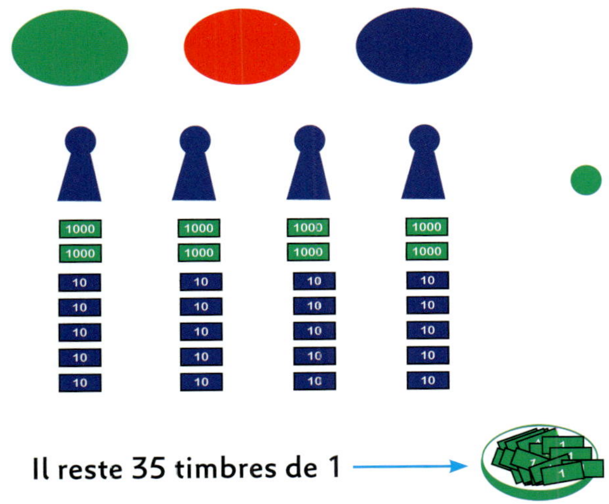

La part du décurion est de 2050
et le résultat est donc :
8235 : 40 = 205 **reste 35**

À la fin, bien sûr, l'enfant risque de vouloir compter ce qu'a reçu une quille bleue pour trouver le résultat. Aidez-le en lui reparlant du décurion : il doit partager ce qu'il a reçu en 10. Or il a 2 timbres de 1000, 0 timbres de 100, 5 timbres de 10 et 0 timbres de 1.
Rappelez que ce que reçoit le soldat est 10 fois plus petit que ce que reçoit le décurion.
Donc "10 fois plus petit que 2000, c'est ? - 200. -10 fois plus petit que 50, c'est ? - 5." Écrivez le résultat (205), sans oublier le reste (35).
L'enfant fera plusieurs divisions de ce type, une par jour, avec ou sans 0 au diviseur, avant de passer à la suite.

La division avec les timbres (diviseur à 3 chiffres)

Ici encore, le principe et le matériel sont exactement les mêmes que pour la division avec un diviseur à 2 chiffres, mais vous introduisez les quilles rouges (les centurions) qui reçoivent un timbre de 100 lorsque les quilles bleues (les décurions) reçoivent un timbre de 10 et les quilles vertes (les soldats) un timbre de 1. Pour le reste, reportez-vous p. 206. Pour le cas particulier du 0 au diviseur, vous utiliserez toujours les jetons, bleu si le 0 est aux dizaines du diviseur, et vert s'il est aux unités. Il est possible aussi qu'il y ait deux 0. Vous placerez alors un jeton bleu et un jeton vert à la place des quilles des mêmes couleurs. Cela permettra à l'enfant de ne pas oublier l'écart qu'il doit y avoir entre ce que reçoit la quille rouge et ce qu'obtient la quille verte, par exemple. Pour ces cas particuliers, il est très important de déplacer soigneusement et méthodiquement les coupelles pour ne pas oublier une catégorie.

0 aux dizaines :
la situation avant le 1er change

6341 : 402 =

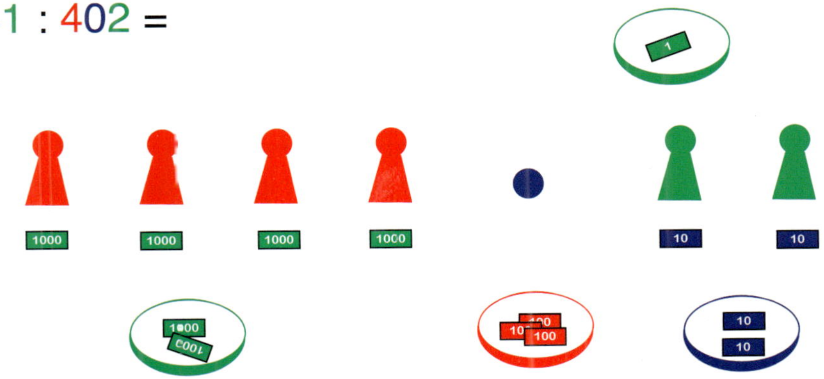

Vers la mémorisation des opérations

Au moment où vous abordez la mémorisation de l'addition avec l'enfant, il a vu l'addition avec les perles et il a travaillé avec les 1res tables de Seguin. Il va avoir besoin de mémoriser la table d'addition pour ne pas être freiné dans toutes ses activités de calcul parallèles, le travail avec les timbres ou avec le boulier par exemple (voir plus loin). Pour consolider le principe de l'opération avant de passer à la mémorisation systématique avec la table des réglettes (p.219), on propose à l'enfant le jeu du serpent positif qui permet de rester dans le concret des perles.
Pour tous les travaux de mémorisation, n'hésitez pas, surtout si l'enfant est jeune, à lui servir de scribe aussi longtemps que son écriture encore malhabile risquera de le perturber dans sa concentration.

Le serpent positif, début de la mémorisation de l'addition

Ce jeu permet de consolider le comptage et la numération. Il présente l'avantage de faire travailler l'enfant sans avoir besoin d'une feuille ou d'un crayon. Le concept même du serpent plaît à la majorité des enfants mais il peut arriver que le simple nom du serpent déstabilise certains enfants. Dans ce cas improvisez ! Le serpent devient alors un magnifique collier à compter.
Selon la longueur du serpent, l'enfant peut être amené à faire des dizaines d'opérations sans lassitude.
L'explication est un peu longue. Même pour nous ! Mais il ne faut pas se laisser impressionner : c'est un matériel très facile à utiliser.

Le matériel

Le matériel peut être fait à la maison... avec pas mal de patience et de main d'œuvre. Enrôlez toute la famille (ou toute l'équipe pédagogique si vous travaillez pour une école).
Il se compose de :
10 barrettes de 9 perles bleu foncé
10 barrettes de 8 perles bleu ciel
10 barrettes de 7 perles blanches
10 barrettes de 6 perles marron
10 barrettes de 5 perles bleu turquoise
10 barrettes de 4 perles jaunes
10 barrettes de 3 perles roses
10 barrettes de 2 perles vertes
10 perles rouges isolées

Même les perles rouges isolées doivent être enfilées sur un petit bout de fil de fer. Sinon, elles roulent et ne restent pas à l'endroit où on les pose.

Vous pourrez constater que les couleurs correspondent à celles de la table de Pythagore[1].
À cela s'ajoutent les perles noires et blanches du change, et enfin, un "cavalier" de carton qui permet de compter facilement les perles. Il s'agit simplement d'un petit bout de carton avec une encoche utilisé comme guide pour le comptage des perles et comme repère lors des pauses, pour savoir où on en est.
Vous utiliserez également les barrettes de 10 perles dorées de la banque des perles (voir p.163).
Il est plus agréable de travailler sur une nappe ou un tapis car les perles roulent moins sur le tissu que sur un support lisse.

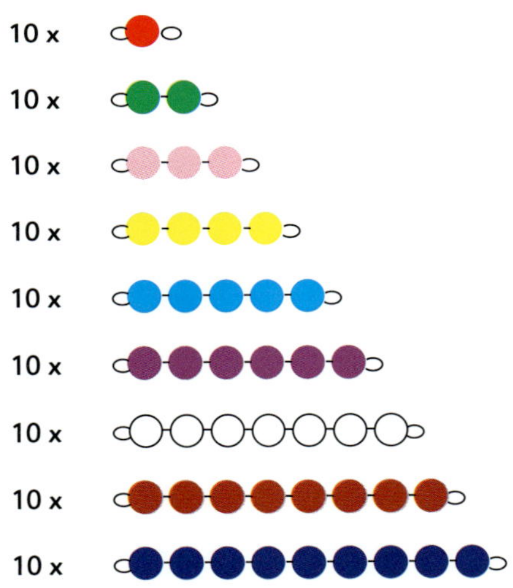

Les barrettes positives

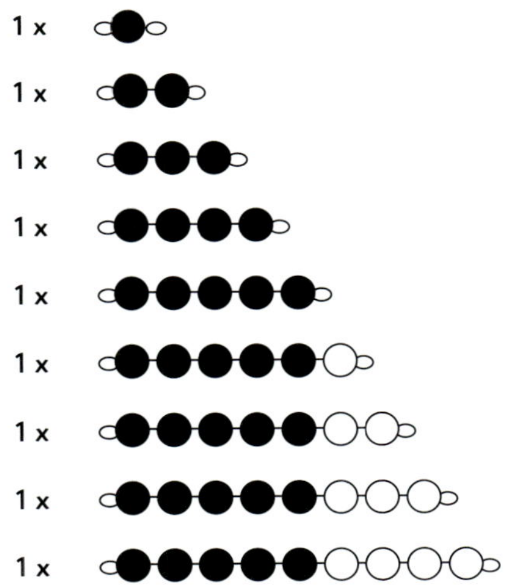

Les barrettes du change positif

1. *Voir p. 77.*

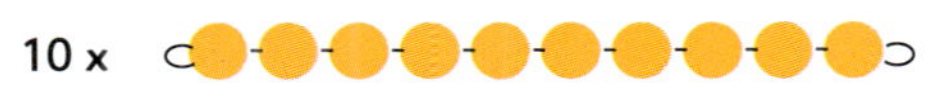

Les barrettes empruntées à la banque des nombres

Le cavalier pour compter les perles

La présentation

La présentation doit se faire de façon extrêmement lente et progressive. Il s'agit d'opérations complexes et qui demandent de travailler avec beaucoup de concentration et d'ordre. En comptant avec le cavalier, mais surtout en mettant les barrettes de côté, on peut faire toutes sortes d'erreurs par simple inattention. Nous vous conseillons vivement de pratiquer plusieurs fois vous-même la manipulation du serpent positif avant de l'utiliser avec un enfant. Ensuite, vous procèderez en deux étapes ou plutôt deux niveaux successifs : d'abord sans le change, avec un serpent multiple de 10, puis en utilisant le change.

1er niveau

Demandez à l'enfant d'aller chercher et d'installer un tapis.
Allez chercher avec l'enfant la boîte des barrettes de couleur. Sortez également la boîte des barrettes de 10 perles dorées de la banque des nombres. Annoncez qu'aujourd'hui est un grand jour. "On va faire quelque chose de nouveau. On va faire un serpent !"
Commencez à faire le serpent devant l'enfant en posant deux barrettes dont le total des perles est 10. Sur nos croquis pas à pas, nous avons fait des serpents rectilignes pour plus de clarté, mais votre serpent peut onduler légèrement ! N'exagérez pas non plus : cela ne doit pas compliquer le comptage.

Demandez à l'enfant de continuer le serpent en posant une barrette à son tour. Placez alors une barrette complémentaire pour obtenir un total de 10 perles. Laissez de nouveau l'enfant choisir et poser une barrette. Posez la barrette complémentaire pour faire 10. Ainsi de suite jusqu'à obtenir un serpent de 40 perles. Fermez la boîte de perles pour éviter que l'enfant soit distrait et, surtout, pour éviter les mélanges.
Comme un bon dessin vaut mieux qu'un long discours... et comme les deux ensemble valent encore mieux, voyez aussi p.213 et suivantes la démarche illustrée pas à pas.

Indiquez à l'enfant que vous allez transformer le serpent de couleur en un serpent doré.
Prenez le cavalier et commencez à compter les perles à haute voix à partir de la gauche. Quand vous arrivez à 10, posez une barrette dorée au-dessus des 2 barrettes de couleur déjà comptées. Dites : "C'est 10. C'est pareil. On remplace." Retirez les barrettes de couleur du serpent et mettez-les de côté. Puis recommencez à compter les perles de couleur du serpent, en reprenant à 1. Ainsi de suite jusqu'à ce que vous n'ayez plus que 4 barrettes dorées. Admirez le nouveau serpent ensemble.

Ce travail demande beaucoup de concentration de la part de l'enfant. Pour les premières fois, vous serez à ses côtés.
Après le deuxième ou le troisième serpent, vous lui montrerez comment vérifier si l'on ne s'est pas trompé. Posez les 4 barrettes dorées verticalement en les espaçant (voir le croquis de l'autocorrection p.214). Puis prenez la plus longue barrette de couleur et posez-la à côté de la première barrette dorée. "Tiens, quelle barrette de couleur est-ce que je peux mettre pour que ce soit pareil ?" Choisissez la barrette de couleur qui convient et posez-la contre la barrette dorée, au-dessous de la barrette de couleur qu'elle doit compléter pour faire 10.

Ainsi de suite pour qu'il n'y ait plus de barrette isolée. À la fin, on a bien 4 colonnes doubles composées chacune d'une barrette dorée et, à côté, des barrettes de couleur dont la somme des perles est égale à 10.

Vous recommencerez, pendant plusieurs jours et même plusieurs semaines, la construction et l'utilisation du serpent positif du 1er niveau. Vous participerez à la construction, l'enfant comptera seul et vous resterez avec lui jusqu'à la fin de la vérification. Par la suite, participez toujours à la construction du serpent pour qu'il comporte uniquement des groupes de 10 perles. Vous pouvez bien sûr allonger le serpent. L'enfant le fera naturellement.

Progressivement, l'enfant s'imprègne des figures colorées et mémorise sans difficulté les compléments à 10 : pour voir 10, il faut une perle rouge et une barrette bleue de 9 perles ou une barrette jaune de 3 perles et une barrette blanche de 7, etc.
Il approfondira petit à petit en s'apercevant que 10 peut être formé également par trois nombres comme 4 + 4 + 2 ou même 4 nombres : 3 + 3 + 3 + 1...

Le serpent positif : 1er niveau pas à pas

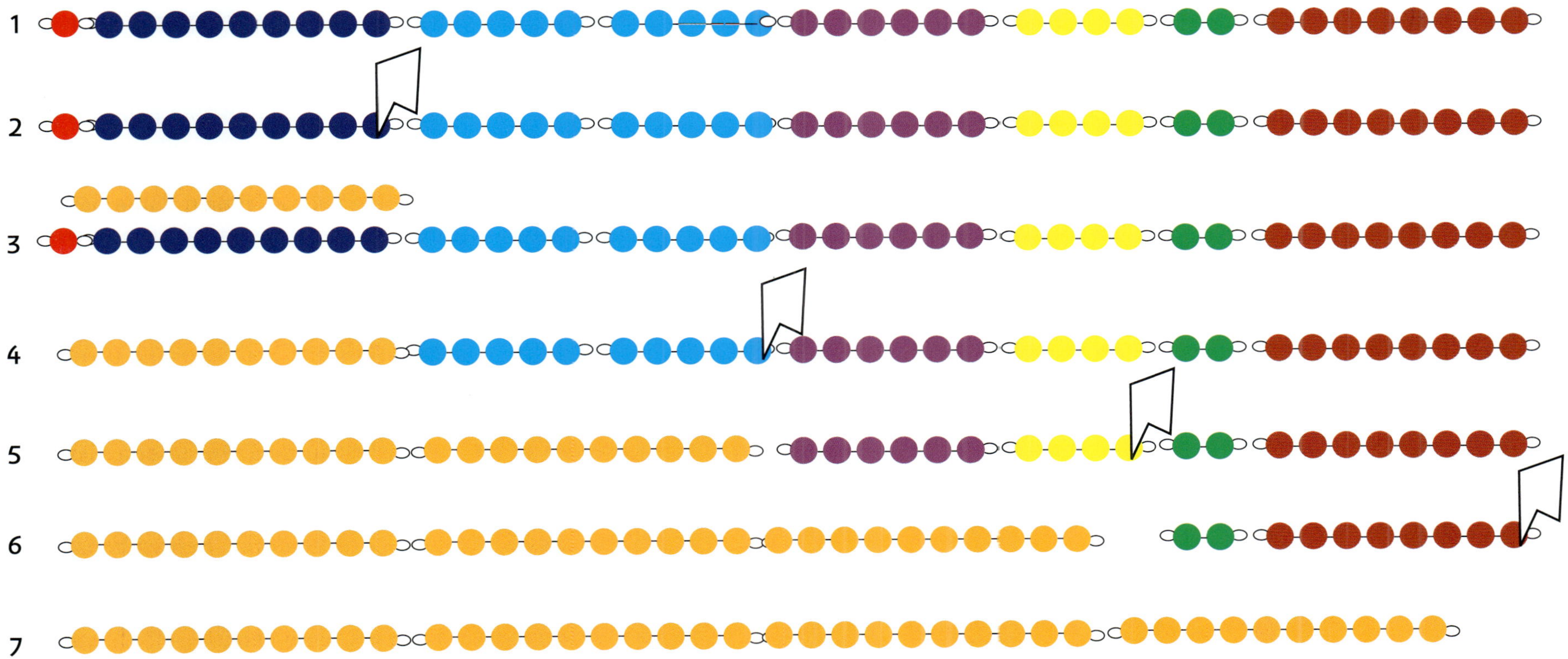

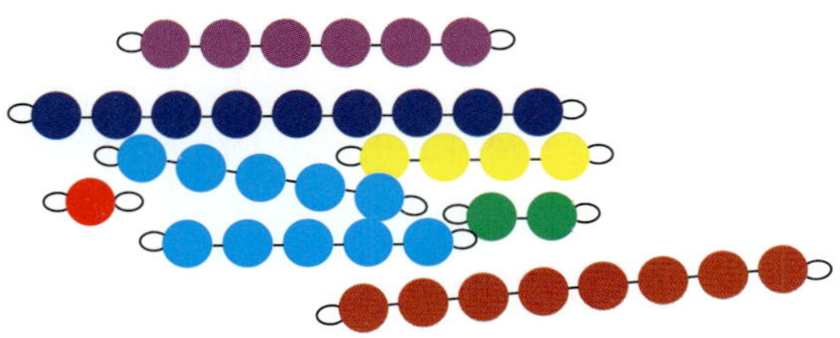

1. Construction du serpent.
2. Comptage de la 1re dizaine.
3. Remplacement de la 1re dizaine par une barrette dorée. Mise à l'écart des barrettes de couleur remplacées.
4, 5, 6, 7 : Continuation du comptage, du remplacement et de la mise à l'écart, jusqu'à la fin du serpent.

Le serpent positif : contrôle de l'erreur du 1er niveau

1

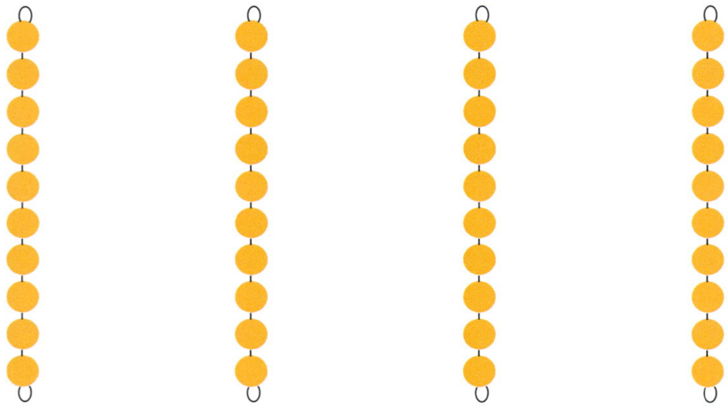

2

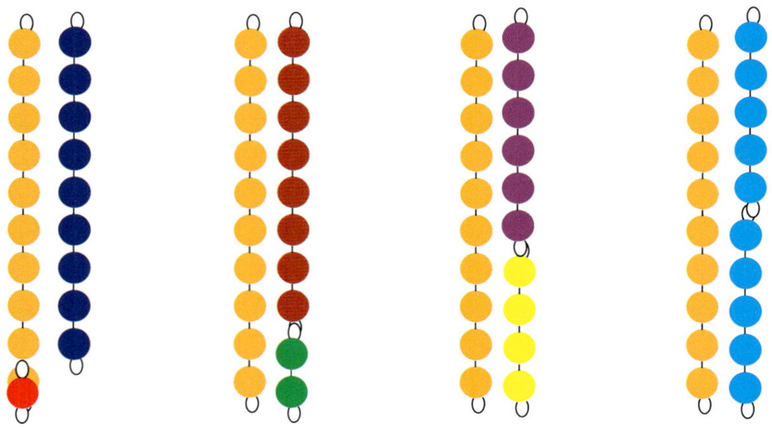

2e niveau

Lorsque l'enfant est à l'aise avec le 1er niveau et son autocorrection, passez à l'utilisation des barrettes de change positif, noires et blanches. Pour cela, commencez par construire un début de serpent habituel, avec deux groupes de perles équivalant à une dizaine. Puis laissez l'enfant construire la fin du serpent comme il veut, sans faire un serpent trop long. Annoncez qu'aujourd'hui vous aimeriez compter à sa place. Bien sûr, après les deux premières dizaines, il y a de grandes chances pour que le compte arrive à 10 au milieu d'une barrette de couleur. Placez la barrette dorée mais montrez qu'on ne peut pas enlever la barrette de couleur puisqu'il reste des perles non comptées. "Il faudrait la couper en deux, celle-là." Annoncez qu'il y a une solution : ce sont les barrettes de change positif.

Invitez l'enfant à faire sur le côté un escalier noir et blanc avec les barrettes de change pour souligner visuellement que les perles sont noires jusqu'à 5 et blanches au-delà. Au fur et à mesure que vous les posez, comptez 1, 2, 3... jusqu'à la dernière, 9. Puis prenez celle qui va vous servir à remplacer la barrette de couleur du serpent et posez-là au-dessus, à côté de la barrette dorée. Retirez la barrette de couleur et mettez-la à l'écart, à côté des autres déjà retirées. Recommencez à compter à partir de la 1re perle noire. Lorsque le cas se présente de nouveau, refaites le change, lentement.

Attention procédez avec une extrême lenteur pour que l'enfant enregistre bien les remplacements et leur raison. Accentuez aussi l'ordre et la précision avec lesquels vous placez les barrettes aux bons endroits : les barrettes de couleur remplacées rejoignent celles qui ont déjà été enlevées. Les barrettes de change positif éventuellement remplacées retournent à leur place au milieu des barrettes de change en attente.

Le serpent positif : 2e niveau pas à pas

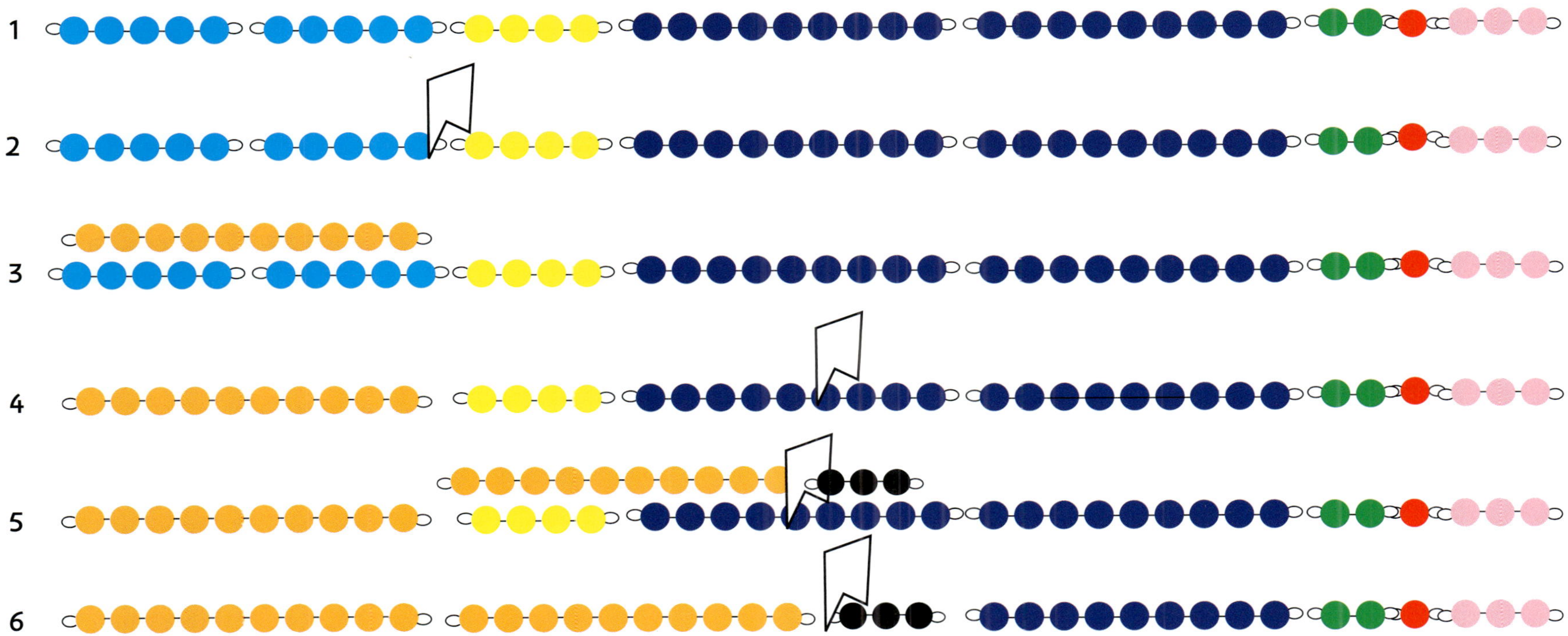

1. Construction du serpent.
2. Comptage de la 1re dizaine.
3. Remplacement par une barrette dorée.
4. Mise à l'écart des barrettes bleu clair remplacées et comptage de la dizaine suivante.
5. Remplacement par une barrette dorée + une barrette de change car on compte 10 au milieu d'une barrette de couleur.
6. Mise à l'écart des barrettes jaune et bleue remplacées. Le comptage redémarre à partir de la 1re perle noire.

Suite p. 235

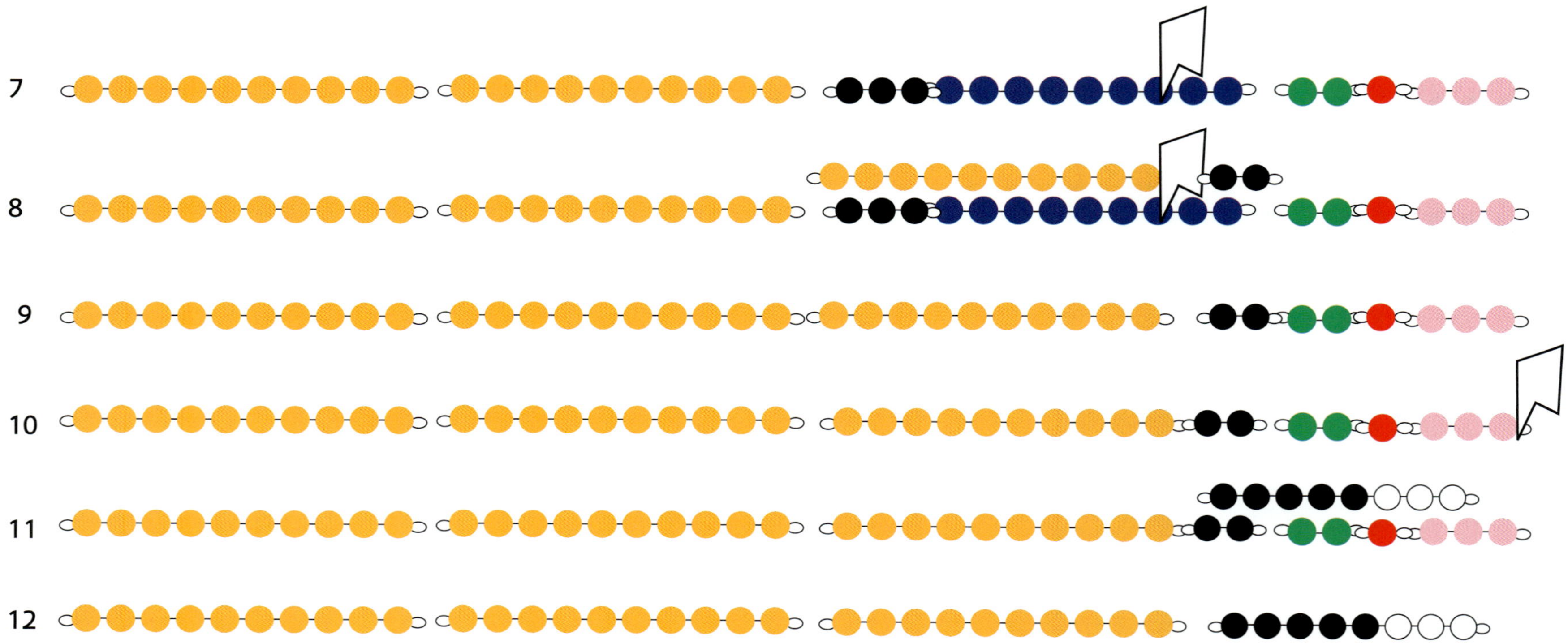

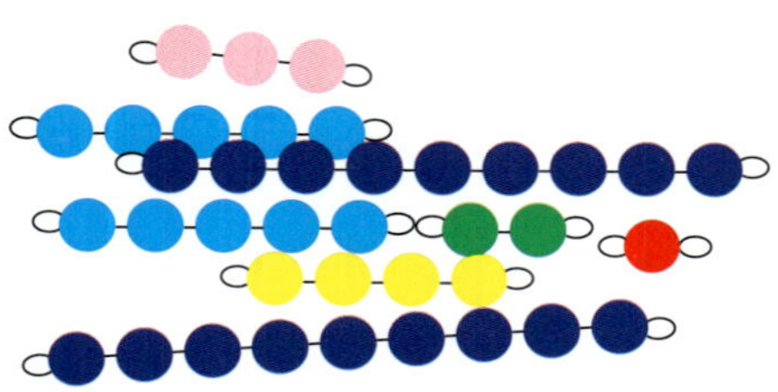

7. Comptage de la dizaine suivante (incluant les 3 perles noires).
8. Remplacement par une barrette de 10 dorée + une barrette de change de 2.
9. La barrette de change remplacée (3 perles) est rangée dans l'escalier du change. La barrette bleue est mise de côté.
10. Comptage des dernières perles à partir de la 1re perle noire.
11. Remplacement par une barrette de change.
12. Rangement des perles de change remplacées et mise à l'écart des perles de couleur remplacées. Le serpent fait 3 dix et 8.

Le serpent positif : contrôle de l'erreur du 2e niveau

1
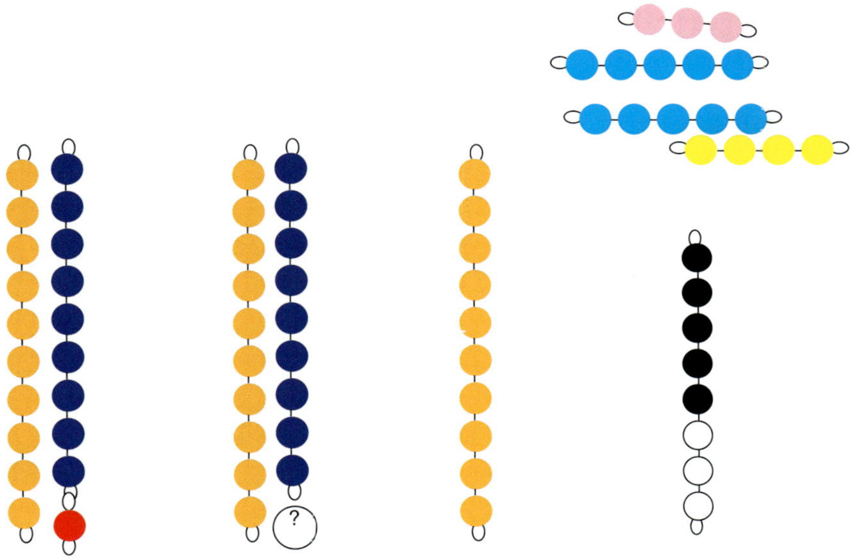

2
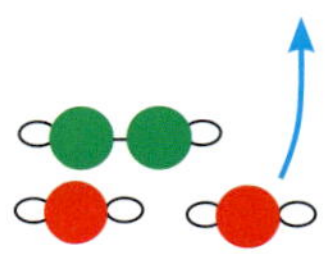

1. On dispose verticalement les barrettes dorées et la barrette de change qui reste dans le serpent.
On pose à côté les barrettes de couleur qui ont été remplacées et mises à l'écart, en commençant par la plus grande et on complète jusqu'à 10.
2. On change la barrette verte pour finir la 2e colonne.
On range soigneusement la barrette verte remplacée.

3
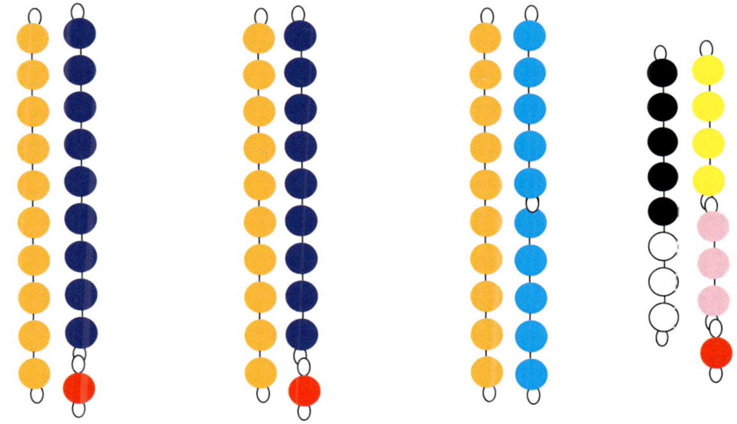

3. On continue à disposer les perles de couleur qui restent à côté des perles dorées et des perles du change, toujours de gauche à droite et toujours en commençant par les plus grandes barrettes.
Le compte est juste car il y a exactement le même nombre de perles à gauche et à droite, dans chaque colonne.

Les barrettes dorées et, éventuellement, une barrette de change positif, s'alignent progressivement au-dessus du serpent jusqu'à le remplacer tout à fait. Admirez ensemble le beau serpent doré. Voir les croquis pas à pas p.215.

Le contrôle de l'erreur se passe comme pour le serpent multiple de 10. Une barrette dorée par colonne, puis la barrette noire et blanche. Placez alors les barrettes de couleur en commençant toujours par les plus longues. À un moment, vous aurez à changer des barrettes pour équilibrer le compte, comme le montre le croquis du contrôle de l'erreur, p.217. Même lorsque l'enfant fera seul toute la démarche du serpent positif avec change, participez pendant un certain temps au contrôle de l'erreur pour faire les derniers changes. Sinon, et simplement pour une petite erreur de change, l'enfant risque de croire qu'il s'est trompé dans son serpent alors que ce n'est pas le cas. Enfin quand l'enfant travaillera complètement seul, s'il se trompe et se désole, dédramatisez et ne cherchez pas à corriger. "Tu en feras un autre demain. Tout le monde se trompe parfois, même les adultes ! Et ce n'est pas grave. On peut recommencer".

La mémorisation va se poursuivre en parallèle avec la découverte des autres opérations, dans leurs aspects de plus en plus complexes (voir le tableau chronologique p.148 et suivantes).
En pédagogie Montessori, l'enfant n'apprend pas par cœur, bien sûr, les tables d'addition, de multiplication, etc. Il les construit lui-même et les mémorise en faisant de très nombreuses opérations. L'idée générale est d'être complet et rigoureux sans lasser l'enfant.
Pour l'essentiel, la mémorisation se passe dans le même ordre quelle que soit l'opération : il s'agit d'abord de faire construire à l'enfant la table de l'opération (table d'addition, de multiplication, etc.). Il faut alors être systématique pour que l'enfant comprenne le mécanisme. On utilise pour cela les fiches d'opérations, sur lesquelles on travaille dans l'ordre (1 + 1 =, 1 + 2 =, etc.). Pour l'addition et la soustraction, le travail avec les fiches se fait sur la table des réglettes. Pour la multiplication et la division, il se fait sur la table perforée.

Dans un deuxième temps, il s'agit de mémoriser sans "rabâcher" et sans se lasser. On présente à l'enfant toutes sortes d'outils, qui constituent autant de devinettes ou de défis et qui sont destinés à lui faire faire et refaire les opérations pour en mémoriser les résultats. Ces outils sont des tableaux de résultats, renseignés ou non, accompagnées d'étiquettes d'opérations individuelles.

La mémorisation de l'addition avec la table des réglettes

Le matériel

Il comprend :

- La table des réglettes avec les réglettes rouges et les réglettes bleues.
- Les fiches d'opérations.

L'utilisation

Vous utiliserez la table des réglettes, les fiches, le tableau de contrôle, un cahier ou une feuille et un crayon.
Commencez par présenter la table à l'enfant. Faites-lui lire les nombres de 1 à 18 et montrez-lui la barre rouge verticale qui termine la première dizaine.
Invitez l'enfant à faire un escalier avec les réglettes bleues tandis que vous disposez les rouges comme sur le croquis, au-dessus de la table. Les réglettes bleues sont au-dessus de la première dizaine, les rouges au-dessus de la seconde.
La disposition en escalier permet à l'enfant de ne pas perdre de vue la "taille" des nombres : plus grand, plus petit et leur séquence. C'est un travail préparatoire essentiel au travail de mémorisation des tables.

Montrez la fiche du 1 à l'enfant et commencez avec lui la première opération : 1 + 1. Demandez à l'enfant de la lire. Puis dites-lui que pour trouver le résultat, vous allez vous servir de la table et des réglettes.
Placez la réglette bleue du 1 sous le 1 de la table et juste à côté, celle du 1 rouge. Dites 1 + 1 = 2 et montrez que le résultat est au-dessus de la dernière case rouge : c'est bien le 2. Demandez à l'enfant d'écrire le résultat sur la feuille. S'il n'est pas encore très à l'aise avec l'écriture, écrivez sous sa dictée. Faites de même pour l'opération suivante : 1 + 2 et laissez ensuite l'enfant poursuivre seul.

La table des réglettes et les réglettes

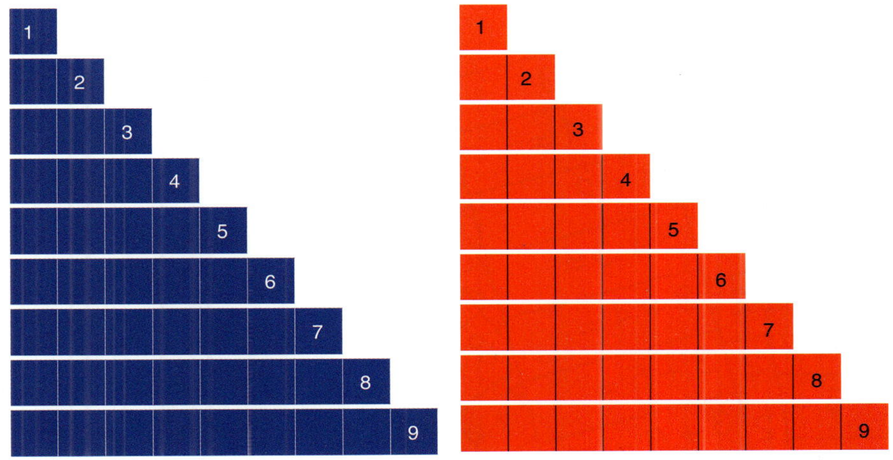

1	2	3	4	5	6	7	8	9	10	11	12	13	14	15	16	17	18

Les fiches d'opérations

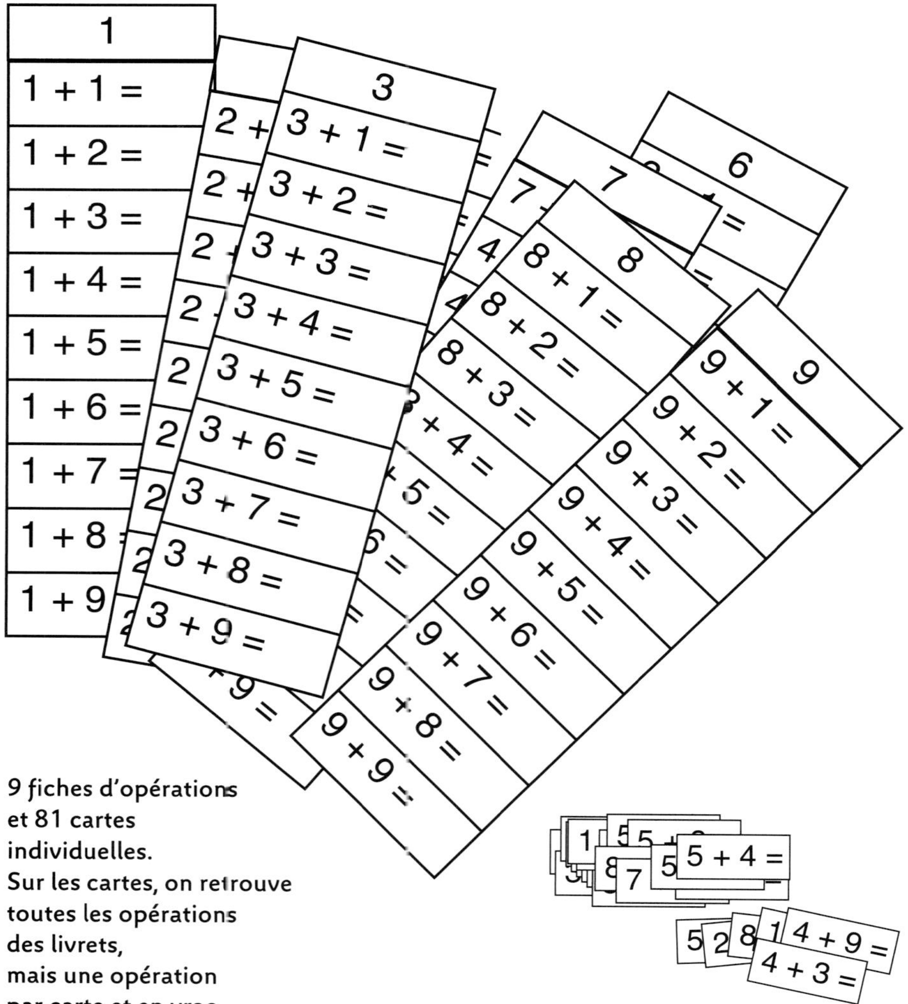

9 fiches d'opérations et 81 cartes individuelles. Sur les cartes, on retrouve toutes les opérations des livrets, mais une opération par carte et en vrac dans une boîte.

Lors d'une deuxième séance, incitez l'enfant à finir les additions de la fiche du 1, en utilisant chaque fois la même réglette bleue, mais en changeant toujours la réglette rouge. Il comprend ainsi le principe "systématique" de la table d'addition pour chacun des nombres : il ajoute au fur et à mesure une quantité plus grande. La mémorisation en sera facilitée. L'enfant peut faire une fiche complète par séance (ou au minimum 5 opérations). L'enfant ne doit pas se lasser. Il n'est pas obligé de travailler dans l'ordre : s'il préfère travailler sur la table d'addition du 4 ou du 8 avant celle du 2, il n'y a aucun problème. Mais il faut finir une fiche avant d'en commencer une autre.

Au fur et à mesure, l'enfant trouve le résultat en comptant mais peut également le lire en haut de la table. Il n'est pas mis en difficulté. L'important est qu'il comprenne le principe de la construction des tables. La mémorisation se construit progressivement et de plus en plus sûrement, car elle résulte du travail et de l'attention de l'enfant, même lorsqu'il lit simplement le résultat : l'enfant n'est pas passif et n'agit pas mécaniquement. À la fin de la séance, l'enfant vérifie sur le tableau de contrôle. Montrez-lui comment trouver les opérations faites et comment vérifier le résultat, écrit en rouge.

Petite remarque à l'usage de ceux qui se trouvent dans le cas de l'école à la maison : commencez à garder et à dater tous les écrits. Ils vous serviront lors de l'inspection, pour montrer le travail et la progression de l'enfant.

Le tableau de contrôle

1 + 1 = 2	2 + 1 = 3	3 + 1 = 4	4 + 1 = 5	5 + 1 = 6	6 + 1 = 7	7 + 1 = 8	8 + 1 = 9	9 + 1 = 10
1 + 2 = 3	2 + 2 = 4	3 + 2 = 5	4 + 2 = 6	5 + 2 = 7	6 + 2 = 8	7 + 2 = 9	8 + 2 = 10	9 + 2 = 11
1 + 3 = 4	2 + 3 = 5	3 + 3 = 6	4 + 3 = 7	5 + 3 = 8	6 + 3 = 9	7 + 3 = 10	8 + 3 = 11	9 + 3 = 12
1 + 4 = 5	2 + 4 = 6	3 + 4 = 7	4 + 4 = 8	5 + 4 = 9	6 + 4 = 10	7 + 4 = 11	8 + 4 = 12	9 + 4 = 13
1 + 5 = 6	2 + 5 = 7	3 + 5 = 8	4 + 5 = 9	5 + 5 = 10	6 + 5 = 11	7 + 5 = 12	8 + 5 = 13	9 + 5 = 14
1 + 6 = 7	2 + 6 = 8	3 + 6 = 9	4 + 6 = 10	5 + 6 = 11	6 + 6 = 12	7 + 6 = 13	8 + 6 = 14	9 + 6 = 15
1 + 7 = 8	2 + 7 = 9	3 + 7 = 10	4 + 7 = 11	5 + 7 = 12	6 + 7 = 13	7 + 7 = 14	8 + 7 = 15	9 + 7 = 16
1 + 8 = 9	2 + 8 = 10	3 + 8 = 11	4 + 8 = 12	5 + 8 = 13	6 + 8 = 14	7 + 8 = 15	8 + 8 = 16	9 + 8 = 17
1 + 9 = 10	2 + 9 = 11	3 + 9 = 12	4 + 9 = 13	5 + 9 = 14	6 + 9 = 15	7 + 9 = 16	8 + 9 = 17	9 + 9 = 18

Le double des nombres

Écrivez les opérations du double des nombres sur une feuille, dans l'ordre et les unes sous les autres : 1 + 1 = ; 2 + 2 = ; etc. L'enfant posera sur la table des réglettes celles qui correspondent au premier double (le 1 bleu et le 1 rouge). Il les laissera en place et écrira le résultat avant de passer au suivant. Soulignez le fait que l'on trouve le même nombre de part et d'autre du signe +. Montrez aussi que la réglette bleue et la réglette rouge portent chaque fois le même chiffre.
À la fin, il constate qu'il a utilisé toutes les réglettes. Dites-lui que le résultat de ces additions s'appelle le double. 2 est le double de 1, parce que 1 + 1 = 2, 6 est le double de 3 parce que 3 + 3 = 6, etc.
Une ou deux séances peuvent suffire pour découvrir les 9 doubles.

La "fabrique de nombres"

Toujours avec la table des réglettes, demandez à l'enfant comment "fabriquer" 8, par exemple, en utilisant une réglette bleue et une rouge. Procédez de façon systématique, en recherchant toutes les façons de "fabriquer" tel ou tel nombre : "Je mets la réglette bleue du 1 (du 2, du 3, etc.), quelle réglette rouge dois-tu mettre pour obtenir 8 ?" Vous ou l'enfant noterez sur un papier, les unes sous les autres, toutes les opérations : 8 = 1 + 7, 8 = 2 + 6, 8 = 3 + 5, etc.
L'enfant pose ses réglettes, écrit l'opération et laisse les réglettes en place jusqu'à ce qu'il ait fini toutes les additions du même nombre. Faites-lui alors remarquer l'augmentation progressive de la longueur de la réglette bleue et la diminution de la réglette rouge. De même, le 1er chiffre de l'addition augmente progressivement et le 2e diminue.
L'enfant fait toutes les additions d'un nombre par séance.

La mémorisation de l'addition avec les tables des doigts

Le matériel

Nous le listons simplement ici. Des croquis le détaillent avant chaque explication de leur utilisation.
Il comprend :

- Les cartes d'opérations (ou de combinaisons) découpées, rangées dans une boîte ou un panier
- Les étiquettes individuelles des résultats.
- Les tableaux de contrôle : le tableau complet, le tableau simplifié (sans les doublons) et la table des doigts renseignée.
- Les tables de travail : la table des doigts renseignée partagée, la table des doigts simplifiée et la table des doigts muette.

La présentation des tableaux de contrôle

Le matériel nécessaire est, d'abord, le tableau de contrôle, puis une photocopie de ce tableau et un crayon et, enfin, le tableau simplifié.
À la fin du travail de "fabrique des nombres", demandez à l'enfant s'il repère sur la feuille des opérations qui se ressemblent. Pour notre exemple, il pointera 8 = 1 + 7 et 8 = 7 + 1. Dites : "Tu as raison. C'est pareil. On ne va pas avoir besoin de tout se rappeler."

Proposez alors de faire ensemble un tableau dans lequel vous supprimerez une des deux combinaisons chaque fois qu'il y aura deux résultats semblables. Pour cela, travaillez sur une photocopie du tableau de contrôle complet. En procédant avec ordre, de haut en bas et de gauche à droite, l'enfant raye au crayon chaque combinaison dont il trouve l'équivalent ailleurs dans le tableau.
Quand il a fini, montrez-lui le tableau de contrôle simplifié (page suivante). Désormais, s'il le veut, il n'utilisera plus que celui-là.

Le tableau de contrôle simplifié

1 + 1 = 2								
1 + 2 = 3	2 + 2 = 4							
1 + 3 = 4	2 + 3 = 5	3 + 3 = 6						
1 + 4 = 5	2 + 4 = 6	3 + 4 = 7	4 + 4 = 8					
1 + 5 = 6	2 + 5 = 7	3 + 5 = 8	4 + 5 = 9	5 + 5 = 10				
1 + 6 = 7	2 + 6 = 8	3 + 6 = 9	4 + 6 = 10	5 + 6 = 11	6 + 6 = 12			
1 + 7 = 8	2 + 7 = 9	3 + 7 = 10	4 + 7 = 11	5 + 7 = 12	6 + 7 = 13	7 + 7 = 14		
1 + 8 = 9	2 + 8 = 10	3 + 8 = 11	4 + 8 = 12	5 + 8 = 13	6 + 8 = 14	7 + 8 = 15	8 + 8 = 16	
1 + 9 = 10	2 + 9 = 11	3 + 9 = 12	4 + 9 = 13	5 + 9 = 14	6 + 9 = 15	7 + 9 = 16	8 + 9 = 17	9 + 9 = 18

L'utilisation de la table des doigts renseignée

0	1	2	3	4	5	6	7	8	9
1	2	3	4	5	6	7	8	9	10
2	3	4	5	6	7	8	9	10	11
3	4	5	6	7	8	9	10	11	12
4	5	6	7	8	9	10	11	12	13
5	6	7	8	9	10	11	12	13	14
6	7	8	9	10	11	12	13	14	15
7	8	9	10	11	12	13	14	15	16
8	9	10	11	12	13	14	15	16	17
9	10	11	12	13	14	15	16	17	18

La lecture est celle d'un tableau à double entrée : 5 + 4 = 9 En bleu le trajet de l'index gauche. En rose celui de l'index droit.

On l'appelle la table des doigts car on se sert des deux index pour l'utiliser : l'index gauche longe la rangée du premier nombre de l'addition, l'index droit descend le long de la colonne du deuxième nombre de l'addition et les deux se rejoignent sur la case du résultat. Comme l'enfant n'a encore jamais utilisé de tableau à double entrée, prenez le temps de lui montrer le principe.
Pour utiliser la table des doigts renseignée, vous aurez également besoin des cartes de combinaisons découpées.
Invitez l'enfant à piocher une carte dans la boîte. Il tire par exemple 5 + 4 =. Il écrit l'opération sur la feuille ou vous la dicte.

Sur la table des doigts, montrez-lui qu'il doit mettre son index gauche sur le 5 rouge et son index droit sur le 4 bleu. Son doigt gauche va vers la droite le long de la rangée du 5, son doigt droit descend le long de la colonne du 4. Ils se rejoignent sur le 9. 5 + 4 = 9. L'enfant note le résultat sur la feuille. Ou vous la notez sous sa dictée. Il fera ainsi entre 6 et 10 additions, toujours en tirant des cartes de combinaisons au hasard. Lorsqu'il a fini d'inscrire toutes les additions de la séance, il les vérifie sur le tableau de contrôle.

À la fin, réunissez sous un élastique toutes les cartes d'opérations résolues pour les ranger dans la boîte sans les mélanger avec les autres. De séance en séance, le nombre de cartes réunies sous l'élastique grossit. L'enfant peut se réjouir de sa progression tangible : il a déjà fait TOUT ÇA !

L'utilisation de la table des doigts partagée

On appelle aussi la demi-table d'addition renseignée la table partagée car on a supprimé les doublons et elle ne présente chaque résultat qu'une fois. Elle s'utilise comme la précédente, avec les cartes des combinaisons découpées.
À ce stade, l'enfant en est déjà à 5 façons de répéter chaque addition avec un matériel différent. La mémorisation est en cours, sans qu'il soit nécessaire d'ânonner. L'enfant connaît déjà des résultats sans avoir besoin de les retrouver grâce à la table. Il risque de se lasser et de devenir moins attentif et moins systématique. Il faut cependant qu'il continue à pratiquer l'addition pour mémoriser parfaitement tous les résultats. Pour raviver son intérêt, montrez-lui le nouveau matériel que représente la table partagée.
Outre la table partagée, vous utiliserez les cartes de combinaisons, une feuille et un crayon. L'enfant tire une carte d'opération, la lit, la copie sur la feuille. Vous lui montrez alors comment fonctionne la table

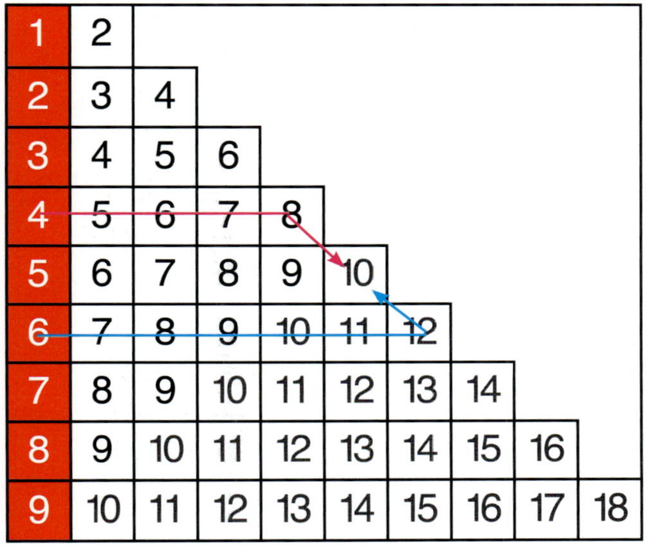

Trajet des doigts lorsque les deux chiffres de l'addition sont pairs ou lorsque les deux sont impairs. Ex. : 6 + 4 = 10 En bleu le trajet de l'index gauche. En rose celui de l'index droit.

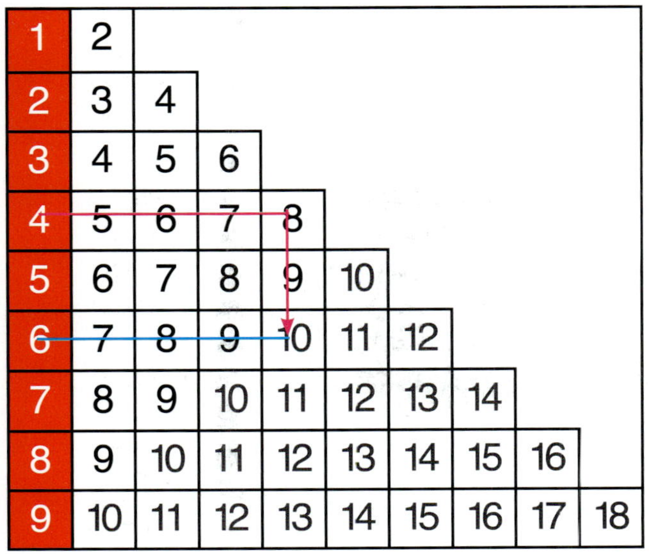

Une autre façon de faire : lorsque l'index droit bute sur la dernière case, il descend à la verticale jusqu'à rencontrer la ligne de l'index gauche.

partagée. Commencez avec deux nombres pairs. Pour 4 + 6, par exemple, l'index gauche suit la rangée du 4 jusqu'au bout, tandis que l'index droit suit celle du 6 jusqu'au bout également. Lorsque les deux doigts arrivent à la dernière case de leur rangée, on leur fait monter ou descendre des marches de "l'escalier" l'un vers l'autre (le gauche descend, le droit monte, d'un nombre de marches égal) pour se rejoindre sur la case du résultat : 10. Voir le croquis ci-contre en haut et, en bas, une autre façon de procéder. À la fin, l'enfant écrit le résultat sur la feuille.
Maintenant, laissez-le tirer lui-même les cartes de son choix. Restez à côté de lui jusqu'à ce qu'il tire une carte de combinaison comprenant un nombre impair et un nombre pair. Dites-lui alors qu'il va avoir une surprise. Il glisse ses deux doigts, leur fait sauter un nombre égal de marches l'un vers l'autre et... tombe dans le vide. Montrez-lui alors que, dans ce cas, on revient d'une case vers l'intérieur de la table : le résultat se trouve sur la première case où les doigts se rejoignent (voir croquis page suivante).
L'enfant finit la séance en tirant encore successivement 4 ou 5 cartes de combinaisons. Chaque fois, il les lit, les recopie sur la feuille, recherche leur résultat avec ses doigts sur la table partagée, et l'inscrit sur la feuille. Au besoin, il le vérifie sur le tableau de contrôle simplifié.

La table des doigts partagée simplifiée

Cette table s'utilise exactement comme la précédente. Bien sûr, vous devez la présenter à l'enfant avant de le laisser s'en servir tout seul. Annoncez-lui que vous avez quelque chose de nouveau pour lui. Montrez-lui la table. Désormais, il va pouvoir se servir uniquement de celle-là. Le changement de matériel progressif a au moins deux avantages : d'une part il renouvelle l'intérêt de l'enfant ; d'autre part il jalonne sa progression en montrant à l'enfant qu'il passe d'un outil qui comporte beaucoup d'informations à un autre qui en comporte beaucoup moins. Ce qu'on supprime... c'est ce qu'il a maintenant dans sa tête ! Bravo !

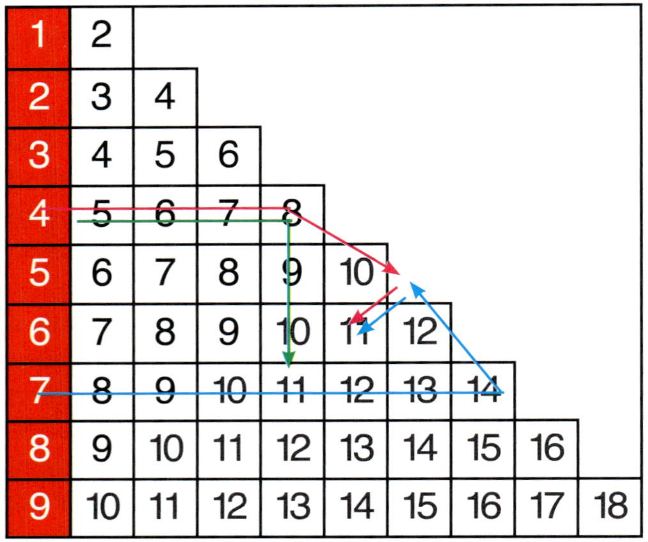

Trajet des doigts lorsque les deux chiffres de l'addition sont l'un pair et l'autre impair. Ex. : 7 + 4 = 11
En bleu le trajet de l'index gauche, en rose celui de l'index droit.
Là encore, il y a une 2e façon de procéder : lorsque l'index droit bute sur la dernière case, il descend à la verticale (trajet marqué en vert) jusqu'à rencontrer la ligne de l'index gauche.

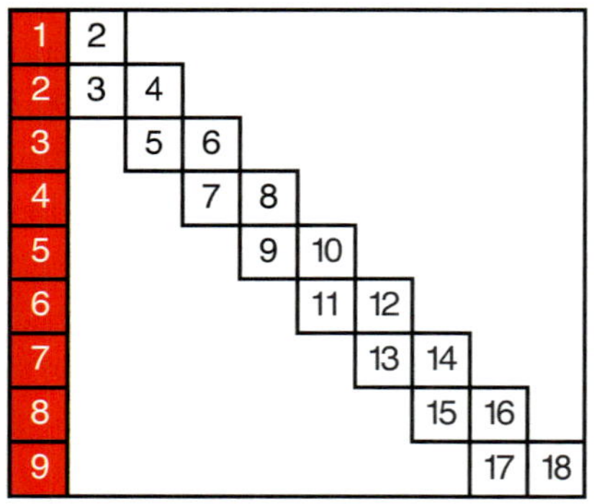

La table des doigts partagée simplifiée.

La table des doigts muette et les étiquettes de résultats

Le matériel nécessaire comporte la table muette, qu'on appelle parfois "tombola", les étiquettes de résultats. La table des doigts renseignée et le tableau de contrôle serviront pour la vérification. Pour éviter que tout bouge, surtout si vous gardez la table en partie remplie d'une séance à l'autre, posez une pastille de colle repositionnable au dos des étiquettes au fur et à mesure que l'enfant les place au bon endroit sur la table. L'enfant sera sans doute ravi de le faire lui-même.

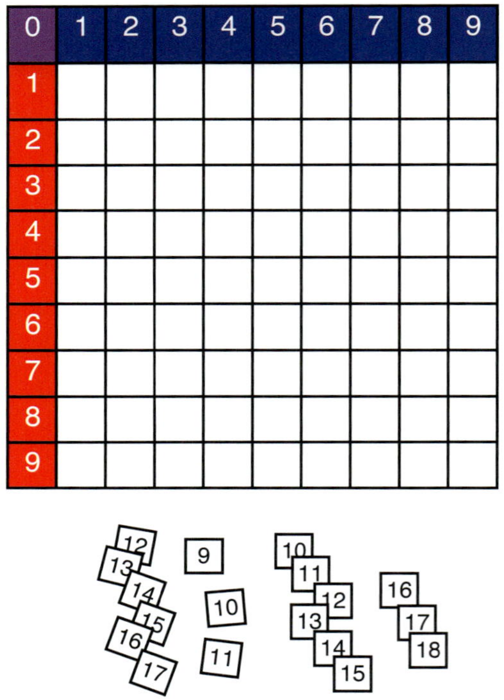

La table muette et les étiquettes individuelles de résultats à positionner dessus.

La 1re utilisation

Montrez à l'enfant, comme un challenge, la table muette (ou vide), et son fonctionnement. "Maintenant, tu connais beaucoup de résultats. Tu vas pouvoir remplir la table avec tous les résultats que tu connais. Pour ceux que tu ne connais pas encore tout à fait, tu te serviras de la table renseignée." L'enfant doit reconstruire la table d'addition en cherchant lui-même les résultats. Il est mis au défi de trouver le résultat car le matériel donne envie de remplir complètement la table. S'il connaît le résultat, il l'annonce, recherche l'étiquette qui correspond et la pose au bon endroit. Puis il pioche une nouvelle carte. S'il ne connaît pas le résultat, il le cherche sur la table renseignée, en utilisant ses doigts, mais il ne pose pas la carte. Lorsqu'il aura épuisé toutes les cartes, il pourra revenir sur la table partiellement remplie et tenter de "boucher" les trous. Encouragez-le : petit à petit, il parviendra à tout remplir.
À la fin de chaque séance, l'enfant contrôle ses résultats avec, au choix, la table des doigts renseignée ou le tableau de contrôle.

La 2e utilisation

Même principe que pour l'utilisation précédente, mais l'enfant regroupe toutes les étiquettes d'une même valeur, par exemple les 9 étiquettes du 10. Il pose une étiquette au bon endroit, écrit l'opération et le résultat sur la feuille (Ex. : 10 = 8 + 2). Puis il passe à l'étiquette suivante. Il vérifie à la fin de la séance.

La mémorisation de l'addition : les autres outils

Le calcul mental

Parallèlement à l'utilisation des diverses tables, et pour cultiver l'abstraction, faites du calcul mental. Attendez pour cela que l'enfant soit manifestement à l'aise avec de nombreuses combinaisons et arrangez-vous, du moins au début afin de le mettre en confiance, pour lui poser des questions auxquelles il sait déjà répondre. Sous forme de séances très courtes, proposez-lui des opérations de différents types : 9 + 1 = combien ?, mais aussi : 7 + combien = 9 ? ou : combien + 5 = 7 ? ou enfin : 8 = combien + combien ?
Tous ces exercices constituent également un entraînement à la soustraction que l'enfant a déjà commencé à aborder avec le système décimal et le début de la mémorisation de l'addition.

Les petits problèmes

Les petits problèmes se présentent sous plusieurs formes :
- Des dessins illustrant une situation, à utiliser lorsque l'enfant ne sait pas encore bien lire.
- Des phrases illustrées. Dans ce cas, la question est sur une face et le dessin sur l'autre.
- Des énoncés non illustrés.

Les deux derniers types de présentation sont réservés à l'enfant qui sait lire. Dans le dernier cas, l'enfant peut d'abord dessiner la situation. Cela l'aidera à comprendre l'énoncé avant de chercher à résoudre le problème. Vous trouverez sur les pages suivantes quelques exemples des trois types, sous forme de cartes à piocher par l'enfant, et une série de petits problèmes rédigés. À vous d'en composer d'autres, soit en utilisant des éléments photocopiés, découpés et collés, pour l'illustration, soit en cherchant des images ou des situations dans des magazines. À moins que vous ne sachiez dessiner, ce qui serait l'idéal car vous pourriez composer les petits problèmes en direct, sous les yeux de l'enfant. De toute façon, souvenez-vous : l'aspect esthétique et/ou affectif du matériel est très important.

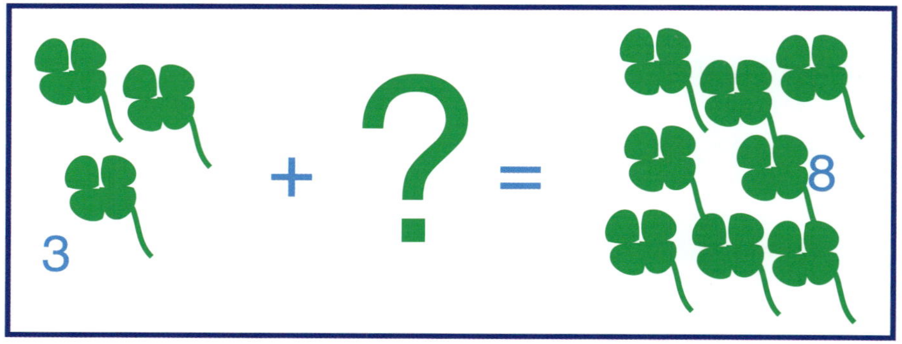

Recto

Verso

Combien d'abeilles habitent la ruche ?

Recto

6

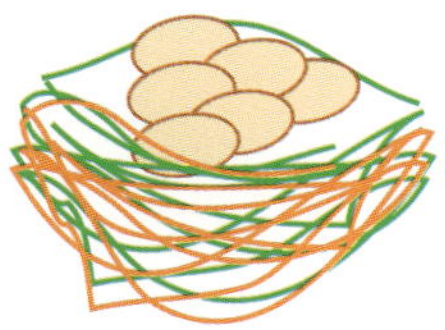

7

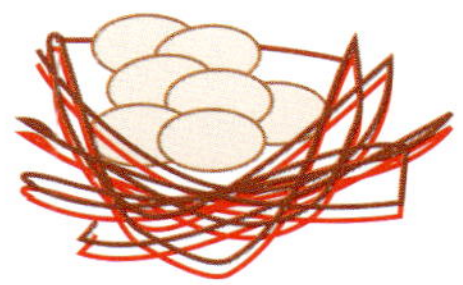

Verso

Combien Madame Pinson doit-elle encore pondre d'œufs pour en avoir autant que Madame Moineau ?

Combien de petits oiseaux vont naître en tout ?

Lundi, Lilas achète 5 autocollants.
Mardi, elle en achète encore 3.
Combien en a-t-elle en tout ?

Exemples de problèmes rédigés

Dans les énoncés, remplacez X par le nom de l'enfant avec lequel vous travaillez ou celui des ses frères et sœurs, cousins, copains, voisins.

• Papa et X plantent des salades. Ils en ont déjà planté 8 et ils vont encore en planter 4. Combien en auront-ils en tout ?

• Je fais des crêpes. J'en fais 4 pour ma famille et encore 6 pour les voisins. J'en ai combien ?

• X regarde les voitures passer dans la rue. Il en voit 7 qui viennent de la gauche et 9 qui viennent de la droite. Combien en a-t-il vu en tout ?

• Mon chapeau d'Indien a 11 plumes. Le tien a 7 plumes. On a combien de plumes en tout ?

• X a payé 2 euros chez le boulanger et 5 euros à l'épicerie. Combien a-t-il dépensé ?

• X est très fort. Il soulève 6 kilos avec chaque main. Combien soulève-t-il en tout ?

• Je mets 8 coquillages dans ma poche gauche et 3 dans la droite. J'en ai combien en tout ?

Le serpent négatif : début de la mémorisation de la soustraction

La mémorisation de la soustraction est un apprentissage plus délicat que celui de l'addition car l'enfant doit compter à l'envers de la ligne numérique alors même qu'il commence à peine à être à l'aise avec les grands nombres. Le matériel décrit ici est donc une aide pour aborder cela de manière amusante comme un jeu ou défi intellectuel.
Vous pourrez travailler sur la mémorisation dès que l'enfant aura vu la soustraction sans retenue avec les perles dorées. Il commencera par le serpent négatif. Le travail avec les tables de mémorisation se fera donc en parallèle avec la découverte de la soustraction avec retenue (voir le tableau chronologique p.148) et au fur et à mesure de la progression. Par exemple l'enfant n'abordera la table des doigts muette (p.248) qu'au moment où il aura déjà mémorisé de très nombreux résultats, ce qui permet d'éviter de le mettre en difficulté tout en lui donnant la satisfaction de constater ses progrès.
Comme pour l'addition, le jeu du serpent, ici négatif, sert de transition entre le travail avec les perles et celui sur les tables d'opérations.

Vous n'aborderez le serpent négatif qu'après la présentation de la soustraction avec les perles dorées de la banque et lorsque l'enfant aura fait au moins une dizaine d'opérations avec les perles dorées. De même, ne brûlez pas les étapes : n'abordez pour le moment que le 1er niveau du serpent négatif.

Le matériel

Pour le matériel, on utilise les perles de couleurs, des barres de 10, les barrettes noires et blanches et le cavalier du serpent positif auxquels s'ajoutent les barrettes grises négatives et les barrettes roses et blanches du change négatif. Une fois encore, si vous voulez faire le matériel vous-même, enrôlez des bonnes volontés.
Ce matériel des barrettes grises négatives se compose de :
10 barrettes de 9 perles grises
10 barrettes de 8 perles grises
10 barrettes de 7 perles grises
10 barrettes de 6 perles grises
10 barrettes de 5 perles grises
10 barrettes de 4 perles grises
10 barrettes de 3 perles grises
10 barrettes de 2 perles grises
10 perles grises isolées
Lorsque les barrettes comportent plus de 5 perles, une rondelle blanche ou rouge vient s'intercaler après la 5e perle. On trouve aussi dans le commerce des barrettes grises un peu différentes : il n'y a pas de séparation, mais les perles sont plus foncées au-delà de la 5e.

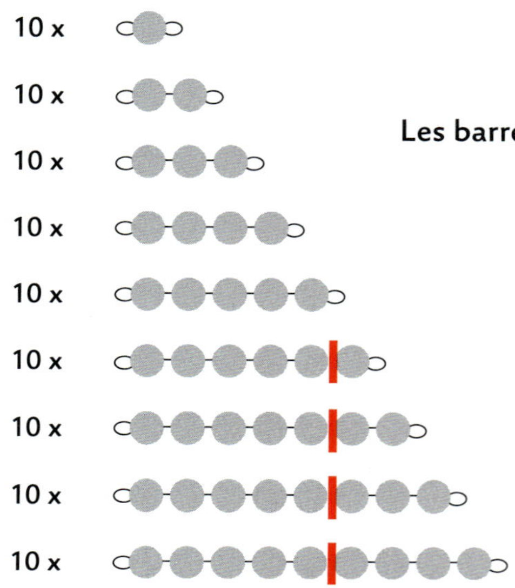

Les barrettes négatives

A cela s'ajoutent les perles de bois roses et blanches du change négatif, qui sont légèrement plus petites que les autres, et les barrettes de 10 perles négatives, qui ont une forme différente, parfois ovale, parfois carrée.

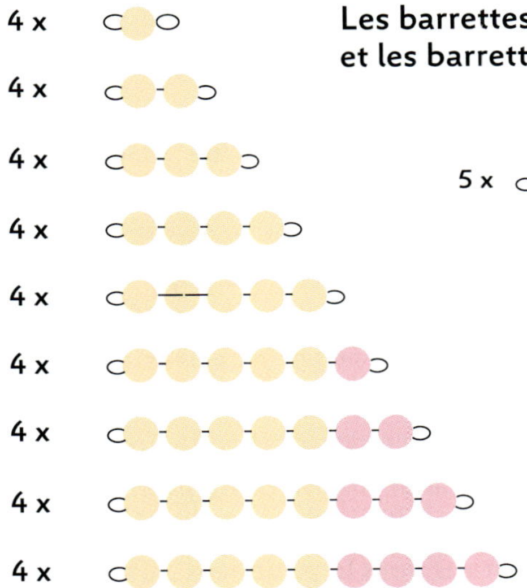

Les barrettes de change négatif et les barrettes de 10 négatives

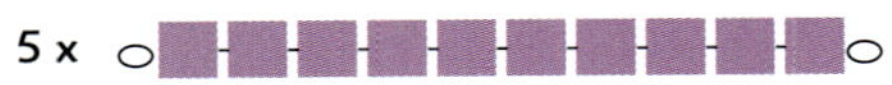

Le cavalier pour compter les perles

La présentation

La démarche est un peu plus compliquée que pour le serpent positif. Redoublez de précautions : faites complètement l'opération plusieurs fois avant de la réaliser avec l'enfant, pour bien la maîtriser et pour en découvrir les points éventuels d'achoppement ; puis, lorsque vous ferez la démonstration, procédez avec ordre et lenteur, en décomposant chaque geste. Sinon, cette activité risque de ressembler à un véritable tour de passe-passe où les barrettes se remplacent ou disparaissent comme par miracle, sans que l'enfant y comprenne quoi que ce soit.

Ici encore, la présentation se fait en plusieurs niveaux : d'abord avec un reste positif et sans le change négatif ; ensuite avec un reste positif et en utilisant les barrettes de change négatif ; enfin avec les barrettes de change négatif et un reste négatif.
Pour compléter le texte qui suit et rendre l'explication plus digeste, nous avons aussi décomposé les trois niveaux pas à pas en illustration. Voyez cela p.232.

1er niveau

Commencez par annoncer que le serpent d'aujourd'hui est très spécial. Il y aura des barrettes de perles "qui mangent les autres !". L'enfant installe son petit tapis. Puis vous allez chercher avec lui la boîte des perles de couleur, les perles noires et blanches du change positif, et la boîte des perles du serpent négatif. Présentez les perles négatives. Soulignez le fait qu'elles sont grises et que celles qui comportent plus de 5 perles comprennent une rondelle blanche ou rouge (ou des perles plus foncées) après la 5e perle. Invitez l'enfant à construire un escalier avec les perles noires et blanches de change positif.

Construisez le serpent devant l'enfant, en faisant alterner des barrettes positives et des barrettes négatives. Pour ce niveau, veillez à ce que le nombre de perles de couleur soit supérieur à celui des perles grises ET à ce que le résultat soit positif à tout moment. Voici comment arriver à cela avec certitude en construisant votre serpent : 1) commencez à gauche par une barrette positive assez grosse, enchaînez avec une barrette négative plus petite ; 2) reproduisez cela pour chaque groupe positif-négatif. Cela donne par exemple : [+ 5 - 4] [+ 4 - 2] [+ 7 - 6] (5 est supérieur à 4, 4 est supérieur à 2, 7 est supérieur à 6).
Pour plus de simplicité aussi, du moins au début, évitez que le nombre positif ne dépasse 9 avant une barrette négative. Cela vous évitera d'avoir à faire des changes avec la barrette de 10 dorée.

Le serpent négatif : 1er niveau pas à pas

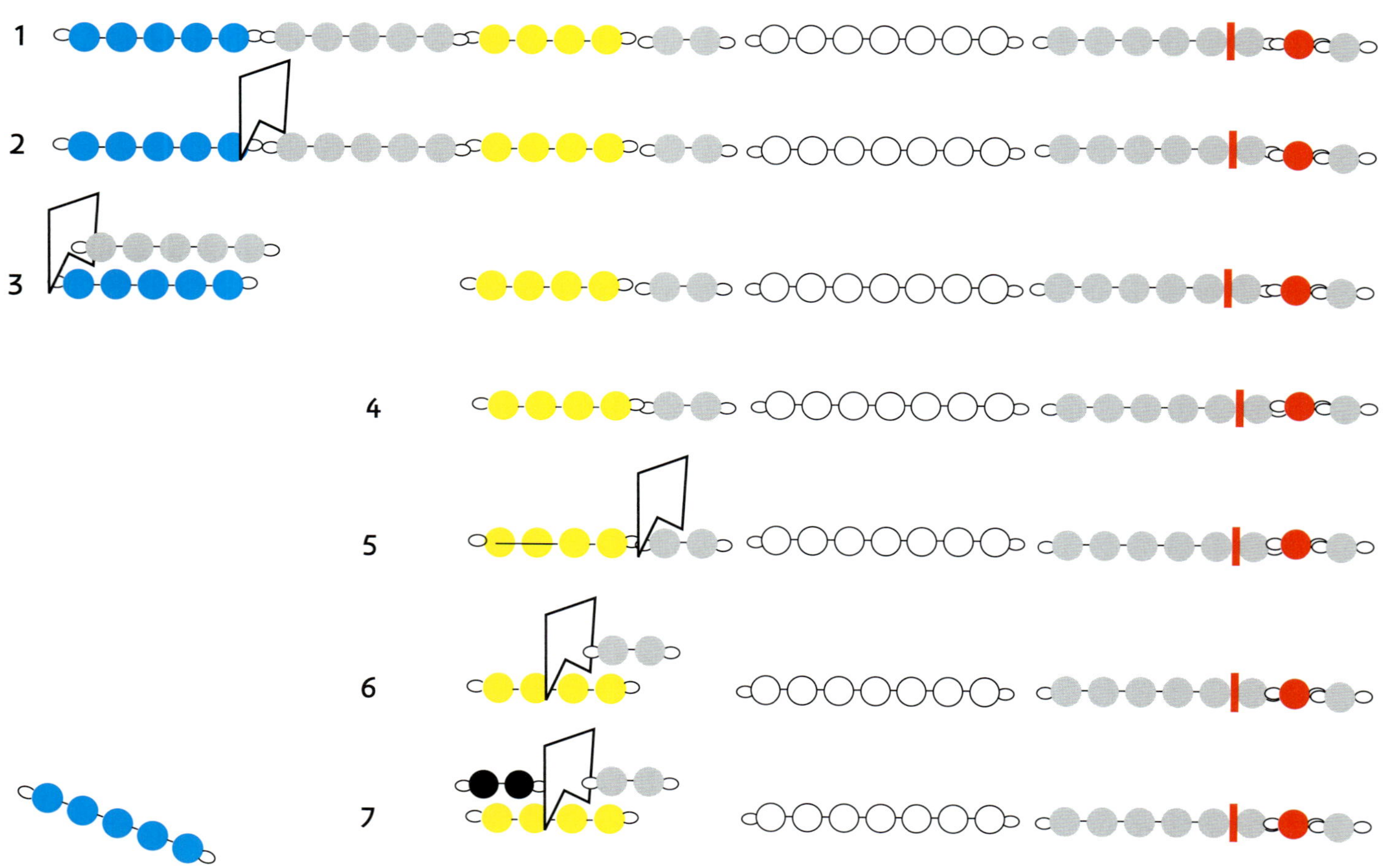

Suite p.252

1. Construction du serpent.
2. Comptage des perles de couleur jusqu'à la barrette grise. Puis comptage des perles grises.
3. Retour vers la gauche d'autant de perles qu'il y a de perles grises.
4. Mise à l'écart (à gauche) des perles de couleur "mangées" et (à droite) des perles grises qui les ont "mangées".
5. Comptage des perles de couleur jusqu'à la première perle grise. Comptage des perles grises.
6. Retour vers la gauche d'autant de perles qu'il y a de perles grises.
7. Change avec les perles de change positif, puisque les perles grises ne "mangent" que deux perles de couleur.

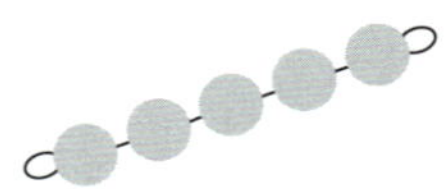

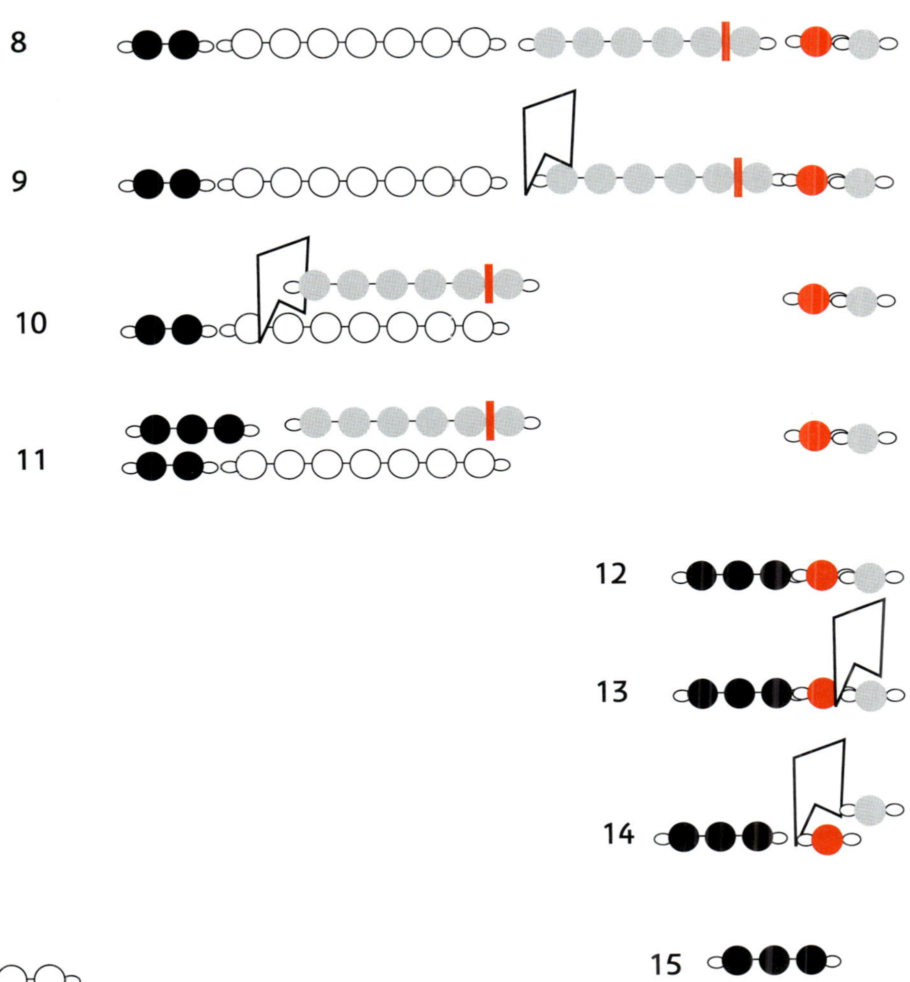

8. Mise à l'écart des perles jaunes "mangées" et des perles grises "qui les ont mangées".
9. Comptage des perles noires et des perles de couleur.
Comptage des perles grises.
10. Retour en comptant autant de perles de couleur qu'il y a de perles grises.
11. Change, puisque les perles grises ne "mangent" pas toute la barrette de couleur.
12. Mise à l'écart des perles de couleur et des perles grises.
Les perles de change "mangées" sont rangées dans l'escalier des perles de change.
13. Comptage des perles de change et des perles de couleur.
Comptage des perles grises.
14. Retour en comptant autant de perles de couleur qu'il y a de perles grises.
15. Mise à l'écart de la perle de couleur et de la perle grise.
Il reste 3 perles.

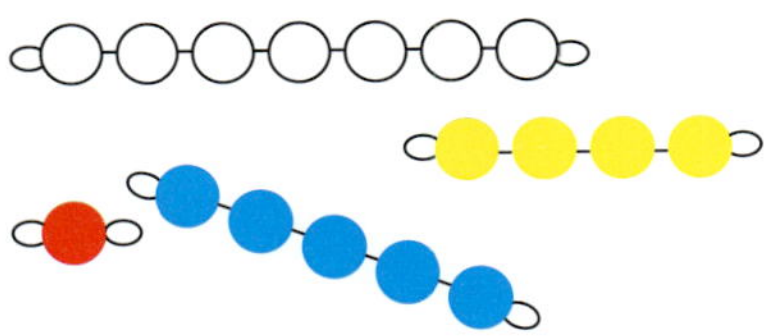

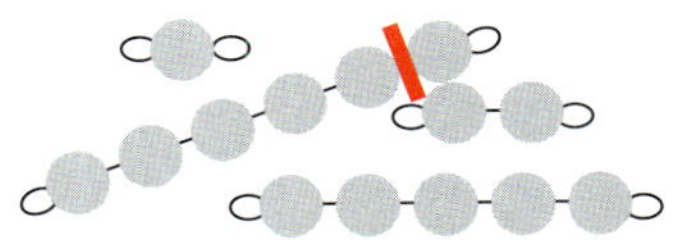

Commencez à compter à haute voix avec le cavalier, de gauche à droite, comme pour le serpent positif. Lorsque vous arrivez à une barrette négative, prenez-la et posez-la au-dessus de la barrette de couleur que vous venez de compter. Reculez vers la gauche avec le cavalier, en disant "moins" et en comptant autant de perles de couleur qu'en contient la barrette négative. S'il reste des perles, remplacez-les par une barrette de change positif (noire et blanche). Mettez de côté, sur votre gauche, bien à l'écart, la ou les barrettes de couleur. Vous pouvez même utiliser un petit plateau ou une coupelle. Mettez aussi les perles grises de côté sur la droite. Reprenez le compte de gauche à droite, à la première perle de couleur ou à la première perle de change positif, et en commençant le compte à 1.
A la barrette grise suivante, reproduisez l'opération : posez la barrette grise au-dessus de la barrette de couleur, reculez d'autant de perles qu'elle en contient et procédez au remplacement du solde par une barrette noire et blanche. Ainsi de suite jusqu'à la fin. Vous devriez terminer avec une barrette noire (ou noire et blanche). Commentez : "Tu as vu ! Le serpent est devenu tout petit !"

Pour le contrôle de l'erreur, alignez en colonnes les barrettes grises, en commençant comme d'habitude par les plus grandes, et en les complétant avec la barrette noire (ou noire et blanche) restante. Puis placez à côté de chaque colonne les barrettes de couleur en commençant par les plus grandes. Si c'est nécessaire pour "couper une barrette en deux", procédez à des échanges, en veillant bien à faire ces échanges dans les bonnes boîtes. Voir l'exemple illustré d'autocorrection pour le niveau 1, p.235.

Recommencez plusieurs démonstrations, avec des serpents différents. Puis construisez le serpent avec l'enfant en veillant toujours à l'équilibre positif / négatif nécessaire pour éviter un résultat négatif et donc un change négatif. Pour que cela se fasse naturellement, vous pouvez par exemple dire à la fin : "Tiens, je lui rajoute un museau, ou une longue langue, à notre serpent !" Et vous posez devant une dernière barrette positive. Et maintenant, c'est au tour de l'enfant de se saisir de l'onglet et de commencer à compter. Même lorsqu'il sera à l'aise, continuez à construire le serpent avec lui pour maîtriser la question du change et du solde négatifs.

Au bout d'un certain temps, introduisez une petite difficulté supplémentaire en construisant le serpent avec un grand nombre de perles positives. Il faudra donc de temps en temps utiliser les barrettes dorées pour remplacer les barrettes de couleur et les barrettes noires et blanches lorsque le compte sera supérieur à 10.

Le serpent négatif 1er niveau : contrôle de l'erreur

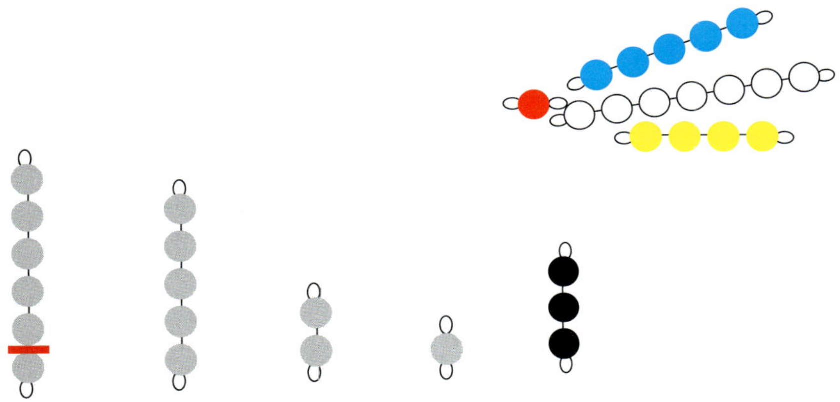

1

2 : change*

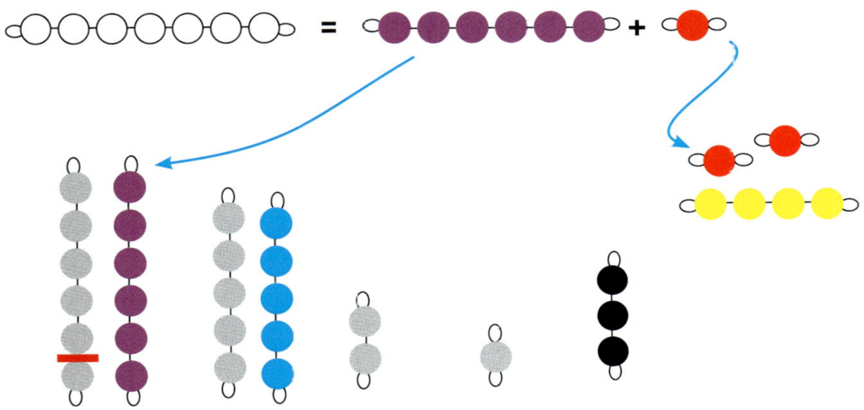

3

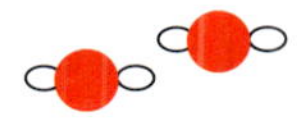

4 : change

5

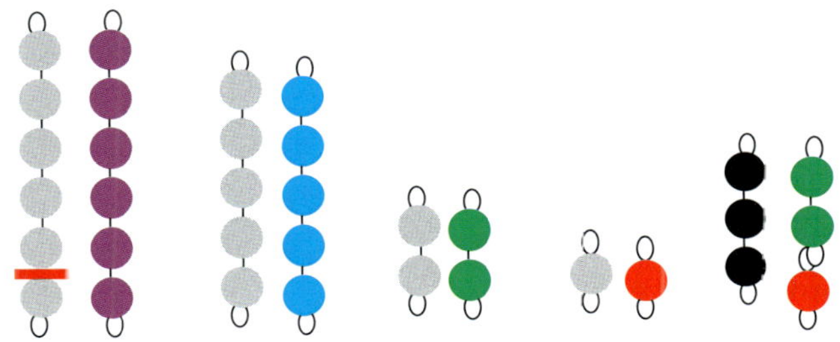

* On change à l'étape 2 au lieu d'utiliser les barrettes de 5 et 1 car la règle est, toujours, de commencer avec la barrette la plus longue. Idem pour le change de l'étape 4.
Pour l'étape 5, comme il n'y a plus que de toutes petites barrettes, on peut se dispenser du change.

2e niveau

Lorsque l'enfant est vraiment à l'aise avec le serpent négatif du 1er niveau, vous pouvez passer au 2e, c'est-à-dire en utilisant les barrettes de change négatif. À ce stade, vous allez faire intervenir le change négatif, mais pas encore le résultat négatif.
Mais rien ne presse. Il peut s'écouler plusieurs semaines entre le 1er et le 2e niveau. Il est essentiel d'être vraiment attentif à la compréhension de l'enfant : il doit toujours avoir parfaitement compris une étape avant de passer à la suivante en toute confiance.

Comme toujours, l'enfant va chercher le matériel et l'apporte sur son petit tapis.
Commencez par construire un serpent avec lui, en veillant à ce qu'il ait les caractéristiques suivantes : le total des perles négatives doit toujours être inférieur à celui des perles positives, mais pas forcément à tout moment. Par exemple : + 6 - 2 + 2 - 8 + 5 - 3 + 4 - 1. Ainsi vous aurez un résultat positif à la fin, mais parfois des résultats intermédiaires négatifs. Voyez l'exemple développé pas à pas en dessin p. 237. Nous vous recommandons de le suivre tout en lisant les explications. Ce sera plus compréhensible.

Annoncez qu'aujourd'hui vous avez envie de compter. À un moment, vous butez sur l'impossibilité de compter les perles jusqu'au bout en reculant : il n'y en a pas assez. Dites à l'enfant que vous allez faire comme pour le serpent positif : il y a des perles spéciales pour cette situation. Vous sortez les perles de change négatives. Elles sont en bois, plus petites, de couleur naturelle jusqu'au 5 et roses au-delà. On en trouve aussi de roses et blanches dans le commerce. Posez-les devant l'enfant pour qu'il les voie bien puis mettez-les à l'écart en les alignant (voir croquis du matériel). Invitez l'enfant à construire un escalier avec les perles de change négatif comme il le faisait avec les perles de change positif.
Prenez la barrette qu'il vous faut dans le cas présent (dans notre exemple, il s'agit de la barrette de 2) et posez-la tout à fait à gauche du serpent. Supprimez la barrette de couleur qui a été "mangée" et mettez-la à l'écart avec les autres barrettes de couleur déjà supprimées. Si une barrette de change positif a également été mangée, rangez-la soigneusement avec le change positif.
Comme votre serpent commence maintenant par une barrette négative, il faut lui donner à manger ! Posez-la au-dessus de la barrette de couleur qui la suit et comptez les perles qu'elle doit manger. Procédez au change. Mettez les perles de couleur à l'écart. Ainsi de suite jusqu'à la fin. Il ne reste plus qu'une barrette (ou une seule perle) noire et blanche (ou même rien du tout). Dans notre exemple, il reste 3 perles. Commentez le fait que le serpent est devenu tout petit.

Pour le contrôle, placez les barrettes grises verticalement en commençant par les plus grandes. Ajoutez la barrette noire du reste, s'il y en a une. Puis posez les barrettes de couleur à côté, en commençant par les plus grandes et en procédant à un change si nécessaire. Voir le croquis p. 239.

Le serpent négatif : 2e niveau pas à pas

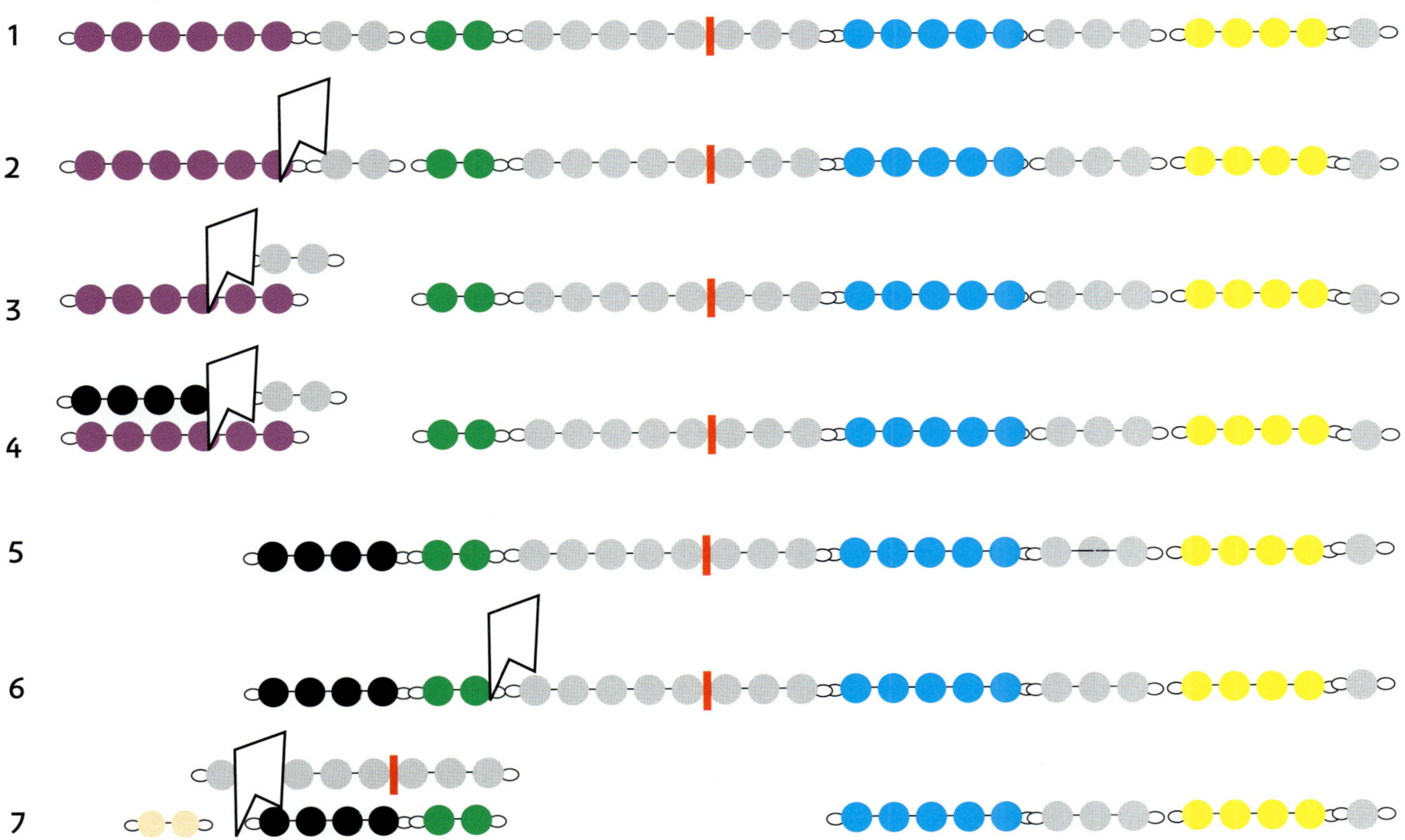

1. Construction du serpent.
2. Comptage des perles de couleur jusqu'à la barrette grise.
Comptage des perles grises.
3. Retour vers la gauche d'autant de perles qu'il y a de perles grises.
4. Change positif (perles noires et blanches) car le comptage tombe au milieu d'une barrette de couleur.
5. Mise à l'écart des perles de couleur (à gauche) et des perles grises qui les ont "mangées" (à droite).
6. Comptage à partir de la 1re perle noire. Comptage des perles grises.
7. Retour vers la gauche et change avec les perles de change négatif, puisque les perles grises doivent encore "manger" deux perles de couleur.

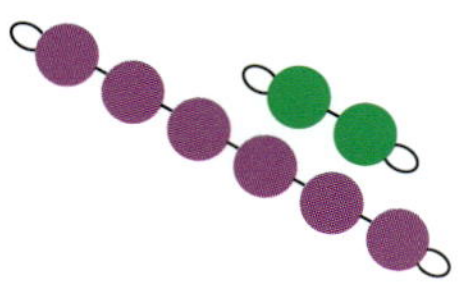

Suite p.257

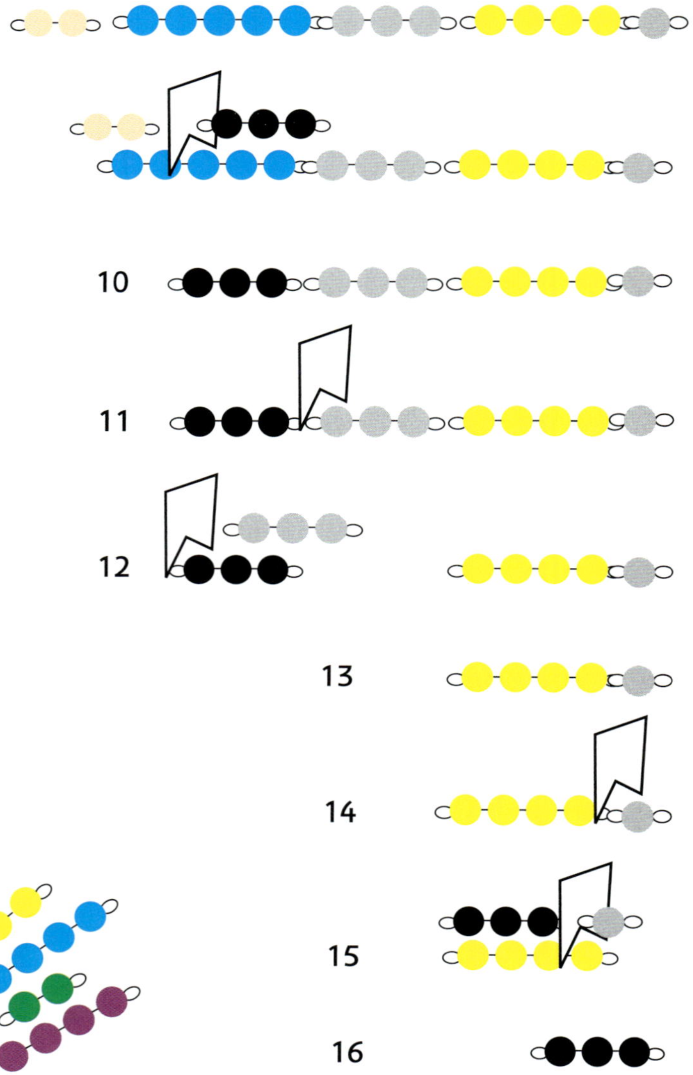

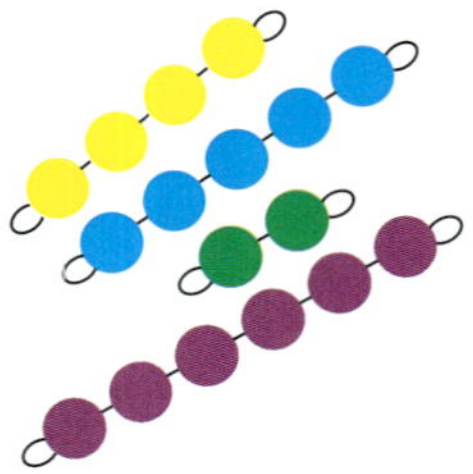

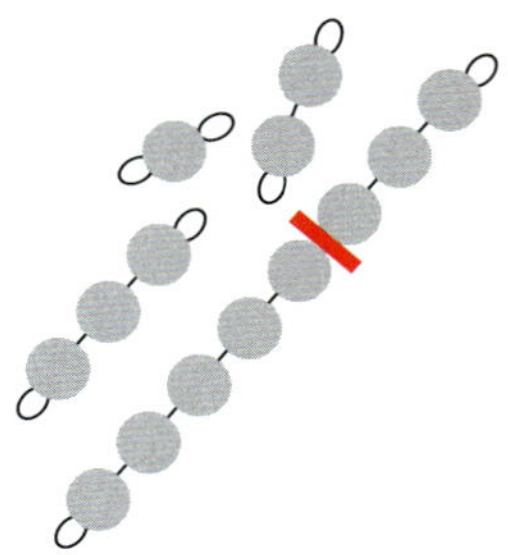

8. Mise à l'écart de la barrette verte (à gauche) et de la grise (à droite).
La barrette de change positif "mangée" est rangée à sa place.
9. La barrette de change négatif doit "manger" deux perles de la barrette bleue. Change positif, puisque le comptage tombe au milieu de la barrette bleue.
10. Mise à l'écart de la barrette bleue (à gauche).
La barrette de change négatif est rangée avec les perles du change négatif.
11. Comptage à partir de la 1re perle noire. Comptage des perles grises.
12. Retour vers la gauche d'autant de perles noires qu'il y a de perles grises.
13. Mise à l'écart de la barrette grise (à droite).
La barrette noire est rangée à sa place dans l'escalier des perles de change positif.
14. Comptage des perles de couleur. Comptage des perles grises.
15. Retour vers la gauche, comptage et change, puisque la perle grise ne doit "manger" qu'une perle jaune.
16. Mise à l'écart de la barrette jaune (à gauche) et de la perle grise (à droite).
Il reste 3 perles.

Le serpent négatif :
contrôle de l'erreur du 2e niveau

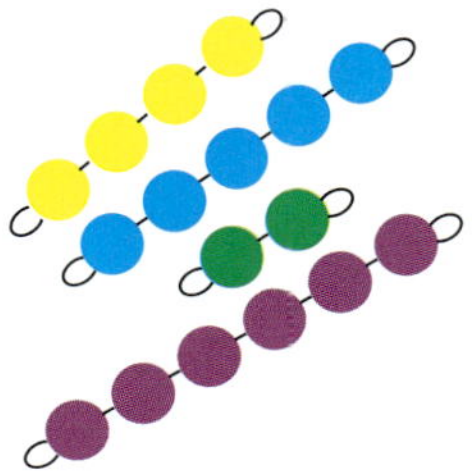

1

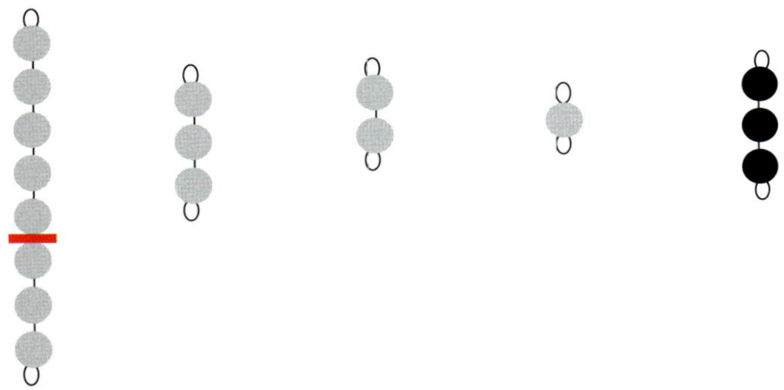

2

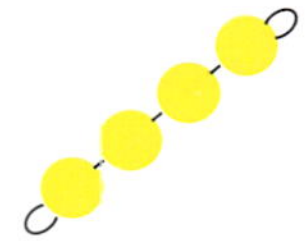

3 : change

4

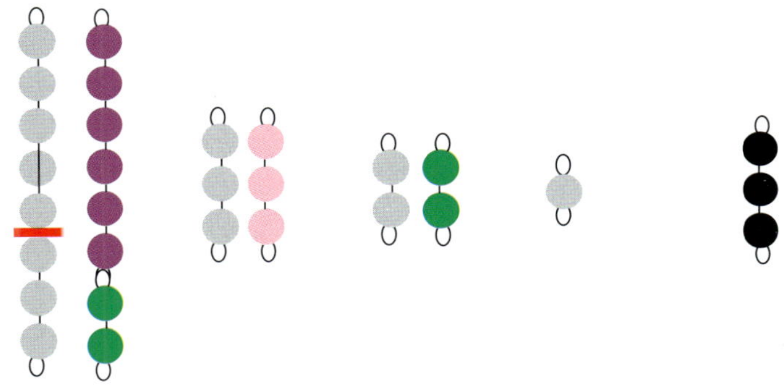

5 : change

6

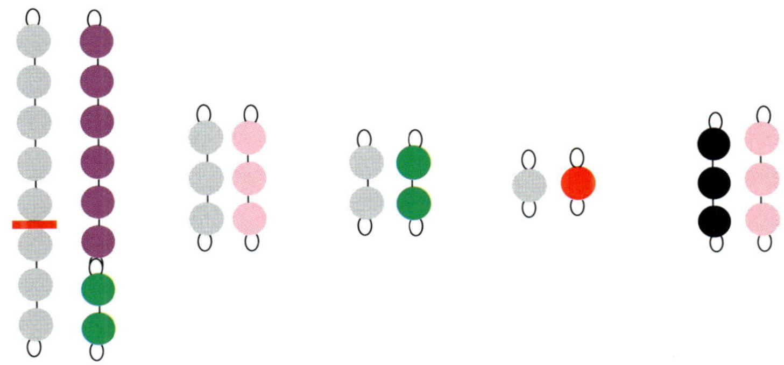

3e niveau

Lorsque l'enfant maîtrise parfaitement le serpent négatif du 2e niveau, passez au 3e : il s'agit maintenant d'un serpent négatif avec change négatif et résultat négatif. Pour cela, le serpent doit simplement comporter plus de perles négatives que de perles positives. Voir l'exemple développé pas à pas, p.241. Le déroulement est sensiblement le même que pour le 2e niveau. La première différence réside dans le fait que vous aurez probablement à faire un ou plusieurs changes avec une barrette de 10 négative. La différence essentielle vient du fait que la barrette qui restera sera une barrette de change négatif (bois et rose) et non une barrette de change positif (noire et blanche).

Le contrôle de l'erreur se fait en plaçant d'abord verticalement les barrettes négatives grises, toujours en commençant par la plus grande, puis en posant à côté les barrettes de couleur auxquelles vous ajouterez la barrette de change négatif du résultat. Voir p.243.
Faites plusieurs autres serpents avec l'enfant. Puis laissez-le progressivement faire seul.

Pour aller plus loin

Quand l'enfant en est à la troisième partie de la mémorisation de la soustraction (voir plus loin), il reprend les 3 niveaux du serpent négatif, mais cette fois-ci sans utiliser le cavalier. Il se sert uniquement du calcul mental, ce qui donne, par exemple, pour le cas décrit p.241 (3e niveau) : + 4 - 9 = - 5 ; - 5 + 2 = - 3 ; - 3 - 8 = - 11 (je change pour une barrette de - 10 et une perle négative seule) ; - 11 + 5 = - 6.

Bien sûr, il sera important de dire + ou - pour chaque barrette positive ou négative, d'une part pour que le calcul soit juste et d'autre part pour que l'enfant réalise que le signe du résultat reste le même lorsque les signes des deux nombres de l'opération sont les mêmes (Ex. : + 4 + 3 = + 7 et - 3 - 6 = - 9). Dans le cas contraire, le résultat a le signe de la plus forte valeur et le nombre est la différence des deux (Ex. : - 9 + 3 = - 6 ; + 8 - 3 = + 5).

Le serpent négatif est une véritable aide à la mémorisation de la soustraction. Comme avec tout matériel Montessori, l'enfant va répéter de nombreuses fois les activités, aussi souvent et aussi longtemps qu'il en aura besoin.

Le serpent négatif : 3e niveau pas à pas

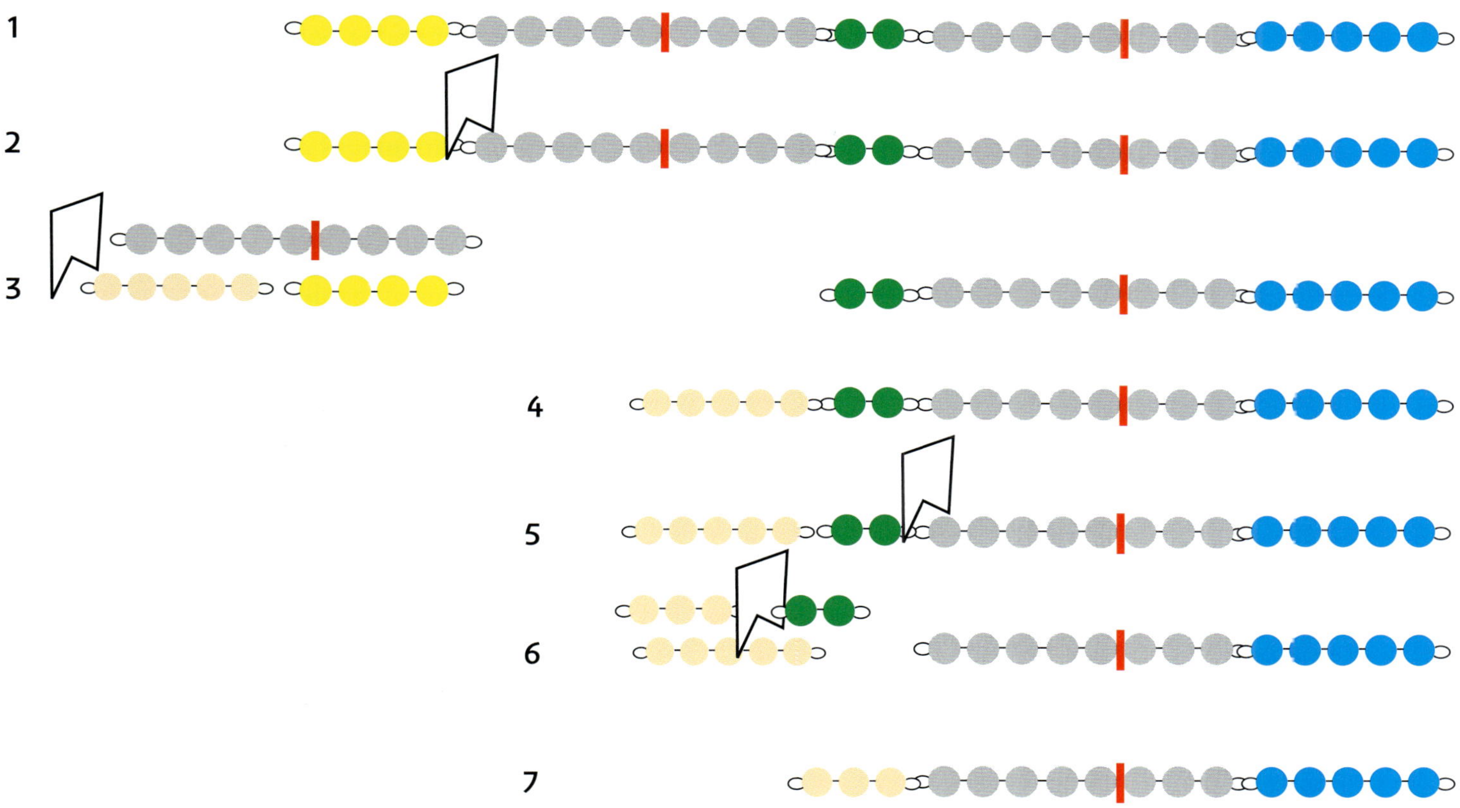

1. Construction du serpent.
2. Comptage des perles de couleur jusqu'à la barrette grise. Comptage des perles grises.
3. Retour vers la gauche d'autant de perles qu'il y a de perles grises. Ajout de perles de change négatif car il n'y a pas assez de perles de couleur "à manger".
4. Mise à l'écart des perles jaunes (à gauche) et des perles grises (à droite).
5. Les perles de change négatif doivent "manger" 5 perles. Comptage des perles de couleur.
6. Change négatif puisqu'il manque 3 perles "à manger".
7. Mise à l'écart des perles vertes "mangées". La barrette de 5 du change négatif est rangée dans l'escalier du change négatif.

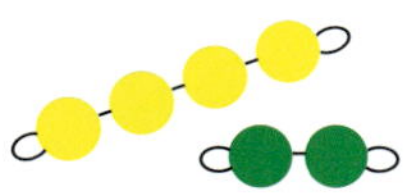

Suite p.242

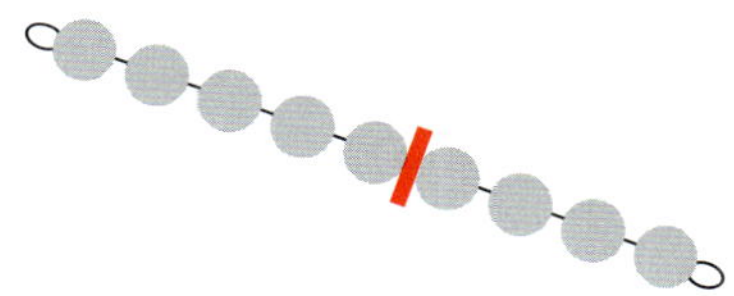

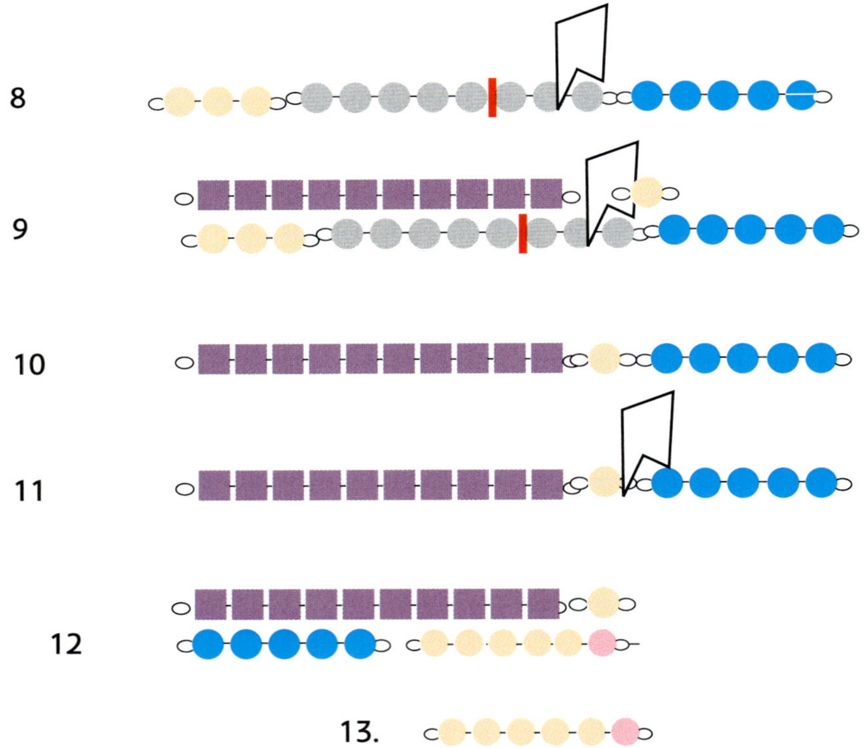

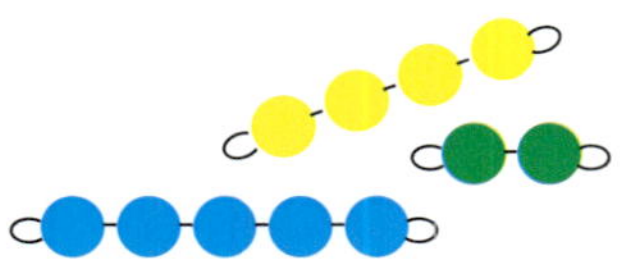

8. Comptage des perles de change négatif et des perles négatives.
9. Change avec la dizaine négative et une perle du change négatif.
10. Rangement des perles de change négatif remplacées.
Mise à l'écart des perles grises (à droite).
11. Comptage des perles négatives.
Comptage des perles bleues.
12. Change négatif, car il manque 6 perles à "manger".
13. Mise à l'écart des perles bleues (à gauche). Rangement à leur place de la dizaine négative et de la perle de change négatif remplacées.
Il reste une barrette de 6 négative.

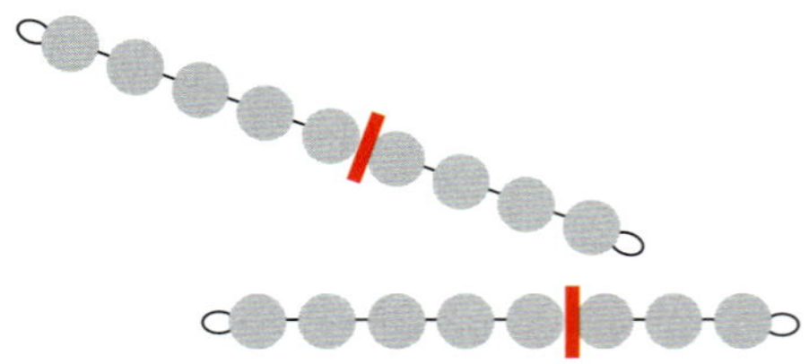

Le serpent négatif : contrôle de l'erreur du 3e niveau

1

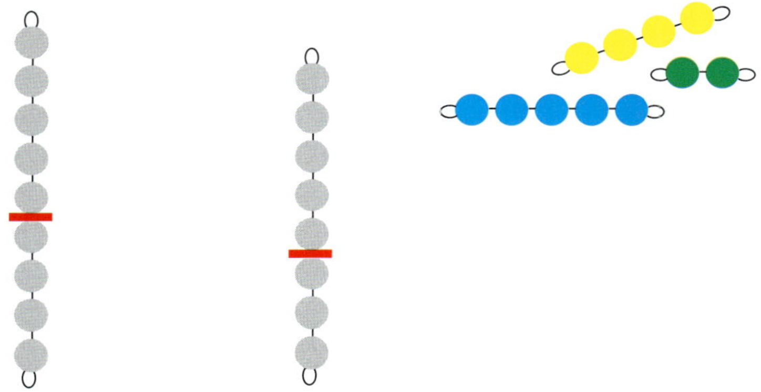

2

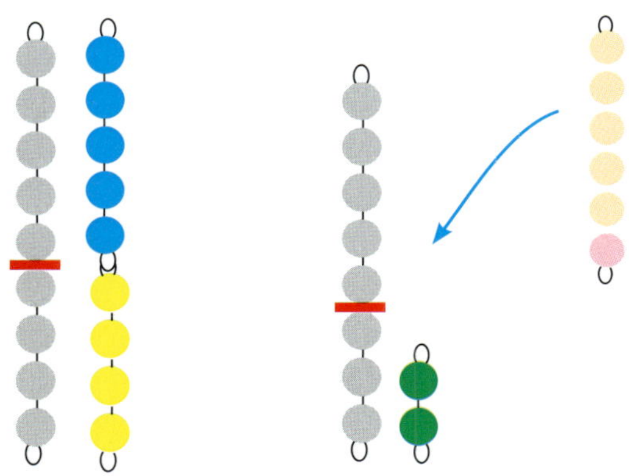

La mémorisation de la soustraction avec la table des réglettes

Le matériel

- La table des réglettes est assez semblable à celle que l'enfant utilise pour la mémorisation de l'addition. Mais la séparation verticale est située avant le 10, puisque le plus grand résultat possible ici est 9.
- Les 17 réglettes grises ou en bois. Elles servent simplement à cacher des nombres écrits en haut de la table. Nous précisons l'utilisation plus loin.
- Les 9 réglettes bleues. Elles servent à soustraire. On utilise celles de la table des barres de l'addition car ce sont exactement les mêmes.
- Les fiches d'opérations de 18 à 1. Les fiches de 18 à 9 commencent toutes à l'opération "- 9" et ne "descendent" pas plus bas que 18 - 9, 17 - 8, 16 - 7, etc. pour ne pas obtenir de résultats supérieurs à 9. Les fiches du 8 au 1 commencent par l'opération dont le résultat est 0 (8 - 8, 7 - 7, etc.) et finissent à l'opération "- 1".
- Le tableau de contrôle.

Voir les croquis du matériel ci-dessous et page suivante.

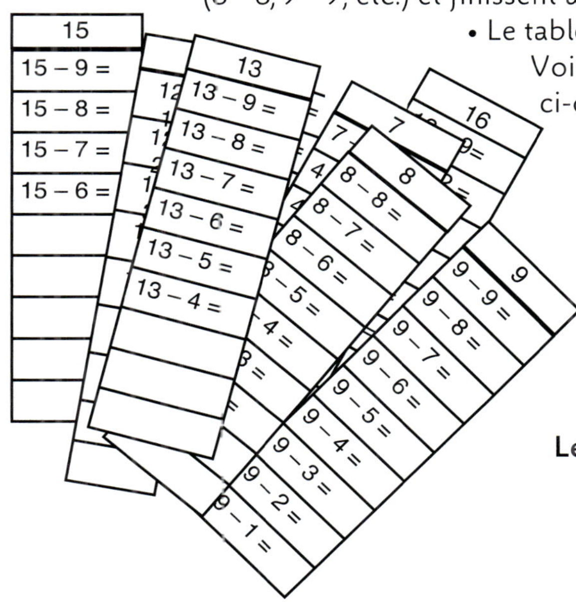

Les fiches d'opérations

La table des réglettes

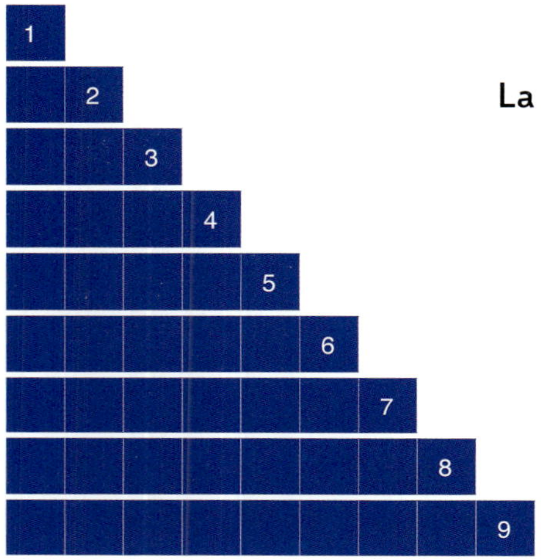

1	2	3	4	5	6	7	8	9	10	11	12	13	14	15	16	17	18

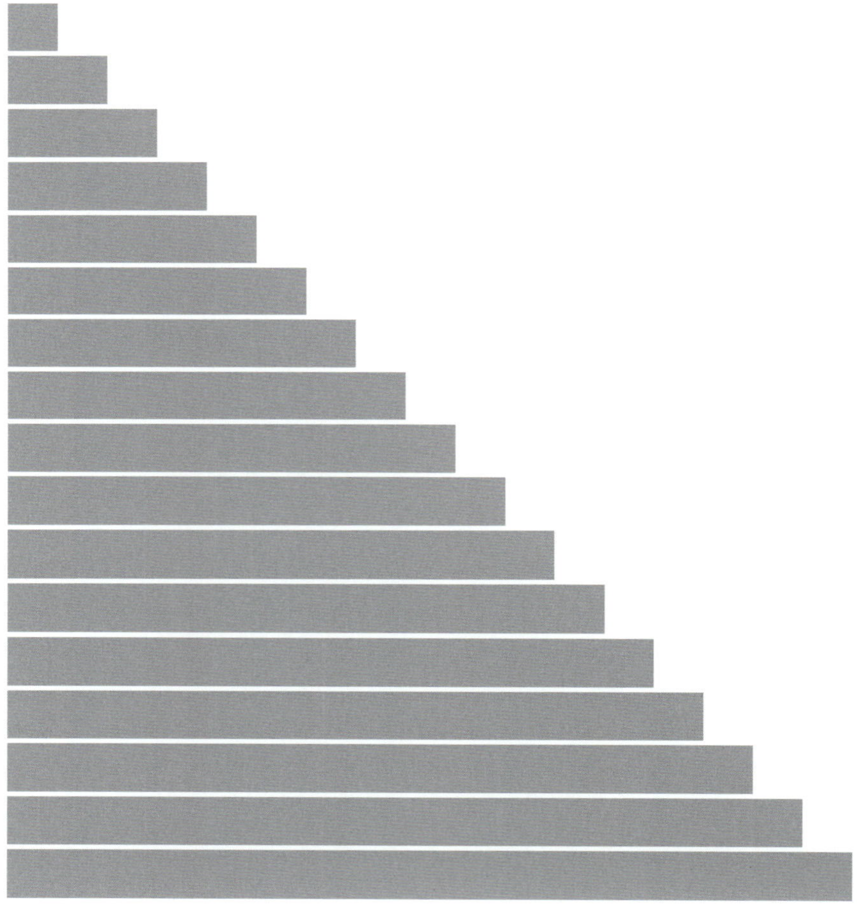

La 1re utilisation

Étalez en escalier, au-dessus de la table des réglettes, les réglettes grises (à droite) et les réglettes bleues (à gauche) dans l'ordre. Commencez avec la fiche du 18. Lisez "18 - 9 =". Posez la réglette bleue du 9 comme sur le croquis. Montrez à l'enfant que le résultat est le premier chiffre à gauche après la fin de la réglette. Ici, bien sûr, 9. Pointez le résultat du doigt et écrivez sur la fiche. Passez ensuite à la fiche du 17.

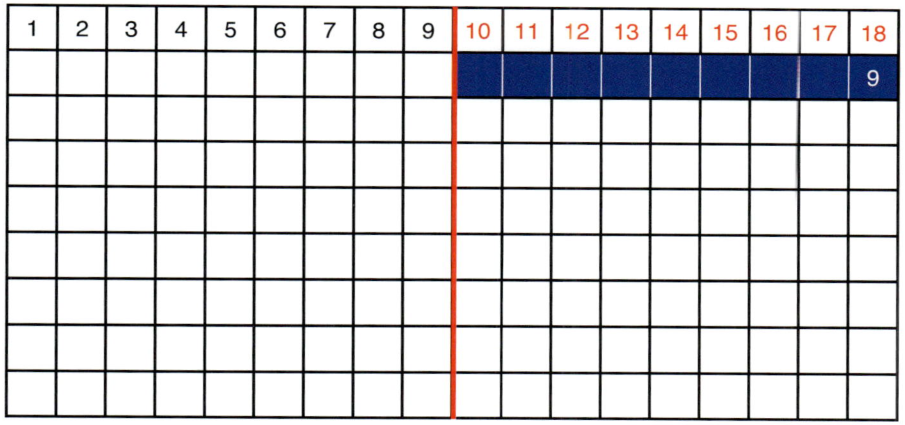

Cherchez avec l'enfant la réglette grise qui peut cacher tout ce qui est plus grand que 17. Posez-la comme sur le croquis de la page ci-contre. L'enfant lit la première opération de la fiche (17 - 9), pose la réglette bleue du 9 en commençant sous le 17 (voir croquis). Pointez le 8, dites 17 - 9 = 8. L'enfant reporte le résultat sur la fiche. C'est à lui maintenant de faire seul la deuxième opération de la fiche du 17. Continuez jusqu'à 1 - 1.

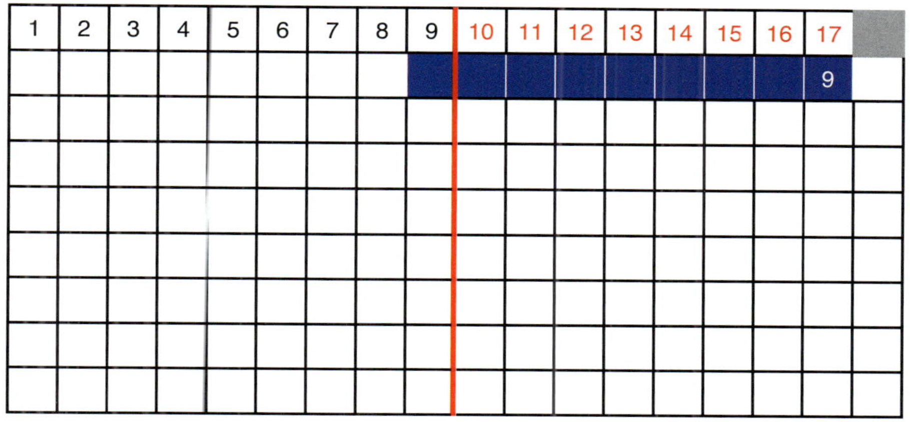

La 2e utilisation : décomposition d'un nombre

L'enfant va découvrir la relation entre la soustraction et l'addition. Vous allez utiliser le même matériel que précédemment mais en y ajoutant les réglettes rouges de la mémorisation de l'addition.

Annoncez à l'enfant que vous allez chercher toutes les possibilités de fabriquer un nombre. Étalez avec lui toutes les réglettes au-dessus de la table des réglettes, toujours de la même façon, dans l'ordre croissant ou décroissant. Puisque nous sommes dans la soustraction, les réglettes bleues restent sur la droite et ce sont les rouges qui sont placées à gauche.

Choisissez un nombre pour la présentation. Par exemple 12. Prenez la fiche du 12 et commencez à faire la première soustraction : 12 - 9, comme d'habitude : cachez tous les nombres supérieurs à 12 avec la réglette grise qui convient et posez la réglette bleue du 9, dites "J'ai 12. Si j'enlève 9, il me reste 3". Cherchez la réglette rouge du 3 et posez-la dans le prolongement de la réglette bleue (voir croquis page suivante).

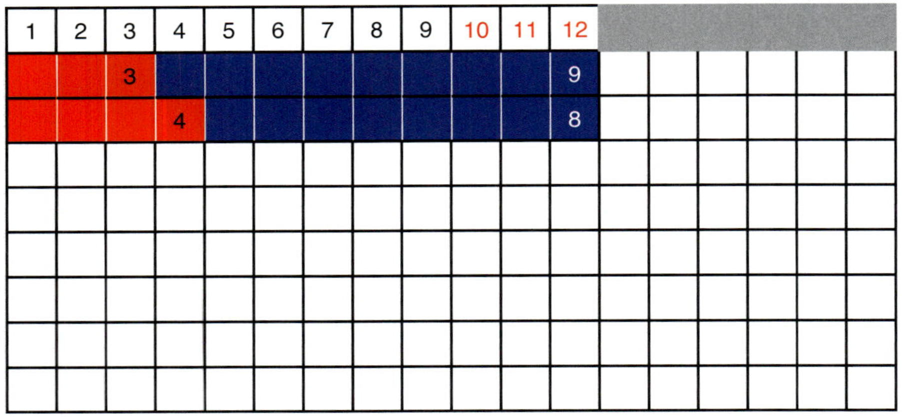

Laissez les réglettes en place et passez à 12 - 8 =. Posez la réglette bleue du 8, lisez le résultat : 4. Posez la réglette rouge du 4 dans le prolongement de la bleue. L'enfant continue avec 12 - 7, 12 - 6, etc. Arrivé à 12 - 2, l'enfant est bloqué par le fait qu'il n'y a pas la réglette rouge qui convient. Annoncez-lui qu'avec ce matériel, on ne peut pas avoir un résultat (une différence) plus grand que 9 mais qu'il pourra faire, plus tard, des soustractions dont le résultat est plus grand que 9.
Comme d'habitude, l'enfant fait 6 à 10 opérations de ce genre par jour.

La 3e utilisation : introduction du 0 dans la soustraction

Le matériel est le même que pour le travail précédent. Le travail est également le même, mais en sens inverse et en commençant par soustraire 0 (sauf pour les nombres supérieurs à 9, toujours pour éviter les résultats supérieurs à 9). Par exemple : 6 - 0 =, puis 6 - 1 =, etc.

La mémorisation de la soustraction avec les tables des doigts

La table des doigts renseignée

Le matériel

- La table des doigts renseignée (ci-dessous).
- Les combinaisons découpées et le tableau de contrôle (page suivante).

	18	17	16	15	14	13	12	11	10	9								
9	9	8	7	6	5	4	3	2	1	0	8							
	8	9	8	7	6	5	4	3	2	1	0	7						
		7	9	8	7	6	5	4	3	2	1	0	6					
			6	9	8	7	6	5	4	3	2	1	0	5				
				5	9	8	7	6	5	4	3	2	1	0	4			
					4	9	8	7	6	5	4	3	2	1	0	3		
						3	9	8	7	6	5	4	3	2	1	0	2	
							2	9	8	7	6	5	4	3	2	1	0	1
								1	9	8	7	6	5	4	3	2	1	0

L'utilisation

Présentez la table à l'enfant. Sélectionnez pour l'enfant un petit nombre de combinaisons. Présentez ce travail comme un jeu de devinettes. Vous piochez une combinaison au hasard (Ex. : 13 - 6 =). Vous la lisez puis vous l'écrivez. Montrez ensuite à l'enfant comment utiliser la table de travail pour trouver la réponse : pointez le 13 rouge de l'index droit en disant "13", puis le 6 bleu de l'index gauche, en disant "moins 6". Déplacez l'index droit vers le bas, l'index gauche vers la droite. Les deux index se rencontrent sur la case du 7. Dites "égale 7". Écrivez le résultat sur la feuille. Retournez la combinaison déjà utilisée.

C'est maintenant au tour de l'enfant. Il connaît déjà le principe qu'il a pratiqué pour la mémorisation de l'addition. Il vérifie ses résultats au bout de 6 à 10 opérations, corrige s'il le faut et met un élastique autour des cartes de combinaisons déjà traitées.

Le tableau de contrôle

1 – 1 = 0	2 – 2 = 0	3 – 3 = 0	4 – 4 = 0	5 – 5 = 0	6 – 6 = 0	7 – 7 = 0	8 – 8 = 0	9 – 9 = 0	10 – 10 = 0	11 – 11 = 0	12 – 12 = 0	13 – 13 = 0	14 – 14 = 0	15 – 15 = 0	16 – 16 = 0	17 – 17 = 0	18 – 18 = 0
	2 – 1 = 1	3 – 2 = 1	4 – 3 = 1	5 – 4 = 1	6 – 7 = 1	7 – 6 = 1	8 – 7 = 1	9 – 8 = 1	10 – 9 = 1	11 – 10 = 1	12 – 11 = 1	13 – 12 = 1	14 – 13 = 1	15 – 14 = 1	16 – 15 = 1	17 – 16 = 1	18 – 17 = 1
		3 – 1 = 2	4 – 2 = 2	5 – 3 = 2	6 – 5 = 2	7 – 5 = 2	8 – 6 = 2	9 – 7 = 2	10 – 8 = 2	11 – 9 = 2	12 – 10 = 2	13 – 11 = 2	14 – 12 = 2	15 – 13 = 2	16 – 14 = 2	17 – 15 = 2	18 – 16 = 2
			4 – 1 = 3	5 – 2 = 3	6 – 4 = 3	7 – 4 = 3	8 – 5 = 3	9 – 6 = 3	10 – 7 = 3	11 – 8 = 3	12 – 9 = 3	13 – 10 = 3	14 – 11 = 3	15 – 12 = 3	16 – 13 = 3	17 – 14 = 3	18 – 15 = 3
				5 – 1 = 4	6 – 2 = 4	7 – 3 = 4	8 – 4 = 4	9 – 5 = 4	10 – 6 = 4	11 – 7 = 4	12 – 8 = 4	13 – 9 = 4	14 – 10 = 4	15 – 11 = 4	16 – 12 = 4	17 – 13 = 4	18 – 14 = 4
					6 – 1 = 5	7 – 2 = 5	8 – 3 = 5	9 – 4 = 5	10 – 5 = 5	11 – 6 = 5	12 – 7 = 5	13 – 8 = 5	14 – 9 = 5	15 – 10 = 5	16 – 11 = 5	17 – 12 = 5	18 – 13 = 5
						7 – 1 = 6	8 – 2 = 6	9 – 3 = 6	10 – 4 = 6	11 – 5 = 6	12 – 6 = 6	13 – 7 = 6	14 – 8 = 6	15 – 9 = 6	16 – 10 = 6	17 – 11 = 6	18 – 12 = 6
							8 – 1 = 7	9 – 2 = 7	10 – 3 = 7	11 – 4 = 7	12 – 5 = 7	13 – 6 = 7	14 – 7 = 7	15 – 8 = 7	16 – 9 = 7	17 – 10 = 7	18 – 11 = 7
								9 – 1 = 8	10 – 2 = 8	11 – 3 = 8	12 – 4 = 8	13 – 5 = 8	14 – 6 = 8	15 – 7 = 8	16 – 8 = 8	17 – 9 = 8	18 – 10 = 8
									10 – 1 = 9	11 –2 = 9	12 – 3 = 9	13 – 4 = 9	14 – 5 = 9	15 – 6 = 9	16 – 7 = 9	17 – 8 = 9	18 – 9 = 9

La table des doigts muette

Le matériel

- La table des doigts muette.
- Les combinaisons découpées.
- Les étiquettes de résultats. Ce sont des vignettes du format des cases de la table muette, que l'enfant posera au bon endroit pour remplir la table. Si vous voulez éviter de faire les étiquettes de résultats, l'enfant pourra aussi écrire directement sur une table muette photocopiée ou tirée sur l'imprimante de l'ordinateur.

L'avantage des étiquettes de résultats mobiles est que l'enfant peut travailler sans stylo et consacrer uniquement son énergie à la recherche du résultat. La manipulation des étiquettes répond également au besoin de mouvement de l'enfant.

- Le tableau de contrôle ou la table des doigts renseignée pour la vérification.

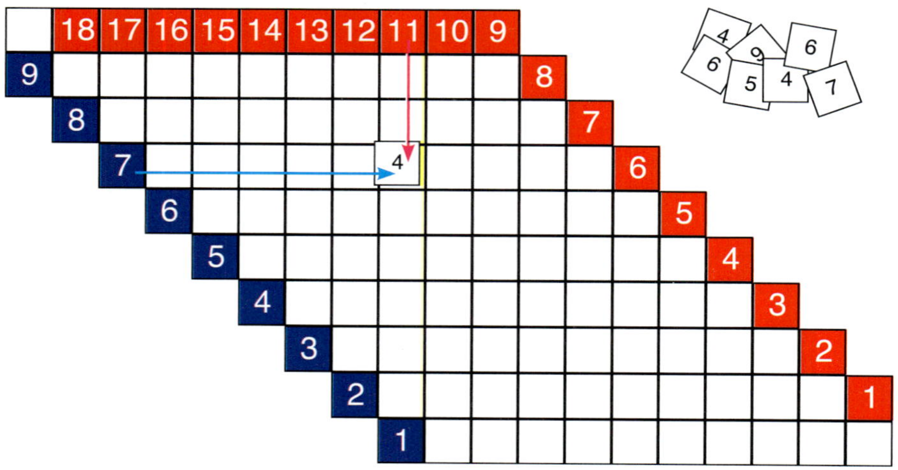

L'utilisation

Étape 1

Piochez une carte de combinaison (Ex. : 11 - 7 =), lisez-la, dites que vous connaissez déjà le résultat, cherchez l'étiquette de résultat 4 et posez-la au bon endroit sur la table (croquis page ci-contre). C'est maintenant au tour de l'enfant. S'il doute ou ne connaît pas un résultat, il se sert de la table des doigts renseignée ou du tableau de contrôle. À la fin, de toute façon, il contrôle sont travail et range son matériel.

Étape 2

Il s'agit maintenant de trouver toutes les combinaisons qui ont le même résultat. L'enfant prend toutes les étiquettes identiques (Ex. : les 7). Cela lui permet de savoir combien de combinaisons il doit trouver. Montrez le principe à l'enfant. Dites par exemple "16 - 9 = 7", trouvez la bonne case en déplaçant vos index verticalement et horizontalement depuis les cases 16 et 9. Posez une étiquette 7 à l'intersection. C'est au tour de l'enfant.

Les autres outils de la mémorisation de la soustraction

Proposez à l'enfant des petits problèmes du même type que ceux de la mémorisation de l'addition (p.227). Comme il est plus grand, vous pouvez lui donner simplement le texte et lui proposer de l'illustrer avant de résoudre le problème. Ce sera pour lui une façon de bien analyser l'énoncé avant de passer à la recherche de la solution.

La mémorisation de la multiplication avec la table perforée

Le travail avec les outils de mémorisation peut en principe commencer lorsque l'enfant a compris la nature de la multiplication et a déjà fait au moins une dizaine de multiplications avec les perles dorées (p.176). La progression de la mémorisation peut donc se faire parallèlement avec celle de la découverte de la complexité de l'opération (avec et sans retenue, en additionnant puis en multipliant). Dans la pratique, comme on ne peut pas tout faire en même temps, on commence la mémorisation de la multiplication plus tard. Voir le tableau chronologique p.148 pour les zones d'âge approximatives.
Avec ce matériel l'enfant fabrique ses propres tables de multiplication, au lieu de les répéter mécaniquement, ce qui facilitera bien sûr leur mémorisation. La table perforée permet à l'enfant de mémoriser visuellement la disposition des perles lors d'une multiplication. Le même nombre est visiblement répété à chaque fois : il est multiplié.

Le matériel

- La table perforée. Elle est en bois et comporte 100 trous pour recevoir les perles. Elle comporte aussi un trou plus grand en haut à gauche pour recevoir le jeton rouge qui sert à marquer la colonne de multiplicateur sur laquelle on travaille. Enfin une encoche sur le côté gauche est destinée à recevoir le carton du multiplicande. Vous pouvez faire la table vous-même en utilisant une perceuse.
- 100 perles identiques. Bien entendu leur diamètre doit être adapté à la taille des trous pour qu'elles ne risquent pas de rouler mais qu'il ne soit pas trop difficile non plus de les retirer.
- Des petits cartons portant les nombres de 1 à 10.
- Les fiches des combinaisons, du même genre que ceux utilisés pour la mémorisation de l'addition ou de la soustraction.

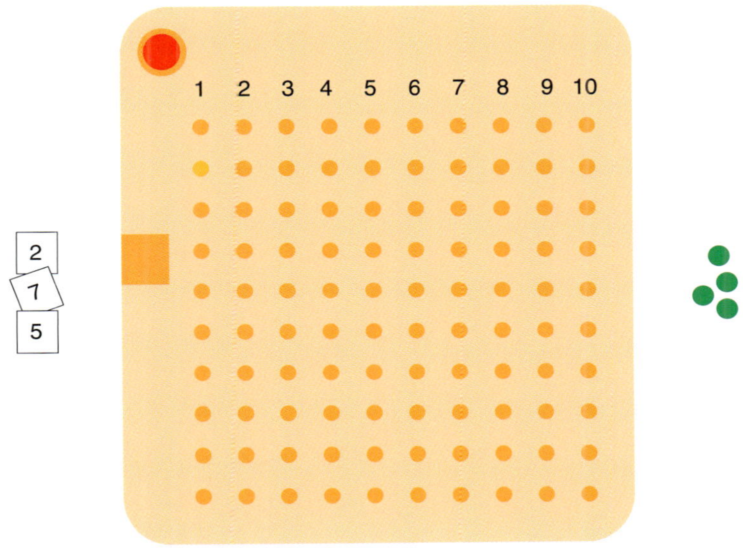

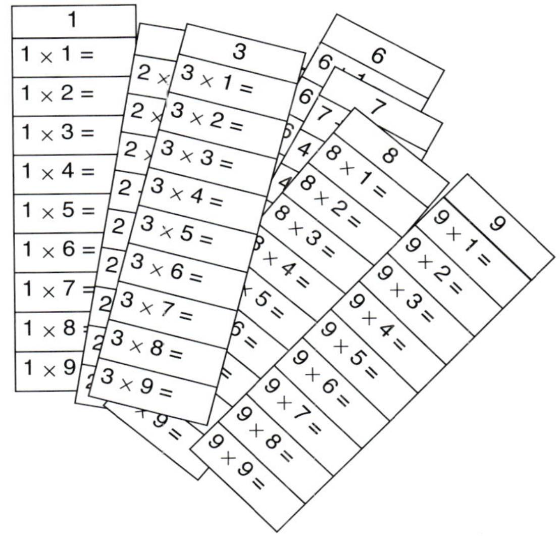

L'utilisation

Montrez à l'enfant que les chiffres du haut sont les multiplicateurs, c'est-à-dire le nombre par lequel on multiplie le multiplicande. Montrez-lui les cartons et expliquez qu'il s'agit des multiplicandes, c'est-à-dire les nombres que l'on va multiplier. Prenez une fiche. Evitez celle du 1, particulier, et celles des gros chiffres car la démonstration serait trop longue : le 4 est parfait. Glissez le carton du 4 dans l'encoche de la table, lisez la 1re opération (4 × 1 =). Posez le jeton rouge au-dessus de la colonne du multiplicateur 1 et placez 4 perles dans les trous de la colonne du 1. Comptez les 4 perles à voix haute, dites "4 que je prends 1 fois ou 4 multiplié par 1 = 4" et écrivez le résultat de l'opération. Lisez la 2e opération "4 que je prends 2 fois ou 4 multiplié par 2". Poussez le jeton au-dessus du 2 et ajoutez 4 perles. Pointez la 4e perle du résultat précédent et comptez à partir de 4 jusqu'à 8. Annoncez "4 que je prends 2 fois ou 4 multiplié par 2 = 8" et écrivez le résultat. L'enfant continue seul, même si vous restez à côté de lui comme secrétaire.

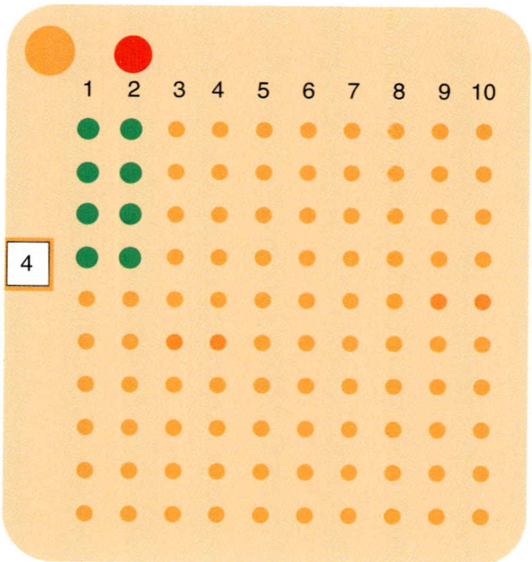

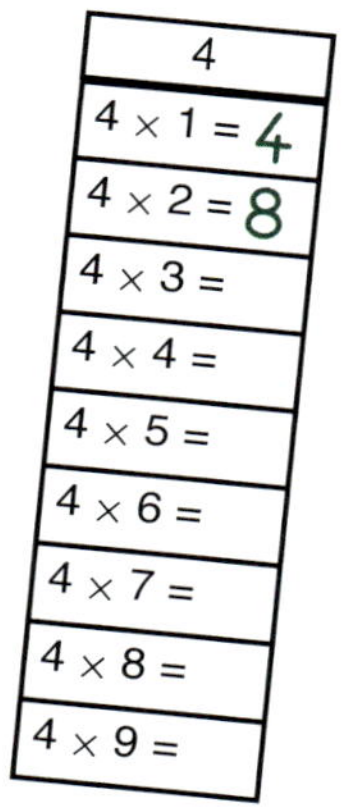

L'enfant n'a pas besoin d'un tableau de contrôle car il peut recompter à chaque fois son résultat ce qui renforce le travail de la mémorisation. Il va comprendre que les chiffres écrits sur sa fiche n'ont pas le même rôle : le 1er représente une quantité, le 2e le multiplicateur.
A 4 × 4, 3 × 3, 5 × 5, etc., faites remarquer le carré formé par les perles, sans vous appesantir sur la question.

Vous vous apercevrez bien vite que la manière traditionnelle de dire les tables (4 fois 1, 4 ; 4 fois 2, 8 ; 3 fois 4, 12...) ne correspond pas à la réalité. Exemple pour la table de 4 : c'est toujours 4 que l'on prend une fois, deux fois, trois fois... etc. On devrait donc dire 1 fois 4, 2 fois 4, etc. Faites donc bien attention à la manière de formuler les multiplications selon les tables.

Plus tard, l'enfant sera à l'aise avec la commutativité de la multiplication : dans un sens ou l'autre le résultat est le même. Dans le cadre d'une première mémorisation, ce que doit retenir l'enfant doit avoir du sens...

Petit rappel : Les fiches des tables sont des supports qui évitent à l'enfant d'être freiné dans ses calculs par des exercices de calligraphie. Vous pouvez donc lui servir de secrétaire pour quelques mois encore, jusqu'à ce qu'écrire soit pour lui presque aussi rapide que penser. Le mieux est de préparer les fiches devant l'enfant pour qu'il comprenne le principe. Le jour où il sera prêt, il écrira seul ses propres tables.

L'enfant fera plusieurs fois la même table, c'est-à dire avec le même nombre. Le travail est lent forcément à cause de la manipulation des perles mais c'est du temps donné à la mémorisation.

La mémorisation de la multiplication avec les tables des doigts

Le principe est exactement le même que pour les tables des doigts de l'addition avec les combinaisons découpées. Bien sûr les tables des doigts de la multiplication sont différentes (voir croquis). Mais l'utilisation est exactement semblable, qu'il s'agisse de la table renseignée, de la table partagée ou de la table muette. Reportez-vous p.222.
Montrez à l'enfant que, comme le tableau de contrôle de l'addition, celui de la multiplication peut être simplifié. Vous lui ferez d'abord remarquer les résultats redondants puis vous lui présenterez le tableau de contrôle n°2 (voir les tableaux p.252 et 253).

Les autres outils

Là encore, il n'y a rien de nouveau par rapport à l'addition. Voir p.227 pour les petits problèmes.

1	2	3	4	5	6	7	8	9	10
2	4	6	8	10	12	14	16	18	20
3	6	9	12	15	18	21	24	27	30
4	8	12	16	20	24	28	32	36	40
5	10	15	20	25	30	35	40	45	50
6	12	18	24	30	36	42	48	54	60
7	14	21	28	35	42	49	56	63	70
8	16	24	32	40	48	56	64	72	80
9	18	27	36	45	54	63	72	81	90
10	20	30	40	50	60	70	80	90	100

La table des doigts renseignée

2	4								
3	6	9							
4	8	12	16						
5	10	15	20	25					
6	12	18	24	30	36				
7	14	21	28	35	42	49			
8	16	24	32	40	48	56	64		
9	18	27	36	45	54	63	72	81	
10	20	30	40	50	60	70	80	90	100

La table des doigts simplifiée

1	2	3	4	5	6	7	8	9	10
2									
3									
4									
5									
6									
7									
8									
9									
10									

La table des doigts muette

Le tableau de contrôle

1 × 1 = 1	2 × 1 = 2	3 × 1 = 3	4 × 1 = 4	5 × 1 = 5	6 × 1 = 6	7 × 1 = 7	8 × 1 = 8	9 × 1 = 9	10 × 1 = 10
1 × 2 = 2	2 × 2 = 4	3 × 2 = 6	4 × 2 = 8	5 × 2 = 10	6 × 2 = 12	7 × 2 = 14	8 × 2 = 16	9 × 2 = 18	10 × 2 = 20
1 × 3 = 3	2 × 3 = 6	3 × 3 = 9	4 × 3 = 12	5 × 3 = 15	6 × 3 = 18	7 × 3 = 21	8 × 3 = 24	9 × 3 = 27	10 × 3 = 30
1 × 4 = 4	2 × 4 = 8	3 × 4 = 12	4 × 4 = 16	5 × 4 = 20	6 × 4 = 24	7 × 4 = 28	8 × 4 = 32	9 × 4 = 36	10 × 4 = 40
1 × 5 = 5	2 × 5 = 10	3 × 5 = 15	4 × 5 = 20	5 × 5 = 25	6 × 5 = 30	7 × 5 = 35	8 × 5 = 40	9 × 5 = 45	10 × 5 = 50
1 × 6 = 6	2 × 6 = 12	3 × 6 = 18	4 × 6 = 24	5 × 6 = 30	6 × 6 = 36	7 × 6 = 42	8 × 6 = 48	9 × 6 = 54	10 × 6 = 60
1 × 7 = 7	2 × 7 = 14	3 × 7 = 21	4 × 7 = 28	5 × 7 = 35	6 × 7 = 42	7 × 7 = 49	8 × 7 = 56	9 × 7 = 63	10 × 7 = 70
1 × 8 = 8	2 × 8 = 16	3 × 8 = 24	4 × 8 = 32	5 × 8 = 40	6 × 8 = 48	7 × 8 = 56	8 × 8 = 64	9 × 8 = 72	10 × 8 = 80
1 × 9 = 9	2 × 9 = 18	3 × 9 = 27	4 × 9 = 36	5 × 9 = 45	6 × 9 = 54	7 × 9 = 63	8 × 9 = 72	9 × 9 = 81	10 × 9 = 90
1 × 10 = 10	2 × 10 = 20	3 × 10 = 30	4 × 10 = 40	5 × 10 = 50	6 × 10 = 60	7 × 10 = 70	8 × 10 = 80	9 × 10 = 90	10 × 10 = 100

Le tableau de contrôle simplifié

1 × 1 = 1									
1 × 2 = 2	2 × 2 = 4								
1 × 3 = 3	2 × 3 = 6	3 × 3 = 9							
1 × 4 = 4	2 × 4 = 8	3 × 4 = 12	4 × 4 = 16						
1 × 5 = 5	2 × 5 = 10	3 × 5 = 15	4 × 5 = 20	5 × 5 = 25					
1 × 6 = 6	2 × 6 = 12	3 × 6 = 18	4 × 6 = 24	5 × 6 = 30	6 × 6 = 36				
1 × 7 = 7	2 × 7 = 14	3 × 7 = 21	4 × 7 = 28	5 × 7 = 35	6 × 7 = 42	7 × 7 = 49			
1 × 8 = 8	2 × 8 = 16	3 × 8 = 24	4 × 8 = 32	5 × 8 = 40	6 × 8 = 48	7 × 8 = 56	8 × 8 = 64		
1 × 9 = 9	2 × 9 = 18	3 × 9 = 27	4 × 9 = 36	5 × 9 = 45	6 × 9 = 54	7 × 9 = 63	8 × 9 = 72	9 × 9 = 81	
1 × 10 = 10	2 × 10 = 20	3 × 10 = 30	4 × 10 = 40	5 × 10 = 50	6 × 10 = 60	7 × 10 = 70	8 × 10 = 80	9 × 10 = 90	10 × 10 = 100

La mémorisation de la division avec la table perforée

Vous ne présenterez la mémorisation de la division que lorsque l'enfant aura vu la division avec les perles et commencé la division avec les timbres. Le premier matériel qu'il va utiliser est la table perforée, qui ne lui est pas totalement étrangère puisqu'elle ressemble beaucoup à celle de la multiplication. Cependant, il ne va pas s'en servir de la même façon : le but n'est pas réellement, ici, de lui faire construire une table de division mais de lui faire approfondir la notion de divisibilité d'un nombre et découvrir, par l'expérience concrète, que la division est une opération qui n'est pas forcément parfaitement exacte et finie (la plupart des divisions ont en effet un reste).

Le matériel

Au fil de ses progrès, l'enfant utilisera de moins en moins de matériel. Nous listons ici tout ce qui est nécessaire au début.

- La table perforée verte, 9 quilles pour noter les diviseurs, 81 perles vertes pour matérialiser les dividendes, une coupelle.

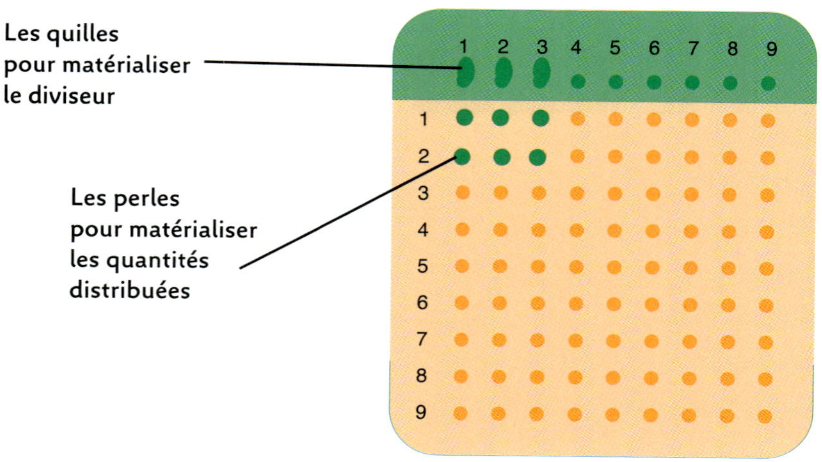

- La fiche à 2 colonnes sur laquellle seront notées les opérations.
- La table des doigts renseignée de la division.
- La table des doigts muette.
- Les combinaisons découpées.

La fiche à 2 colonnes

Opération	Reste
81 : 9 = 9	
80 : 9 = 8	8

Les combinaisons

81 : 9 =	72 : 9 =	72 : 8 =	64 : 8 =
63 : 9 =	63 : 7 =	56 : 8 =	56 : 7 =
54 : 9 =	54 : 6 =	49 : 7 =	48 : 8 =
48 : 6 =	45 : 9 =	45 : 5 =	42 : 7 =
42 : 6 =	40 : 8 =	40 : 5 =	36 : 9 =
36 : 6 =	36 : 4 =	35 : 7 =	35 : 5 =
32 : 8 =	32 : 4 =	30 : 6 =	30 : 5 =
28 : 7 =	28 : 4 =	27 : 9 =	27 : 3 =
25 : 5 =	24 : 8 =	24 : 6 =	24 : 4 =
24 : 3 =	21 : 7 =	21 : 3 =	20 : 5 =
20 : 4 =	18 : 9 =	18 : 6 =	18 : 3 =
18 : 2 =	16 : 8 =	16 : 4 =	16 : 2 =
15 : 5 =	15 : 3 =	14 : 7 =	14 : 2 =
12 : 6 =	12 : 4 =	12 : 3 =	12 : 2 =
10 : 5 =	10 : 2 =	9 : 9 =	9 : 3 =
9 : 1 =	8 : 8 =	8 : 4 =	8 : 2 =
8 : 1 =	7 : 7 =	7 : 1 =	6 : 6 =
6 : 3 =	6 : 2 =	6 : 1 =	5 : 5 =
5 : 1 =	4 : 4 =	4 : 2 =	4 : 1 =
3 : 3 =	3 : 1 =	2 : 2 =	2 : 1 =
1 : 1 =			

La table des doigts renseignée

	81	72	64	63	56	54	49	48	45	42	40	36	35	32	30	28	27	25	24	21	20	18	16	15	14	12	10	9	8	7	6	5	4	3	2	1
: 9	9	8		7		6			5			4					3					2						1								
: 8		9	8		7			6			5			4					3				2						1							
: 7				9	8		7			6			5			4				3					2					1						
: 6						9		8		7		6			5				4			3				2					1					
: 5									9		8		7		6			5			4			3			2					1				
: 4												9		8		7			6		5		4			3			2				1			
: 3																	9		8	7		6		5		4		3		2				1		
: 2																						9	8		7	6	5		4		3		2		1	
: 1																												9	8	7	6	5	4	3	2	1

La table des doigts muette pour la division

	81	72	64	63	56	54	49	48	45	42	40	36	35	32	30	28	27	25	24	21	20	18	16	15	14	12	10	9	8	7	6	5	4	3	2	1
: 9																																				
: 8																																				
: 7																																				
: 6																																				
: 5																																				
: 4																																				
: 3																																				
: 2																																				
: 1																																				

L'utilisation

Présentez la table à l'enfant. Dites-lui qu'elle sert à faire des divisions et que vous allez diviser 18, par exemple. Comptez 18 perles vertes, placez-les dans la coupelle. Dites que vous allez le diviser par 9. Placez 9 quilles en haut de la table pour matérialiser le diviseur. Notez l'opération sur la fiche à 2 colonnes.
Puis commencez à distribuer les perles. Montrez qu'on a donné 2 perles à chaque quille. 18 : 9 = 2. Notez le résultat sur la fiche. Annoncez maintenant que vous allez diviser 18 par 8. Rangez toutes les perles avec l'enfant, comptez en de nouveau 18 que vous placerez dans la coupelle. Enlevez une quille au diviseur et recomptez les quilles pour bien montrer qu'il y en a maintenant 8. Notez l'opération sur la fiche. Distribuez les perles. Vous avez donné 2 perles à chaque quille et il en reste 2. Notez le résultat 2 et le reste 2 sur la fiche. Invitez l'enfant à continuer avec 18 : 7, 18 : 6, etc. Vous pouvez noter ensemble les opérations sur la fiche et le laisser ensuite trouver leur résultat et leur reste.

Au bout d'un moment, soulignez le fait qu'il y a des divisions où il y a un reste et d'autres où il n'y en a pas. Demandez à l'enfant de souligner, à partir de maintenant, les opérations qui n'ont pas de reste, au fur et à mesure qu'il les rencontre. Il continue avec 17 au dividende, puis 16, 15, etc. pas forcément le même jour ! Préparez-lui de petites listes d'opérations, pour un même dividende et dans l'ordre pour les diviseur (Ex. : 35 : 9, 35 : 8, 35 : 7, etc.), sur la fiche.

Tous les nombres peuvent être explorés de cette manière mais nous vous conseillons, après un travail libre d'exploration, de guider l'enfant vers des nombres à diviser qui existent parmi les résultats des tables de multiplication. Sinon l'expérience deviendrait rapidement fastidieuse ! Vous pouvez éventuellement faire repérer à l'enfant la relation entre la division et la multiplication, l'un étant l'inverse de l'autre, grâce à la comparaison entre une division sur la table perforée de la division et la multiplication inverse sur la table perforée de la multiplication placée à côté. Mais n'insistez pas si vous voyez que l'enfant "n'accroche" pas.

Mise en évidence de la relation multiplication / division

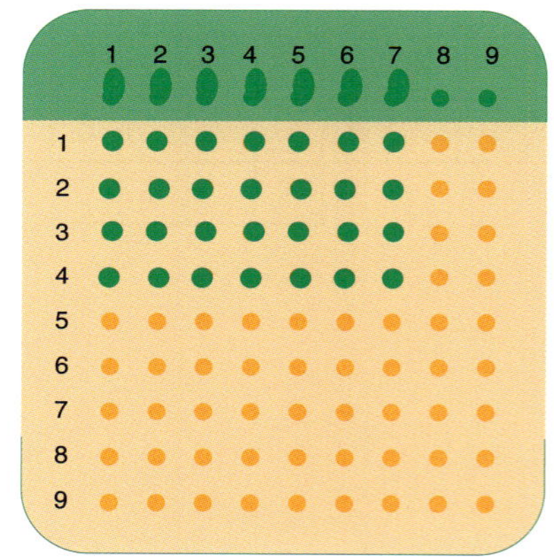

28 : 7 = 4

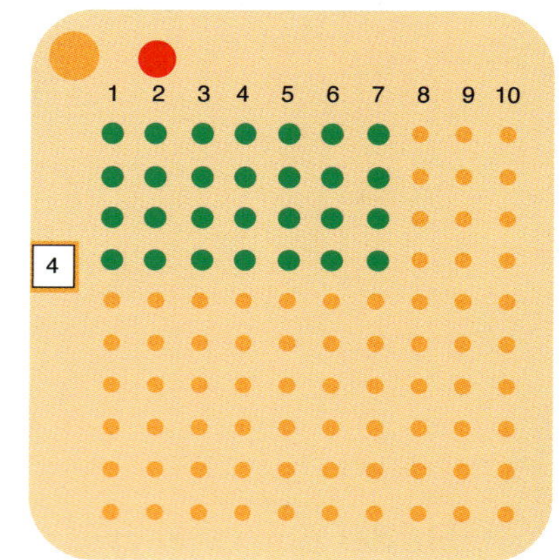

7 × 4 = 28

L'enfant pourra recopier toutes les divisions sans reste pour fabriquer ses propres tables de division sur des fiches d'opérations du type de celles de l'addition, de la multiplication...

La mémorisation de la division avec les tables des doigts

L'utilisation des tables de mémorisation est semblable à ce que vous connaissez déjà pour les autres opérations.
Pour la table renseignée, piochez une combinaison découpée, montrez à l'enfant comment trouver le résultat en glissant les doigts. Reportez l'opération à l'écrit.
Pour la table muette, piochez une étiquette de résultat et trouvez sa place sur la table.
Variante : vous triez les étiquettes de résultat en choisissant les mêmes (Ex. : tous les 2). Vous les placez toutes sur la table muette.

Les autres outils

Pour la division comme pour les autres opérations, vous créerez enfin des petits problèmes (voir ceux de l'addition, p.227).

Le passage à l'abstraction

Le boulier

On aborde le travail avec le boulier lorsque l'enfant est tout à fait à l'aise avec les timbres et lorsqu'il maîtrise parfaitement le principe de l'addition et de la soustraction. Le boulier est un outil éducatif extrêmement intéressant et utile parce qu'il permet de représenter les grands nombres de manière compacte.

Le matériel

En fait, il n'y a pas un mais deux bouliers (le petit, qui s'arrête aux milliers et le grand qui va jusqu'au million). Comme c'est un matériel qui doit être acheté car il est difficile à réaliser, vous pouvez éventuellement vous passer du petit boulier et travailler directement sur le grand, en expliquant à l'enfant que, pour le moment, vous n'allez utiliser que le haut.
Si vous fabriquez les bouliers vous-même, attention à la couleur des perles. C'est la même que pour les timbres : vert pour les unités, bleu pour les dizaines, rouge pour les centaines et, de nouveau, vert pour les unités de 1000, bleu pour les dizaines de 1000, rouge pour

les centaines de 1000 et enfin de nouveau vert pour les unités de million. Il y a 10 perles sur chaque rang.
Pour la première présentation et aussi pour l'utilisation ultérieure, vous aurez également besoin des timbres et, éventuellement, des perles du système décimal.

Les bouliers

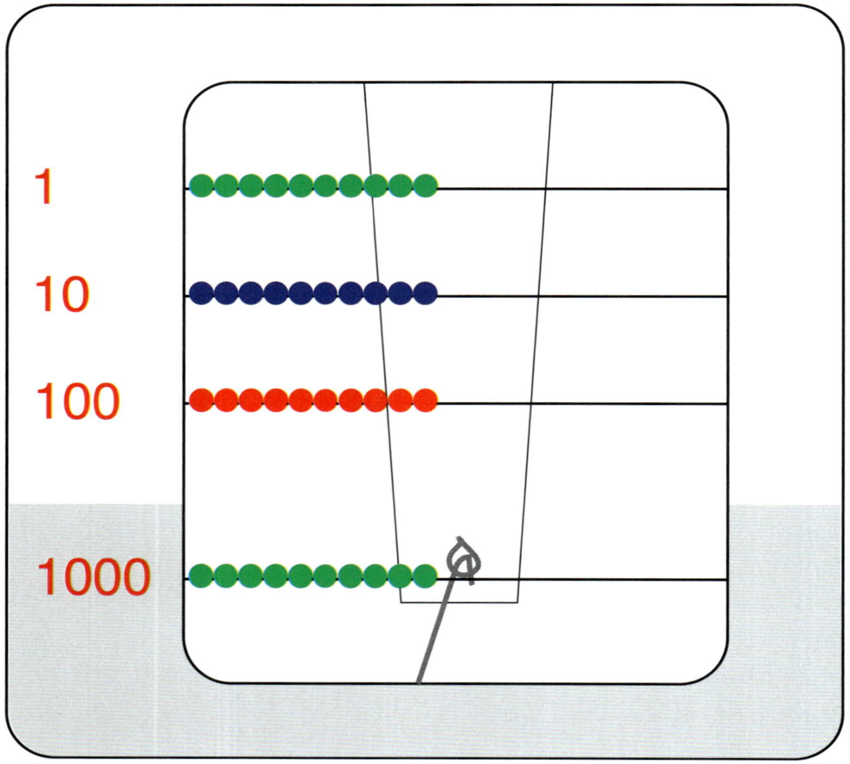

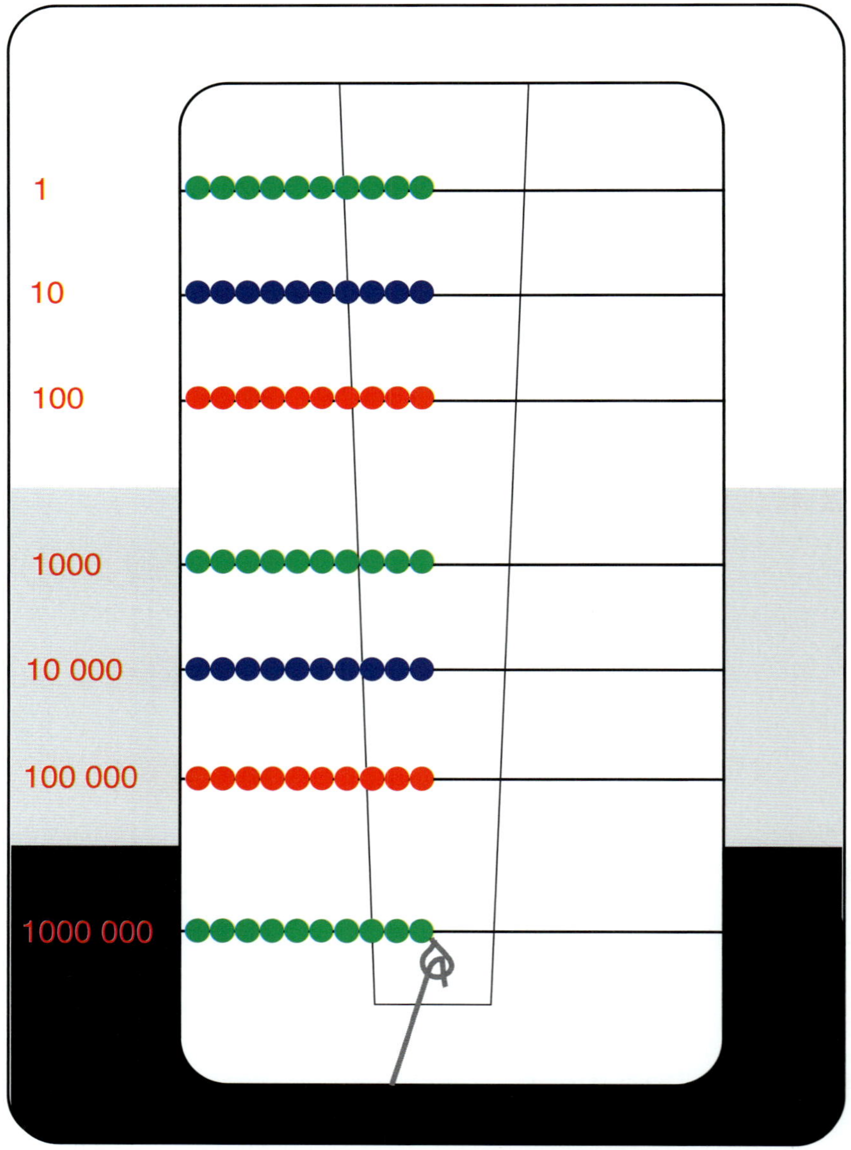

La présentation

Annoncez à l'enfant que vous allez aujourd'hui lui montrer un nouveau matériel, le boulier, qui permet de faire toutes sortes d'opérations. Dirigez-vous avec lui vers l'endroit où est rangé le boulier et laissez-le le porter sur la table. Montrez-lui comment le faire tenir debout en le bloquant avec le petit crochet. Calez toutes les rangées de perles sur la gauche. Insistez sur le fait que ramener les perles vers la gauche c'est comme ranger à la banque les perles qui ne servent plus.

Posez une perle isolée de la banque ou un timbre de 1 et demandez à l'enfant "C'est combien ?" Il répond : "C'est 1." Isolez alors une perle verte en l'écartant complètement vers la droite et dites : "Sur le boulier, ça, c'est 1." Puis montrez une barrette de perles ou un timbre de 10. "C'est combien ? - C'est 10 (ou 1 dizaine)." Isolez 1 perle bleue et dites : "Sur le boulier, ça, c'est 10 ou 1 dizaine." Idem pour la rangée de 100 avec une plaque du système décimal ou un timbre de 100 et pour la rangée de 1000 avec un cube ou un timbre de 1000.

Procédez à une leçon en trois temps :
Temps 1 : Déplacez une perle des unités vers la droite : "C'est 1." Laissez-la en place. Déplacez une perle des dizaines vers la droite : "C'est 10", etc. Puis : "Montre-moi 1, montre-moi 10, etc."
Temps 2 : "Qu'est-ce que c'est ? - 1", etc. d'abord dans l'ordre puis dans le désordre.
Temps 3 : "Fabrique-moi 1, 10", etc. dans l'ordre puis dans le désordre.

Lorsque ceci est acquis, passez au comptage systématique, rang par rang. Préparez 4 longues lignes parallèles sur une page, comme pour une addition, mais en prolongeant les lignes. La ligne verte de gauche est légèrement écartée des trois autres.

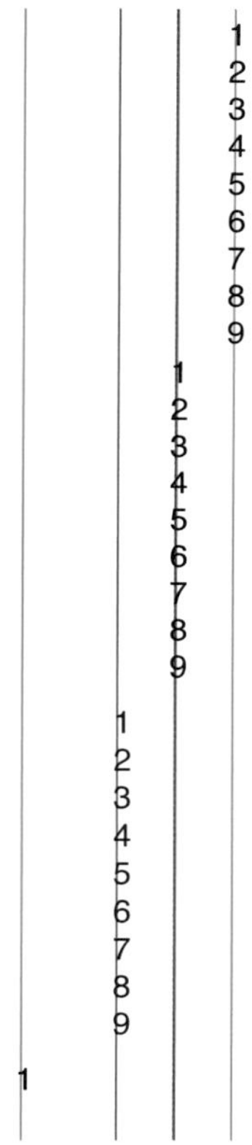

Vous déplacez une perle verte des unités vers la droite en comptant 1. Sur la feuille, vous écrivez 1, en noir, sur la ligne verte de droite. Vous déplacez une deuxième perle verte, qui vient se coller à droite contre la première, en comptant 2. Vous écrivez 2, en noir, sur la ligne verte de droite, sous le 1. Ainsi de suite jusqu'à 9. L'enfant, éventuellement, comptera et fera la manipulation seul à partir de 4 ou 5.

Quand l'enfant aura déplacé la dernière perle verte et compté 10, et avant qu'il ne note 10 sur la feuille, demandez-lui ce qu'il fait d'habitude quand il a 10 perles. "Je change. - Ici, c'est pareil, regarde." Vous ramenez alors toutes les perles vertes vers la gauche. Formulez : " dix unités c'est pareil que 1 dizaine".
Ecartez une perle de 10, bleue, vers la droite. Dites "1 dizaine", puis écrivez 1 sur la ligne bleue. Puis comptez "deux" en déplaçant une autre dizaine vers la droite et écrivez 2. Idem pour le change du 10. On arrive ainsi à écrire 9 sur la ligne rouge des centaines et on change pour une unité de 1000 (une perle verte décalée vers la droite), avant d'écrire 1 sur la ligne verte des milliers. Si vous n'avez pas assez de place sur votre feuille blanche, vous pouvez scotcher deux feuilles ensemble. Cela suffit pour une séance.

La séance suivante, reprenez le boulier avec l'enfant et revenez sur la feuille de la séance précédente. Demandez à l'enfant s'il se souvient de ce que vous avez fait ensemble la dernière fois et recommencez le comptage. Au bout de quelques nombres, il continue seul.

Vous restez bien sûr à côté de lui. Lorsqu'il en est à 10, dites : "Voilà, 1 dizaine. 1 dizaine, c'est combien d'unités ? - 10." Vous ajoutez un 0 sur la ligne des unités, sous le 9. Vous dites : "Une dizaine, c'est 10 unités."

Déplacez une deuxième perle bleue vers la droite et dites : "2 dizaines." Et vous montrez à l'enfant qu'on ajoute un 0 sur la ligne des unités pour former 20. Laissez-le continuer à compter et, éventuellement, à écrire jusqu'à 90 inclus. Il fait alors le change. Demandez-lui : 1 centaine, c'est combien de dizaines ? - 10". Vous placez un 0 sur la ligne bleue des dizaines. "Et 1 centaine, c'est combien d'unités ? - 100". Vous placez alors un dernier 0 sur la ligne verte des unités et vous lisez "100", en soulignant le 1 et les 2 zéros du doigt. L'enfant continuera jusqu'à 900 et... 1000.

Lorsque l'enfant peut "jongler" sans difficulté avec les rangs de perles du boulier et la façon de noter les nombres en colonnes sur la feuille, proposez-lui de s'exercer. Il peut :

- soit former sur le boulier des nombres que vous écrivez sur des colonnes aux couleurs hiérarchiques tracées sur une feuille,
- soit écrire les nombres que vous formez sur le boulier.

Il doit devenir parfaitement à l'aise avant de poursuivre.

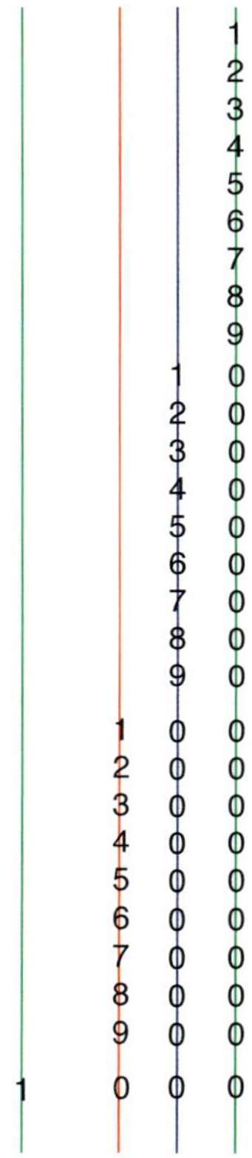

L'addition statique avec le boulier

Comme d'habitude, vous allez procéder par étapes de difficulté croissante. Le matériel nécessaire est toujours le même : le boulier, une feuille blanche, le stylo-bille à 4 couleurs.

Étape 1

Préparez le boulier : toutes les perles doivent être calées à gauche (à la banque). Tracez sur une feuille les lignes verticales habituelles pour l'addition. Écrivez le premier nombre de 4 chiffres à additionner (3213 pour notre exemple). L'enfant le reproduit sur le boulier en faisant glisser des perles vers la droite. Attention : il doit absolument commencer par les unités, puis par les dizaines, etc. dans l'ordre habituel de l'addition.

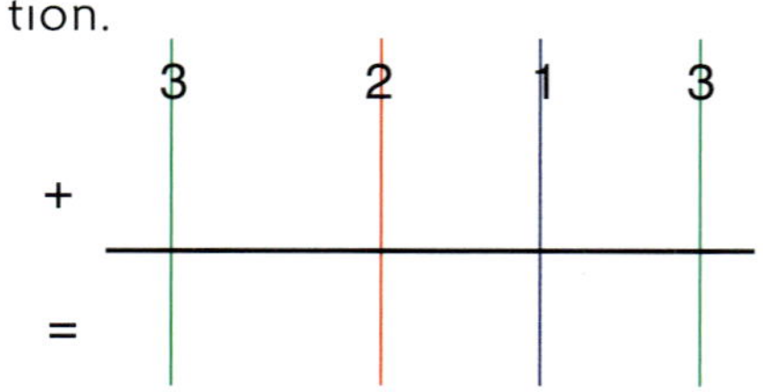

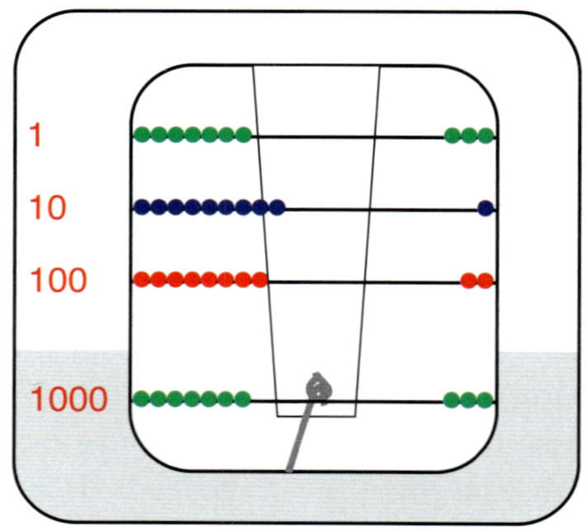

Écrivez le deuxième nombre, celui qu'il va falloir ajouter (1425 pour notre exemple). Veillez bien sûr à choisir des nombres dont la somme est inférieure à 10 pour qu'il n'y ait pas de retenue. L'enfant fait glisser de nouvelles perles qui viennent se coller à celles qui sont déjà calées à droite du boulier.

	3	2	1	3
+	1	4	2	5
=				

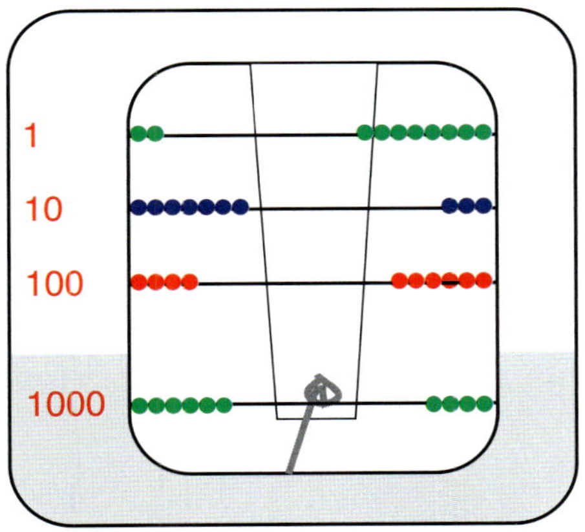

Puis il compte les perles qui sont à droite, sur chaque rangée. "Combien d'unités ?" L'enfant compte : "1, 2..." jusqu'à 8 puis note le résultat sur la colonne des unités. "Combien de dizaines ? - 3", etc. Au fur et à mesure, il note le résultat de l'addition sur la feuille.
L'enfant fera ainsi 2 ou 3 additions par jour pendant plusieurs jours, avant de passer à l'étape 2.

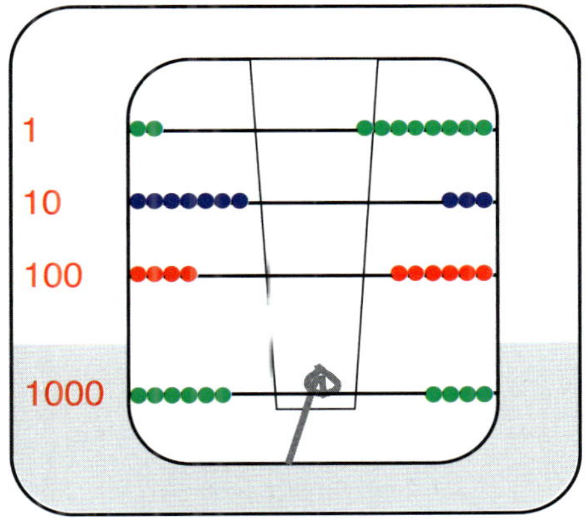

	3	2	1	3
+	1	4	2	5
=	4	6	3	8

Étape 2

Vous posez l'addition, mais vous écrivez les deux nombres à additionner en même temps. Lors de la présentation, dites à l'enfant que dorénavant vous allez additionner d'abord toutes les unités. L'enfant forme sur le boulier d'abord les unités du haut, puis celles du bas, puis il les compte et vous lui demandez d'écrire le résultat des unités. Il forme ensuite les dizaines du haut, puis celles du bas, les compte et pose le résultat des dizaines. Ainsi de suite pour les centaines et les milliers. (Voir l'exemple pas à pas, page suivante.) Continuez de préparer 2 ou 3 additions par jour pour l'enfant.

	4	2	7	3
+	2	5	1	6
=				

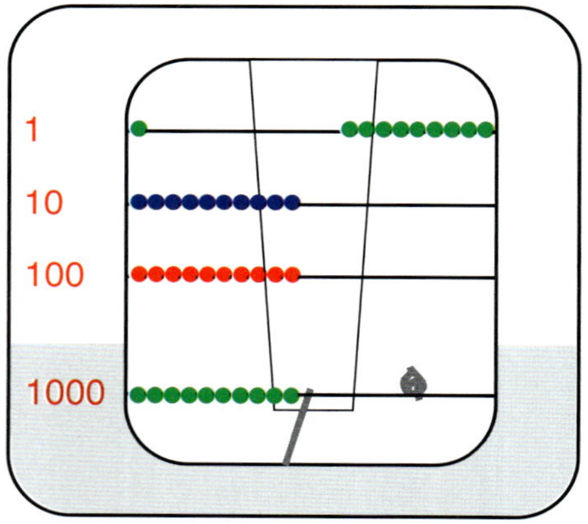

	4	2	7	3
+	2	5	1	6
=				9

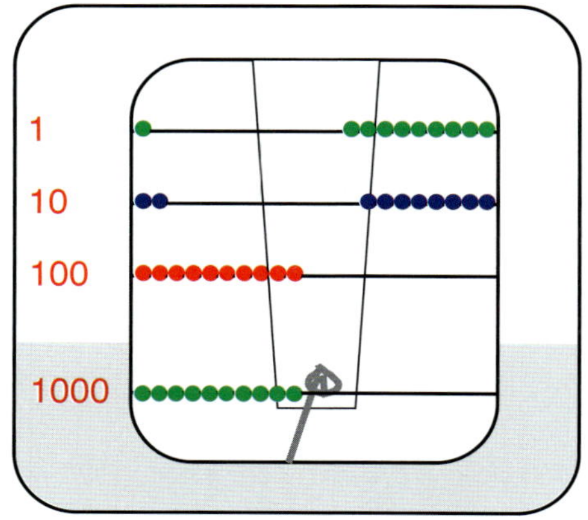

	4	2	7	3
+	2	5	1	6
=			8	9

etc.

Étape 3

Le principe et le déroulement sont les mêmes que pour l'étape 2, mais arrangez-vous pour que les chiffres du haut soient plus gros que ceux du bas et proposez à l'enfant, s'il le veut, de faire l'addition sans le boulier, puis de vérifier avec le boulier. Dans notre exemple, "5 + 3 ? - 8". C'est l'étape du "boulier mental". Il écrit 8 puis vérifie avec le boulier ou, s'il ne connaît pas le résultat, il compte directement sur le boulier. Continuez à lui préparer une addition chaque jour.

L'addition dynamique avec le boulier

Avant d'engager l'enfant à faire sa première addition avec retenue sur le boulier, faites-lui faire une nouvelle addition avec les timbres pour bien lui remettre en tête la notion de change. (Voir p.191)
Puis l'enfant va chercher le boulier et l'installe.

Comme d'habitude, vous posez l'addition sur une feuille, en utilisant les lignes verticales de couleur. Écrivez le premier grand nombre. Choisissez des nombres assez gros (des 7, des 8 et des 9) pour que leur somme avec ceux du second grand nombre soit presque sûrement supérieure à 10. L'enfant forme ce premier nombre avec les perles du boulier, en commençant par les unités.

Écrivez le second nombre puis formez-le sur le boulier. Pour notre exemple, nous prendrons 5978 + 1354. Il y a donc déjà 8 perles des unités sur la droite du boulier quand vous commencez à compter. Vous comptez "1, 2", en écartant 2 perles vers la droite et en les collant aux 8 autres. Avec des gestes lents et précis, vous ramenez les 10 perles vertes complètement vers la gauche, en disant "Je change 10 unités en 1 dizaine", et vous poussez une perle bleue des dizaines vers la droite, en la collant aux 7 déjà présentes. Puis vous comptez les perles vertes qui restent : "3 et 4". Vous constatez qu'il y a 2 unités. Et vous notez 2 comme résultat des unités. Vous passez alors aux dizaines, puis aux centaines, puis aux milliers, toujours en faisant le change (invitez l'enfant à dire à haute voix ce qu'il transforme) et en notant le résultat. Toujours en décomposant bien chacune de vos actions.

C'est maintenant au tour de l'enfant. Vous posez une addition avec retenue. Il fait les comptes sur le boulier, change quand il le faut et note les résultats. Pour le moment, continuez à parler de change.

Lorsque l'enfant est tout à fait à l'aise avec le change sur le boulier, il est temps de mettre en évidence la retenue. Le travail avec la table des points se fait en parallèle pour passer du change à la notion même de retenue.

Étape 1

Retour au boulier pour cette ultime travail sur l'addition. L'enfant va travailler catégorie par catégorie et, en plus, il va écrire le résultat de son addition au fur et à mesure. Commencez par une addition plus simple, à deux nombres. Par exemple : 3765 + 4178, que vous posez comme d'habitude, sur les lignes verticales de couleur. Annoncez que vous allez faire sur le boulier la même chose que sur la table des points : compter par catégorie. Pointez le 5 des unités du premier nombre et comptez 5 perles vertes que vous décalez vers la droite. Pointez le 8 des unités du deuxième nombre. Comptez des perles en disant "plus 1, 2, 3, 4, 5". Annoncez que vous changez : ramenez toutes les perles vertes vers la gauche, décalez une perle bleue vers la droite, sans la pousser jusqu'au bout. Puis continuez à compter les unités : "6, 7 et 8". Ne collez pas non plus les perles vertes tout à fait à droite. Vous obtenez la configuration suivante :

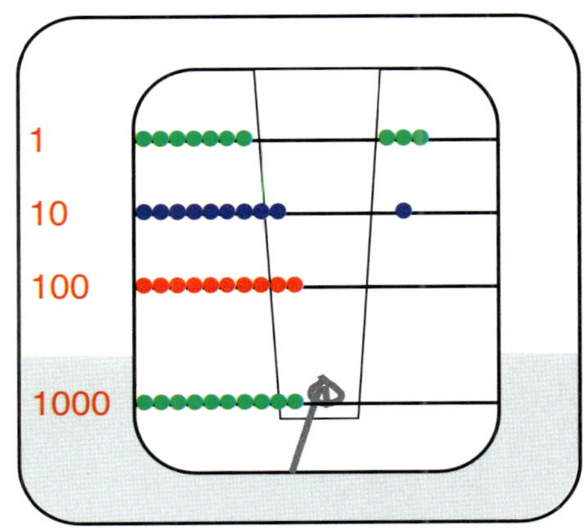

Lisez "13" puis poussez toutes les perles jusqu'au bout à droite et écrivez "3" comme résultat de l'opération, dans la colonne des unités. Passez aux dizaines. Faites remarquer à l'enfant qu'il y a déjà une perle bleue. Pointez le 6 du premier nombre et comptez 6 perles bleues que vous collez à celle qui est déjà à droite. Pointez le 7 du deuxième nombre, dites "plus 1, 2, 3". Faites le change en ramenant toutes les perles bleues vers la gauche et en décalant une perle rouge vers la droite, sans la coller à droite. Continuez à compter les dizaines : "4, 5, 6, 7" en décalant les perles vers la droite, sans les coller. Votre configuration est maintenant celle-ci :

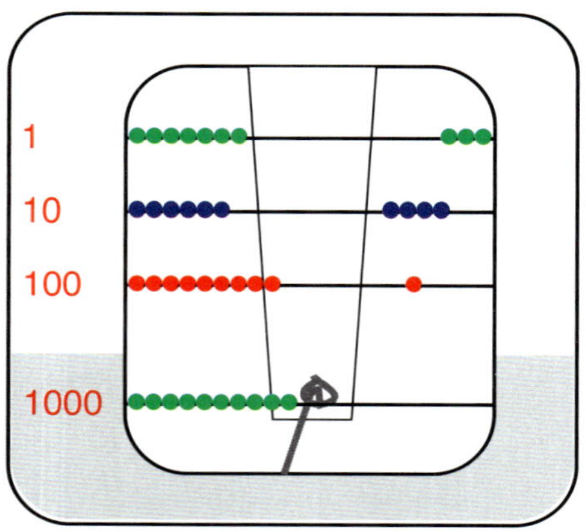

Lisez "14" et poussez toutes les perles complètement à droite. Inscrivez "4" au résultat des dizaines de l'addition. Idem pour les centaines et pour les milliers.

Étape 2

Nous gardons le même exemple pour l'explication : 3765 + 4178. Mais l'étape 2 n'intervient qu'au bout de quelques opérations du type de l'étape 1. À ce stade, l'enfant, qui en est déjà à un grand nombre d'exercices de mémorisation, commence à avoir directement les résultats dans la tête : 5 + 8 = 13, etc. Il pousse donc directement 3 perles vertes et 1 bleue. Montrez-lui alors comment on note la retenue en tout petit au dessus de la colonne immédiatement à gauche, en faisant l'opération. "Tu as dit 5 + 8 = 13 et tu as mis le 3 en bas, comme résultat pour les unités. Eh bien, regarde : le 1 des dizaines, on le met là-haut, en tout petit, au-dessus de la colonne des dizaines (croquis ci-dessous). Comme ça, on ne risque pas de l'oublier." Poursuivez l'opération avec l'enfant, en montrant que vous prenez en compte la retenue dans le calcul. Et montrez-lui que, s'il veut, il peut utiliser le boulier seulement pour vérifier ses additions. Félicitez-le pour ses progrès !

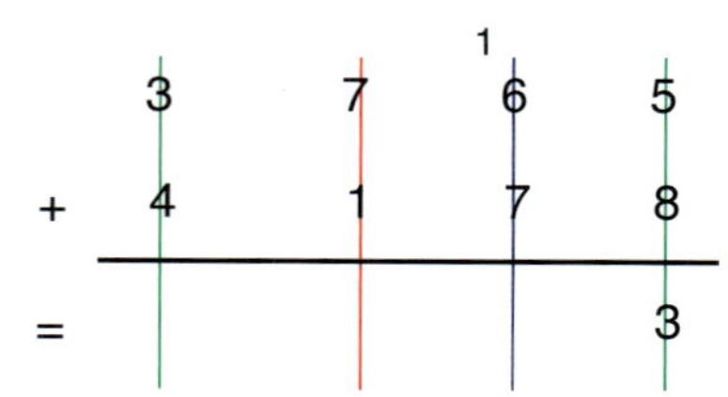

La soustraction statique avec le boulier

À ce stade, l'enfant a compris que, dans la soustraction, on enlève une quantité à une autre.
Il a déjà fait ce travail de façon concrète avec les perles dorées et plus abstraite avec les timbres. Le boulier va lui permettre de passer à l'abstraction complète.

Étape 1

Sur une feuille blanche, écrivez un nombre de 4 chiffres sur les lignes de couleur. Choisissez des chiffres assez grands pour vous assurer de ne pas avoir de retenue à la soustraction. L'enfant forme le nombre sur le boulier.

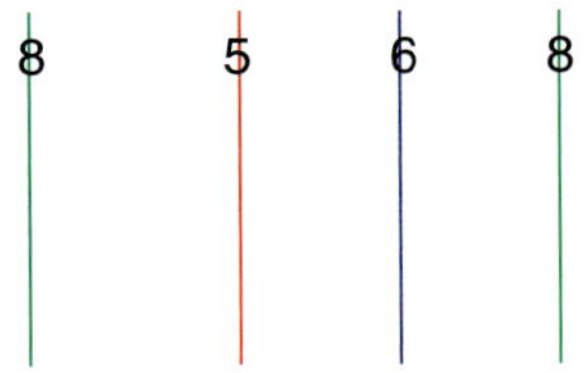

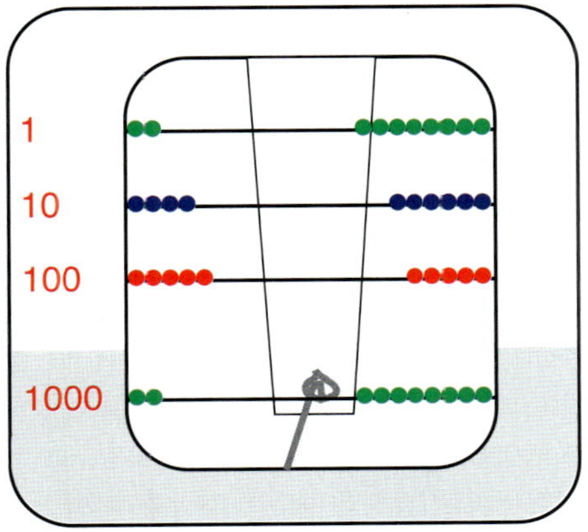

Écrivez le signe - et un deuxième nombre, en veillant à ce qu'il n'y ait pas de retenue à la soustraction. Demandez à l'enfant d'enlever le second nombre du premier, sur le boulier. Il ramène les perles vers la gauche, en commençant par les unités.

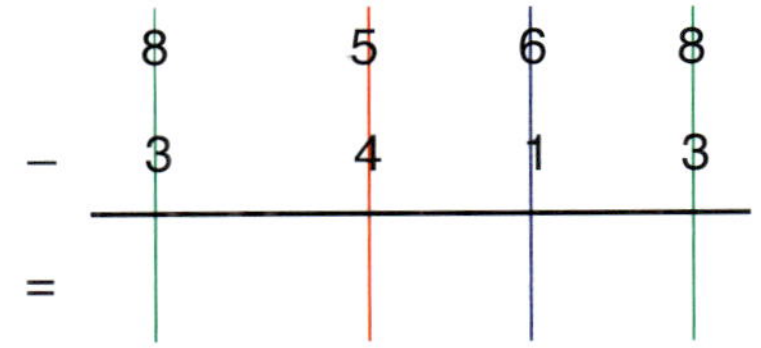

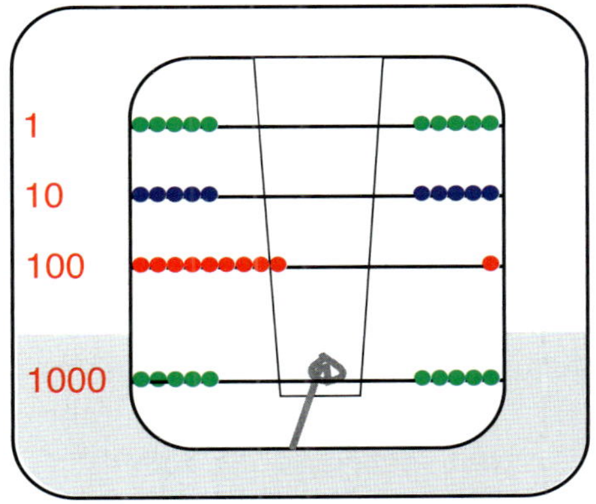

Puis il lit le résultat, c'est-à-dire qu'il compte les perles qui restent à droite, et reporte son résultat sur sa feuille, sur la colonne des unités.

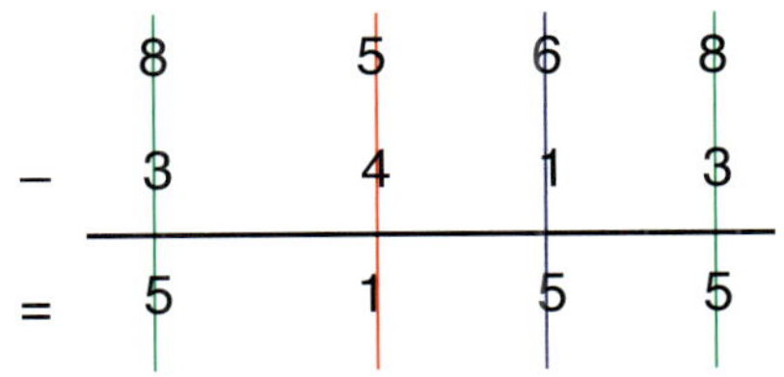

Préparez, pour chaque jour, pendant plusieurs jours, une soustraction de ce type pour que l'enfant travaille en autonomie.

Étape 2

Commencez comme pour l'étape 1. L'enfant forme le 1er nombre sur le boulier. Écrivez ensuite le 2e nombre et demandez à l'enfant d'enlever les unités et de noter tout de suite le résultat avant de passer aux dizaines, etc. Vous préparerez chaque jour quelques opérations de ce type pour le travail autonome. Lorsque l'enfant sera parfaitement à l'aise, vous pourrez passer à l'étape 3.

Étape 3

Tout se déroule comme pour l'étape 2, mais dès que l'enfant à fini l'opération et noté le résultat des milliers, vous réécrivez l'opération (sans le résultat) et vous montrez à l'enfant comment la faire sans le boulier, sur le papier. Prenons l'exemple 8568 - 3413. L'opération est posée sur les lignes de couleur. Montrez les chiffres des unités et dites "8 - 3 = ?" L'enfant répond "5". Vous l'écrivez. Passez au chiffre des dizaines et procédez de la même façon jusqu'au résultat des milliers. Manifestez alors votre admiration : "Voilà, tu sais faire une soustraction tout seul, sans le boulier !"

L'enfant fera ainsi des opérations pendant quelque temps avant d'aborder la soustraction avec retenue. Il pourra toujours contrôler le résultat à l'aide du boulier.

La soustraction dynamique avec le boulier

Étape 1

Comme d'habitude, vous écrivez un nombre de 4 chiffres sur les lignes de couleurs hiérarchiques et l'enfant le forme sur le boulier.

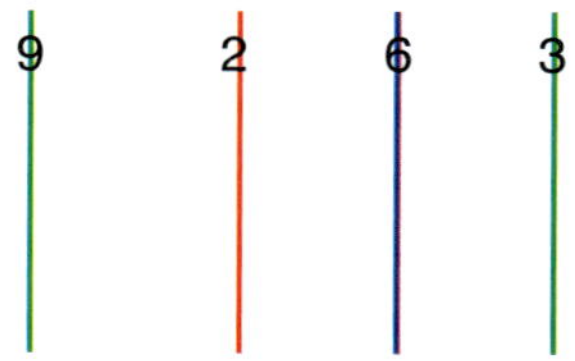

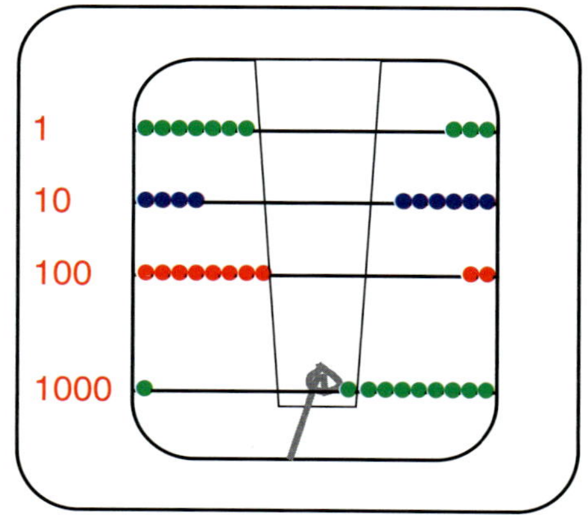

Pour la suite, voir les croquis pas à pas pages suivantes. Vous écrivez le 2e nombre et vous allez maintenant montrer à l'enfant comment procéder sur le boulier. Pointez le chiffre des unités du 2e nombre : pour notre exemple, il s'agit du 8. Ramenez des perles de droite à gauche, sur le rang des unités, une par une et en comptant 1, 2, 3. Il n'y a plus de perles d'unités à droite. Changez une perle de 10 en la repoussant à gauche et en ajoutant 10 perles d'unités à droite. Continuez à compter les perles d'unités que vous repoussez de nouveau vers la gauche : 4, 5... 8.

Il ne reste plus que 5 perles sur le rang des dizaines. Faites-le remarquer à l'enfant. Puis pointez le 2 des dizaines à soustraire et faites glisser 2 perles vers la gauche, en les comptant. Vous ferez pour les centaines le même travail que pour les unités. Vous obtiendrez la configuration des croquis 6, 7 et 8. Pour les milliers, faites constater à l'enfant qu'il n'y en a plus que 8 à la banque, pointez le 2 des milliers à soustraire et repoussez 2 perles de droite à gauche, en comptant. Demandez à l'enfant d'écrire le résultat sur la feuille, puis de le lire : 6535.

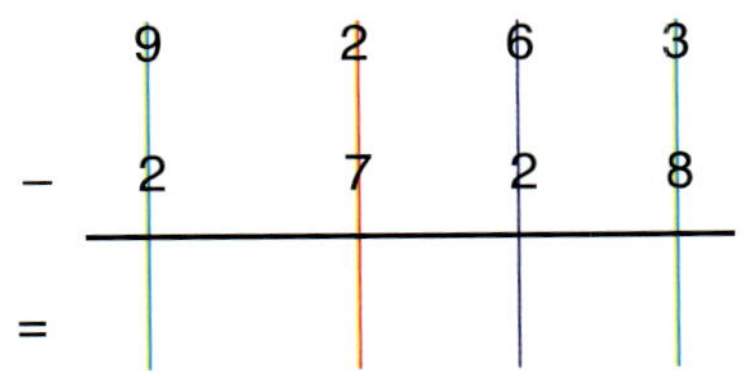

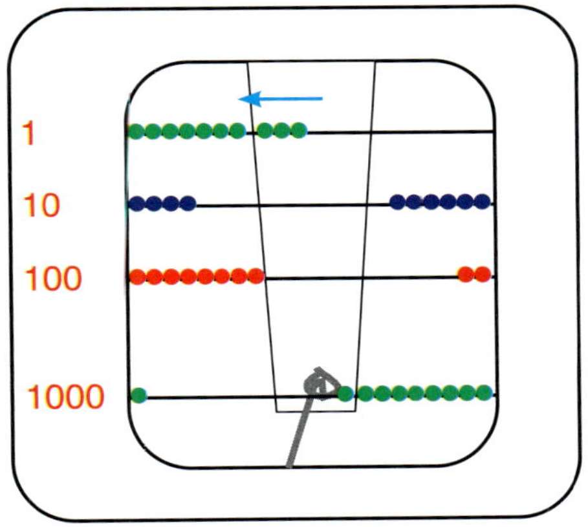

1

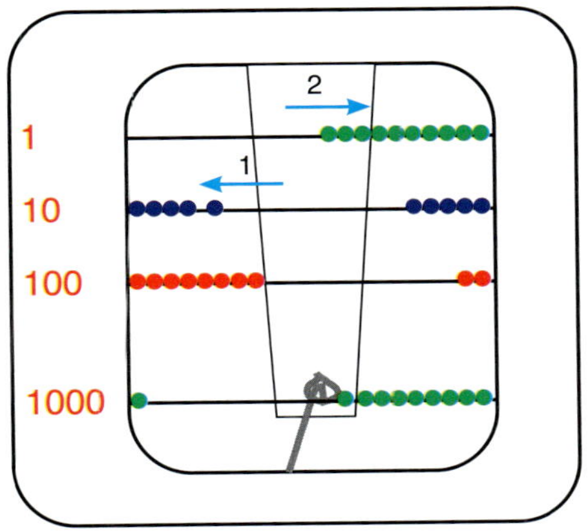

2

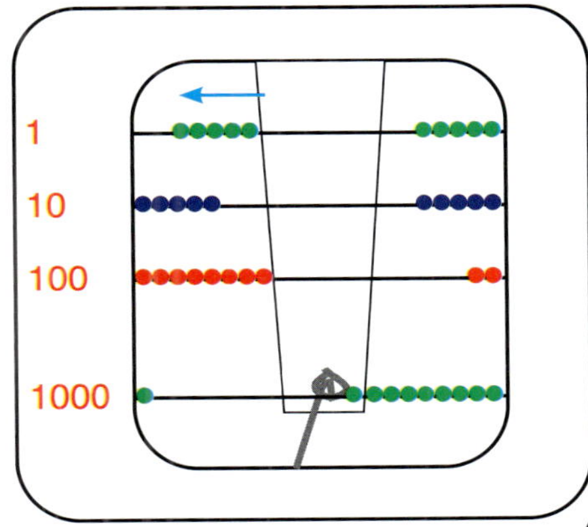

3

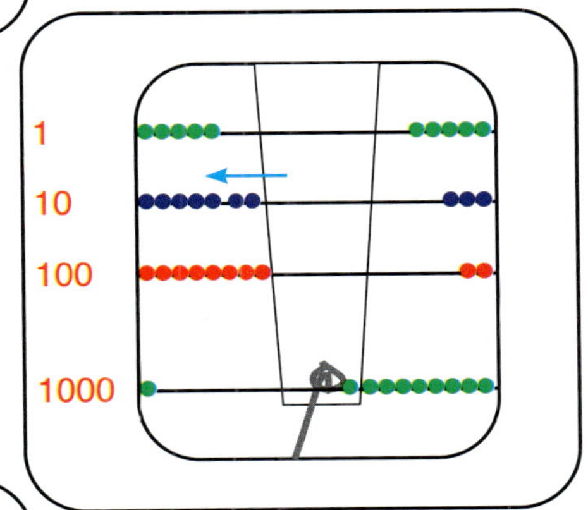

4

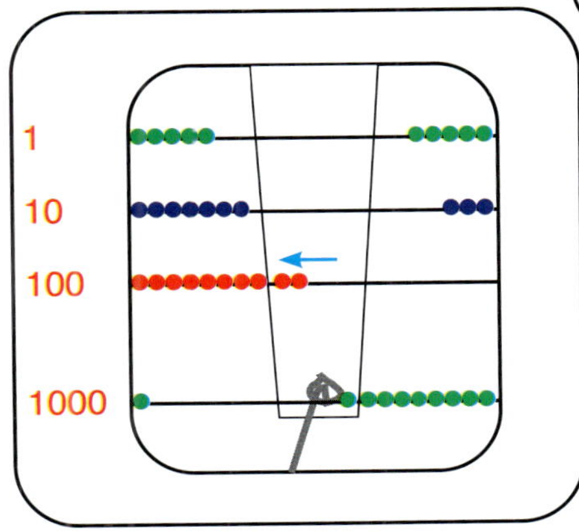

5

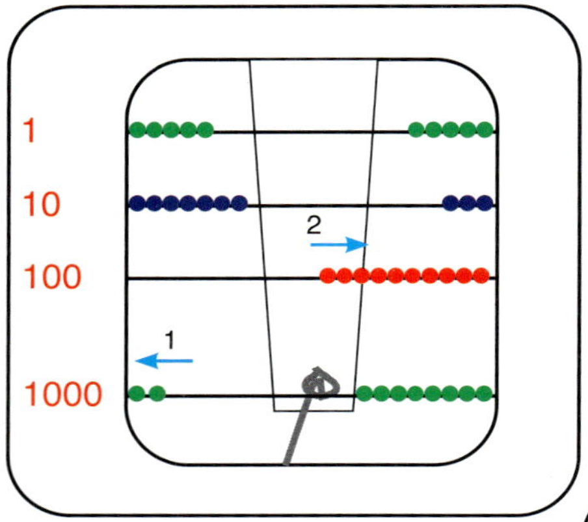

6

7

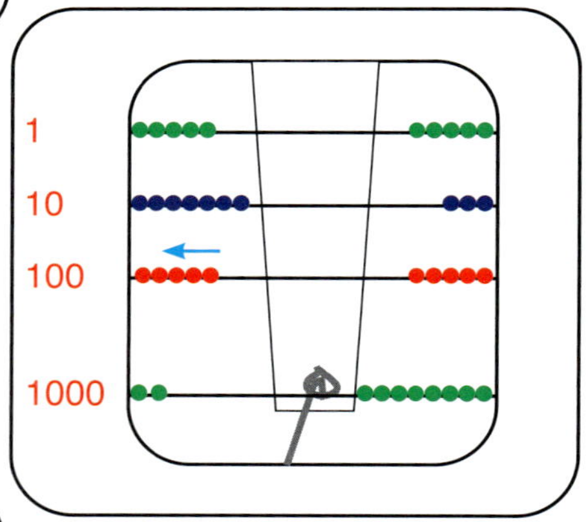

8

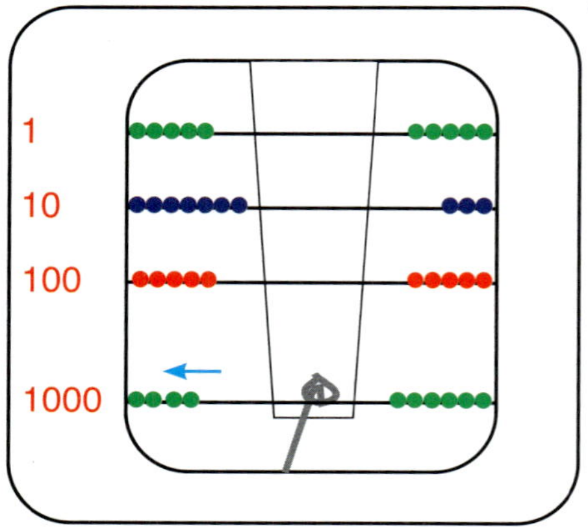

	9	2	6	3
–	2	7	2	8
=	6	5	3	5

C'est maintenant au tour de l'enfant de faire l'opération, mais c'est toujours vous qui choisissez les nombres, de façon à vous assurer que le chiffre des milliers à soustraire ne sera pas supérieur au chiffre des milliers du 1er nombre.

Vous préparerez ainsi quelques opérations par jour pour l'enfant jusqu'à ce qu'il soit à l'aise.

Étape 2

N'abordez cette étape que lorsque l'enfant a presque fini la mémorisation de la soustraction. La différence avec l'étape 1 réside dans le fait que, tout en utilisant encore le boulier, l'enfant va calculer mentalement et inscrire le résultat au fur et à mesure sur la feuille blanche ou le cahier.

Nous gardons le même exemple pour la démonstration pas à pas. Vous écrivez l'opération entière sur la feuille. L'enfant forme le 1er nombre sur le boulier.

	9	2	6	3
–	2	7	2	8
=				

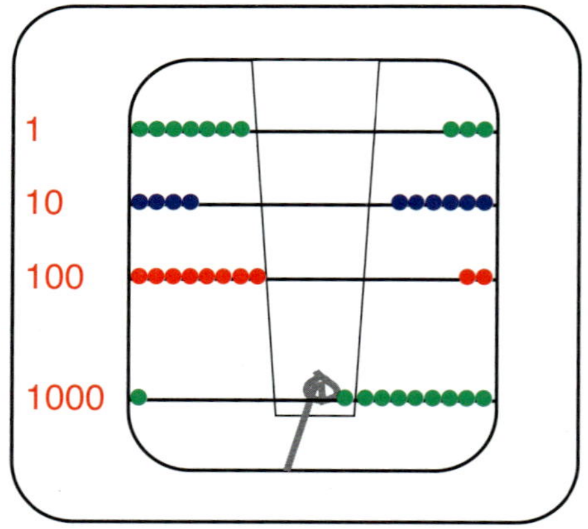

Vous lui montrez ensuite comment procéder. Dites "8 ôté de 3 (ou 3 moins 8), c'est impossible, d'accord ? On va changer une perle de 10."

Positionnez les perles comme sur le croquis 2 et dites : "13 - 8 = ?".

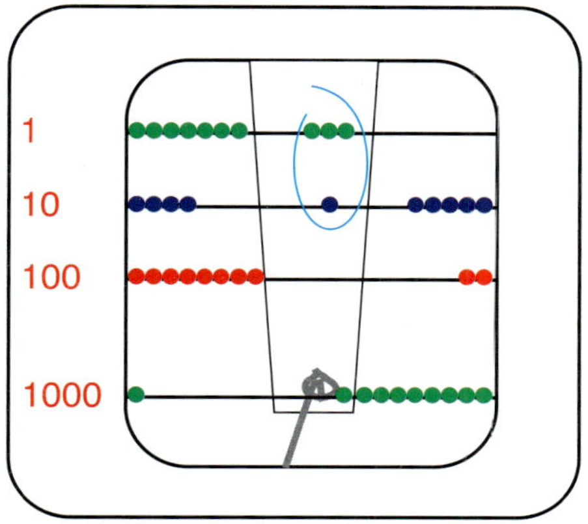

L'enfant, qui en est, rappelons-le, à la fin de la mémorisation, devrait répondre "5". Repoussez les 3 unités et la dizaine à gauche et ramenez 5 unités à droite. Vous obtenez la configuration suivante :

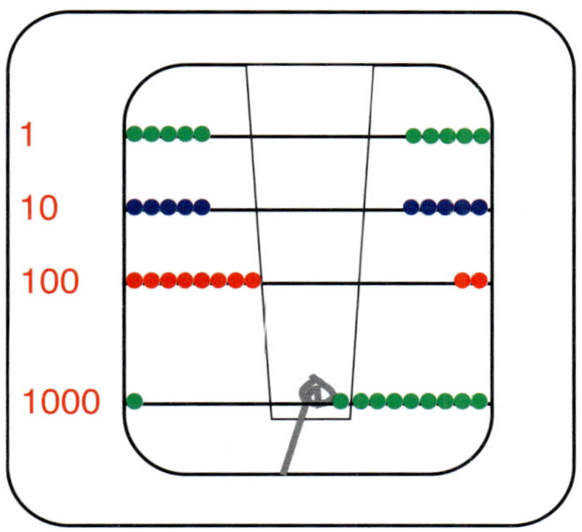

Demandez à l'enfant d'écrire le résultat des unités sur la feuille et poursuivez avec les dizaines en faisant d'abord remarquer à l'enfant qu'il n'y a plus 6 mais 5 perles sur la ligne des dizaines. "5 - 2 = ?" "3". L'enfant fait glisser 2 perles des dizaines vers la gauche et écrit le résultat "3" sur la ligne bleue de l'opération, sur la feuille. Vous enchaînez avec les centaines : "2 - 7 est impossible. Donc 12 - 7 = ?" Tout en parlant, vous déplacez une perle des milliers vers la gauche.

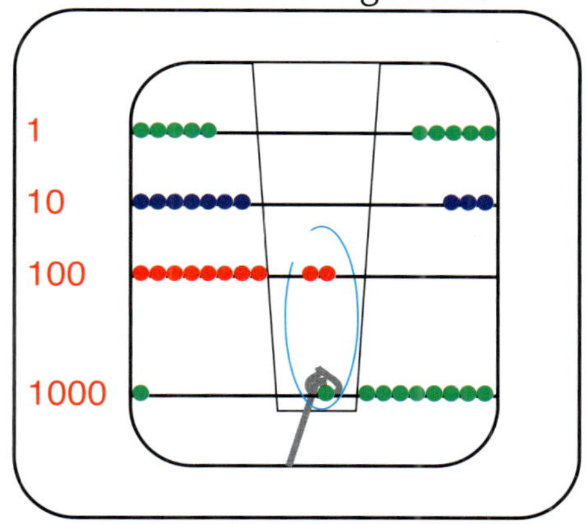

L'enfant répond "5", vous ramenez les 2 perles des centaines et la perle des milliers vers la gauche. Vous déplacez 5 perles des centaines vers la droite (croquis page suivante). L'enfant écrit le résultat.
Enfin vous passez aux milliers en faisant remarquer à l'enfant qu'il n'y a plus 9 mais 8 perles à droite. "8 - 2 = ?" "6". L'enfant déplace 2 perles vertes vers la gauche et écrit le résultat sur la feuille.
Pour le travail en autonomie, écrivez l'opération en ligne pour l'enfant (Ex. : 7843 - 2351 =). Il la posera verticalement sur les lignes de couleur et fera l'opération sur le boulier en notant le résultat au fur et à mesure.

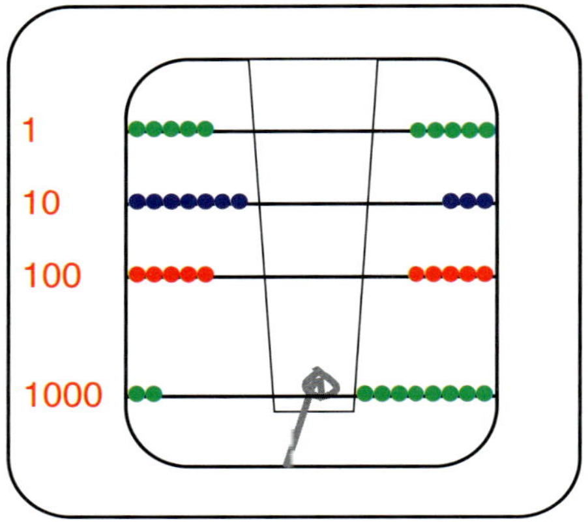

Étape 3 : le passage à l'abstraction

Lorsque l'enfant a fait beaucoup d'opérations du même type et qu'il est à l'aise, à la fin de la dernière d'entre elles, réécrivez l'opération et recommencez-la sur le boulier en notant les résultats au fur et à mesure mais, cette fois-ci, en mettant la retenue en évidence, en tout petit et en rouge, sur le papier.
Nous prenons toujours le même exemple : 9263 - 2728 =
"13 - 8 = ?" "5" "Je note 5 et je mets le petit -1 ici pour ne pas l'oublier". "6 - 1 = 5 ; 5 - 2 = 3. Je note 3. 12 - 7 = 5. Je note le résultat 5 et le petit - 1 à côté du 9. 9 - 1 = 8. 8 - 2 = 6. Je note le résultat 6." Ce qui donne, sur le papier :

	9^{-1}	2	6^{-1}	3
–	2	7	2	8
=	6	5	3	5

À partir de maintenant, l'enfant fera ses opérations directement sur le papier et les contrôlera sur le boulier.
Remarque au sujet de la position de la retenue. Il y a deux façons de la noter : soit on met - 1 en haut, soit + 1 en bas, ainsi :

	9	2	6	3
–	2^{+1}	7	2^{+1}	8
=	6	5	3	5

À vous de choisir. Pour nous, la retenue prise sur le nombre du haut est plus cohérente puisqu'elle correspond à un change entre les catégories du même nombre, le nombre à enlever lui ne change pas. De plus, il s'agit toujours d'une soustraction et non pas d'une addition dans la soustraction.

L'approche des fractions

Les cercles partagés

Le caractère sensoriel de ce matériel permet à l'enfant de découvrir très tôt la notion de fraction. Pour faire des opérations avec les fractions, il faut cependant qu'il soit à l'aise avec les opérations elles-mêmes. Voilà pourquoi nous plaçons ce matériel ici.

Le matériel

Il se compose de 10 cercles rouges (en fait, ce sont des disques) encastrés dans des supports verts. Le 1er cercle est entier, muni d'un bouton de préhension. Le 2e est coupé en 2 moitiés, avec 2 boutons, le 3e est découpé en 3 tiers, le 4e en 4 quarts, etc. jusqu'au 10e, découpé en 10 dixièmes, munis chacun d'un bouton de préhension. Ce matériel peut être fait chez soi, mais il faut beaucoup de soin d'une part pour les découpes circulaires et d'autre par pour l'exactitude des mesures. Vous utiliserez également des étiquettes de fractions, des étiquettes de chiffres, des barres noires en carton et une perle dorée de la banque.

Le matériel des fractions

Les cercles partagés

Les étiquettes de fractions

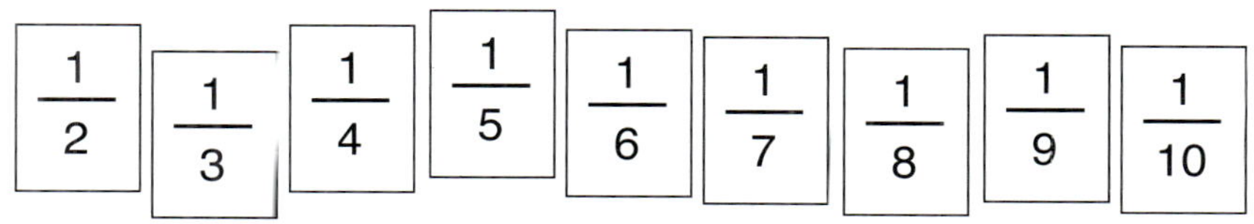

Les étiquettes de chiffres (en plusieurs exemplaires) et les barres noires

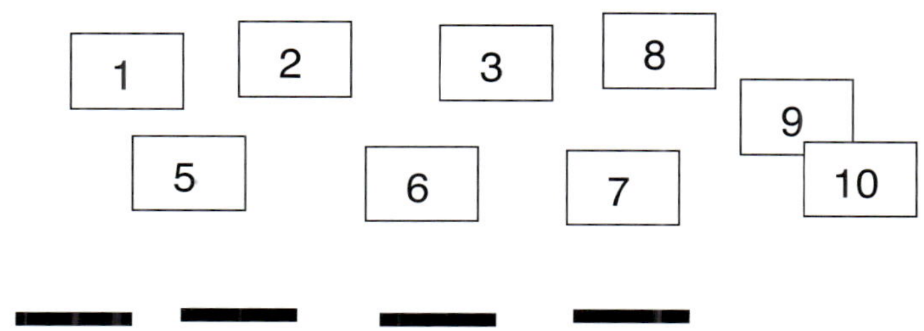

La présentation

Avant même d'apprendre le nom des fractions, l'enfant explore le concept de façon sensorielle, comme un puzzle. Il enlève les pièces d'un cercle partagé, analyse l'équivalence des pièces et les remet dans le cercle. Plus tard, vous mélangerez les pièces et l'enfant retrouvera les bonnes pour reconstituer chaque cercle.

Le vocabulaire avec la leçon en trois temps

Dirigez-vous avec l'enfant vers l'endroit où sont rangés les cercles partagés. Portez le premier support sur la table.
Faites une leçon en trois temps avec les 3 premiers cercles partagés : (demi, tiers et quart).
Temps 1 : "C'est un demi, il y a 2 demis" ; "C'est un tiers, il y a 3 tiers" ; "C'est un quart, il y a 4 quarts."
Temps 2 : "Montre-moi un demi", "Montre-moi un tiers", "Montre-moi un quart" (dans l'ordre puis dans le désordre). "Montre-moi 1 demi, 2 demis, 1 tiers, 2 tiers, 3 tiers, etc."

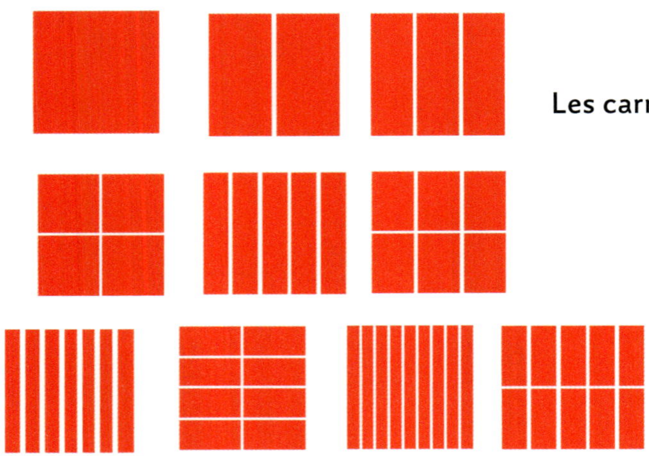

Les carrés partagés

Temps 3 : Vous montrez une section et vous demandez "Qu'est-ce que c'est ?", dans l'ordre puis dans le désordre. Vous montrez plusieurs sections de la même famille ensemble (2/4, 3/3, etc.) et vous demandez "Qu'est-ce que c'est ?"
Lorsque le vocabulaire est maîtrisé, passez aux trois familles suivantes, puis aux deux qui restent.
Vous pouvez aussi, pour montrer que les fractions ne concernent pas que les cercles, présenter un carré partagé, en 2, 3, 4, etc. parties égales. En les superposant, montrez que les parties qui appartiennent à la même famille (demis, tiers, quarts, etc.) sont bien égales. Montrez aussi qu'on peut aller au-delà d'1/10. Dites qu'1/3, 2/4, 1/2... sont des fractions. Vous pouvez expliquer à l'enfant l'étymologie du mot ou lui donner des mots de la même famille pour qu'il comprenne mieux le sens du mot "fraction" : fractionner, c'est couper ; une fracture... il connaît peut-être déjà !

L'écriture des fractions

L'enfant pose les deux supports des cercles partagés sur la table. Vous lui présentez les barres noires et les étiquettes de chiffres.
Dites : "Puisque les cercles sont partagés, on met une barre." Sortez le cercle des demis et posez la barre horizontalement, dessous, en laissant de la place au-dessus et au-dessous de la barre. "C'est quelle famille ? - Les demis. - Alors on met 2 sous la barre." Précisez que le nombre que l'on met en bas, et qui donne le nom de la famille, s'appelle le "dénominateur". Recommencez avec le cercle des tiers, puis celui des quarts... L'enfant continue jusqu'au cercle des dixièmes. Demandez à l'enfant de ranger les cercles dans leurs supports et repoussez les étiquettes sur le côté. Lancez maintenant des petits défis à l'enfant : vous sortez un cercle et le posez devant l'enfant. Il place une barre noire et met la bonne étiquette de dénominateur dessous. Vous sortez un nouveau cercle. Etc.

Lors d'une nouvelle séance, reprenez 2 ou 3 de ces petits défis. Posez alors un cercle partagé (celui des quarts, par exemple) et, une fois que l'enfant a posé l'étiquette du 4 sous la barre, retirez 2 sections. Dites "Combien y a-t-il de quarts ? - 2. - Alors je mets l'étiquette 2 au-dessus de la barre. Il y a 2 quarts." Ce que l'on met en haut, qui dit combien il y a de sections, s'appelle le "numérateur". Faites encore plusieurs exercices du même type avec l'enfant. Chaque fois, demandez-lui de lire la fraction.

Les activités

La pioche à fractions

L'enfant sort une section au hasard. Il doit dire ce qu'il a pris et écrire la fraction avec les étiquettes et la barre noire. Il reproduit cela plusieurs fois. Puis il prend plusieurs sections de la même famille et effectue les mêmes opérations.

Les étiquettes de fractions

Vous utilisez les étiquettes portant des fractions complètes et toujours 1 comme numérateur. L'enfant les mélange puis en tire une au hasard. Il la lit puis la pose sur la section qui convient.

Les affiches

L'enfant dessine les cercles partagés en posant et en maintenant les sections, l'une après l'autre sur un papier pour en tracer le contour. Il peut aussi découper, coller...
Il écrit dessous les fractions qui correspondent : 1/1, 2/2, 3./3 etc.

Les équivalences

Sortez le cercle entier de son support et proposez à l'enfant de le remplacer par des demis, puis des tiers, puis des quarts. Au fur et à mesure, il compte combien il faut de demis, de tiers, de quarts...

Il dessine ce qu'il a fait et inscrit les fractions (croquis ci-dessous). Lorsqu'il a terminé la série d'équivalences avec le cercle entier, proposez-lui de faire la même chose avec les différentes sections, en commençant par le demi-cercle.

$$\frac{1}{1} = \frac{2}{2} = \frac{3}{3} = \frac{4}{4} = \frac{5}{5}$$

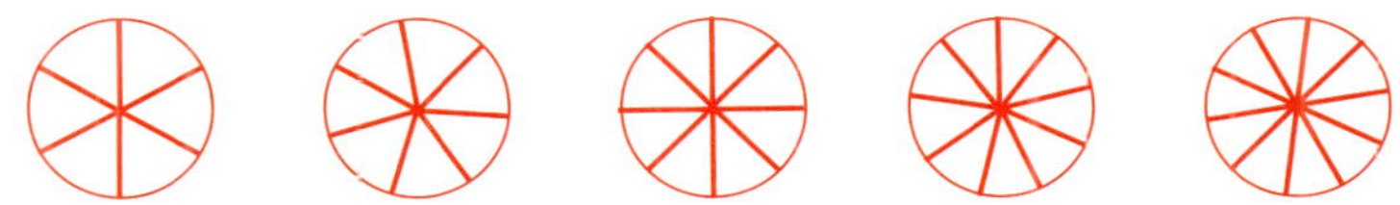

$$\frac{6}{6} = \frac{7}{7} = \frac{8}{8} = \frac{9}{9} = \frac{10}{10}$$

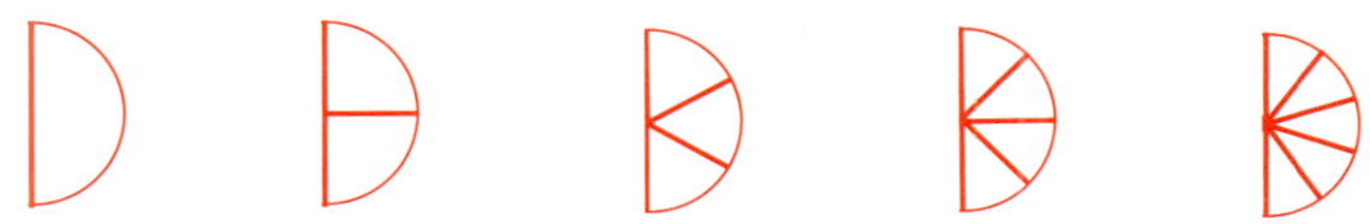

$$\frac{1}{2} = \frac{2}{4} = \frac{3}{6} = \frac{4}{8} = \frac{5}{10}$$

$$\frac{1}{3} = \frac{2}{6} = \frac{3}{9}$$

Pour cela, vous retirez par exemple 1/2 cercle et vous proposez à l'enfant de remplir l'espace vide avec des tiers, ou des quarts, etc. Demandez-lui de travailler de façon systématique, en explorant les solutions dans l'ordre. Précisez aussi qu'il doit toujours compléter entièrement l'espace vide, ne pas utiliser ensemble des sections qui appartiennent à des familles différentes et qu'on ne peut pas toujours remplir l'espace vide (1/2 n'est jamais équivalent à x/3, par exemple). Il dessine et écrit les fractions qu'il trouve.
Avec ce matériel, le jeune enfant peut se familiariser avec les opérations sur les fractions, abordées traditionnellement dans le secondaire.

Les premières opérations avec des fractions

L'addition de fractions de même dénominateur

L'enfant comprend que lorsqu'il additionne des fractions de même dénominateur (donc de la même famille), il obtient une fraction plus grande de la même famille.
Prenez par exemple 3 cinquièmes dans leur socle, écrivez la fraction. Sortez un autre cinquième, notez "+ 1/5 =". Mettez ensemble ce que vous avez sorti. Comptez puis notez le résultat : 3/5 + 1/5 = 4/5.
Vous pouvez aussi introduire les opérations sans la phase d'écriture.

La soustraction de fractions de même dénominateur

De même lorsque l'enfant soustrait une fraction à une autre de même dénominateur, il constate qu'il lui reste une fraction plus petite de même dénominateur (de la même famille).
Si nous gardons le même exemple, sortez 3 cinquièmes, notez la fraction. Enlevez un cinquième.
Comptez et écrivez le résultat : 3/5 - 1/5 = 2/5.

La multiplication de fractions de même dénominateur

Prenez une fraction (Ex. : 1/5) plusieurs fois (Ex. : 4 fois). Écrivez la multiplication : 1/5 × 4 =. Ajoutez les pièces, comptez et visualisez le résultat. Puis écrivez-le : 1/5 × 4 = 4/5.

Conclusion

Nous voudrions pour conclure rappeler certaines des particularités de la pédagogie Montessori dans le domaine des mathématiques pour que vous puissiez vous appuyer dessus dans votre enseignement.

• Dans l'approche Montessori, le mouvement et l'action sont indissociables des apprentissages. L'enfant cherche, compte, manipule, compare, se corrige en temps réel, découvre le mécanisme du système décimal par le déplacement des quantités et les changes, la division par le partage effectif de quantités, etc. La mémorisation s'en trouve facilitée, d'autant plus que l'enfant a expérimenté par lui-même.

• La pédagogie Montessori donne du sens aux chiffres. Compter, par exemple, ce n'est pas plaquer un nom sur une quantité mais dénombrer à partir de ce qu'on a déjà compté. Faire des calculs, c'est établir et comprendre des relations (entre les chiffres, les nombres, les quantités et les symboles, etc.). L'enfant apprend les chiffres, les nombres, les opérations, mais aussi et surtout il comprend le sens de ce qu'il

fait : le principe du système décimal, la nature de l'addition (mettre ensemble), de la soustraction (enlever), de la multiplication (mettre ensemble plusieurs fois des quantités identiques), de la division (partager en parts égales), etc.

• Grâce à l'intelligence du matériel, l'enfant peut très tôt "jongler" avec les chiffres dans l'univers des très grands nombres. C'est gratifiant, encourageant et cela lui fait découvrir le côté fascinant des mathématiques : l'infini des nombres, le fait qu'avec simplement 10 chiffres on peut écrire n'importe quel nombre, etc. On est loin de la répétition ânonnée, ennuyeuse et stérile dela numération, des tables de multiplication...

• Rien n'est à apprendre sans avoir été préparé et compris. Chaque apprentissage se fait naturellement, amené par la découverte et l'imprégnation préalable de ses composantes. De ce fait, lors de la résolution mathématique de problèmes, l'enfant saura se poser les bonnes questions, puis utiliser les bonnes opérations avec les bonnes informations. L'enfant acquiert ainsi un esprit et une démarche scientifiques qui le serviront dans toutes ses études ultérieures.

• Enfin, vous allez le voir en travaillant avec les enfants, avec la pédagogie Montessori, ils avancent à leur rythme et progressent sans stress. Vous allez pouvoir observer l'intensité avec laquelle ils travaillent et leur plaisir à apprendre.

IMPORTANT

Nous avons fait ensemble le tour du matériel Montessori pour le calcul et les maths pour les 3-6 ans. Nous avons même dépassé cet âge, volontairement, pour que les enfants qui sont en avance puissent avoir "du grain à moudre". Nous le disons et le répétons : d'une part les âges que nous donnons sont des indications et, d'autre part la pédagogie Montessori permet souvent d'avancer plus vite que le système traditionnel.

Pour les mêmes raisons de diversité de niveau et de compréhension d'un enfant à l'autre, nous avons commencé le livre de maths qui fait suite à celui-ci, **Montessori Pas à Pas - Les maths - 6-12 ans**, en reprenant une petite partie des éléments développés dans le 3-6 ans. Il s'agit de la partie "Le passage à l'abstraction", qui est complétée dans le 6-12 par la multiplication avec le boulier, la multiplication avec le damier, la multiplication avec le boulier doré, la petite division avec les éprouvettes et la grande division avec les éprouvettes. La partie "Les fractions", en revanche, est complètement nouvelle dans le 6-12 et englobe toutes les opérations avec des fractions. Le sommaire complet du 6-12 se compose donc ainsi :

****

N° de projet : 10262307 - Dépôt légal : 2015
Imprimé en avril 2020 chez Gráficas Estella